编辑委员会

赵英男　汤　岩　袁国何　康家昕　路平新
焦钰杰　刘思艺　方柏兴　张瀚天　陈陌阡
洪国盛　邓　伟　郑力海　张天白

本辑主编

赵英男

声　明

　　本刊的各篇文章仅代表作者本人的观点和意见，并不必然代表编辑委员会的任何意见、观点或倾向，也不反映北京大学的立场。特此声明。

《北大法律评论》编辑委员会

中文社会科学引文索引(CSSCI)来源集刊

北大法律评论
PEKING UNIVERSITY LAW REVIEW
第18卷·第1辑(2017)

《北大法律评论》编辑委员会 编

图书在版编目(CIP)数据

北大法律评论.第18卷.第1辑/《北大法律评论》编辑委员会编.—北京:北京大学出版社,2018.11

ISBN 978-7-301-29851-0

Ⅰ.①北… Ⅱ.①北… Ⅲ.①法律—文集 Ⅳ.①D9-53

中国版本图书馆 CIP 数据核字(2018)第 201018 号

书　　　名	北大法律评论(第 18 卷·第 1 辑)
	BEIDA FALÜ PINGLUN(DI SHIBA JUAN · DI YI JI)
著作责任者	《北大法律评论》编辑委员会　编
责任编辑	罗　玲　王　晶
标准书号	ISBN 978-7-301-29851-0
出版发行	北京大学出版社
地　　　址	北京市海淀区成府路 205 号　100871
网　　　址	http://www.pup.cn
电子信箱	law@pup.pku.edu.cn
新浪微博	@北京大学出版社　@北大出版社法律图书
电　　　话	邮购部 010-62752015　发行部 010-62750672　编辑部 010-62752027
印　刷　者	河北滦县鑫华书刊印刷厂
经　销　者	新华书店
	787 毫米×1092 毫米　16 开本　19.75 印张　365 千字
	2018 年 11 月第 1 版　2018 年 11 月第 1 次印刷
定　　　价	51.00 元

未经许可,不得以任何方式复制或抄袭本书之部分或全部内容。
版权所有,侵权必究
举报电话: 010-62752024　电子信箱: fd@pup.pku.edu.cn
图书如有印装质量问题,请与出版部联系,电话: 010-62756370

《北大法律评论》第 18 卷·第 1 辑(总第 34 辑)

目 录

专题:司法案例中的法理

专题介绍 ……………………………………………………………… (1)

刘 辉 对第 71 号指导案例的补强解释 ………………………… (2)

夏江皓 论电子商务交易平台对知识产权侵权通知的审查义务
　　　　——以淘宝、天猫交易平台为例 ……………………… (28)

王国龙 乡村治理中的司法治理
　　　　——以一起邻里宅基地纠纷案为分析样本 …………… (52)

论文

钱一栋 论反思平衡在《正义论》论证结构中的位置
　　　　——兼谈桑德尔对《正义论》的误读 …………………… (73)

彭 浩 "财富的美德":亚当·斯密所有权理论探析 …………… (99)

胡祥雨 顺治朝题本中所见"两议"案件研究 …………………… (118)

缪 宇 类型化视野下的医疗机构告知义务 …………………… (146)

〔德〕菲利普·拉涅利　徐铁英 译　民法传统中的诚实信用与权利行使
　　　　——以一般诈欺抗辩为中心 ……………………………… (176)

评论

杨 帆 法社会学理论范式的拓展:从"冲突/共识"模式到"议论的
　　　　法社会学" …………………………………………………… (207)

刘冬梅　社会法范畴的界定
　　　　——从历史研究和词义分析的视角 …………………（224）

陈范宏　中国易辙普通法系的一曲挽歌
　　　　——庞德操刀国民政府法制改革之陈仓暗度 …………（239）

书评

康　宁　在碎片化与系统化之间
　　　　——格兰维尔《论英格兰王国的法律和习惯》中的
　　　　　普通法生成路径 ……………………………………（271）

董静姝　法律、国家与现代性
　　　　——《法与国家的一般理论》的三种读法 ……………（283）

王金霞　从正派社会到法治社会
　　　　——读玛格利特《正派社会》………………………（294）

编后小记

返本开新：《北大法律评论》的持守与变迁 ………………………（306）

Contents

Symposium: The Transformation of Procedural Law Research Methods
    Thematic presentation ··· (1)
Liu Hui
    The Reinforcement Explanation about the Guiding Case No. 71 ······ (2)
Xia Jianghao
    Duty of Examination to Notice of Infringement on Intellectual
    Property of E-Commerce Trading Platform——Taking Taobao
    and Tmall as Examples ····································· (28)
Wang Guolong
    Judicial Governance in Rural Governance: Research on a Dispute
    over Neighborhood Homestead ································ (52)

Articles
Qian Yidong
    On the Role of Reflective Equilibrium in *A Theory of Justice*:
    Concurrently on Sandel's Misreading of *A Theory of Justice* ········ (73)
Peng Hao
    The Virtue of Wealth: Analysis of Adam Smith's Property
    Theory ··· (99)
Hu Xiangyu
    A Study of Cases with "Two Recommended Judgments" from the
    Routine Memorials in the Shunzhi Period ······················ (118)

Miao Yu
　　On the Duty to Disclosure of Medical Institutions
　　　　in the View of Typology ……………………………………………（146）
Filippo Ranieri　Translated by Xu Tieying
　　Bona Fides and Exercise of Right in the Civil Law Tradition:
　　　　Focused on the *Exceptio Doli Generalis* ………………………（176）

Comment On

Yang Fan
　　Paradigm Advances of Sociology of Law: From "Conflict/Consensus"
　　　　Model to "Legal Sociology of Argumentation" ………………（207）
Liu Dongmei
　　Definition of Social Law's Category: The Perspective of Historical
　　　　Research and Semantic Analysis …………………………………（224）
Chen Fanhong
　　Roscoe Pound and Chinese Legal Reform (1946—1948): A Lost
　　　　Attempt to Legal System Transform ……………………………（239）

Book Review

Kang Ning
　　Between the Fragmentization and Systematization:
　　　　The Generation of Common Law in Ranulfo de Glanvill's
　　　　The Treatise on the Laws and Customs of the
　　　　Kingdom England ……………………………………………………（271）
Dong Jingshu
　　Law, State and Modernity: The Three Viewpoints of Reading
　　　　General Theory of Law and State …………………………………（283）
Wang Jinxia
　　From a Decent Society to a Society Governed by Law:
　　　　Reading Margalit's *The Decent Society* …………………………（294）

Afterword

　　Back to the Origins and be Creative: Persistence and
　　　　Changing in *Pku Law Review* ………………………………………（306）

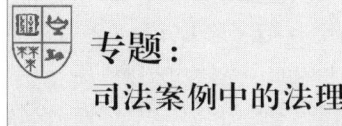

专题：
司法案例中的法理

专题介绍

展卷可见，我国法学研究近年来经历着研究对象、研究方法以及研究主体三个方面的重要变革。从研究对象来说，"中国裁判文书网"上线、失信被执行人信息的公开、最高人民法院司法案例研究院揭牌等法律界动态使得司法案例在法学研究中占据越来越重要的位置；从研究方法来看，法学职业教育的繁荣、法学学科与社会科学的交融使得传统的教义学研究逐步向社会科学量化分析、质性研究过渡；从研究主体看，"学术型法官"和"高产律师"大量出现，法学研究与司法实务逐步走向融合。

在此背景下，为使法学这门古老的学科保持自己反思和自我驯养的秉性，也让法律这一沟通事实和价值的"自创生系统"趋于完善，本辑《北大法律评论》希望从理论与经验双重视角入手，以"司法案例中的法理"为专题，通过探究法的理念、法的价值、法律规则、法律制度以及司法实践之间的多元互动，洞悉富有时代精神的鲜活的中国法治样貌。

本专题中收录的三篇文章在不同程度上体现了法学研究正在经历的变革，并从不同侧面展现了当下研究司法案例的基本方法。《对第 71 号指导案例的补强解释》一文以传统教义学方法为核心，从法律论证层面推进了对于我国《刑法》第 313 条中"情节严重"规定的类型化认识。《论电子商务交易平台对知识产权侵权通知的审查义务》一文从对类似案例的裁判结果及依据的统计分析入手，实证性地回答了我国在相关领域的既有司法实践样貌以及相关制度设计方向。《乡村治理中的司法治理》一文则以经验研究、个案分析为基础呈现了社会转型时期乡村治理中社会正义、司法正义之间彼此抱合又彼此背离的复杂关系。三篇文章共同勾勒出我国当下司法案例研究的基本样态与轮廓，我们希冀以此为起点，推动司法案例研究成为沟通学术研究与司法实务、理论分析与实践运用的桥梁。

对第 71 号指导案例的补强解释

刘 辉[*]

The Reinforcement Explanation about the Guiding Case No. 71

Liu Hui

内容摘要:诉讼当事人在判决前转移财产的现象屡见不鲜。这是社会信用机制缺失的情形下,民众以家庭为本位的生活习俗与以个体为规制对象的法律制度之间张力的直观表现。所以寄望于依靠《刑法》第 313 条有效解决执行难问题的努力就不必过于固执。第 71 号指导案例的意图或许在于,使类型化思维成为涵摄过程的辅助工具;阐释情节严重的拒执行为极端化的表现形式,从而达到"举重以明轻"的效果。在实务操作中,若忽视"拒执行为起算时间"之前的定语"情节严重",将导致刑法的谦抑性受损。

关键词:拒执罪 情节严重 起算时间 类型化思维 谦抑性原则

---

[*] 刘辉,苏州大学王健法学院,法学理论专业博士研究生。
感谢苏州大学王健法学院孙莉教授对本文初稿行文逻辑的指正意见。感谢在 2017 年 4 月 8 日第 16 期"判例研读沙龙"刑法专题讨论中华东师范大学法学院樊传明博士从法学方法论方面对本文初稿提出的思考建议,张伟副教授分享的典型案例、柏浪涛副教授对指导案例功能的精到分析,以及一位现场听众介绍的执行工作心得体会。感谢在 4 月 23 日北京大学"通过案例实现司法正义"博士生研讨会上北京大学车浩教授从案例、规范与理论相互承接的角度提出的评议意见。在论文修改过程中,作者努力汲取了诸位老师的思想养料,当然,文责自担。

引言：谨慎适用《刑法》第 313 条

最高人民法院在 2016 年 12 月 28 日发布的第 71 号指导案例，意在明确《刑法》第 313 条[1]中拒不执行判决、裁定行为的起算时间。由于案情的描述未体现出对于企业法定代表人的逃债行为曾采取司法罚款或拘留的强制措施，公众在不熟悉立法与司法解释的情形下，可能将一般的拒执行为与情节严重的拒执行为、司法强制措施与刑事责任等同视之。在社会信用机制逐渐完善的形势下，若未采取必要的司法强制措施就直接追究嫌疑人的刑事责任，可能会引发关于刑法适用谦抑性的质疑和对于刑罚工具主义做法的忧虑。"司法实务中存在一个明显倾向——拒不执行判决、裁定罪的执行手段化。"[2]因此，对适用《刑法》第 313 条的案例进行比较分析，有利于合理地展现第 71 号指导案例的示范作用。

第 71 号指导案例：毛建文拒不执行判决案[3]

(2012)温平鳌商初字第 595 号民事判决判令，毛建文返还陈先银挂靠在其名下的温州宏源包装制品有限公司投资款 20 万元及利息。在执行过程中，毛建文将其名下浙 CVU661 小型普通客车以 15 万元的价格转卖，并将所得款项用于个人开销。平阳县法院于 2014 年 6 月 17 日作出(2014)温平刑初字第 314 号刑事判决：判处其有期徒刑 10 个月。[4]

在政法委推进法、检、公联动打击拒执行为的司法政策落实之前，法院极少适用第 313 条，公安部门也担心执行难案件的信访压力被转移为刑事调查、追捕的压力，不愿在维护社会治安的重压下再多生是非，所以法院更多地依赖司

---

[1] 1979 年《刑法》第 157 条将拒不执行判决、裁定行为列入妨害公务罪进行处罚。1997 年修订《刑法》后，在"妨害司法罪"一节以第 313 条规定拒不执行判决、裁定罪。1998 年，最高人民法院颁布《关于审理拒不执行判决、裁定案件具体应用法律若干问题的解释》，并向中共中央提交《关于解决人民法院"执行难"问题的报告》。1999 年，中共中央发布中发〔1999〕11 号文件，对法院解决"执行难"问题提出具体要求，同时要求全国各部门支持法院工作，共同解决该问题。
2002 年，第九届全国人民代表大会常务委员会第 29 次会议通过《关于〈中华人民共和国刑法〉第三百一十三条的解释》。2007 年，最高人民法院、最高人民检察院、公安部联合发布《关于依法严肃查处拒不执行判决、裁定和暴力拒绝法院执行犯罪行为有关问题的通知》。2015 年 7 月，最高人民法院颁布《关于审理拒不执行判决、裁定刑事案件适用法律若干问题的解释》。2015 年 8 月 29 日，全国人大常委会通过《刑法修正案（九）》，在第 39 条对《刑法》第 313 条作出修改。

[2] 谭金生："拒不执行判决、裁定罪'情节严重'之实例考察——以 2014 年全国法院 385 份一审判决书为样本"，载《西南政法大学学报》2015 年第 3 期。

[3] 参见平阳县法院(2014)温平刑初字第 314 号刑事判决。

[4] "指导案例 71 号：毛建文拒不执行判决、裁定案"，http://www.court.gov.cn/shenpan-xiangqing-34282.html，最后访问日期 2017 年 1 月 3 日。

法强制措施对被执行人施压。[5] 当政法委协调联动的功能启动之后,法院对一批不怕司法拘留、不交司法罚款的"老赖"可以采取收集证据材料、移送刑事起诉的威慑手段。[6] 客观而言,打击涉嫌拒执罪[7]的行为,对于维护司法裁判的权威、解决申请执行人"赢了官司拿不到钱"的苦恼而言是值得肯定的有力举措。"拒执罪客观上要求行为人在有履行能力的前提下实施抗拒执行的行为,而且该行为应达到情节严重的程度,而不论行为是否造成实际的危害后果。"[8] 但是,基于我国《宪法》所蕴含的规范权力行使,保障权利实现的宗旨,民众仍旧不能放松对司法机关可能扩张适用《刑法》第 313 条的警惕。

一、区分财产类拒执案例的具体类型

由于目前的最高人民法院指导案例存在宣示司法政策、重申司法解释的明显倾向,所以从案件类型化的视角将《刑法》第 313 条所指涉的情形进行细致分类,从而减轻在适用法条过程中的理解难度,使类型化思维成为涵摄过程的辅

---

[5] 2005 年至 2009 年,全国法院共审理拒不执行法院判决、裁定罪案件 2568 件,涉 2748 人,年均 512 件,418 人,相比同期罚款、司法拘留 486451 件次(其中司法拘留 417085 人),年均 97290 件次,拒执罪案件仅为同期罚款、司法拘留措施的 0.4%。参见向进:"拒不执行判决、裁定罪追诉程序的研究",湖南师范大学 2011 年硕士学位论文,第 6 页。
最高人民法院在 2013 年 7 月 19 日的新闻发布会通报显示:全国法院 2008 年至 2012 年执结的被执行人有财产的案件中,70%以上的被执行人存在逃避、规避甚至暴力抗拒执行的行为,自动履行的不到 30%。执行到位率之低与被以拒不执行判决、裁定罪追究刑事责任的人数之少形成鲜明对比,直观反映了拒不执行判决、裁定罪困窘的适用现状。参见张水波:"拒不执行判决、裁定罪的司法认定",厦门大学 2014 年硕士学位论文,第 12 页。

[6] 各地方为解决本罪在具体司法适用上的定罪标准模糊、执行程序启动困难等问题,为细化本罪的适用出台了各种规范性文件。如重庆、广东、贵州等地的公、检、法部门以经济现状和司法实践为基础,联合发文以明确本罪在当地可入罪的"情节严重"的数额标准。参见朱政赫:"拒不执行判决、裁定罪研究",郑州大学 2015 年硕士学位论文,第 6 页。
从 2015 年初到同年 6 月 30 日,全国各地法院向公安机关移送涉嫌构成拒不执行判决、裁定罪等犯罪行为线索后,经公安机关侦查,并经人民检察院依法提起公诉,人民法院实际判处此类犯罪共计 807 案 864 人,其中,以构成拒不执行判决、裁定罪判处 706 人;以构成妨害公务罪判处 47 人;以构成非法处置查封、扣押、冻结的财产罪判处 93 人;以构成其他相关罪名判处 18 人。参见刘琬琳:"最高法为打击拒不执行判决、裁定等犯罪行为发布新司法解释",http://www.66law.cn/domainblog/124212.aspx,最后访问日期 2017 年 2 月 21 日。

[7] "执行"与"履行"的语义是对应不同主体、不同权利义务及不同法律关系层面来理解的。而拒不执行判决、裁定罪的犯罪主体只能是有能力履行判决、裁定义务的人,不可能是实施、承办执行判决、裁定的执行人(司法机关)。这从《刑法修正案(四)》规定的"执行判决、裁定失职罪"和"执行判决、裁定滥用职权罪"可以得到证实。
应将"拒不"改为"拒绝"以避免双重否定导致的语义反向问题。在我国现行《刑法》中存在用"拒绝"表述罪状的情形,如《刑法》第 311 条"拒绝提供间谍犯罪证据罪"中规定:"明知他人有间谍犯罪行为,在国家安全机关向其调查有关情况、收集有关证据时,拒绝提供,情节严重的,处 3 年以下有期徒刑、拘役或者管制。"参见胡学相、尹晓闻:"对拒不执行判决、裁定罪立法的反思与建言——兼评《刑法修正案(九)》对拒不执行判决、裁定罪的修订",载《法治研究》2015 年第 6 期。

[8] 谢威:"拒不执行判决、裁定罪的适用标准",载《人民司法》2015 年第 16 期。

助工具,应当能够对实践产生一定的指导作用。基于这一判断,可以推想到第71号指导案例的意图或许在于阐释情节严重的拒执行为极端化的表现形式,从而达到"举重以明轻"的效果。财产给付类拒执案例涉及的债务类型包括商事类债务与民事类债务,在商事类债务案件中涉及企业债务人与自然人债务人,因此在认定情节严重的拒执行为时应当在主客观方面有所区分。

在中国裁判文书网[9]、中国法院网[10]中可以查找到发生在华东地区的8个公诉拒执罪案例,其中,浙江的5个案例中,温州有2个案例,嘉兴、绍兴、舟山各1个案例;另外,江苏徐州有1个案例,安徽有2个案例,发生在芜湖和宿州。在江苏与安徽的案例中,嫌疑人被逮捕后,均履行了还款义务,因此被判缓刑。温州永嘉县的"陈某甲拒执案"因案外人担保,被告人被判处缓刑。在舟山的"王开峰拒执案"中,其被逮捕后尚有400余万元未履行,因此于2015年3月30日被普陀区人民法院判处有期徒刑1年。在绍兴市越城区的"谢某拒执案"中,其被逮捕后尚有180余万元未履行,因此于2013年11月29日被判处有期徒刑1年。第71号指导案例的判决时间是2014年6月17日,毛建文将15万元买车款用于开销,拒绝偿还20万元债务及利息,因此被温州市平阳县法院判处有期徒刑10个月。通过对比可以发现,第71号指导案例对企业法定代表人逃债、拒执行为展现出更为明确的打击态势。"王开峰拒执案"中规避400余万元债务,"谢某拒执案"中规避180余万元,均被判处有期徒刑1年;而毛建文规避20万元债务,被判处有期徒刑10个月。因此,最高人民法院公布第71号指导案例的意图应该是,在2017年以后对类似的企业法定代表人逃债案件从严作出裁判。

杭州市中级人民法院于2017年3月16日发布了7个拒执罪典型案例,包括4个拒执罪案例、2个非法处置查封财产案例、1个妨害公务案例。[11]其中,黄某累计领取7万余元补偿款,但拒不履行25万余元债务,被建德市人民法院判处有期徒刑10个月。奚某单位未履行协助执行义务,将17万余元企业年金

---

[9] 2017年3月17日,在中国裁判文书网的刑事案例库中检索《刑法》第313条,可以找到20份裁判文书,去除一份无关的故意伤害案裁定书,剩余19项有效结果。(1)按地域及法院划分,河北省3件,山西省2件,内蒙古自治区1件,江苏省2件,浙江省4件,福建省1件,河南省4件,湖南省1件,广东省1件;(2)按裁判年份划分,2017年1件,2016年5件,2015年7件,2014年3件,2013年2件,2004年1件;(3)按审判程序划分,一审16件,二审3件;(4)按文书类型划分,判决书14件,裁定书5件。

[10] 2015年7月21日,最高人民法院网站公布《法院依法惩处拒执罪典型案例》。在10个案例中,包括7个拒执案例、2个非法处置查封财产案例、1个妨害执行公务案例。2016年2月26日,《人民法院报》第3版公布6个拒执罪自诉案件典型案例。2016年11月30日,最高人民法院公布6个拒执案例,其中包括4个拒执罪公诉案例、1个拒执罪自诉案例、1个非法处置查封财产案例。

[11] 钟法、黄洪连:"杭州法院发布今年首批拒执入刑典型案例",《杭州日报》2017年3月16日。

付给奚某,使奚某用该款偿还其他债务而未履行 152 万余元的判决义务,因此桐庐县人民法院判处奚某有期徒刑 8 个月。徐某将两个账户中累计超过 764 万余元存款支取消费,但拒不履行 200 万元判决义务,因此被萧山区人民法院判处有期徒刑 1 年 10 个月。张某欠款 100 余万元,但 2013 年贷款 18 万元并按月还贷,2014 年以 15.9 万元转让汽车后将款项另作他用、2012 年至 2016 年名下累计转出 220 万元,因此,余杭区人民法院判处其有期徒刑 1 年 2 个月,缓刑 2 年。虽然在网络上暂时还不能查到相关裁判文书的具体内容,但粗略来看,杭州市中级人民法院公布的案例展现出其下辖基层法院参照第 71 号指导案例谦抑适用《刑法》第 313 条的姿态。

表 1　华东地区财产类拒执罪公诉案例(2004—2016 年)

序号	案件简称	案情简介	义务履行情况	司法强制措施	裁判结果
1	孟某拒执案[12]	浙江省嘉兴市嘉善县人民法院(2001)善西民初字第 288 号民事判决书判令孟某偿还货款 110544 元;(2001)善西民初字第 338 号民事判决书判令孟某偿还货款 192927 元。2011 年 8 月 19 日,人民法院对两案合并执行。	未按和解协议履行义务,擅自将法院查封的生产设备(价值 382700 元)运走。	查封生产设备、厂房设施	2004 年 1 月 2 日,判处孟某有期徒刑 1 年。
2	谢某拒执案[13]	浙江省绍兴市越城区人民法院(2010)绍越商初字第 1806 号民事调解书确认,解除三份合同;三山公司返还嘉鸿公司 150 万元,并补偿损失费 357843 元,合计 1857843 元;谢某、罗某共同承担连带清偿的保证责任。	人民法院强制执行三山公司的银行存款、谢某以及罗某名下的汽车 2 辆,合计执得 405885 元。谢某将从事票据贴现业务获利钱款转账给他人,共计人民币 404400 元。案发后,罗某缴纳人民币 5 万元。	司法拘留 15 日	2013 年 11 月 29 日,判处谢某有期徒刑 1 年。
8	毛建文拒执案[14]	浙江省温州市平阳县人民法院(2012)温平鳌商初字第 595 号民事判决书判令毛建文返还 20 万元及利息。	毛建文将其名下的浙 CVU661 小型普通客车以 15 万元的价格转卖,并将所得款项用于个人开销。	逮捕	2014 年 6 月 17 日,判处毛建文有期徒刑 10 个月。

---

[12] 参见嘉善县法院(2003)善刑初字第 311 号刑事判决书。
[13] 参见绍兴市越城区法院(2013)绍越刑初字第 792 号刑事判决书。
[14] 参见平阳县法院(2014)温平刑初字第 314 号刑事判决。

（续表）

序号	案件简称	案情简介	义务履行情况	司法强制措施	裁判结果
4	王开峰拒执案[15]	2011年8月,浙江省舟山市普陀区人民法院判令王开峰归还郭修朴借款500万元及相应利息。王开峰仅归还50万元。	2013年7月,王开峰擅自将房产以350万卖给他人,所得款项被用于归还个人其他债务及开支。案件审理期间,王开峰偿还了20万元欠款。	投案自首后刑事拘留、逮捕	2015年3月30日,判处王开峰有期徒刑1年。
5	陈某甲拒执案[16]	浙江省温州市永嘉县人民法院于2011年10月10日就章某与赵某民间借贷纠纷一案作出判决。2011年12月22日,达成执行和解协议,赵某归还章某借款本息1880万元,由陈某甲提供连带责任保证。永嘉县人民法院于2013年2月26日判决被告人陈某甲及曾红艺共同偿还徐某借款200万元并支付利息。	陈某甲仅偿还章某10万元利息。至2012年1月10日止,陈某甲已偿还徐某165万元。陈某甲在执行过程中转移存款1000万元以上,其间向潘某还款20万元。该账户在2012年6月22日余额为241072.95元。案外人朱国尧承诺履行被告人陈某甲的涉案款项。	陈某甲被逮捕后偿还200万元。2015年7月17日再次被取保候审。	2015年7月23日,判处陈某甲有期徒刑1年,缓刑1年。
6	徐云峰拒执案[17]	2011年2月21日,江苏省徐州市新沂市人民法院判令徐云峰偿还刘国太借款20万元及利息。	2014年6月,徐云峰以被扣押的昌河车即将进行年审为由,申请将该车开出办理年审手续,并出具书面保证,保证年审后将车辆及时送回法院,但却拒不交还。到案后,其履行了全部还款义务。	逮捕	2015年3月18日,判处徐云峰有期徒刑10个月,缓刑1年。

---

[15] 参见刘琬琳:"最高法为打击拒不执行判决、裁定等犯罪行为发布新司法解释",同前注〔6〕。

[16] 参见永嘉县法院(2015)温永刑初字第744号刑事判决书。

[17] 参见刘琬琳:"最高法为打击拒不执行判决、裁定等犯罪行为发布新司法解释",同前注〔6〕。

(续表)

序号	案件简称	案情简介	义务履行情况	司法强制措施	裁判结果
7	许某某拒执案[18]	安徽省芜湖市弋江区人民法院判令许某某偿还鹿某某、宛某某本金及利息合计594488.27元,承担诉讼费用合计9986元。	许某某将结算的10余万元工程款用于偿还个人其他债务。2013年10月28日,许某某与鹿某某、宛某某签订执行和解协议,还款40余万元。	逮捕	2015年5月,判处许某某有期徒刑1年,缓刑2年。
8	王某某拒执案[19]	安徽省宿州市萧县人民法院于2013年10月12日调解结案,王某某分期返还朱某某余款55000元。	法院先后两次裁定查封并扣押王某某所有的小型轿车一辆,但其将该车藏匿拒不交出。庭审期间,其按民事调解书确定的数额将55000元返还给朱某某。	逮捕	2016年2月,判处王某某有期徒刑6个月,缓刑1年。

在华北地区的 11 个案例中,河南省的 8 个案例发生在郑州、焦作、洛阳、平顶山、商丘、周口、驻马店和省管县鹿邑等地,其中 5 个案例的被告人被逮捕后履行了判决义务或达成了和解协议。在被告人被捕后未履行判决义务的 3 个案例中,"尹某某拒执案"涉及 49 万元债务,事后又增加 13 万元债务,2014 年 9 月 30 日其被判处有期徒刑 2 年;"张某某拒执案"中涉及 10 万元债务,2014 年 12 月 17 日其被判处有期徒刑 9 个月;"陈某拒执案"中,其采取多种手段规避给付婚生子的抚养费及前妻应分得的共同财产约 15 万元,在 2017 年 1 月 20 日被判处有期徒刑 1 年 8 个月。对比第 71 号指导案例来看,毛建文规避履行 20 万元债务被判处有期徒刑 10 个月,而"张某某拒执案"中规避履行 10 万元债务被判处有期徒刑 9 个月,具有外观上的相似性,但"张某某拒执案"中的刑罚显得更重。因此,在适用《刑法》第 313 条时,需要避免选取过于严苛的刑罚尺度。

在"陈某拒执案"中,或许因为涉及抚养费等影响基本生存质量的问题,平舆县人民法院和驻马店市中级人民法院对陈某判处的刑罚显然比指导案例所示范的刑罚更重。"如执行标的是作为抚养费、赡养费等申请执行人的基本生

---

[18] 饶剑、罗成:"拒不执行法院判决 男子获刑一年",《大江晚报》2015 年 5 月 14 日。
[19] 周东艳:"淮北一女子拒不执行判决、裁定被判刑",http://www.ahcourt.gov.cn/sitecn/xssp/75939.html,最后访问日期 2017 年 3 月 10 日。

活所需的,拒不履行该类性质的执行标的行为应被视为'情节严重'。"[20]由于法院未能掌握陈某行踪,难以首先适用司法拘留等强制措施,直到移送公安机关网上追逃后才捉获陈某,所以该案与第71号指导案例存在较大的细节差异,在寻找到类似案例之前难以作出合理的评价结论。

在河北省邯郸市涉县人民法院裁判的2个案例中,刘某在被逮捕后履行了16万余元的债务,在2015年5月19日被判处有期徒刑8个月,缓刑1年;赵某不服经过两审的民事判决,未偿还45万元债务,于2015年12月16日被判处有期徒刑2年。在山东省德州市齐河县人民法院审判的案例中,对魏某某采取第二次司法拘留措施时,因其身体原因未执行,所以其开始规避执行行为;经当地政法委协调对其采取刑事拘留措施后,其作为担保人履行了50余万元的连带债务,因此在2017年1月9日被判处有期徒刑1年,缓刑1年。对比来看,赵某拒绝履行45万元债务被判处有期徒刑2年是刑罚力度较强的个案。与杭州市中级人民法院在2017年3月公布的案例相比较来看,或许地域经济差异是影响刑罚幅度的首要因素。

表2 华北地区财产类拒执罪公诉案例(2011—2017年)

序号	案件简称	案情简介	义务履行情况	司法强制措施	裁判结果
1	王会涛拒执案[21]	经孟津县人民法院和洛阳市中级人民法院审理,判令被告人王会涛、洛阳市智海基础工程有限公司连带赔偿雇员姚君立538079.93元(含已付的1000元)。	姚君立找王会涛要债,遭到殴打。执行干警准备对王会涛执行拘留时,王会涛驾驶豫CK6662号汽车不顾公共安全,强行硬闯,致使拘留未果。庭审中双方和解,履行完毕。	逮捕	2011年1月31日,判处王会涛有期徒刑1年6个月,缓刑2年。
2	李胜利拒执案[22]	河南省周口市太康县人民法院(2011)太民初字第735号民事判决书判令李胜利返还李秀梅所得死亡赔偿金、丧葬费共计36.47万元。	李胜利故意隐匿财产。案件审理期间,双方当事人达成和解协议。	逮捕	2013年,判处李胜利拘役四个月。

---

〔20〕 叶子龙:"拒不执行判决、裁定罪客观要件研究",湘潭大学2014年硕士学位论文,第21页。

〔21〕 "王会涛拒不执行判决、裁定案一审刑事判决书",http://www.110.com/panli/panli_24149441.html,最后访问日期2017年3月19日。

〔22〕 "拒不执行判决裁定犯罪行为典型案例",http://zkzy.hncourt.gov.cn/public/detail.php?id=14896,最后访问日期2017年3月19日。

(续表)

序号	案件简称	案情简介	义务履行情况	司法强制措施	裁判结果
3	王社拒执案[23]	河南省平顶山市中级人民法院(2011)平民三终字第92号民事判决书判决王社因交通肇事赔偿常某某626037.16元、赔偿崔某某19827.9元,并承担部分诉讼费用23309.1元。	汝州市人民法院扣押王社之妻的小轿车。王社拒不配合,并通知胡某某等人到场阻挠。王社于2011年11月向汝州市第一人民医院申请停发其工资。2013年7月5日,王社亲属一次性支付常某某、崔某某46万元,履行完毕。	逮捕	2013年12月30日,裁定维持对王社免予刑事处罚的一审判决。
4	史长伟拒执案[24]	河南省鹿邑县人民法院(2011)鹿民初字第1029号民事判决书判决史长伟偿还梁某某欠款8.5万元。	史长伟将法院查封车辆转移,而后长期外出不归。其被刑事拘留后的第三天,其家人将8.5万元欠款归还给梁某某。	逮捕	2014年7月22日,判处史长伟有期徒刑1年,缓刑1年。
5	尹某某拒执案[25]	河南省焦作市修武县人民法院(2011)修民初字第151号民事判决书判决被告人尹某某归还张某某借款49万元及逾期利息129715元。	尹某某长期躲避、假离婚。尹某某曾委托张某某起诉及申请执行他案,张某某为其垫付费用13万元。后其解除对张某某的委托。	逮捕	2014年9月30日,判处尹某某有期徒刑2年。
6	郭金欣拒执案[26]	2012年5月15日,河南省商丘市宁陵县人民法院判令郭金欣归还刘红利21万元及利息。	郭金欣自2013年以来相继获工程款共计200余万元。在案件审理期间,达成执行和解协议并履行完毕。	逮捕	2014年12月16日,判处其有期徒刑9个月。

---

[23] 参见平顶山市中级人民法院(2013)平刑终字第176号刑事裁定书。
[24] "拒不执行判决裁定犯罪行为典型案例",同前注[22]。
[25] 参见修武县人民法院(2014)修刑初字第134号刑事判决书。
[26] 参见刘琬琳:"最高法为打击拒不执行判决、裁定等犯罪行为发布新司法解释",同前注[6]。

（续表）

序号	案件简称	案情简介	义务履行情况	司法强制措施	裁判结果
7	张某某拒执案[27]	河南省郑州市登封市人民法院(2009)登民一初字第1237号民事判决书判决张某某偿还高某某10万元,张某某上诉后,2010年5月10日郑州市中级人民法院裁定维持原判。	张某某仅履行了部分和解协议。其银行账户曾有多笔现金交易,其从所投保的保险公司也多次抵押借款,并藏匿其北京现代牌轿车。	逮捕	2014年12月17日,判处张某某有期徒刑9个月。
8	陈某拒执案[28]	2013年4月,河南省驻马店市平舆县人民法院判决:准予原告杨某与被告陈某离婚;婚生子由杨某抚养,陈某向原告支付婚生子抚养费40938.3元并给付原告所分夫妻共同财产109854.36元。	陈某以各种手段逃避执行。	逮捕	2017年1月20日,判处陈某有期徒刑1年8个月。
9	刘某拒执案[29]	(2002)涉民初字第741号民事判决书判决被告河北省邯郸市涉县贾庄煤场(法定代表人刘某)给付原告山东聊城蓝威化工有限公司煤款165953.90元及其利息。	刘某利用手机短信等手段多次恐吓、威胁李利平。李利平被迫无奈,将涉县法院禁止其支付的52500元到期债务给付刘某。案件诉讼过程中达成执行和解,原案件执行终结。	逮捕	2015年5月19日,判处刘某有期徒刑8个月,缓刑1年。
10	赵某拒执案[30]	(2007)涉民初字第389号民事判决书判决赵某偿还申某45万元。河北省邯郸市中级人民法院(2007)邯市民一终字第974号民事判决书判决驳回赵某上诉。	2010年4月19日,涉县人民法院依法查封了赵某在北关村大寨里的宅院一处。赵某继续到国土资源局为赵保明办理了该处房产的划拨用地使用证。	查封宅院	2015年12月16日,判处赵某有期徒刑2年。

[27] 参见登封市人民法院(2014)登刑初字第456号刑事判决书。
[28] 杨晓、王东红:"拒不执行法院生效判决 平舆一名老赖被判刑",http://news.hnr.cn/yc/zmd/201703/t20170307_2931415.html,最后访问日期2017年3月7日。
[29] 参见涉县人民法院(2015)涉刑初字第46号刑事判决书。
[30] 参见涉县人民法院(2015)涉刑初字第00139号刑事判决书。

(续表)

序号	案件简称	案情简介	义务履行情况	司法强制措施	裁判结果
11	魏某某拒执案[31]	2012年12月10日,山东省德州市齐河县人民法院判决张某向银行偿还借款50万元及利息,魏某某对担保借款承担连带赔偿责任。	2015年4月,魏某某的养牛场拆迁补偿款约200万元到位后,魏某某在法院传唤询问时,声称钱已偿还他人借款,但不提供债权人姓名。在案件审理期间,全部执结。	由于其身体原因未对其进行第二次司法拘留。	2017年1月9日,判处魏某某有期徒刑1年,缓刑1年。

综上所述,第71号指导案例对企业法定代表人拒不履行法院判决的财产给付义务的行为做了示范的裁判标准。由于国内不同地区之间经济发展水平差异较大,所以各地法院在适用第313条的过程中仍旧需要结合本地民众收入水平来斟酌刑罚尺度。企业逃避债务行为与个人规避履行商业债务行为都会对经济秩序造成冲击,但行为主体的差异仍旧是评估社会影响差异的考量要素。对于涉及抚养费、赡养费及拖欠支付工资等关系民生问题的债务,法院在分析行为的情节严重程度时不能单纯考量数额情况,还需要注意债权人的生存质量受到减损的程度。由此可见,在适用第313条的过程中,应当根据构成要件与行为人主客观方面的契合程度,作出具有针对性的事实认定结论。

二、甄别各类拒执行为的动机差异

在财产给付类与行为给付类案件中,行为人拒不配合执行措施、规避履行义务的行为存在主观方面的明显差异。行为人可能存在低估法律责任的严重程度、心存侥幸、恶意抗法与不服判决等心理动机,这使得其主观方面的差异必须被慎重对待。例如,在上海市某区人民法院2017年3月执结的一起案件中,被执行人租赁农村集体土地办牛奶厂,因违法转租土地等原因被国土部门申请执行。牛奶厂的实际控制人并未担任法定代表人,但执行员在笔录中及时地固定了相应证据。由于被执行人不认同《土地管理法》等相关规定,所以一直拒绝搬迁牛奶厂。在执行员依法对其采取司法拘留措施后的第二天,被执行人考虑到对其他企业的经营及档案记录等因素,指令牛奶厂连夜处置了二百余头奶牛,履行了迁离该地块的义务。

在司法执行的实践中,执行员对被执行人心理动机的评估以及所采取的执

---

[31] 郑伟、黄勇、曹现华:"齐河县法院判决全市首例拒不执行判决、裁定罪案件",http://dezhou.iqilu.com/dzminsheng/2017/0223/3408404.shtml,最后访问日期2017年2月27日。

行技巧具有明显的个案化特征。在关注行为之外,看到行为人的个性与处境差异才能够有的放矢地发挥司法强制措施的威慑作用。例如,在一起执行案件中,执行员将被执行人传唤到执行局,申请人一方的老人与孩子未吃午饭,一直在被执行人面前哭啼,执行员给被执行人考虑的时限是下午两点;在此期间,被执行人一直不表态,但到了下午两点执行员准备对被执行人进行司法拘留的瞬间,被执行人及其妻子立刻表示要履行债务。

在表 3 中列举的 8 个拒执罪案例,分别发生在辽宁省、山西省、甘肃省、青海省、云南省、湖南省、广西壮族自治区和内蒙古自治区,在 6 个案例中被告人都为避免承担更重的刑事责任而积极履行义务。在胡某拒执案中,被告人拒绝履行 77 万余元债务,因此,青海省民和县人民法院判处其有期徒刑 2 年。在王翼军拒执案中,被告人将 886 万余元卖房款转给案外人,被沈阳市和平区人民法院判处有期徒刑 2 年。通过对比可以初步判断,被执行人在能够履行义务的情况下通常会尽力避免被追究更严重的刑事责任,而法院对履行还款义务的被告人判处 1 年以下有期徒刑、拘役、缓刑或免予刑罚大致上足以达到震慑被执行人的目的。

表 3　欠发达地区财产类拒执罪公诉案例(2014—2015 年)

序号	案件简称	案情简介	义务履行情况	司法强制措施	裁判结果
1	王在忠拒执案[32]	在王在忠与包头市金阳铁合金公司买卖合同一案中,包头市石拐区人民法院判决王在忠支付对方货款、违约金、诉讼费合计 556002 元。	2011 年 9 月某日,执行局干警对王在忠采取强制措施,王强行开车逃走,险些将执行的干警撞伤。2012 年 9 月 20 日,被告人王在忠被抓获,当日其将未履行款项足额交到石拐区法院。	逮捕	2014 年 4 月 8 日,判处王在忠有期徒刑 1 年,缓刑 1 年。
2	王某宽拒执案[33]	山西省忻州市繁峙县人民法院(2009)繁民初字第 205 号民事判决书判令繁峙县海宇球团厂偿还 100.9464 万元及利息 12 万元,王某宽对上述款项以其个人财产承担无限责任。	王某宽在 2010 年卖掉代县的门面房。法院对其司法拘留后,王某宽还款 3.3 万元,此后再未履行义务。王某宽被逮捕后,向刘某支付银行汇款 7.5 万元及现金 3000 元。	司法拘留	2014 年 12 月 18 日,判处王某宽有期徒刑 1 年,缓刑 2 年。

---

〔32〕 参见包头市石拐区人民法院(2014)石刑初字第 8 号刑事判决书。
〔33〕 参见繁峙县人民法院(2014)繁刑初字第 97 号刑事判决书。

（续表）

序号	案件简称	案情简介	义务履行情况	司法强制措施	裁判结果
3	郝富荣拒执案[34]	2006年1月，甘肃省高级人民法院终审判决郝富荣、郝德清连带赔偿张引娥各项损失共计490977.43元。申请人向嘉峪关市城区人民法院申请执行。	郝富荣曾转账领取交通事故保险赔偿款218686元，其中含第三者损失16万元；将肇事货车以13万元的价格转卖并办理过户，仅支付6.7万元。在公诉前支付了未履行的528012元赔偿款。	逮捕	2015年2月9日，判处郝富荣有期徒刑2年，缓刑2年。
4	胡某拒执案[35]	自2003年至2015年，胡某在青海省海东市的民和县法院先后有一份调解书和四份判决书生效，执行标的总额为776477.34元。	2007年2月10日，胡某与其妻协议离婚，三层楼房中的两层及土地使用权归其妻所有，婚后共同债务由胡某偿还。	逮捕	2015年9月，判处胡某有期徒刑2年。
5	王翼军拒执案[36]	2006年12月起，常永花、杨忠、王福军等人先后到辽宁省沈阳市和平区人民法院申请执行辽宁同创房屋开发有限公司返还购房款案。	王翼军将公司所有的房屋以8866400元的价格低价变卖，并在取得卖房款后擅自向与同创房屋开发有限公司无关的段连发支付。	逮捕	2015年，判处王翼军有期徒刑2年。
6	杨宏余拒执案[37]	2011年9月29日，霍某诉请云南省大理白族自治州大理市人民法院判令大理供电有限公司、杨宏余及房主杨某某共同承担触电损害赔偿责任。	司法拘留后，将杨宏余纳入失信被执行人名单。2014年10月21日，其交纳执行款1万元。案件审理过程中，其支付了全部赔偿款项。	司法拘留15日	2014年，判处杨宏余有期徒刑6个月，缓刑1年。

---

[34] 参见刘琬琳：“最高法为打击拒不执行判决、裁定等犯罪行为发布新司法解释”，同前注[6]。

[35] "胡某拒不执行判决、裁定罪一案 最终获刑！"，http://help.3g.163.com/0428/15/0911/22/B390JRIO042800OI.html，最后访问日期2017年2月27日。

[36] "最高人民法院12月4日拒不执行生效判决、裁定典型案例"，http://www.court.gov.cn/zixun-xiangqing-16209.html，最后访问日期2017年2月28日。

[37] "三例拒不执行生效判决、裁定典型案例"，六盘水市六枝特区人民法院微信公众号，最后访问日期2017年3月1日。

(续表)

序号	案件简称	案情简介	义务履行情况	司法强制措施	裁判结果
7	刘平拒执案[38]	2010年9月19日,湖南省娄底市中级人民法院对原告胡亚琳、付珍诉被告曾志杰、刘平交通事故损害赔偿纠纷一案作出终审判决,判令刘平、曾志杰连带赔偿胡亚琳、付珍经济损失109044.66元。	曾志杰、刘平一直不履行义务。刘平将121234.4元征收补偿款转移至刘南江名下。在娄星区人民法院审理期间,刘平履行全部款项。	逮捕	2015年1月26日,判处刘平有期徒刑10个月,缓刑1年。
8	钟某拒执案[39]	广西壮族自治区桂林市荔浦县人民法院(2010)荔民初字第540号民事判决书判决钟某偿还6万元。桂林市中级人民法院2012年4月23日作出(2012)桂市民终字第2号民事判决书,判决驳回钟某上诉,维持原判。	钟某不服判决。荔浦县人民法院先后两次拘留钟某15日。法院裁定查封钟房屋一栋。次日,其便撕毁封条、砸坏铁锁,与家人继续居住。其被刑拘后,2015年4月10日,家属代其将102400元交到法院。	两次司法拘留15日	2015年7月22日,判处钟某有期徒刑8个月,缓刑1年。

表4中的7个案例都涉及建房、拆房或腾房的问题,分别发生在河南、河北、山西、安徽、江苏,其中河南省有3个案例。在以农业为主的地区,房屋及土地纠纷是关涉普通民众重要生活利益的问题,因此调解处理难度大,被执行人寸土必争、抗争到底的态度显得非常坚决。特别是在被执行人不服法院判决、认为处理不公的情形下,被执行人的家人同样会坚定地对抗法院的执行措施。对于普通农民而言,追究刑事责任对其本人与家人的影响可谓巨大,因此法院在适用《刑法》第313条时需要恪守谦抑性原则。第71号指导案例中的被执行人是企业的法定代表人,其所逃避的是财产类判决义务。因此,在处理行为给付类的执行案件时,如果涉及农民土地或房屋问题,不宜盲目参照第71号指导案例。

在河北省邯郸市的"王某甲拒执案"中,被执行人不服拆除违法建筑的行政裁定书因此抗拒执行,在发现执行人员数量较多后,其跑入树林中,但其妻子在房屋中用菜刀刀背致执行人员轻微伤,因此魏县人民法院判处其有期徒刑9个月。由于在行政主导的国度中,政府有可能从开展思想教育、给予合理补偿等

---

〔38〕参见刘琬琳:"最高法为打击拒不执行判决、裁定等犯罪行为发布新司法解释",同前注〔6〕。

〔39〕参见荔浦县人民法院(2015)荔刑初字第50号刑事判决书。

多方面做通被执行人的工作,因此法院对被执行人判处实刑未必能够化解积怨。如果被执行人能够认错悔改,那么判处罚金、拘役或缓刑似乎是处理人民内部矛盾的更妥当选择。在"闫春芝、马贺田拒执案"中,被执行人认为申请人是托关系办的土地使用证,因此联络亲友采取了激烈的对抗执行的举动,而且拒交罚款、不畏司法拘留;平舆县人民法院在2014年6月6日分别判处两名被告人有期徒刑1年6个月,缓刑2年。对比来看,法院对被告人判处缓刑的做法更有利于缓和案外矛盾。

在"耿志小拒执案"中,被执行人以威胁申请人亲属安全等手段抗拒执行,严重妨碍四邻通行,侵害申请人土地权益,因此在对其进行司法拘留无效后,山西省临县人民法院于2015年11月30日判处其有期徒刑1年5个月。在"孙才恩拒执案"中,被执行人不仅长期占用叔父的房屋,而且将旧房拆除以抗拒法院执行,体现出强烈的恶意,因此安徽省霍邱县人民法院于2015年1月8日判处其有期徒刑1年。这两起案件中的被告人藐视法院权威,因此法院按照对主客观方面统筹考虑的要求追究其刑事责任,于法于理都容易得到认同。尽管如此,在通过司法强制措施能够督促被执行人履行义务的情况下,司法机关仍旧需要慎用公诉手段实现执行目标。

表4 行为给付类拒执罪公诉案例(2013—2016年)

序号	案件简称	案情简介	义务履行情况	司法强制措施	裁判结果
1	聂胜利拒执案[40]	2012年1月30日,河南省周口市中级人民法院判令聂胜利停止侵权、排除妨害,不得阻止张某某翻建房屋。	聂胜利指使其家人抗拒鹿邑县人民法院执行。在庭审过程中,达成谅解,履行完毕。	逮捕	2013年12月25日,判处聂胜利有期徒刑1年,缓刑1年。
2	闫春芝、马贺田拒执案[41]	河南省驻马店市平舆县人民法院(2011)平民初字第1183号、第1184号、第1370号民事判决书判令闫春芝、马贺田等人立即停止侵权,并不得再阻碍冯××、陈××、张××施工建房。	闫春芝、马贺田认为判决不公,多次阻碍陈××等人施工建房。2013年7月30日,对闫春芝、马贺田等人罚款5万元(未缴纳);2013年9月18日,将闫春芝、马贺田司法拘留15天。后闫春芝、马贺田继续阻碍陈××等人施工建房。	罚款5万元(未缴纳),司法拘留15天。	2014年6月6日,分别判处闫春芝、马贺田有期徒刑1年6个月,缓刑2年。

〔40〕 "拒不执行判决裁定犯罪行为典型案例",同前注〔22〕。
〔41〕 参见平舆县法院(2014)平刑初字第70号刑事判决书。

(续表)

序号	案件简称	案情简介	义务履行情况	司法强制措施	裁判结果
3	庄建平拒执案[42]	河南省周口市沈丘县人民法院(2009)沈民初字第770号民事判决书判决庄建平立即停止侵权,不得耕种与原告庄同祥相邻一侧的0.58亩责任田,拆除其所盖的房屋,恢复原状,赔偿经济损失1000元。	庄建平及其家人对抗法院执行,强行耕种涉案责任田,拒绝拆除房屋,还多次辱骂庄同祥及其家人。在案件批捕后,庄建平的家人自行将房屋拆除,退还耕地,并对庄同祥进行赔偿。	司法拘留15日。	2015年4月17日,判处庄建平有期徒刑6个月,缓刑1年。
4	孙才恩拒执案[43]	2011年11月,安徽省六安市中级人民法院终审判决孙才恩将房屋及院落交付孙鸿桂。	孙才恩威胁执行人员,抗拒执行。2014年年初,孙才恩擅自将房屋拆除,在原址上重新建房,导致执行标的物灭失。	逮捕	2015年1月8日,判处孙才恩有期徒刑1年。
5	吴某、姜某拒执案[44]	江苏省淮安市淮阴区人民法院于2014年8月20日判决吴某、姜某夫妇于一个月内从权属争议房屋中搬出。吴某上诉后,2014年12月10日,淮安市中级人民法院判决维持原判。2015年12月8日,淮阴区人民法院以(2014)淮民初字第01266号民事裁定书对(2014)淮民初字1266号民事判决书文字错误予以更正,明确争议房屋位置。	法院先后采取了向被告人吴某、姜某送达执行通知书、财产申报表、同吴某谈话要求其从争议房屋搬出、在吴某住处张贴公告等执行行为。2016年2月3日,法院决定对吴某司法拘留15日。2016年10月,吴某、姜某从争议的房屋中搬出,并将房屋钥匙交付给邵某。	司法拘留15日	2016年12月22日,判处吴某拘役4个月,缓刑6个月;判处姜某拘役3个月,缓刑4个月。

[42] 参见沈丘县人民法院(2015)沈刑初字第18号刑事判决书。
[43] 参见刘琬琳:"最高法为打击拒不执行判决、裁定等犯罪行为发布新司法解释",同前注[6]。
[44] 参见淮安市淮阴区人民法院(2016)苏0804刑初第506号刑事判决书。

(续表)

序号	案件简称	案情简介	义务履行情况	司法强制措施	裁判结果
6	王某甲拒执案[45]	河北省邯郸市魏县人民法院（2013）魏执字第992号行政裁定书、（2014）魏执字第97号行政裁定书，确定王某甲在规定的期限内应履行"自行拆除在非法占用土地上的新建建筑物12间和其他设施、恢复土地原状"的义务。	法院对违法建筑强制执行时，王某甲手持长柄斧头，其父王某乙手持木棍，其妻茅某甲用菜刀刀背砍法院工作人员吴某，造成吴某受轻微伤。	强制拆除违法建筑	2015年3月13日，判处王某甲有期徒刑9个月。
7	耿志小拒执案[46]	方山县人民法院在执行（2002）方民初字第114号民事判决时，向耿志小做了二十多次执行笔录，并两次公告让其拆除超占部分。山西省吕梁市临县人民法院负责执行该案。	耿志小不服判决，被司法拘留后，在住房西边修建房屋时进一步侵占道路，拒不拆除超占部分的建筑。	司法拘留，法院对超占建筑予以强制拆除	2015年11月30日，判处耿志小有期徒刑1年5个月。

综上所述，拒不配合执行措施、规避履行判决义务的行为可能由诸多原因造成，行为人既可能认为缺乏严厉制裁的先例，所以选择激烈对抗的态度；也可能期望侥幸规避法院的执行措施，以避免履行义务造成的经济损失；还有可能是看重高额的经济利益，宁愿被判刑也不肯偿还债务。对于希望通过违反法律义务来牟利的行为人，法院应当基于证据材料认定其主观恶意。但是，如果行为人对行政决定或法院判决不服，认为政府的行为不合理或者是因对方当事人相关行为不当而引发纠纷，这就意味着仅靠强制执行措施不能有效化解矛盾。即便采用刑事追责的方式迫使行为人履行义务，仍旧可能对政府与群众的关系、邻里关系的和谐造成隐患。因此，在认定情节严重的拒执行为时，需要慎重对待行为人的主观差异。

三、反思刑事追责模式的现实局限

在引导申请人自诉与健全社会信用机制之间比较来看，激活自诉程序有利

---

[45] 参见魏县人民法院（2015）魏刑初字第10号刑事判决书。
[46] 参见临县人民法院（2015）临刑初字第233号刑事判决书。

于解决刑事侦查部门与公诉方追责动力不足的问题，为债权人拓宽救济渠道；但司法救济程序与社会信用机制的制约效果之间存在较大差距，健全完善的社会信用机制能够达致让人不愿为、不能为的目标，而司法救济程序只能靠强力威慑让人不敢为。目前，最高人民法院的点对点网络执行查控系统与工商银行等商业银行、房地产管理部门、出入境管理部门等系统联网，可以查询被执行人在相关银行的存款余额、房地产、出入境等情况。除技术手段外，在社区、农村自治组织中聘任执行信息员等协同治理举措也可以发挥降低执行成本、提高执行效率的作用。

对于企业拒执案件，合理地调动政府的作用能够取得事半功倍的效果。例如，在海宁市的一起执行案件中，某镇企业主拒绝履行支付工伤赔偿费用的义务，镇政府考虑到息访维稳的需要，与申请人签订了债权转让合同后向申请人支付了约40万元的工伤赔偿款。一年后，该企业因为营商环境的改变而终止了在该镇的经营，只能迁到外地办厂。由此可见，社会联动、协同治理的合力有利于解决一些仅靠司法强制措施、刑事追责难以解决的"执行难"问题。如果将纳入"失信黑名单"的被执行人作为税务、市场监管等行政部门执法检查的重点对象，一些失信企业就不会肆无忌惮地抗拒或规避法院的执行措施。

最高人民法院2016年2月25日发布了6个拒执罪自诉案件的典型案例，肯定了在追诉程序上规定公诉与自诉并行的方式对增强执行工作强制性的积极意义。[47] 在"郭可存拒执自诉案"[48]中，郭可存经两次司法拘留仍拖欠工资10.82万元及迟延利息。2015年12月9日，河南省商丘市睢阳区人民法院判处郭可存有期徒刑2年6个月。针对郭可存拒绝履行给农民工造成生活困难的情况，法院给予刘爱龙等人2万元的司法救助款。在执行实践中，对于一些因执行难引发的信访案件，法院申请使用财政资金给付司法救助款项或者联系民政部门提供行政救助的做法，确实能在一定程度上解决申请执行人的燃眉之急。

在"李许东拒执自诉案"[49]中，李许东被河南省原阳县人民法院判令赔偿吕某等人交通事故损失11.2万元。在被禹州市人民法院拘留15日、罚款1万元后，李许东凭民事调解书取得10万元保险理赔款，并将其中部分挪作他用。在自诉案件审理过程中，其按照和解协议赔偿吕某等人各项损失12.3344万元。因此，原阳县人民法院判处其拘役6个月，缓刑1年。该案是最高人民法院2015

---

[47] 李阳："最高人民法院公布六起拒执罪自诉典型案例"，《人民法院报》2016年2月26日。

[48] "最高法院2月25日发布拒执罪自诉案件典型案例"，http://www.court.gov.cn/zixun-xiangqing-16691.html，最后访问日期2017年2月25日。

[49] 同上注。

年发布拒执罪司法解释后河南省宣判的第一起自诉案件。通过对比可以发现,宽严相济的刑事司法政策是适用《刑法》第 313 条时应当遵循的基本要求。

在表 5 列举的 11 个案例中,福建省、河南省各有 3 个案例,湖南省、山东省、江苏省、浙江省、广东省各有 1 个案例。在"温春义、王树玲拒执自诉案"中,南京市中级人民法院裁定,撤销雨花区人民法院不予受理的裁定,由雨花区人民法院受理该案。在"王长芳拒执自诉案"中,因为王长芳下落不明,所以义乌市人民法院与金华市中级人民法院先后裁定不予受理吴惠兰的自诉申请。这起案件引发了一个值得思考的问题,若执行法院怠于引导申请执行人启动自诉程序,那么,在证据材料的收集方面申请人将面临巨大困难,只能向法院申请调取执行档案卷宗中的证据材料。"在司法实践中,侦查机关对此罪的侦查,往往是依靠执行阶段的证据,实际上是将举证责任和侦查任务都提前转移到了法院执行阶段。这样就会出现执行人员在搜集、认定犯罪证据时'本领恐慌'和对公安机关侦查人员的过度依赖。申请人即使采取自诉方式,也很难通过自身的力量搜集固定犯罪证据。"[50]

在"庄红琼等拒执自诉案"中,广州市增城区人民法院裁定不予受理陈通金的自诉申请。这种不予受理的可能性在自诉案件数量增加的情况下比较容易增强。进而言之,在执行法院支持申请执行人自诉,愿意利用刑事责任威慑被执行人的情况下,法院在审判环节如果对证据材料的审查要求略微宽松,将有损法院的独立公正形象。"对于拒不执行判决、裁定案件,根据地域管辖的原则,案件可能由原执行的法院管辖,也可能由其他法院管辖。实践中,大多是由原执行的法院管辖。这极易导致法院不公正地审理案件。"[51]因此,上级法院指定管辖的方式有利于化解执行法院与审判法院之间的角色冲突。

表 5 拒执罪自诉案例(2015—2016 年)

序号	案件简称	案情简介	义务履行情况	司法强制措施	裁判结果
1	廖长年拒执案[52]	福建省三明市将乐县人民法院(2013)将民初字第 254 号民事调解书确认廖长年等人向徐加顺偿还借款 30 万元及利息。	廖长年的店面房月租金 2600 元。村里 2014 年向其发放补贴 1.584 万元。2015 年 12 月 15 日,约定其每月返还 2500 元。	要求廖长年将其名下轿车交付法院。	2015 年 12 月,免予刑事处罚。

---

[50] 安凤德:"拒不执行判决、裁定罪的犯罪构成要素新论",载《学术论坛》2016 年第 2 期。
[51] 刘国敏:"拒不执行判决、裁定罪若干问题研究",华东政法大学 2008 年硕士学位论文,第 31 页。
[52] "拒不执行判决、裁定自诉案件案例",http://www.gnfy.gov.cn/newscontent.aspx? Aid=1107,最后访问日期 2017 年 3 月 4 日。

(续表)

序号	案件简称	案情简介	义务履行情况	司法强制措施	裁判结果
2	柯文水拒执自诉案[53]	福建省三明市将乐县人民法院(2014)将民初字第893号民事调解书确认柯文水等人向肖辉偿还借款160万元及利息。	2015年12月20日,柯文水与自诉人肖辉达成和解协议,约定柯文水分期向肖辉偿还欠款。	查封柯文水名下轿车,但其拒不交付。	2015年12月,裁定准予撤诉。
3	沈某甲拒执自诉案[54]	福建省龙岩市连城县人民法院(2007)连民初字第254号民事判决书、(2007)岩民终字第336号民事判决书判令沈某甲支付363618元给罗某。	沈某甲将生猪出售款6—7万元另作它用,并为沈氏祠堂捐款、物1万元,未及时归还欠罗某的加工饲料款。	逮捕	2016年4月5日,判处沈某甲拘役6个月。
4	杨现涛、袁朝玉拒执自诉案[55]	河南省洛阳市偃师市人民法院(2011)偃镇民初字第486号民事判决书判决袁朝玉、杨现涛赔偿雇工李根生因伤所受损失7.957万元。(2013)偃民六初字第308号民事判决书判决袁朝玉、杨现涛赔偿李根生二次手术等费用4706.02元。	冻结了袁朝玉银行存款8649元。袁朝玉为儿子婚宴花费2万多元。杨现涛建造两层房屋,并对一楼房屋进行装修。案件审理期间,达成执行和解协议,一次性支付李根生6.6万元。	司法拘留	2015年,判处袁朝玉有期徒刑1年6个月,缓刑2年;判处杨现涛有期徒刑6个月,缓刑1年。
5	王红梅拒执自诉案[56]	河南省开封市鼓楼区人民法院(2015)鼓民初字第486号民事判决书判令王红梅支付10万元及利息。(2015)汴民终字第1302号民事判决书驳回王红梅上诉。	王红梅未经郭倩倩和法院允许,擅自将被保全查封的车辆开走。2016年12月15日,达成并履行和解协议。	查封车辆	2016年12月22日,判处王红梅罚金人民币2000元。

[53] 同上注。
[54] 参见连城县法院(2015)连刑初字第222号刑事判决书。
[55] "拒不执行判决、裁定自诉案件案例",同前注[52]。
[56] 参见开封市鼓楼区法院(2016)豫0204刑初130号刑事判决书。

（续表）

序号	案件简称	案情简介	义务履行情况	司法强制措施	裁判结果
6	程某拒执自诉案[57]	河南省固始县人民法院(2014)固民初字第822号民事判决书判决程某一次性支付汪某工资款2.1万元。	程某与汪某达成协议后支付5000元，拒付余款1.6万元。案发后，其近亲属代付1.5万元。	刑事拘留	2017年2月13日，判处程某罚金人民币2000元。
7	左某某拒执自诉案[58]	湖南省湘潭市雨湖区人民法院(2012)雨法民一初字第123号民事判决书判决左某某返还蒋某某货款84.3万元，负担受理费12630元、财产保全费4900元，合计860530元。	左某某趁蒋某某疏于申请续保，将法院冻结的银行存款转移他用；将查封的车辆转移；未按和解协议履行。其被取保候审期间，将两套房屋腾空。	司法拘留15日。经两次通知，其拒不腾空两套房屋。	2016年7月4日，判处左某某拘役6个月，缓刑1年。
8	刘永宾拒执自诉案[59]	山东省淄博市高新区人民法院判令淄博齐顺运输有限公司偿还200万元，支付违约金100万元；刘中华、陈玉华、刘永宾、朱继红、淄博奥昕经贸有限公司对上述款项承担连带清偿责任。	2015年9月10日对刘永宾采取拘留措施。其与申请执行人达成执行和解协议，但未按约定履行义务。在庭审中达成和解协议，部分款项已支付。	刑事拘留	2015年9月18日，判处刘永宾有期徒刑6个月，缓刑1年。
9	温春义、王树玲拒执自诉案[60]	被起诉人温春义、王树玲是单位直接负责的主管人员和直接责任人，徐宁古向雨花台区人民法院提交了六组计36份证据材料。(2015)雨刑诉初字第1号刑事裁定书裁定不予受理自诉申请。	温春义、王树玲分别作为鑫三源公司的法定代表人和监事，转移资金、隐藏实物财产、放弃债权；伪造、毁灭有关被执行人履行能力的资产负债表和入款收据。	司法拘留	2015年12月22日，南京市中级人民法院裁定本案由雨花台区法院依法立案受理。2016年12月14日，南京市雨花台区人民法院裁定驳回起诉。

[57] 参见固始县法院(2017)豫1525刑初176号刑事判决书。
[58] 参见湘潭市雨湖区法院(2016)湘0302刑初7号刑事判决书。
[59] "拒不执行判决、裁定自诉案件案例"，同前注[52]。
[60] 参见南京市中级法院(2015)宁刑诉终字第17号刑事裁定书。

(续表)

序号	案件简称	案情简介	义务履行情况	司法强制措施	裁判结果
10	王长芳拒执自诉案[61]	2004年5月11日经义乌市人民法院判决由吴惠兰抚养其与王长芳的儿子王恩俊。(2015)金义刑受初字第4号刑事裁定书裁定不予受理吴惠兰的自诉请求。	判决后,王长芳到幼儿园把儿子接走,之后带离义乌市,下落不明。		2015年10月30日,金华市中级人民法院终审裁定驳回上诉,维持原裁定。
11	庄红琼等拒执自诉案[62]	广州市增城区人民法院(2014)穗增法民二初字第26号判决判令广州市成河纺织有限公司、陈某2、庄红琼支付陈某1货款667610.24元及利息。	法院查封公司账户后,庄红琼让客户将货款汇到其他公司账户。谢海富未将征地拆迁款3506089元交还给广州市成河纺织有限公司。	查封账户	2015年12月10日,裁定依法不予受理自诉请求。

若想有效制约拒执行为需要"强化执行惩戒系统建设","利用各类信息平台加强对失信被执行人的曝光力度"。[63] 在互联网时代下,利用信息技术手段构建社会诚信机制是从根本上预防拒执行为的重要途径。"通过专网查询、查封、扣划、冻结被执行人的财产,可改变人手不足的现状,减少大量人力、物力成本。"[64] 由于我国政府部门之间的"信息孤岛"问题仍旧需要尽快解决,所以,法院在无法充分借助社会信用机制预防被执行人失信、拒执行为的条件下启动公诉程序或者引导、配合申请人启动自诉程序,有助于实现顺利执结案件的目标。"在当前刑事法治和刑罚人道化理念指导下,最好的预防方法不是采用厉而不严或既严又厉的刑罚设置,而是采用严而不厉的刑罚处罚。"[65] 表6中的"民权小乔酒店有限公司拒执案"则代表了申请人与执行法院的愿景,即通过社会信用机制的约束,督促被执行人自觉履行判决义务。

---

[61] 参见金华市中级法院(2015)浙金刑受终字第15号刑事裁定书。
[62] 参见广州市增城区法院(2015)穗增法立刑初字第6号刑事裁定书。
[63] 邵建新:"永嘉县法院:打击拒不执行判决、裁定犯罪行为",http://news.66wz.com/system/2015/07/24/104520807.shtml,最后访问日期2017年3月20日。
[64] 张水波:"拒不执行判决、裁定罪的司法认定",同前注[5],第45页。
[65] 田民:"拒不执行判决、裁定罪立法述评——以《刑法修正案(九)》为视角",载《江西警察学院学报》2016年第3期。

表 6　各类资料宣传、介绍的拒执案例(2012—2015 年)

序号	案件简称	案情简介	义务履行情况
1	徐延兵拒执案[66]	河南省周口市太康县人民法院判决太康县舒捷城市公共交通有限公司偿还原告 40.1 万元及利息,原告拥有对被告 30 辆公交车折价或拍卖、变卖款的优先受偿权。	舒捷城市公共交通有限公司的法定代表人徐延兵长期躲避,且将该公司被查封、抵押的部分车辆变卖。2015 年 6 月 23 日,依法将徐延兵刑事拘留。2015 年 6 月 25 日,舒捷城市公共交通有限公司将 40.1 万元本金及延期利息 81232.96 元全部履行完毕。
2	赵遂记拒执案[67]	河南省周口市淮阳县人民法院(2014)淮民初字第 00659 号民事判决书判令长葛市金工车桥有限公司及其法定代表人赵遂记等六被告偿还 288 万元。	公司账户有大量资金流转。赵遂记被司法拘留 15 日。2015 年 6 月批捕。2015 年 7 月 4 日,被执行人与申请人达成和解协议,并于当日履行 100 万元,承诺 7 月底再履行 100 万元,余款在 8 月底前履行完毕。
3	喻某某拒执案[68]	法院判令喻某某向湖南省长沙市高新区某硬质合金有限责任公司偿还债务。	喻某某从暂住地迁出,长期在外冒名租房。被司法拘留后,与申请人达成分期支付货款及逾期利息的和解协议,并先行支付 14 万元。
4	钟某拒执案[69]	2012 年华林汽车运输公司向建瓯市闽东汽车发展有限公司购车 22 辆,车款共 300 余万元,约定分期付款。经福建省南平市建瓯市人民法院调解,双方对购车款本息合计 420 万元的诉求达成调解协议。	被执行人仅分期支付 75 万元并以各种理由推脱。法院通过执行冻结、扣划 60 万元后,剩余的 200 余万元未在规定期限内偿还。2014 年 2 月,法院裁定扣押货车 22 辆,但华林汽车运输公司拒绝交车。在钟某取保候审期间,华林公司将其名下价值 170 多万元的财产抵押给申请人。
5	彭某拒执案[70]	四川省达州市中级人民法院终审判决彭某还款本金 2 万元,及已偿还本金 8 万元的利息 2 万余元。	彭某名下有一家投资公司,有能力履行但躲避债务、故意规避执行。被刑事拘留后,彭某支付 2 万元及利息。

---

[66] "拒不执行判决裁定犯罪行为典型案例",同前注[22]。
[67] "拒不执行判决裁定犯罪行为典型案例",同前注[22]。
[68] 叶子龙:"拒不执行判决、裁定罪客观要件研究",同前注[20],第 22 页。
[69] 建瓯法院、叶婧、陈铿:"建瓯法院:公司拒不履行判决 老赖法人要追究责任",http://fj-fy.chinacourt.org/article/detail/2014/07/id/1349689.shtml,最后访问访问日期 2017 年 3 月 20 日。
[70] 苏明、王毕逸、周雪、吴万斌:"拒不执行判决'老赖'或被定罪量刑",《华西都市报》2014 年 12 月 16 日。

(续表)

序号	案件简称	案情简介	义务履行情况
6	张某拒执案[71]	法院判令偿还1050万元债务	张某通过将其所有的公司转让给子女、低价转让房产等手段对财产进行转移。在张某被逮捕的当日,被执行人履行了1050万元的债务。
7	民权小乔酒店拒执案[72]	2014年11月3日,民权小乔酒店有限公司因购置设施及内部改造,急需资金,向庄新建借款1800万元,借款期限20天,并由民权小乔食品有限公司、李冰冰、魏明胜承担连带保证责任。	申请人依据(2014)商睢证字第060号执行证书多次催促,被申请人仅偿还本金750万元。河南省商丘市民权县人民法院把被执行人列为失信被执行人,并在有关电子屏幕上公布其失信情况后,被执行人及时履行义务。

综上所述,虽然激活公诉程序与自诉程序能够在一定范围内形成严厉打击拒执行为的阵势,但是在公诉程序中对证据材料的审查力度不应因此而被减弱,否则会引发滥用刑事制裁权力的质疑。自诉程序的激活有赖于执行法院的引导与支持,若执行法院认为拒执行为情节并不严重或缺乏受理此类自诉案件的动力,自诉人的愿望仍旧可能落空。在执行法院受理自诉案件的情况下,司法公正形象可能受损的问题亟须获得必要的关注。由上级法院指定管辖法院的方法,可以使执行案件的法院与审判拒执罪案件的法院得以分离。尽管通过程序制度的安排可以增强对拒执行为的追责力度,但司法成本乃至社会总成本的投入是刑事追责模式面临局限的重要表现。如果可以通过社会信用机制的构建形成正向激励与反向约束的有效对接,显然没有必要花费过高的成本来启动司法救济程序。在社会信用机制的完善尚需时日的情况下,谨慎适用《刑法》第313条是法院在司法成本与司法目标之间实现有效平衡的基本要求。

结语:对"情节严重"的类型化认知

全国人大常委会在2002年发布的《关于〈中华人民共和国刑法〉第三百一十三条的解释》中,明确描述了四种"情节严重"的情形。最高人民法院在《关于审理拒不执行判决、裁定刑事案件适用法律若干问题的解释》第2条,针对该立法解释中提到的其他"情节严重"的情形,列举了八种典型行为。因此,若忽视"拒执行为起算时间"之前的定语"情节严重",将导致刑法的谦抑性受损。第

---

[71] 李祖华:"拒不执行判决、裁定罪实证研究",载《法治研究》2015年第3期。
[72] "三例拒不执行生效判决、裁定典型案例",同前注[37]。

71号指导案例的争议焦点是"起算时间"问题,即在裁判理由中引用了《民事诉讼法》第111条及最高人民法院《关于适用〈中华人民共和国民事诉讼法〉的解释》第188条,论证应当将判决、裁定生效之时作为拒执行为起算的时间点。类似的学理阐释与该案的裁判理由相仿,更多强调从履行判决义务的角度认识拒执行为。如"被执行人、担保人应按裁判文书的要求不折不扣地履行,若他们采取转移财产等方式规避执行,最终导致裁判无法执行的,其行为应当认定构成拒执罪,即应从判决、裁定发生法律效力之日起开始计算拒执行为的时间,不以执行机关书面或者口头通知为前置"[73]。但是,若原告胜诉却未申请执行生效的判决或裁定,法院即没有追究拒执行为法律责任的必要性。"根据证据材料,正确判断'有能力执行''拒不执行''致使判决、裁定无法执行'以及因果关系几方面。不能机械地将时间点固定在某个阶段,而应该结合案情,正确推定行为人的主观心理,遵循主客观相一致原则。"[74]根据行为判断主观态度是可取的方案,但先认定主观态度再寻找理由的做法则未必妥当。

从主观方面来看,行为人抗拒或规避执行措施的直接故意是确定"起算时间"的必要条件。按照犯罪预备、犯罪实施的阶段划分观点来看,在收集证据材料过程中,可以用犯罪预备阶段的行为来证明被告人拒执行为的起算时间始于判决、裁定生效之时。"行为人隐藏、转移、故意毁损财产只要发生在判决、裁定作出之后,都对判决、裁定的不能执行有影响,并且行为人如果在当事人向法院申请执行之前就计划转移财产,较之于那些在执行程序开始之后才预谋逃避执行的人,主观恶性更大。"[75]因此,公诉方或自诉人可提供相关的证据材料,证明应当将判决、裁定生效之时作为个案中拒执犯罪行为的起算时间。

若仅从主观方面证明拒执行为的"起算时间",就会引发如何看待"情节严重"的问题。拒执罪是纯正的不作为犯和情节犯。"对拒不执行判决、裁定罪中的'有能力执行',应当采用只需被告人在客观上具有部分财产或行为能力的判断标准;情节严重并不单指后果的严重,而应从手段的恶劣性、影响的深远性、后果的严重性这三方面综合判断。"[76]

从客观方面来看,应当有证据材料证实被执行人暴力抗拒执行,造成恶劣的社会影响;执行法院对被执行人采取司法强制措施后,被执行人仍然拒绝履行义务;被执行人的规避行为导致裁判无法执行,影响申请人基本生存质量等

---

[73] 李祖华:"拒不执行判决、裁定罪实证研究",同前注[71]。
[74] 安凤德:"拒不执行判决、裁定罪的犯罪构成要素新论",同前注[50]。
[75] 金琳:"拒不执行判决、裁定罪中的因果关系及责任认定研究",载《中国检察官》2013年第6期。
[76] 关俊:"拒不执行判决、裁定罪中执行能力和情节严重的判断标准",载《人民司法》2013年第20期。

"情节严重"的客观事实。[77] 通过从理论上对"情节严重"做类型化的解读,可以降低《刑法》第313条适用过程中的理解难度,克制过度适用刑事追责方式打击拒执行为的冲动。

《最高人民法院工作报告》显示,2016年,全国各级法院"共受理执行案件614.9万件,执结507.9万件,同比分别上升31.6%和33.1%,执行到位金额1.5万亿元,同比上升54%";"依法惩治拒不执行裁判行为,司法拘留1.6万人,追究刑事责任2167人"[78]。由此可见,即便是在执行案件数量增加的情况下,司法强制措施仍应被视为追究刑事责任的前置环节。在实践中,当事人在判决前已经将财产转移到亲属或其他关系密切人名下的现象屡见不鲜。这是民众以家庭为本位的生活习俗与以个体为规制对象的法律制度之间张力的直观表现。因此,尽管刑罚制裁能够在一定程度上维护司法执行的秩序,但这一制度安排很难超越"成本—效益"考量等现实条件的局限。这样看来,不应过度寄希望于依靠《刑法》第313条有效解决执行难问题。健全社会信用机制才是解决失信问题的根本出路。

(初审编辑 方柏兴)

---

[77] 对法条文义的解释,参见陈兴良主编:《刑法学》,复旦大学出版社2016年第3版,第480—481页;朗胜主编:《中华人民共和国刑法释义》,法律出版社2015年第6版,第559—562页;黎宏:《刑法学各论》,法律出版社2016年第2版,第416—418页;王作富主编:《刑法》,中国人民大学出版社2016年第6版,第465—466页;周光权:《刑法各论》,中国人民大学出版社2016年第3版,第397—398页。

[78] "《最高人民法院工作报告》全文及附件发布",http://www.court.gov.cn/zixun-xiangqing-37852.html,最后访问日期2017年3月21日。

论电子商务交易平台对知识产权
侵权通知的审查义务
——以淘宝、天猫交易平台为例

夏江皓[*]

Duty of Examination to Notice of Infringement on Intellectual Property of E-Commerce Trading Platform
——Taking Taobao and Tmall as Examples

Xia Jianghao

内容摘要：电子商务的发展为知识产权的保护带来了新的挑战，基于知识产权的特殊属性，需要从知识产权的本质出发，结合现有的法律规定及司法实践的实证数据来衡量电子商务交易平台的注意义务，平台注意义务认定的关键在于各方利益的平衡。平台对收到的知识产权侵权通知负有一定的审查义务，平台应当以一个理性人的角度对通知进行形式审查，审查时应当遵循高度盖然性标准，同时结合平台在交易活动中的获利情况、预防成本以及审查的难易程度等因素进行综合考量。有效的知识产权侵权通知应当符合一定的程序及内容要求。此外，反通知规则、担保制度和第三方鉴定制度的引入也有助于配合

---

[*] 北京大学法学院2016级博士生，E-mail：xjhgofor@163.com，电话：15210925560。本文获得第十一届中国法学青年论坛主题征文比赛二等奖。感谢薛军老师对本文提供的指导和批评，感谢编辑对本文提供的指正和意见。然一如成例，文责自负。

通知规则的良好运行。

关键词：电商平台　侵权通知　审查义务　知识产权

一、导言

当今社会，互联网大大改变了人们的生产和生活方式，其中非常典型的变化之一就是购物方式的革新——网络购物逐渐成为人们的日常消费习惯。[1]伴随着网络购物行业的不断发展，我国审理的涉及电子商务交易纠纷的案件也日益增多，尤其是涉及电子商务交易平台[2]（以下简称"平台"）的知识产权侵权纠纷案件。

一般认为，电子商务交易平台是网络技术服务提供者而非内容服务提供者，承担赔偿责任的前提是有过错[3]，但如何认定过错，标准并不统一。认定

---

[1] 中国互联网络信息中心（CNNIC）发布的《2015年中国网络购物市场研究报告》显示，截至2015年12月，我国网络购物用户规模达4.13亿，同比增加5183万，增长率为14.3%，高于6.1%的网民数量增长率。2015年中国网络购物市场继续保持快速发展。当年度全国网络零售交易额达3.88万亿元，同比增长33.3%，占社会消费品零售总额的比重继续增长至12.9%。其中，B2C交易额2.02万亿元，同比增长53.7%。当年度中国网络购物市场交易总次数达256亿次，年度人均交易次数62次。"《2015年中国网络购物市场研究报告》发布"，http://www.cnnic.cn/gywm/xwzx/rdxw/2016/201606/t20160622_54247.htm，最后访问日期2017年6月28日。

[2] 2011年商务部发布的《第三方电子商务交易平台服务规范》第3.2条规定："第三方电子商务交易平台是指在电子商务活动中为交易双方或多方提供交易撮合及相关服务的信息网络系统总和。"2013年北京市高级人民法院发布的《关于审理电子商务侵害知识产权纠纷案件若干问题的解答》使用了"电子商务平台经营者"的概念，"是指为电子商务提供交易平台，即为交易信息的公开传播提供网络中间服务的网络服务提供者。"2014年国家工商行政管理总局公布的《网络交易管理办法》第22条第2款规定："第三方交易平台，是指在网络商品交易活动中为交易双方或多方提供网页空间、虚拟经营场所、交易规则、交易撮合、信息发布等服务，供交易双方或者多方独立开展交易活动的信息网络系统。"据此，本文所指的"电子商务交易平台"是指在网络商品交易活动中，为交易双方或多方提供交易平台，供其独立开展交易活动的信息网络技术服务提供者，其实质是电子服务中介商。

[3] 首先，根据全国人大法工委的官方释义，网络技术服务提供者承担的是过错责任。"提供技术服务的网络服务提供者承担的是过错责任。经研究，我们认为，提供技术服务的网络服务提供者并不直接向公众提供信息，只是为网络用户发布或者检索信息提供平台，每天面对海量的信息，在技术上无法逐一审核，令此类网络服务提供者承担无过错责任可能使其承担过重的义务，远超出其能承受的范围，不仅危及网络行业的正常发展，最终将损害社会公共利益。"（参见王胜明主编：《中华人民共和国侵权责任法释义》，法律出版社2010年版，第194页）。其次，从我国学者的普遍观点来看，对网络技术服务提供者采取的归责原则也应当是过错责任。（参见王利明：《侵权责任法研究（下卷）》，中国人民大学出版社2011年版，第121页；杨立新："《侵权责任法》规定的网络侵权责任的理解与解释"，载《国家检察官学院学报》2010年第2期；张新宝、任鸿雁："互联网上的侵权责任：《侵权责任法》第36条解读"，载《中国人民大学学报》2010年第4期；吴汉东："论网络服务提供者的著作权侵权责任"，载《中国法学》2011年第2期等。）最后，从笔者进行的案例检索结果来看，我国法院均认为网络技术服务提供者承担损害赔偿责任的前提是有过错。（笔者在"北大法宝"案例检索平台，以《侵权责任法》第36条"为基础进行法条联想，检索案例，截至2016年7月24日，案例总数为223个，其中有效案例为44个；在"北大法宝"案例检索平台采取高级检索的方法，检索条件为"案例标题中含有'天猫'""判决书""裁判日期为2010年7月1日以后《侵权责任法》施行后"，截至2016年7月23日，共检索到79个案例，其中有效案例为25个；在"北大法宝"案例检索平台采取高级检索的方法，检索条件为"案例标题中含有'淘宝'""判决书""裁判日期为2010年7月1日以后《侵权责任法》施行后"，截至2016年7月23日，共检索到263个案例，其中有效案例为83个。）

过错的一个关键因素在于对平台审查义务标准的界定。审查包括事前审查和事后审查。通常认为,就事前审查而言,平台作为电子商务交易中的网络服务提供者,不直接参与消费者和网络用户之间的交易,而处于技术中立地位,因此,其对平台交易的产品及信息是否构成侵权不负有一般性的事前审查义务,除非其知道网络用户利用其网络服务侵害他人民事权益而未采取必要措施。[4]

就事后审查而言,如果权利人发现网络用户利用网络服务实施侵权行为,有权通知平台采取删除、屏蔽、断开链接等必要措施,然而问题在于:平台在接到权利人的通知后,是否有义务对通知进行审查,判断通知所述侵权行为是否成立、真实,从而决定是否应对其采取必要措施以防止损害的扩大?再进一步,如果平台对通知有审查义务,那么审查义务的具体内容和标准是什么?对此问题,我国法律缺乏明确的具体规定[5],学界观点不一[6],实践中电商平台也表达过类似的困惑[7],法院的做法更是大相径庭,给理论界与实务界造成了巨大

---

[4] 例如,在"代勇军诉浙江淘宝网络有限公司等侵害实用新型专利权纠纷案"(浙江省杭州市中级人民法院(2015)浙杭知初字第334号民事判决书)中,法院认为:"淘宝公司作为提供电子商务交易平台的网络服务提供者,其事前不知道王固奇利用其网络服务实施侵害代勇军专利权的行为,也不具有相应的审查义务,且淘宝公司在接到代勇军的有效侵权投诉通知后及时采取了披露被投诉卖家信息等措施,故淘宝公司对王固奇的被诉侵权行为不存在明知或应知的过错,不构成帮助侵权。"在"广州流行美时尚商业股份有限公司诉浙江淘宝网络有限公司等侵害商标权、不正当竞争纠纷案"(浙江省杭州市余杭区人民法院(2015)杭余知初字第9号民事判决书)中,法院认为:"淘宝公司作为网络服务提供者对于发布在其平台上的信息不负有主动审查的注意义务,因此,流行美公司关于淘宝公司应对平台上的信息进行主动审查的主张,缺乏法律依据,本院不予采信。淘宝公司只有在明知或应知侵权行为存在而未采取措施的情况下,才与直接侵权行为人承担连带责任。本案中,姚金华发布在淘宝网上的涉案商品信息不存在明显违法或侵权的行为,淘宝公司在收到流行美公司的律师函后也及时进行处理、回复,在本案受理起诉后也再次检查确认涉案商品信息已经不存在,故淘宝公司不存在明知或应知侵权行为存在而不采取措施的情形,因此,淘宝公司不构成帮助侵权。"

[5] 2018年8月31日最新颁布的《电子商务法》第41—45条虽然对此问题进行了规定,但相关规则并非尽善尽美,仍须细化明确。

[6] 有学者认为,对于是否构成网络侵权不仅有事实认定,还有法律认定,网络服务提供者不是司法机关,我们不应当要求其具备专业素养去判断网络用户的行为是否构成对民事权益的侵害。因此,在接到符合要件的侵权通知后,网络服务提供者无须对是否构成侵权作出判定继而决定采取何种措施,只要对"通知或反通知"进行传递,进而采取一定的必要措施即可。(参见申屠彩芳:《网络服务提供者侵权责任研究》,浙江大学出版社2014年版,第101页)。也有一些学者持不同观点,认为对于较为明显的侵权信息,网络服务提供者在接到通知后,应当及时采取删除、屏蔽等措施;而对于一些难以判断是否构成侵权的信息,网络服务提供者应当要求通知者提供必要的证据,如果有一定的证据能够证明其构成侵权,即便证据尚不十分充足,网络服务提供者也应当及时采取必要措施。也就是说,网络服务提供者在接到通知后,尽到了适当的初步审查义务,并采取了必要措施,就是履行了法定义务。(参见王利明:《侵权责任法研究(下卷)》,同前注[3],第144—145页)。

[7] 以京东商城为例,京东认为:京东集团开发了一套完整的线上维权投诉系统,京东内部会对投诉进行初步判断,如果京东认为侵权证据确实充分,被投诉的商品会马上下架;如果投诉无事实根据,或者经过内部判断认为不存在侵权,京东将不会将这些货品下架。但问题在于,京东常常会遇到一些超出审查能力范围的投诉,对于是否构成侵权,京东自己没有能力进行判断,在这样的情况下,京东是否还具有审查义务或者说具有什么样的审查义务?京东希望法律能够为平台提供一个审核义务的标准,从而明确平台应当承担的法律责任。(以上观点来自京东集团法务部高级总监林卓女士2015年4月26日在北京参加"电子商务与互联网法治"研讨会时的发言。)

困扰。基于此,本文将以淘宝、天猫两大交易平台为主要考察对象[8],通过案例实证分析与研究,对于电子商务交易平台对侵权通知——具体到知识产权侵权通知——的审查义务进行探讨,以期对平台的实际运行与相关制度的构建有所裨益。

二、《侵权责任法》第 36 条"通知—删除"规则的"孤芳自赏"与"一概而论":现行法律规定与司法实践存在的问题

"通知—删除"规则源于美国《数字千年版权法案》(Digital Millennium Copyright Act,以下简称 DMCA)中《在线版权侵权责任限制法案》(The Online Copyright Infringement Liability Limitation Act)的规定,服务商在提供系统自动接入、缓存、信息存储空间、信息定位四种服务时,如果满足法定条件,可以免除承担版权侵权赔偿责任[9],即落入"避风港"的保护中。也就是说,权利人认为自己的著作权受到侵害后,可以向网络服务提供商发出通知,若通知符合法律规定的要求,则网络服务提供商应当及时采取必要措施。美国法上的"避风港"规则是一项免责条款,而非归责条款,如果网络服务提供商收到通知后没有及时采取必要措施,只是无法享受"避风港"的免责,但并不一定构成侵权。例如,如果网络服务提供商认为通知的侵权行为不成立而拒绝采取措施,事后证明权利人通知的侵权行为确实不成立,那么网络服务提供商的行为当然也不构成帮助侵权。[10] 针对"通知—删除"规则,DMCA 第 512 条(c)款(3)项

---

[8] 中国互联网络信息中心(CNNIC)发布的《2013 年中国网络购物市场研究报告》显示,淘宝网占据 65.3%的网购用户市场份额,天猫占据 13.5%,居前两位。《2014 年中国网络购物市场研究报告》显示,淘宝网和天猫在网络零售市场中的品牌渗透率居前两位,分别为 87%和 69.7%。《2015 年中国网络购物市场研究报告》显示,天猫占据了 B2C 行业 65.2%的市场份额,http://www.jb51.net/dianshang/161114.html,http://www.docin.com/p-1284905231.html,http://www.askci.com/news/hlw/20160623/17571933186_6.shtml,最后访问日期 2015 年 7 月 9 日。从案例实证角度,笔者在"北大法宝"案例检索平台,以"《侵权责任法》第 36 条"为基础进行法条联想、检索案例,截至 2016 年 7 月 24 日,案例总数为 223 个,其中有效案例为 44 个。在 44 个有效案例中:关于天猫交易平台的案例数量为 23 个,占总数的 52%;淘宝交易平台 20 个,占总数的 45%;京东交易平台 1 个,占总数的 2%,淘宝、天猫交易平台占据了交易平台侵权纠纷的绝对多数。(有效案例具体是指与本文研究主题相关的案例,排除以下几种情况:第一,非电子商务交易平台的侵权案件;第二,侵犯的权益类型非知识产权的案件;第三,未涉及《侵权责任法》第 36 条中"通知规则"的案件。)综上可见,淘宝、天猫在网络交易平台中具有较强的代表性和说服力,因此本文拟选取这两个平台作为案例实证分析的考察对象,对于电子商务交易平台对知识产权侵权通知的审查义务进行分析与研究。

[9] 17 U.S.C. §512.

[10] 王迁教授指出,DMCA 第 512 条没有将"及时移除"规定为网络服务提供商的"法定义务",绝非立法者的疏漏,而恰恰是其慎重考虑的结果。网络中作品的使用情况错综复杂,一方面,有些人可能出于恶意而乱发通知,以扰乱竞争对手的正常商业活动;另一方面,权利人即使是在经过审慎调查之后善意地发出通知,仍然有可能错误地将他人的合法行为指称为侵权。因此立法者必须给网络服务提供商留下判断通知内容是否属实的空间,允许其拒绝"及时移除"同时自行承担由此带来的风险(参见王迁:《网络版权法》,中国人民大学出版社 2008 年版,第 170—171 页)。徐飞法官指出,"避风港"条款只是规定符合"避风港"条件的网络服务行为,如果根据传统侵权判定

和(g)款(3)项分别对通知和反通知的构成要件进行了具体规定,第(i)款(1)项则规定了网络服务提供商采取必要措施需要满足的条件。[11] 我国《侵权责任法》的"通知—删除"规则借鉴了DMCA,笔者结合相关法律规范与我国司法实践的案例分析,认为《侵权责任法》第36条"通知—删除"规则主要存在以下三个问题:

(一)缺乏其他相关法律的配合

笔者在"北大法宝"案例检索平台采取高级检索的方法,检索条件为"案例标题中分别含有'淘宝''天猫'""判决书""裁判日期为2010年7月1日以后"(《侵权责任法》施行后),截至2016年7月23日,共检索到342个案例,其中与本文讨论主题相关的有效案例为108个。在这108个案例中,所有涉及"通知规则"的案例均适用了《侵权责任法》第36条第2款的相关规定,有少量案例提到了淘宝、天猫的内部规则,除此之外,并未适用其他规范性文件。

以下列案例为例,在沈志军诉浙江淘宝网络有限公司等侵害外观设计专利权纠纷案[12]中,法院认为:

> 首先,《淘宝网服务协议》中明确要求会员不得在网站上发布侵权违法

规则构成直接侵权、帮助侵权或替代侵权时,可以免于承担赔偿责任。其并没有对符合或不符合条件的行为应否承担侵权责任作出任何暗示,也不意味着某个网络服务提供行为如果不符合该条的规定就应当承担版权侵权责任,对此仍然应当按照传统的版权侵权规则认定其责任(see Melville B. Nimmer & David Nimmer, *Nimmer on Copyright*, Matthew Bender, 2010, 12B. 04.)。在美国,有的案件,如Viacom YouTube案中,法院会根据当事人申请先对被告能否受到"避风港"的保护作出简单判决,如果被告不能受到"避风港"的保护,再根据原告申请对是否构成间接侵权进行审理(see Viacom International. Inc. et al., v. YouTube, Inc., 718F. Supp. 2d 514);有的案件,法院先判定被告是否构成直接或间接侵权,再判定"避风港"的适用(参见徐飞:"信息存储空间服务中侵权主观过错的认定——以影视剧存储空间版权侵权案件为视角",载宿迟、陈锦川、杨柏勇主编:《网络知识产权保护热点疑难问题解析》,中国法制出版社2016年版,第116页)。

[11] DMCA, Section 512(c)(3)(A):权利请求人必须以书面形式将主张侵权的通知书送达网络服务提供者的指定代理人,通知书大体包含以下内容:(i)代理人的物理签名或电子签名;(ii)被主张侵权的著作权资料名称;(iii)被主张侵权或侵权行为指向的对象、要求网络服务提供者删除或禁止访问的资料名称,以及足以使网络服务提供者定位该资料的信息;(iv)足以使网络服务提供者联系上通知人的信息;(v)在通知中指出,通知人有合理的理由相信被投诉资料的使用方式是未经著作权人或其代理人、法律授权的;(vi)在通知中指出,通知中的信息是准确的,并愿意承担伪证的责任。DMCA, Section 512(g)(3):(A)服务对象的物理签名或电子签名;(B)要求恢复的资料的名称和网络地址;(C)在通知中指出,通知人有合理的理由相信要求恢复的资料是由错误或误认而被删除或被禁止访问的,并愿意承担伪证责任;(D)服务对象的姓名(名称)、地址、电话号码。DMCA, Section 512(i)(1):(A)网络服务提供者适用本条款需要满足以下要求网络服务提供者应采取和合理地执行终止对重复侵权的用户或者账号持有人的服务的政策,并应将该政策通知给用户;(B)网络服务提供者应包容并不妨碍著作权人用于识别和保护其作品的标准技术措施。

[12] 浙江省杭州市中级人民法院(2015)浙杭知初字第509号民事判决书。

信息,淘宝公司已尽到其作为网络信息平台服务提供者的合理提示义务;其次,淘宝公司收到起诉状后即通知卖家核查涉案商品信息并将涉案商品下架,刘小海店铺内目前已无涉案商品信息,淘宝公司已尽到其作为网络信息平台服务提供者合理的管理和协助义务。根据《侵权责任法》第36条之规定,因沈志军不能提供证据证明淘宝公司知道刘小海发布的信息含有侵权或违法内容仍不采取措施,并继续为刘小海提供发布相关信息的服务;淘宝公司对刘小海在其网站上发布的本案所涉相关信息并无过错,沈志军关于淘宝公司主观上具有恶意,客观上帮助了刘小海实施侵权行为,应承担连带赔偿责任的诉讼主张并无依据,对其相应的诉讼请求不予支持。

在曹娟诉上海兆洪贸易有限公司等著作权侵权纠纷案[13]中,法院认为:

关于天猫公司是否应承担侵权责任,依据《侵权责任法》第36条第2款、第3款的规定,本案中,曹娟并未就兆洪公司的侵权行为向天猫公司投诉,兆洪公司发布在天猫网上的涉诉信息也不存在明显违法或侵权的行为,亦无证据表明天猫公司存在明知或应知侵权行为存在而不采取措施的情形,因此,天猫公司不具有过错,不构成帮助侵权。

由此可见,《侵权责任法》施行后,无论权利人是否向平台进行通知,法院在处理类似案件时,一般均直接适用《侵权责任法》第36条的相关规定,而较少关注适用《信息网络传播权保护条例》等规范性文件的相关规定。问题在于,虽然《侵权责任法》第36条第2款首次从法律上对"通知—删除"规则进行了确认,但其只是做了原则性的规定[14],缺乏其他相关法律规定的配合,且该规定本身存在一些值得解释和商榷的空间,有待进一步的讨论和研究予以补充和完善。

(二)未对侵犯的不同权益类型进行区分

美国 DMCA 的参议院报告明确指出,"通知—删除"规则的首要目的在于鼓励网络服务提供商积极拓展新市场而不必担心因此承受的著作权责任,以提高网络服务提供商的效率、品质和范围。[15]正如美国国会众议院的报告所述,避风港规则:"一是为网络服务提供商和版权人保留一种强大的激励机制,激励他们密切合作,共同侦查和处理数字网络环境中发生的著作权侵权行为;二是

---

[13] 杭州市余杭区人民法院(2015)杭余知初字第75号民事判决书。

[14] 参见王胜明主编:《中华人民共和国侵权责任法释义》(第2版),法律出版社2013年版,第214页。

[15] 参见 S. Rept. No. 105—190, pp. 2, 8.

使网络服务提供商明确在自己的经营活动中可能发生的侵权法律风险。"[16]由此可见,在美国,"通知—删除"规则最初仅适用于著作权领域,在2010年的 Tiffany v. eBay 案中,法院将"通知—删除"规则扩大到适用于商标权领域[17],但总体来说,其适用范围仍然相当有限。

我国《侵权责任法》参考、援引了 DMCA 中的"通知—删除"规则,但并未考虑不同权益类型之间的差别,而将其由著作权领域直接扩大到适用于侵犯所有权益类型,不免有以偏概全之嫌。根据全国人大法工委编写的《侵权责任法释义》,保护对象不同,侵权责任的判断标准也不同,侵犯著作权等知识产权与侵犯人身权、财产权的侵权判断标准不应当一概而论。在《侵权责任法》的起草过程中,也有意见提出,将"通知—删除"规则适用于侵犯人格权领域,赋予被侵权人不经法院审理直接发出侵权通知,要求网络服务提供者采取措施的权利,可能会出现危及言论自由、妨碍正常的网络监督等问题。[18]此外,也有学者对我国《侵权责任法》中"通知—删除"的适用权益范围提出了质疑。[19]

笔者在"北大法宝"案例检索平台采取高级检索的方法,检索条件为"案例标题中含有'天猫'""判决书""裁判日期为2010年7月1日以后"(《侵权责任法》施行后),截至2016年7月23日,共检索到79个案例,其中天猫平台与权利人的侵权纠纷为49个,在49个案例中,平台侵犯权利人知识产权的案例数量为25个,占51%;平台侵犯权利人人身权、财产权以及消费者的知情权、安全保障权等的案例为22个,占45%。用同样的方法检索"淘宝"平台,得到132个淘宝平台与权利人的侵权纠纷案例,在132个案例中,平台侵犯权利人知识产权的案例数量为83个,占63%;侵犯权利人人身权、财产权以及消费者的知

---

[16] House of Representatives Conference Report No. 105-796, at http://www.copyright.gov/legislation/hr2281.pdf,最后访问日期2016年10月25日。

[17] 在 Tiffany v. eBay 案中,原告 Tiffany 发现 eBay 运营的平台上存在大量假冒 Tiffany 的珠宝,便采取了相关措施,一方面向被告提供某些用户的侵权链接,要求被告删除;另一方面又在自己的官网上发布公告,要求假冒 Tiffany 的销售者停止销售侵权产品。由于效果不明显,原告遂向法院提起了对 eBay 的诉讼。最终美国第二巡回上诉法院采用了 Inwood 标准,认为 Tiffany 在其网站上发布的要求停止销售侵权产品的通告仅仅是一般性的认知,不足以认定 eBay 知道或应当知道侵权行为存在。see Tiffany v. eBay Inc,600 F.3d 93(2rd Cir.2010)。

[18] 参见王胜明主编:《中华人民共和国侵权责任法释义》(第2版),同前注[14],第212—219页。

[19] 例如,吴汉东教授指出,"通知—删除"规则是网络著作权侵权的特有规则。《侵权责任法》第36条所指"民事权益",包括但不限于著作权,人格权以及其他知识产权都被列入其中……名誉侵权,不易对事实真假作出认定。在这种情况下,被动通知的处理或主动审核的要求,对网络服务提供者都不合适。参见吴汉东:"论网络服务提供者的著作权侵权责任",同前注[3]。吴伟光教授指出,将"通知—删除"规则这种版权中的制度适用于一般侵权行为的环境,并且作为一般原则是让人担忧的。参见吴伟光:"网络服务提供者对其用户侵权行为的责任承担——不变的看门人制度与变化的合理注意义务标准",载《网络法律评论》2011年第1期。

情权、安全保障权等的案例为 49 个,占 37%。由此可见,在平台与权利人的侵权纠纷案件中,平台涉及可能侵犯权利人知识产权的案件占据多数。

在汪恩光诉上海贸号贸易有限公司等侵害实用新型专利权纠纷案[20]中,法院指出:

> 由于专利权的特殊性,仅凭网络交易平台上的商品信息一般无法判断是否构成专利侵权,因此,对于网络服务提供者而言,通常对于网络用户侵犯专利权的行为不具有预见和避免的能力。

在江苏红叶视听器材股份有限公司诉海宁市致远电脑网络科技有限公司、宁波海曙时俱商贸有限公司、浙江淘宝网络有限公司侵害商标权纠纷案[21]中,法院认为:

> 被告海曙公司在其"jack 影视 jack 影视器材"淘宝店铺中发布的商品信息中使用"红叶"等字样或图文,系出于对商品品牌的必要描述和说明,符合一般的商业习惯,应属于商标指示性使用,由于商标权认定的专业性,在未认定该商品信息对应的商品属于侵害原告的商标专用权的商品前,并不能认定该种使用行为已经侵害了原告的商标专用权,故被告淘宝公司对被告海曙公司的侵权行为不存在明知或应知的过错,不构成帮助侵权。

由此可以看出,有的法院在司法实践中明确提到了知识产权本身具有专业性与独特性,这对于平台审查义务的认定具有一定影响。

综上,鉴于司法实践中平台与权利人的侵权纠纷中,侵犯知识产权的案件占大多数,以及知识产权本身具有的专业性、独特性与一般人身权、财产权之间的差别,笔者认为在讨论平台对权利人侵权通知的审查义务标准时,应当区别研究、区别对待,以达到"对症下药""药到病除"的良好效果。

(三) 未明确平台对侵权通知是否具有审查义务及审查义务的标准

鉴于《侵权责任法》对"通知—删除"规则只作了原则性规定,而对于通知的形式、程序、应当包括的内容以及平台对通知的具体审查义务均未作规定,因此,司法实践中法院对于平台对侵权通知是否具有审查义务,以及审查义务的标准和程度等问题的把握与处理存在较大差别,导致了司法实践的混乱。

---

[20] 上海知识产权法院(2015)沪知民初字第 45 好民事判决书。
[21] 浙江省海宁市人民法院(2014)嘉海知初字第 57 号民事判决书。

表1 权利人就网络用户的侵权行为向淘宝、天猫平台进行通知的情况[22]

	案件数量（个）	比率
权利人未就侵权行为向平台进行通知	28	26%
权利人无证据证明就侵权行为向平台进行了通知	10	9%
权利人就侵权行为向平台进行了通知（详见表2）	44	41%
被诉网络用户侵权责任不成立，平台侵权责任也不成立，故不考虑通知情况	7	6%
权利人放弃对平台的诉讼请求，故不考虑通知情况	19	18%
案件总数	108	100%

由表1可见，在司法实践中，权利人认为网络用户利用网络服务实施侵权行为后，向平台进行通知的案例数量明显多于未向平台进行通知的数量。由此可见，权利人认为自己的知识产权受到侵害时，在提起诉讼之前多会向平台进行通知或投诉，要求平台采取删除、屏蔽、断开链接等必要措施，在此情况下，平台对权利人通知的态度就显得尤为重要。

表2 权利人向淘宝、天猫平台进行通知后，法院要求平台对通知的审查程度[23]

	案件数量（个）	比率
法院认为平台接到通知后，无须对通知进行审查，应当立即采取有效措施	38	86%
法院认为平台接到通知后，对通知负有一定的审查义务，审查后决定是否采取有效措施	6	14%
案件总数	44	100%

由表2可见，由于缺乏法律的明确规定，法院在案件审理中，对平台在接到通知后对通知是否具有审查义务的观点大相径庭。法院认为无须对通知进行审查而直接采取措施或者法院未说明是否需要对通知进行审查的案件占86%，只有14%的案件中法院认为平台对通知负有审查义务，平台在接到通知后需要对通知的内容、形式等进行一定的审查才决定是否采取措施。

以下两个案件代表了法院对于"平台对侵权通知是否具有审查义务"这一

---

[22] 笔者在"北大法宝"案例检索平台采取高级检索的方法，检索条件为"案例标题中分别含有'淘宝''天猫'""判决书""裁判日期为2010年7月1日以后"(《侵权责任法》施行后)，截至2016年7月23日，共检索到342个案例，其中有效案例为108个。(有效案例具体是指与本文研究主题相关的案例，排除以下几种情况：第一，未涉及淘宝、天猫平台与网络用户之间侵权纠纷的案例；第二，侵犯的权益类型非知识产权的案例；第三，未涉及《侵权责任法》第36条中"通知规则"的案例。)

[23] 对表1中权利人就侵权行为向平台进行了通知的44个案例进一步细化，考察法院要求平台对通知的审查程度。

问题的两种截然不同的观点。在中国计划出版社诉浙江淘宝网络有限公司等著作权侵权纠纷案[24]中,法院认为:

> 计划出版社确认其就涉案商品向淘宝公司投诉后,淘宝公司立即关闭了涉案店铺,因此,淘宝公司不存在明知或应知侵权行为存在而不采取措施的情形,不构成帮助侵权。计划出版社关于淘宝公司监管不力构成帮助侵权的主张,不能成立。[25]

在上海捷涌科技有限公司诉广州飞狐数码科技有限公司等著作权侵权纠纷案[26]中,法院认为:

> 虽然原告曾就飞狐公司涉嫌侵权一事向阿里巴巴公司进行邮件投诉,但阿里巴巴公司作为网络服务提供者,既要保护投诉人的利益,同时要保护网店业主的利益,故其要求原告继续举证其享有相应图片著作权的相应证据,并进一步提供涉嫌侵权信息的详细材料并无明显过错,而原告未举证其已根据要求向阿里巴巴公司进一步投诉。综上,阿里巴巴公司对飞狐公司的被诉侵权行为不存在明知或应知的过错,亦不构成帮助侵权。[27]

小结上述司法实践中存在的三个问题,我们可以得出如下结论:自《侵权责任法》颁布后,我国司法实践中法院在处理平台对知识产权的侵权纠纷案件时,基本上均是适用《侵权责任法》第36条的相关规定而较少考虑或结合其他相关法律法规及规范性文件,而我国《侵权责任法》关于"通知—删除"规则的相关规定又过于简单、笼统,这给司法实践中"通知—删除"规则的具体实施和相关问题的解决带来了极大的困扰和不便。

---

[24] 浙江省海宁市人民法院(2014)嘉海知初字第57号民事判决书。
[25] 类似的案件例如,在江苏红叶视听器材股份有限公司诉被告海宁市致远电脑网络科技有限公司、宁波海曙时俱商贸有限公司、浙江淘宝网络有限公司侵害商标权纠纷案(浙江省海宁市人民法院(2014)嘉海知初字第57号民事判决书)中,法院认为:"被告淘宝公司并不是被控侵权产品直接的生产者和销售者,仅仅是提供销售平台的网络服务者。用户在淘宝网上注册时,被告淘宝公司已经告知其不得发布涉嫌侵犯他人知识产权或其他合法权益的商品或服务信息……且淘宝公司对被告海曙公司的侵权行为不存在明知或应知的过错,不构成帮助侵权。被告淘宝公司在收到原告的沟通函和补充链接函后,立即删除了'jack影视''jack影视器材'淘宝店铺中相关的侵权链接,淘宝公司已履行了作为一个网络服务提供者的基本义务。故被告淘宝公司在本案中不存在过错,亦不存在帮助侵权。"
[26] 浙江省杭州市滨江区人民法院(2015)杭滨知初字第276号民事判决书。
[27] 类似的案件例如,在东莞市楷模家居用品制造有限公司诉浙江淘宝网络有限公司侵害商标权纠纷案(浙江省余杭区人民法院(2012)杭余知初字第66号民事判决书)中,法院认为:"楷模公司除向淘宝公司提交侵权投诉通知函外,并没有提供被投诉卖家构成侵权的任何证据,淘宝公司亦回函要求楷模公司进一步提供涉案卖家侵权的证据,楷模公司仍然未提交相关证据,因此,该投诉并不是有效投诉,淘宝公司未据此删除或屏蔽相关链接并不具有主观过错。因此,楷模公司关于淘宝公司构成帮助侵权的指控不能成立。"

笔者认为，平台对侵权通知的审查义务这一问题具有以小见大之功效，一定程度上它涉及一个国家现阶段对网络平台、网络用户、权利人利益的平衡，对互联网产业的运营发展与传统权利人保护的权衡，对整体社会成本及社会福祉的规划判断，也涉及规范的体系性构建与相关制度的配合，不可以偏概全、大而化之。因此，对权利人通知的形式、内容和程序，平台对侵权通知是否具有审查义务，审查义务的标准和程度以及其他相关制度进行具体规定，构建一套符合我国实际需要的、具有可操作性的通知审查制度就显得十分重要。

三、平衡与效益：平台对侵权通知审查义务标准的考量因素与原则

界定平台对知识产权侵权通知的审查义务及其标准，需要综合考量各种因素，在促进电子商务行业健康蓬勃发展与保护网络用户及权利人的合法权益之间进行平衡与协调，同时也要考虑各方主体在交易活动中的效益。要合理地进行审查义务及其标准的界定，应当首先明确具体的考量因素与遵循的基本原则，从而为相关制度的构建与完善提供必要的指导与依据。

（一）平台在交易活动中能否获得直接经济利益

在网络交易活动中，平台获得直接经济利益与间接经济利益最大的区别在于能否对经济利益予以控制或是否有能力影响经营决策。若平台可以对获利进行一定程度的控制或能够对其施加一定程度的影响，则此时平台就脱离了完全的"技术中立"地位，不再只是为网络交易双方提供交易场所同时收取一定服务费的中介方，而是对交易行为有了实质性介入，此时网络用户的销售额、销售量、销售模式等都与平台产生了直接联系。例如，在平台为交易行为提供相应增值服务的模式下，平台虽然不直接参与商品或服务的销售，但却为卖家提供某些付费的销售服务，比如提供广告摊位进行营销、通过竞价排名等方式对交易信息及商品进行推广等。以淘宝网为例，淘宝网提供的热卖搜索、钻石展位、店铺推广等服务即为这里所指的增值服务。笔者认为，平台获利的大小及方式与权利人侵权通知的审查义务及程度呈正相关的关系，平台获利越大越直接，相应地，对侵权通知的审查义务就越重。最高人民法院《关于审理侵害信息网络传播权民事纠纷案件适用法律若干问题的规定》第11条第1款明确规定："网络服务提供者从网络用户提供的作品、表演、录音录像制品中直接获得经济利益的，人民法院应当认定其对该网络用户侵害信息网络传播权的行为负有较高的注意义务。"北京市高级人民法院《涉及网络知识产权案件审理指南》也将"平台服务商从被控侵权交易信息的网络传播或者被控侵权交易行为中直接获得经济利益"作为认定平台知道网络卖家实施侵害他人商标权行为的考量因素。在美国，网络服务提供商替代侵权责任的构成要件也尤其强调其是否直接获得经济利益，从经济成本角度，扩大对获利要素的解释有助于网络服务提供

商内部化成本。[28]

在司法裁判中,有法院考虑到了平台的获利情况,以"恒源祥有限公司诉吴秋风等侵害商标权纠纷案"[29]为例,关于淘宝公司的责任,法院认为:

> 首先,淘宝公司是网络交易平台的提供者,淘宝网仅作为用户物色交易对象,就货物和服务的交易进行协商,以及获取各类与贸易相关的服务的地点,其并不作为买家或卖家的身份参与买卖行为本身,也不从买卖双方的交易活动中获得直接经济利益,因此必须明确,实施直接侵权行为的是吴秋风。其次,恒源祥公司确认涉案店铺"佳佳名牌服饰店"已无涉案侵权商品信息,淘宝公司也履行了网络服务提供者的义务。淘宝公司对涉案店铺销售侵权商品并无明知、应知的情形。故淘宝公司未侵权。

(二)平台是否具有审查知识产权侵权的技术条件及审查的难易程度

对通知的侵权行为是否成立进行审查不仅是一个事实判断问题,也是一个法律判断问题,需要平台具备相关的行业知识、技术条件与法律认知,这对平台的专业审查能力与技术提出了较高的要求,特别是针对知识产权侵权的审查,更是对平台提出了不小的挑战。因此,在判定平台对侵权行为审查义务的标准和程度时,平台是否具备相应的技术条件以及审查侵权行为是否成立的难易程度也是一个重要因素。在大陆法系国家,在考察替代侵权责任是否成立时也特别强调了网络服务提供商对侵权产品及信息控制与审查的权利和能力。[30]

在司法实践中,有法院在裁判中提到了鉴于知识产权的专业性与特殊性,平台在进行审查时有一定难度,例如,在"吴小红等诉浙江天猫网络有限公司等侵害外观设计专利权纠纷案"[31]中,法院认为:

> 禾诗公司在天猫网站上提供涉案产品图片并不属于内容明显侵权或违法之情形,其是否属于专利侵权因涉及专业技术判断,具有不确定性,天猫公司并不具有相应的判断能力,也无须承担相应的专业审查义务。

在"浙江百诚烟具有限公司诉被告义乌市圣寿电子商务有限公司、浙江天猫网络有限公司侵害实用新型专利权纠纷案"[32]中,法院认为:

> 卖家在网站上发布的产品信息是否侵权涉及专业技术判断,天猫公司不具有审查能力与义务,百诚公司亦未提供有效证据证明天猫公司明知产品侵权而仍予提供网络服务,故天猫公司对于圣寿公司的本案侵权行为并

---

[28] 参见宋哲:《网络服务商注意义务研究》,北京大学出版社2014年版,第21、147—148页。
[29] 浙江省杭州市余杭区人民法院(2015)杭余知初字第345号民事判决书。
[30] 参见宋哲:《网络服务商注意义务研究》,同前注[28],第21—22页。
[31] 浙江省杭州市中级人民法院(2012)浙杭知初字第932号民事判决书。
[32] 浙江省杭州市中级人民法院(2014)浙杭知初字第1222号民事判决书。

未违反法律、行政法规的规定提供便利条件,不构成共同侵权。

结合理论探讨与司法实践,在考察平台对知识产权侵权行为的审查是否具有相应的技术条件及判断侵权行为是否成立的难易程度时,可以综合考虑下列因素:

首先,通知人的身份及通知所涉知识产权的知名度。在网络交易活动中,如果通知的权利人明显是知识产权的权利人或者其拥有的知识产权具有相当的知名度,使得社会大众,包括平台本身能够很容易地识别权利人的身份,那么平台对于该通知人通知侵权行为成立的可信度就会大大增强。例如 Louis Vuitton 公司对淘宝平台发出通知,认为在某淘宝店铺中售卖的商品上违法使用了 LV 商标,侵犯了 Louis Vuitton 公司的商标权,则淘宝平台在判断该通知指向的侵权行为是否成立时难度就相对较低。笔者认为,实践中平台可以考虑按照一定标准对通知人进行信用分级,对信用等级较高的通知人进行的侵权通知给予更高的信赖,相应地,平台的审查义务就更小,作出问题处理的反应速度也就更快。[33] 最高人民法院《关于审理侵害信息网络传播权民事纠纷案件适用法律若干问题的规定》将"传播的作品、表演、录音录像制品的类型、知名度及侵权信息的明显程度"作为认定网络服务提供者是否构成应知的要素之一。

其次,网络用户以前的类似侵权行为。若网络用户在以前的交易活动中因为已确认的知识产权侵权行为被采取过相应的必要措施,那么平台在接到权利人针对该网络用户的类似侵权行为的通知时就应当提高警惕。以前的侵权行为的数量与严重程度,以前的侵权行为和目前被通知的行为在时间、地点、身份上的关联性、性质上的近似性,都应当是法庭判断平台是否尽到注意义务的重要考量因素。已有多个国家的立法规定,对于多次实施侵犯知识产权行为、经警告无效的服务对象,知识产权人可以请求网络服务提供商采取必要措施。[34] 最高人民法院《关于审理侵害信息网络传播权民事纠纷案件适用法律若干问题的规定》将"网络服务提供者是否针对同一网络用户的重复侵权行为采取了相应的合理措施"作为认定网络服务提供者是否构成应知的要素之一;北京市高

---

[33] 浙江省高级人民法院联合课题组关于电子商务平台中知识产权保护的调研报告中指出,鉴于目前巨大的投诉量以及电子商务平台有限的资源,为确保知识产权真正受到侵害的权利人能够及时、有效地得到保护,剔除假借知识产权维权名义进行不正当竞争的投诉人,可以在综合考虑投诉人历史投诉的准确率、投诉的侵权类型、是否滥用权力等因素的基础上,对权利人进行分类,分为恶意、普通和诚信三类,建立信用档案。对于诚信的权利人,加快其投诉的处理流程,可以采取降低对证明材料的要求、加快审核处理速度、减少人工审查等措施;对于可信赖度低的投诉人,在法律允许的范围内,降低其投诉处理的优先等级。参见浙江省高级人民法院课题组:"关于电子商务平台中知识产权保护的调研",载宿迟、陈锦川、杨博勇主编:《网络知识产权保护热点疑难问题解析》,同前注[10],第 65 页。

[34] 参见宋哲:《网络服务商注意义务研究》,同前注[28],第 95—96 页。

级人民法院《涉及网络知识产权案件审理指南》也作出了类似的规定。[35]

再次,权利人通知的次数及网络用户反通知的情况。通常来说,在平台对通知进行审查时需要考虑,如果通知人对某一侵权行为进行反复的通知,投诉量巨大,那么可以在一定程度上说明其对平台采取积极措施制止侵权行为的意愿较为强烈,相应地,其对通知指向的侵权行为成立的把握可能也就越大。此外,网络用户进行反通知的概率也能在一定程度上反向证明侵权行为成立的概率大小,一般而言,合法销售产品的卖家在遭到侵权投诉后,往往会积极作出回应,以证明其行为并未构成侵权。在"浙江淘宝网络有限公司与衣念(上海)时装贸易有限公司侵犯商标权纠纷上诉案"[36]中,法院认为:

> 在案证据证明衣念公司从 2006 年起即就商标侵权现象向淘宝公司进行投诉,且投诉量巨大,然而至 2009 年 11 月,淘宝网上仍然存在大量被投诉侵权的商品信息……判断侵权不仅从投诉人提供的证据考查,还应结合卖家是否反通知来进行判断,通常情况下,经过合法授权的商品信息被删除,被投诉人肯定会作出积极回应,及时提出反通知。本案中,在淘宝公司多次删除被投诉信息后,杜国发并没有回应或提出申辩,据此可以认定淘宝公司完全知道杜国发实施了销售侵权商品行为。

最后,侵权行为的明显程度。平台应对通知指向的行为进行整体评估,如果侵权信息较为明显,比如交易商品的价格明显低于正常的市场价格,或者网络用户发布公告直接表明其售卖的是"高仿"商品等,那么平台在接到侵权通知后,对侵权行为是否成立的判断也就更为容易。在"浙江淘宝网络有限公司与衣念(上海)时装贸易有限公司侵犯商标权纠纷上诉案"[37]中,法院认为:

> 杜国发在其网店的公告上载明:本店所出售的部分是专柜正品,部分是仿原单货,质量可以绝对放心。从该公告内容即可明显看出杜国发销售侵权商品。

在欧米茄公司诉淘宝网侵犯商标权纠纷案中,手表的价格本身构成了判断

---

[35] 最高人民法院《关于审理侵害信息网络传播权民事纠纷案件适用法律若干问题的规定》第 9 条规定:"人民法院应当根据网络用户侵害信息网络传播权的具体事实是否明显,综合考虑以下因素,认定网络服务提供者是否构成应知:……(六)网络服务提供者是否针对同一网络用户的重复侵权行为采取了相应的合理措施;……"北京市高级人民法院《涉及网络知识产权案件审理指南》第 26 条第 2 款 4 项规定:"认定平台服务商知道网络卖家利用网络服务侵害他人商标权,可以综合考虑以下因素:……(4)平台服务商针对相同网络卖家就同一权利的重复侵权行为未采取相应的合理措施;……"

[36] 陆凤玉、范静波:"网络交易平台经营者共同侵犯商标权的主观过错认定",载《人民司法·案例》,2012 年第 18 期,第 9—10 页。

[37] 同上注。

淘宝是否尽到审查义务的一大争议焦点。北京市高级人民法院《涉及网络知识产权案件审理指南》第 26 条第 2 款作出了类似的相应规定:"认定平台服务商知道网络卖家利用网络服务侵害他人商标权,可以综合考虑以下因素:……(5) 被控侵权交易信息中存在网络卖家的侵权自认;(6) 以明显不合理的价格出售或者提供知名商品或者服务;……"

(三) 平台对知识产权侵权行为的预防和审查成本如何

关于成本的问题,可以参照美国第二联邦巡回上诉法院的汉德法官在 1947 年 United States v. Carroll Towing Co. 一案中创设的"汉德公式"。汉德公式的基本原则是:如果预防的成本小于事故导致的损害与事故发生的可能性的乘积,则认定被告未采取预防措施就存在过失。[38] 汉德公式实质是一种利益权衡后的路径选择,即将审查义务及相应的风险分配给能够以更低成本进行预防的一方,从而为侵权行为的有效预防提供适当的激励,尽可能降低社会损失。就平台对知识产权侵权通知的审查义务而言,平台是否具有审查义务及审查的程度与其对侵权行为的预防成本呈负相关关系,即如果平台对侵权通知的审查需要较大的成本,则其不进行审查或者进行较低程度的审查就是合理的;而如果平台只需要很小的成本就可以容易地进行审查,预防侵权行为的发生,那么怠于进行审查的平台就违背了其注意义务。

从法经济学的角度看,让最有能力制止侵权损害的一方承担侵权责任有助于最有效率地防范损害的发生,也符合通过侵权责任降低侵权风险的立法目的。如果法律没有明确规定对他人受保护利益的注意标准,那么确定这个标准应平衡需要保护的人的利益和行为人的利益。[39] 知识产权具有私权本质与人权意义,同时又具有明显的公共政策属性,如何对其进行保护,是一个国家根据现实发展状况和未来发展需要作出的制度选择和安排。[40] 因此,在确定平台的审查义务时,应当站在社会整体考量的高度,反映对相关各方利益的平衡。汉德公式的最终目的也是社会整体成本的最小化,从而促进社会整体财富的增加。[41]

---

[38] 该案涉及的是一艘渔船的所有权人是否负有义务作为监督人员总是站在船头。当原告援引判例时,汉德法官意识到对于此种问题的解决并不存在一般规则。所有权人在这种情况下为了针对可能产生的损害而采取必要措施,需要考虑三个方面的因素:第一,船只沉没的可能性;第二,如果发生这种情况所造成的损害数额;第三,适当的谨慎措施费用。See *United States et al. v. Carroll Towing Co., Inc., et al.*, 159 F. 2d 169(2d. Cir. 1947).

[39] Rogers, *Winfield & Jolowicz on Tort (14th ed.)*, Sweet & Maxwell, 1994, p. 132 f.

[40] 参见吴汉东:"知识产权本质的多维度解读",载《中国法学》2006 年第 5 期;吴汉东:《知识产权总论》(第 3 版),中国人民大学出版社 2013 年版,第 10—23 页。

[41] 汉德公式反映了如下经济理性:效率原则(要求效率最大化在整个社会范围内实现,效率最大化意味着财富最大化或者成本最小化)和行为激励(社会效率最大化是通过成本内化实现的,成本内化的手段是科以法律责任。采纳这一标准可以给予人们安全激励,从而提高社会福利并增进经济目标)。参见冯珏:"汉德公式的解读与反思",载《中外法学》2008 年第 4 期。

但汉德公式的一个问题在于,在现实操作中,我们往往难以对造成损害的大小、损害发生的可能性以及具体的预防成本等因素进行概括的、精确的定量分析与比较,因此汉德公式的具体运用有待于法官在个案中进行分析与考量。将汉德公式具体运用到平台对知识产权侵权行为的审查中,可以得出如下结论,即确定平台对知识产权侵权行为的审查义务标准时,应当考虑以下三个方面:第一,通知的侵权行为发生的可能性;第二,如果这种侵权行为成立所造成的损害数额;第三,平台对侵权行为进行审查的成本大小。由此,结合平台在现实中的具体做法与司法实践中的案例分析,再进一步细化,实践中平台可能会采取如下措施积极应对知识产权侵权行为,例如,平台可以针对实际情况,建立对网络卖家的身份审核、经营资质审核、定期抽检、信用评级、清单管理等制度,建立对侵权通知通知人的信用分级制度、黑名单制度,制定并公布网络卖家入驻的交易规则(包括侵权警示规则)等。通过这些制度的构建与在具体案件中的实际运用,考察侵权通知涉及的侵权行为成立的概率以及这种侵权行为成立可能造成的损失,并将其与平台构建和运用这些制度进行审查的成本进行比较,从而确定平台对于侵权通知的审查义务及程度。[42] 具体到平台对侵权通知的审查成本,笔者认为以下因素可以纳入考量:平台对通知进行审查的人力和技术成本(在考察此项时,可以综合考量例如平台进行审查的技术难易程度、所需时间长短、平台得到通知的具体内容及证据的证明力),平台对通知所涉侵权内容进行删除、屏蔽等必要措施的成本,平台因错误通知采取措施后对网络卖家承担相关责任的风险成本,平台与通知人及网络卖家进行必要交流的沟通成本,平台建立并维护相关制度(例如对通知人的信用分级制度、对网络卖家的身份和经营资质审核制度)的运营成本等。

汉德公式在相关规范性文件中有所体现,例如北京市高级人民法院《关于

---

[42] 国家工商行政管理总局公布的《网络交易管理办法》第 23 条规定:"第三方交易平台经营者应当对申请进入平台销售商品或者提供服务的法人、其他经济组织或者个体工商户的经营主体身份进行审查和登记,建立登记档案并定期核实更新,在其从事经营活动的主页面醒目位置公开营业执照登载的信息或者其营业执照的电子链接标识。第三方交易平台经营者应当对尚不具备工商登记注册条件、申请进入平台销售商品或者提供服务的自然人的真实身份信息进行审查和登记,建立登记档案并定期核实更新,核发证明个人身份信息真实合法的标记,加载在其从事经营活动的主页面醒目位置。第三方交易平台经营者在审查和登记时,应当使对方知悉并同意登记协议,提请对方注意义务和责任条款。"第 25 条第 1 款规定:"第三方交易平台经营者应当建立平台内交易规则、交易安全保障、消费者权益保护、不良信息处理等管理制度。各项管理制度应当在其网站显示,并从技术上保证用户能够便利、完整地阅览和保存。"此外,例如《2016 年天猫招商资质细则》规定,"代理品牌的需提交上一级的正规品牌授权文件或正规采购合同及进货发票,若上一级的授权方或供货商为自然人,则需同时提供其亲笔签名的身份证复印件"(参见 http://www.hishop.com.cn/ecschool/kdzx/show_19122.html,最后访问日期 2016 年 10 月 28 日)。阿里巴巴集团还搭建了"知识产权保护平台",包括权利人信息备份制度、诚信投诉机制、抽检项目、点对点沟通机制、知识产权保护交流会议、品牌联合打假专项行动、提供商家真伪鉴定服务平台等。知识产权保护平台网站,http://qinquan.taobao.com/cooperation.htm,最后访问日期 2016 年 10 月 28 日。

审理电子商务侵害知识产权纠纷案件若干问题的解答》第 2 点规定:"电子商务平台经营者应当承担必要的、合理的知识产权合法性注意义务。能够以更低的成本预防和制止侵权行为的权利人或电子商务平台经营者应当主动、及时采取必要措施,否则应当承担不利后果。"《欧洲侵权法原则》第 4:103 条规定:"具有下列情形之一的,产生保护他人免受损害的积极作为义务:……损害严重而避免损害容易的。"[43]司法实践中,就笔者检索到的案例而言,虽然没有法院对平台预防、审查成本的具体认定因素进行细化的列举与分析,但有法院在认定平台审查义务时直接或间接地提到了平台的预防、审查成本,并考虑到了社会总成本的减少和社会福祉的增加。[44]

四、合理规范模式的探讨:平台对知识产权侵权通知的审查义务及其标准

(一)平台对知识产权侵权通知应当进行审查[45]

平台对于权利人的侵权通知应当负有一定的审查义务,原因在于:首先,虽

---

[43] 欧洲侵权法小组编著:《欧洲侵权法原则:文本与评注》,于敏、谢鸿飞译,法律出版社 2009 年版,第 130 页。

[44] 例如,在浙江淘宝网络有限公司与衣念(上海)时装贸易有限公司侵犯商标权纠纷上诉案(《人民司法·案例》2012 年第 18 期)中,上海市浦东区人民法院一审认为:"网络服务提供者接到通知后及时删除侵权信息是其免于承担赔偿责任的条件之一,但并非是充分条件。网络服务提供者删除信息后,如果网络用户仍然利用其提供的网络服务继续实施侵权行为,网络服务提供者则应当进一步采取必要的措施以制止继续侵权。哪些措施属于必要的措施,应当根据网络服务的类型、技术可行性、成本、侵权情节等因素确定。具体到网络交易平台服务提供商,这些措施可以是对网络用户进行公开警告、降低信用评级、限制发布商品信息直至关闭该网络用户的账户等。"在"芳奈儿诉淘宝案"中(参见"武汉首例淘宝侵权案宣判 淘宝网被法院司法建议",http://news.sohu.com/20110512/n307311400.shtml,最后访问日期 2016 年 10 月 28 日),法院认为,要求被告对网络环境中数量巨大且不断变动的所有交易信息进行合法性审查,显得过于严苛,从技术和成本上讲不具有可实施性,因此,虽然被告产生侵权行为的网络用户提供了交易平台,但是主观上并无过错,且对刘某履行了适当的事前商家身份审查,接到侵权投诉后及时删除了侵权商品网页,属合理补救措施,不应承担共同侵权责任。但法院在宣判时向被告浙江淘宝网络有限公司提出四条司法意见和建议:加强网络商标侵权的技术监管能力,建立知识产权联动保护机制;加强网络商家身份审查,延长商家身份信息、交易信息的保留时间;修改投诉处理规则,方便权利人投诉;建立违法商家"黑名单"公示及消费警示制度。在"深圳市莱特妮丝服饰有限公司与浙江淘宝网络有限公司等侵害注册商标专用权纠纷上诉案"(湖南省高级人民法院(2014)湘高法民三终字第 72 号民事判决书)中,法院认为:"淘宝公司作为淘宝网的经营者,向网络用户提供网络信息发布平台服务,不直接参与交易行为,基于淘宝交易平台上巨大的信息量,淘宝公司难以控制每项交易信息的真实性或准确性,要求淘宝公司对每一个交易信息进行事前的真实性、合法性和准确性审查并不利于鼓励相关技术发展,也不利于平衡各方利益和增进社会福祉。"

[45] 对此问题,不同国家的立法有不同规定,由此也在一定程度上反映出各个国家对此问题的不同态度,但我们在考察其他国家的具体规定时,不能以偏概全,应当结合其他相关制度的规定进行分析判断。例如,美国 DMCA 规定,网络服务提供者在接到侵权通知后,应当迅速移除或屏蔽对侵权信息的访问。欧盟没有在《电子商务指令》中规定这一程序,而是由各个网络服务提供者自行规定。日本在《特定电子通信提供者损害赔偿责任制之限制及发信者信息揭示法》中规定,网络服务提供者在接获侵权通知后,应首先询问发信者是否同意采取防止散布措施,发信者在接到通知后 7 天内未表示反对的,服务提供者方可采取相应措施。参见王胜明主编:《中华人民共和国侵权责任法释义》,同前注[3],第 191 页。

然平台只是提供技术服务的中介方,但其在网络交易活动中获得了一定利益,因此对侵权通知也应当承担相应的审查义务。其次,若平台无须对通知进行审查,相当于认定平台对侵权行为的预防成本之大,以至于对任何形式、包含任何内容的侵权通知都不能作出任何判定而必须直接采取措施,这种观点明显不具合理性。再次,若认为平台在接到通知后无须进行审查而直接采取删除、屏蔽等措施,那么,如果通知的侵权行为不成立,则可能给网络用户带来直接的经济损失和间接的商誉损失,无论这种不成立是由于通知人的恶意还是过失造成的。最后,对于一些明显不构成侵权的商品或信息,平台在接到通知后若直接进行删除或屏蔽,经过一定的程序认定不构成侵权后再将其恢复,无疑会带来技术资源和成本的不必要浪费。[46]

(二)有效通知的具体内容:针对知识产权侵权通知的探讨

对于有效侵权通知应当包含的具体内容,《侵权责任法》并未予以明确[47],其他相关规范性文件中有对此问题的规定可供参考[48]。2015年12月发布的《专利法修订草案(送审稿)》(以下简称"《草案》")新增了关于网络服务提供者与网络用户承担侵犯专利权的连带责任的规定,就"通知—删除"规则而言,《草案》第63条第2款第2句规定"网络服务提供者接到合格有效的通知后未及时采取必要措施的,对损害的扩大部分与该网络用户承担连带责任",与《侵权责任法》相比,《草案》强调了通知的"合格有效"。值得注意的是,新出台的《电子商务法》第42条第1款第2句规定:"通知应当包括构成侵权的初步证据",但对于何为"初步证据"仍未明确。

---

[46]《电子商务法》第42条第2款规定:"电子商务平台经营者接到通知后,应当及时采取必要措施,并将该通知转送平台内经营者;未及时采取必要措施的,对损害的扩大部分与平台内经营者承担连带责任。"根据该款文义,平台在接到侵权通知后有将通知转送给经营者的义务,但其无须进行审查而应当直接采取措施,根据上文分析,笔者拙见认为这样的规定欠妥,存在平台承担责任过轻之嫌。

[47]《侵权责任法释义》中明确说明:"本条(第36条)第2款规定首次从法律上对通知取下程序进行了确认,但只作了原则性规定,侵权通知的形式、应当包括的内容以及发出该通知的程序可以适用国务院《信息网络传播保护条例》中的有关规定。"参见王胜明主编:《中华人民共和国侵权责任法释义》(第2版),同前注[14],第214页。

[48] 例如国务院《信息网络传播权保护条例》第14条规定:"通知书应当包含下列内容:(一)权利人的姓名(名称)、联系方式和地址;(二)要求删除或者断开链接的侵权作品、表演、录音录像制品的名称和网络地址;(三)构成侵权的初步证明材料。权利人应当对通知书的真实性负责。"最高人民法院《关于审理涉及计算机网络著作权纠纷案件适用法律若干问题的解释》(已失效)第7条第1款规定:"著作权人发现侵权信息向网络服务提供者提出警告或者索要侵权行为人网络注册资料时,不能出示身份证明、著作权权属证明及侵权情况证明的,视为未提出警告或者未提出索要请求。"北京市高级人民法院《关于审理电子商务侵害知识产权纠纷案件若干问题的解答》第11点规定:"通知应当包含下列内容:(1)权利人的姓名(名称)、联系方式和地址等信息;(2)足以准确定位被控侵权交易信息的具体信息;(3)证明权利归属、侵权成立等相关情况的证据材料;(4)权利人对通知的真实性负责的承诺。权利人发送的通知不符合上述条件的,视为未发出通知。"

司法实践中,也有法院明确提出有效的知识产权侵权通知应当包含的具体内容,例如在"浙江淘宝网络有限公司与知钱(北京)理财顾问有限责任公司侵犯著作财产权纠纷上诉案"[49]中,法院认为:

> 通知表明了涉案作品权利人的联系方式、构成侵权的证明材料及侵权链接地址,故该通知已经为淘宝公司采取相关措施提供了充足的信息。

在"袁向阳诉浙江淘宝网络有限公司侵害商标权纠纷案"[50]中,法院认为:

> 淘宝网在收到原告律师函后,回函原告,告知其提供身份及资质证明、侵权产品信息的具体地址等,但原告均没有提供……在没有提供有效通知的情况下,原告要求淘宝网提供网上销售"柏惠信子"商标服装的网络商店的信息和注册资料无法律依据。

综上,权利人对平台发出的侵权通知需要包含一定的具体内容才能视为"有效"从而发挥通知应有的效果。结合相关理论与实践,笔者认为,一般而言,权利人对平台发出的有效侵权通知应当包含以下内容:第一,权利人的姓名(名称)、联系方式和地址等基本信息;第二,要求平台删除、下架或者断开链接的侵权商品或信息的名称、网站链接等,以使侵权商品或信息的位置得以确定;第三,证明权利归属、侵权成立等相关情况的证据材料;第四,权利人对通知的真实性负责的承诺。

平台在运营发展过程中纷纷制定了相应的内部规则,对知识产权的侵权通知应当提供的材料进行了详尽的列举,下面笔者将结合"天猫""淘宝""京东"平台的内部规则以及我国《著作权法》《商标法》《专利法》等相关法律的具体规定[51],对侵犯知识产权的侵权通知应当包含的具体内容(主要是证据材料)进行简单的梳理:就侵犯著作权而言,通知人应当提供著作权登记证书,同时还可以提供认证机构出具的证明、取得权利的合同等作为权利凭证。就侵犯专利权而言,通知人应当提供专利证书,同时还可以提供专利登记簿副本;对于实用新型和外观设计还可以提供由国家知识产权局出具的《专利权评价报告》作为权利凭证。就侵犯商标权而言,通知人应当提供商标注册证。除此之外,上述通知人的身份证明、联系方式、涉嫌侵权行为成立的证明材料、涉嫌侵权的产品或信息的链接、通知的真实性承诺等也是必不可少的。

---

[49] 北京市第一中级人民法院(2011)一中民终字第2223号民事判决书。
[50] 浙江省杭州市余杭区人民法院(2012)杭余知初字第4号民事判决书。
[51] 参见冯晓青:《著作权法》,法律出版社2010年版,第265—266页;冯晓青、刘友华:《专利法》,法律出版社2010年版,第297—298页;杜颖:《知识产权法学》,北京大学出版社2015年版,第276—283页;张平:《知识产权法》,北京大学出版社2015年版,第227—230页。

(三) 对侵权通知的审查标准与程度

网络交易的飞速发展给知识产权的保护带来了新的机遇和挑战,在现行法律框架下,究竟由谁来承担监督平台上的商品及信息可能存在的侵犯知识产权行为的责任?平台在监督过程中扮演怎样的角色?——这些问题的有效解决需要相关规范模式的建立。具体到"通知—删除"规则,美国DMCA建立"通知—删除"规则的初衷是希望将责任合理分担,由权利人负责举证侵权行为的存在,通知程序是实现权利人举证责任的必要手段。[52] 鉴于知识产权制度具有的专业技术性和公共政策性,在网络用户利用平台实施知识产权侵权行为时,平台对权利人的侵权通知应当进行怎样的审查,这是亟需我们厘清和解决的问题。

就平台对侵权通知的审查程度而言,笔者认为,对于知识产权侵权通知平台应当进行形式审查,即权利人的通知中通常包含对提交材料的真实性承诺,平台无须对材料的真实性负担实质调查和检验的义务,只需对材料是否完备、本身是否具有瑕疵进行审查。这一点也得到平台内部规则及实证案例的佐证。[53]

再进一步,这里涉及平台的审查标准问题,从逻辑上说,审查标准可能有三种:其一,平台只要接到通知,就应当立即采取措施;其二,侵权的可能性达到高度盖然性标准时平台应当采取必要措施;其三,侵权的可能性达到排除合理怀疑标准,即只有在侵权事实绝对确定的情况下平台才能够采取措施。[54] 笔者认为,要求平台对侵权通知的审查达到高度盖然性的标准较为合理,即平台站在一个理性人的角度[55]进行综合判断,如果认为通知的侵权行为成立的可能性较大,即应当对其采取必要措施。北京市高级人民法院《关于审理电子商务

---

[52] 宋哲:《网络服务商注意义务研究》,同前注[28],第136页。

[53] 《淘宝争议处理规则》第48条规定:"争议处理过程中,淘宝有权要求买家或卖家提供证明证据,且有权单方判断证据的效力。"第57条规定:"淘宝作为独立第三方,仅对双方提交的证据进行形式审查,并作出独立判断,双方自行对证据的真实性、完整性、准确性和及时性负责,并承担举证不能的后果。"另,司法实践中,例如在"杭州曼波鱼贸易有限公司诉台州市康贝婴童用品厂、浙江淘宝网络有限公司不正当竞争纠纷案"(浙江省高级人民法院(2010)浙民终字第196号民事判决书)中,法院认为:"就淘宝公司针对受害人的投诉在其内部设置的相应的投诉审查机制而言,淘宝公司并非接到投诉即径行删除被投诉侵权的产品信息,而无任何的条件限制,而是要求相关的投诉必须符合该公司设定的初步审查标准,必须具备相应的形式要件,才能通过相应的投诉审查,进而由淘宝公司将被投诉侵权的产品信息删除。"

[54] 参见石必胜:"电子商务交易平台知识产权审查义务的标准",载《法律适用》2013年第2期。

[55] 理性人的角度具体是指在正常情况下具有平均心智水平的普通人具有的注意义务,他不是完美的人,而只是具体社会环境中一个达到中等心智水平的人,他会有各种各样的缺点,会犯生活中的错误,但在特定情形下,他应该保持必要的谨慎和细致,能充分运用自己的知识、经验和注意等能力来判断危险的存在,并采取有效的防范措施。参见王利明:《侵权责任法研究(上卷)》,中国人民大学出版社2004年版,第345—346页。

侵害知识产权纠纷案件若干问题的解答》和北京市高级人民法院《涉及网络知识产权案件审理指南》均直接采用了高度盖然性标准。《关于审理电子商务侵害知识产权纠纷案件若干问题的解答》第13点规定:"权利人的通知及所附证据能够证明被控侵权交易信息的侵权可能性较大的,电子商务平台经营者应当及时采取必要措施,否则认定其有过错。"《涉及网络知识产权案件审理指南》第22条第2款第1句规定:"前款通知的内容应当能够使平台服务商确定被控侵权的具体情况且有理由相信存在侵害商标权的可能性较大。"[56]具体到知识产权侵权,通常而言,只要权利人提交了符合要求的有效通知(包含上述完备材料的通知),平台一般就会认定通知的侵权行为成立的可能性较大,从而采取相应的必要措施以防止损害的扩大。同时,鉴于实际情况可能具有的复杂性以及知识产权侵权判断的专业性,认定平台是否正确履行了审查义务、采取措施是否及时,还应当根据权利人提交通知的形式、通知的准确程度、通知提交的证据情况、网络服务的性质、通知人的身份、通知的次数及反通知的概率、通知所涉侵权行为的明显程度、所涉权利的类型、知名度、数量等因素进行综合考量。这一点也得到了一些现有规范性文件的支持。[57]

之所以不能要求平台对通知承担过高的审查义务,主要是基于平台的中立地位以及知识产权本身具有的高度专业性,平台作为为网络交易活动提供技术服务的第三方,不能从交易活动中直接获利,也不具备准确判断知识产权侵权行为的专业知识和技术条件,若对其苛以较高的审查义务,将会使平台对侵权行为的预防成本不合理地增加,使平台承担过重的运营压力和负担,不利于电子商务产业和网络信息技术的稳健发展,也不利于使网络交易平台、权利人、网络用户及社会公众的利益达到良好的平衡状态。

---

[56] 此外,由高富平教授组织的"《中华人民共和国电子商务法》学者建议稿课题组"撰写的《中华人民共和国电子商务法》(学者建议稿)第27条第2款第1—2句规定:"权利人投诉时,应当提交特定经营者销售的商品或提供的服务侵犯其合法权益的有效证明。平台经营者认为权利人的投诉证据充分的,可以采取暂停特定涉嫌商品或服务的交易等合理措施。"参见高富平:《中国电子商务立法研究》,法律出版社2015年版,第132页。

[57] 例如最高人民法院《关于审理侵害信息网络传播权民事纠纷案件适用法律若干问题的规定》第14条规定:"人民法院认定网络服务提供者采取的删除、屏蔽、断开链接等必要措施是否及时,应当根据权利人提交通知的形式,通知的准确程度,采取措施的难易程度,网络服务的性质,所涉作品、表演、录音录像制品的类型、知名度、数量等因素综合判断。"北京市高级人民法院《关于审理涉及网络环境下著作权纠纷案件若干问题的指导意见(一)(试行)》第31条规定:"网络服务提供者是否在合理期限内及时删除侵权的作品、表演、录音录像制品,或者断开与侵权作品、表演、录音录像制品的链接,应根据权利人提交的通知的形式、通知的准确性、通知中涉及的文件数量、删除或者断开链接的难易程度、网络服务的性质等因素综合认定。"

五、其他相关制度的构建

(一)反通知规则

《侵权责任法》并未就"反通知规则"进行规定,但完整的平台审查义务的履行应当将通知和反通知规则配合适用,"通知规则"的起源——DMCA即明确赋予了网络用户以反通知的权利。我们认为,在网络侵权责任的法律规定中设置了"通知—取下"规则,就必须配置"反通知—恢复"规则,否则就会造成网络关系中各方当事人的利益不平衡。[58] 反通知规则的建立为网络用户提供了有效的救济途径,避免其合法权益受到不当损害,同时也在一定程度上起到了节约司法成本、提高网络交易纠纷解决效率的作用。[59]

与通知规则配合,平台在对侵权通知进行审查,认为侵权行为成立并且采取必要措施后,应当将通知及所采取措施的情况告知网络用户,网络用户认为其未侵犯他人权利的,可以在合理期限内提出要求恢复被删除、屏蔽内容的反通知。逾期不提出反通知的,则视为认可平台采取的措施。对于有效的反通知应当包括的具体内容、平台对反通知的审查标准和程度,都应当与对通知的要求一致。平台对反通知进行审查后,若认为侵权行为成立的可能性更大,则应当维持删除措施;若认为侵权行为不成立的可能性更大,则应当对删除、屏蔽的内容进行恢复,并将反通知及恢复情况告知权利人,此时权利人不得再要求平台删除、屏蔽该内容。[60]

(二)担保制度的引入

当平台对通知的侵权行为是否成立进行审查时,可以考虑引入对通知及反通知的担保制度,中国人民大学民商事法律科学研究中心组织编写的《侵权责

---

[58] 杨立新、李佳伦:"论网络侵权责任中的反通知及效果",载《法律科学》2012年第2期。

[59] 我国《信息网络传播权保护条例》存在关于反通知规则的具体规定。第16条规定:"服务对象接到网络服务提供者转送的通知书后,认为其提供的作品、表演、录音录像制品未侵犯他人权利的,可以向网络服务提供者提交书面说明,要求恢复被删除的作品、表演、录音录像制品,或者恢复与被断开的作品、表演、录音录像制品的链接。书面说明应当包含下列内容:(一)服务对象的姓名(名称)、联系方式和地址;(二)要求恢复的作品、表演、录音录像制品的名称和网络地址;(三)不构成侵权的初步证明材料。服务对象应当对书面说明的真实性负责。"第17条规定:"网络服务提供者接到服务对象的书面说明后,应当立即恢复被删除的作品、表演、录音录像制品,或者可以恢复与被断开的作品、表演、录音录像制品的链接,同时将服务对象的书面说明转送权利人。权利人不得再通知网络服务提供者删除该作品、表演、录音录像制品,或者断开与该作品、表演、录音录像制品的链接。"《电子商务法》第43条第1款规定了反通知规则:"平台内经营者接到转送的通知后,可以向电子商务平台经营者提交不存在侵权行为的声明。声明应当包括不存在侵权行为的初步证据",也正好印证了本文观点。

[60] 反通知中不构成侵权的初步证明材料应足以与通知中构成侵权的初步证明材料相对抗,可以举证证明自己的行为不是违法行为,或者通知所指损害事实并不存在,或者违法行为和损害事实之间不存在因果关系,或者自己不存在主观的过错等。参见浙江省高级人民法院课题组:"关于电子商务平台中知识产权保护的调研",同前注〔33〕,第66页。

任法司法解释草案建议稿》(以下简称"《建议稿》")中即对担保制度进行了明确规定,《建议稿》第 77 条第 2 款规定:"被侵权人主张屏蔽或者断开链接为必要措施的,应当提供相应的担保。被侵权人不提供担保的,网络服务提供者可以不采取屏蔽或者断开链接的必要措施。"[61]

对于担保制度,可以进行如下规范模式的构建:如果权利人向平台发出了侵权通知,同时对通知所涉侵权行为的成立提供了担保,那么平台应当直接及时采取删除、下架等必要措施;如果网络用户对侵权行为不成立提供了相应的反担保,那么平台就应当及时对删除的商品信息进行恢复。笔者认为,提供担保应当是通知人可以行使的权利而非义务,对网络用户合法权益的维护不应当通过对担保的强制要求而给通知人设立门槛,而应当通过对平台审查义务和必要措施的合理规定。设立担保制度的目的在于给通知人提供一种自由选择的可能性,即如果权利人对网络用户侵权行为的成立十分确定或者认为马上采取措施屏蔽侵权信息十分必要,则可通过预先提供担保的方式以对将来可能发生的因通知错误对网络用户造成的损害承担责任作出必要的承诺和保障。[62]

(三)鉴定机制的初步构想

由于知识产权具有高度的专业性与技术性,平台在判断通知指向的侵权行为是否成立时难度较大。如果平台根据通知难以判断网络用户的行为是否构成侵权,此时若要求平台必须作出是否采取措施的决定,一方面给平台施加了过重的负担,另一方面平台作出错误判断的概率也会加大,最终将会损害权利人及网络用户的合法权益,造成成本的浪费与效率的降低。笔者认为,在这种情况下,可以考虑引入中立的第三方鉴定机制,在争议所涉权利人和网络用户均同意的情况下,平台可以委托专业的第三方鉴定机构对侵权通知指向的行为是否构成知识产权侵权进行鉴定,根据鉴定结论作出合理的处理,相应的鉴定费用视最终结果由发出错误通知的权利人或实施侵权行为的网络用户承担。

司法实践中也存在平台委托第三方进行知识产权鉴定的案例。例如在"上海集毅商贸有限公司与浙江天猫技术有限公司等技术服务合同纠纷上诉案"[63]

---

[61] 中国人民大学民商事法律科学研究中心"侵权责任法司法解释研究"课题组:"中华人民共和国侵权责任法司法解释草案建议稿",载《河北法学》2010 年第 11 期。
[62] 浙江省高级人民法院联合课题组关于电子商务平台中知识产权保护的调研报告中提到了与本文所指的担保制度有所差别的担保制度,将担保作为网络卖家对通知人通知的一种对抗制度,即对于需要较高专业判断能力、垄断性更高、影响面更大的专利侵权投诉案件而言,可以建立担保制度,由投诉的权利人提供相应的专利评价报告,并在程序上给予投诉人 15 天的起诉期,在此期间不采取常规的删除商品链接措施,而是要求被投诉人提供相应的担保,由其选择通过缴纳保证金的方式或者采取冻结其网店上涉及的侵权产品货款等形式替代反通知,对抗权利人的投诉。15 天内如果权利人不起诉,即撤销其投诉,返还保证金。参见浙江省高级人民法院课题组:"关于电子商务平台中知识产权保护的调研",同前注[33],第 66 页。
[63] 浙江省杭州市中级人民法院(2014)浙杭知终字第 210 号民事判决书。

中,法院认为:

> 根据原审中天猫技术公司、天猫网络公司提交的中联知识产权调查中心作出的鉴定结论,表明集毅公司所销售的涉案商品并非惠普品牌正品。

在2016年7月1日阿里巴巴召开的首届"权利人共创会"上,阿里首席治理官郑俊芳表示,对于大量的商标权、著作权纠纷,电商平台对每个品牌的专业知识有其局限性,直接根据模型认定假货会受到一定的限制,而现实中,权利人不配合鉴定,甚至伪造凭证等恶劣行为时有发生,极大地影响了平台正常的维权工作,也对正常卖家的经营造成骚扰。[64] 由此可见,平台在自身的运营发展过程中对鉴定机制的引入迈出了尝试的脚步,但相关制度的成熟和完善仍有待理论与实践的进一步探索。

六、结论

电子商务的发展带来了大量新的知识产权侵权问题,我们通过法律法规的制定与健全为相应问题的解决提供指引和依据,平台在实际运营中也在不断探索有益的应对机制,但其中仍有很多问题需要解决。电子商务交易平台对权利人知识产权侵权通知的审查义务及其标准就是一个亟须明确的问题。

平台审查义务的关键在于在复杂的各方关系中寻找平衡,这种平衡体现在鼓励互联网产业的发展与维护权利人的知识产权之间、遏制网络侵权行为与保护网络用户的合法利益之间,也体现在降低知识产权侵权的预防成本与提高网络交易的效率之间。概括而言,有效的知识产权侵权通知应当符合一定的程序与内容要求,平台对通知应当以一个理性人的角度进行形式审查,若认为通知的侵权行为成立的可能性较大,即应当对其采取删除、下架、断开链接等必要措施。同时,平台对侵权通知进行审查时还应当结合平台在交易活动中扮演的角色、网络服务的性质、通知人的身份、通知的次数及反通知的概率、通知所涉侵权行为的明显程度、所涉权利的类型、知名度、数量等各种因素进行综合考量。

随着社会的不断进步与科技的飞速发展,互联网交易模式可能不断更新,在互联网交易中如何保护知识产权,平台在知识产权的保护中扮演一个怎样的角色,这是一个国家根据现实发展状况和未来发展需要所作出的制度选择和安排。理论的探讨需跟上时代的步伐,我们期待具体规范模式的构建为实践提供有益的指导和帮助。

(初审编辑:赵英男)

---

[64] "阿里召开首届'权利人共创会'携百余品牌共建知产保护新秩序",http://finance.if-eng.com/a/20160701/14549688_0.shtml,最后访问日期2018年4月27日。

乡村治理中的司法治理

——以一起邻里宅基地纠纷案为分析样本

王国龙[*]

Judicial Governance in Rural Governance:
Research on a Dispute over Neighborhood Homestead

Wang Guolong

内容摘要：乡村治理是基层社会治理的重要板块，本文以一起邻里宅基地纠纷案为分析样本，分别探讨了司法治理在乡村治理中的发生逻辑、展开逻辑和效果逻辑。区别于以前的"送法下乡"，在当前转型社会中，"迎法下乡"正印证了司法治理在乡村治理中的发生逻辑；在纠纷裁判部分，司法治理的展开逻辑总是以"合法性"评价超越"合理性"评价，而难以展开高层次的利益衡量，司法治理的实质公正受到社会拷问；而在司法治理的效果逻辑部分，建立在"合法性"评价基础上的司法裁判发挥"以司法公正引领社会公正"的效果，却带来了社会公正的可能缺失，转型社会中的司法公正与社会公正之间，正在发生内在的相互冲突。

---

[*] 法学博士，西北政法大学教授。本文为 2014 年度国家社科基金项目"法律统一适用与自由裁量的规范问题研究"（项目编号：14XFX003）、中国博士后科学基金第八批特别资助项目（项目编号：2015T81001）和西北政法大学中华法系与法治文明研究院"法治文化的传统资源及其创造性转化研究"（项目编号：14ZDC023）的阶段性研究成果。

关键词：转型社会 乡村治理 司法治理

在"全面推进依法治国"的时代背景下，中国的社会治理正在发生从"传统治理"迈向"现代社会治理"的宏观转型。其中，司法治理无疑集中彰显了法治的内在价值并成为社会有效治理的一种治理方式，同时也是具体落实"现代社会治理"的可能着力点和重要抓手。一般而言，司法治理是指法院通过司法途径实现对社会纠纷的解决，进而发挥司法参与社会治理职能的治理方式。[1]乡村治理构成中国基层社会治理的重要板块，从理想状态而言，司法治理在乡村治理中的具体展开，是努力将社会纠纷"统一纳入"司法运作的机制之内，通过司法尤其是通过法院作出的终局权威性司法判决，实现"一劳永逸"地解决纠纷。

然而，在转型社会中，乡村社会现实中的纠纷解决往往会发生与理想状态中的司法治理所预设的纠纷解决轨道"相背离"的现象，这集中表现为：对一起看似平常的乡村邻里宅基地纠纷的司法解决，在纠纷双方几乎穷尽了所有司法程序之后，纠纷一方，尤其是败诉方，却仍然退回到私力救济的出发点，甚至不惜"以命抗法"！或许，从表面上来看，"以命抗法"只是反映了各方在"迎法下乡"背景下司法公信力缺失和法院权威式微的现实难题，但从更深层次来看，"以命抗法"所反映的是社会转型中司法治理所遭遇到的系统性困境。由此我们需要回答的是，司法治理在乡村治理中的发生逻辑、展开逻辑和效果逻辑究竟是什么，以及如何最大限度地降低社会转型中司法治理具体展开的相关成本和社会治理风险？

一、对一起"以命抗法"邻里宅基地纠纷案的回顾

在某西部地区 Z 县的 L 镇 L 村，2014 年 8 月发生了一起乡村邻里宅基地纠纷案。[2]在人口规模上，L 村为一个人口相对密集的大村庄，人口总数约 2500 人。由于人口相对密集，以 L 村为核心，连同附近的几个村庄，便构成了一个镇的经济发展规模。由此，该镇就叫 L 镇。在家族姓氏、人口比例和居住范围等方面，该村的姓氏较为复杂，但李姓所占人口比重较大，居住也较为集中，主要在 L 村庄的东面，并靠近 Z 县，甚至和 Z 县正在发生"城—镇"相连的

---

[1] 有学者指出，从司法权和司法运行规律的角度来看，解决社会纠纷是司法承担的基本职能，但这一基本职能同时也发挥了诸如"社会控制""权力制约"和"公共政策制定"等延伸职能。而从社会治理的角度来看，司法所承担的上述职能也是司法发挥社会治理效果的基本方式和主要途径。参见姚莉："法院在国家治理现代化中的功能定位"，载《法制与社会发展》2014 年第 5 期。

[2] 对本案的跟踪始于 2015 年 8 月。笔者是在 Z 县政法委的一位领导同志处偶然获知，并由他持续帮忙联系涉事各方，展开持续的调研和资料收集。在此，笔者表示由衷的感谢！本案所涉及的纠纷各方和相关机构均隐去了真实身份。当然，文责由自己独立承担。

基本态势。该邻里宅基地纠纷案就发生在李氏家族中,纠纷双方为堂兄弟关系,居住位置为前后相邻。为了叙述方便,我们把居住在后面的家庭叫李家,而居住在前面的家庭叫王家。从家境情况而言,李家比较贫穷,主要是以"在家务农"为生;李家有三个儿子,其中,老二和老三至今还是单身,而且老三在智力上还存在一定程度的障碍;而王家有两儿一女,主要以"在省城做生意"为生,家境比较殷实,二女儿已出嫁,大儿子和小儿子均已婚,且据说在省城都有房产。

王家在L村的房子是在2004年翻盖的,位于村庄最前面,与Z县通往X省城的一条省级公路相邻。王家宅基地的结构为:房前、房后均带院子(占地总面积为11米×17.3米),其中,房前院子的占地面积为11米×5米,中间住房的占地面积为11米×7米,房后院子的占地面积为11米×5米;虽然较新,但前后院子的围墙均较矮(约1.6米高)、较薄(砖混结构的二四墙、约30厘米厚)。而居住在后面的李家,宅基地的占地面积为11米×16米,宅基地的结构为:前面住房的占地面积为11米×7米,后面院子的占地面积为11米×9米;住房和院子是在2005年翻盖的。李家前面住房的承重墙,隔着一条1.2米宽的过道(该过道几乎为李家专用,半封闭式,过道尽端直通一间杂物间,主要存放农具、化肥和农药等)与王家相邻。王家因家里常年无人居住,担心家里可能被盗,遂决定拆除旧围墙并翻盖新围墙(包括加高、加固,并装上防护网)。

王家翻盖围墙的决定事先并没有通知李家,而是在顺利翻盖完房前院子的围墙之后直接翻盖房后院子的围墙。王家拆除房后院子的旧围墙并准备垒新围墙时,李家立刻出来干涉,提出一个在其看来"必须得到满足"的条件:"今天,你们王家新围墙的翻盖,必须往回缩进30厘米(刚好为'二四墙'一堵墙的宽度),否则你王家的新围墙就别想再翻盖起来!"为此,李家年长的老人(当年已83岁,为两家的共同长辈,王家在辈分上称之为"堂叔")直接出面,将王家后院正在翻盖的约20厘米高的围墙全部推倒,并谩骂王家"蛮不讲理、仗势欺人"。自2014年8月两家发生纠纷甚至是冲突以来,村委会、镇派出所和镇政府等基层领导干部先后多次出面试图调解两家的矛盾,但都"无果而终"。

在李家看来,李家提出"王家后院围墙地基往回缩进30厘米"的条件是合情合理的,依据有三:其一,过去乡村的农业运输工具主要是人力板车,对于相邻道路宽度的要求不高,1.2米宽的过道基本不影响正常通行。但是,近年来,该村各家各户普遍使用拖拉机,李家也早在3年前购买了一辆农用拖拉机,而1.2米宽的过道根本无法让拖拉机顺利通行。这些年来,李家都是用拖拉机把农业生产所需要的农具、化肥和收割的粮食等拉到巷子口,再用人力搬运至杂物间存放。过道过窄已经严重影响了李家的生活和农业生产的需要。[3] 第二，严格按照村委会对各家宅基地规划的总面积[4]，王家宅基地的总面积已经超标 11 米×2.3 米。现在要求王家新翻盖的后院围墙往回缩进"30 厘米"，这"在法律上"是站得住脚的；而在"实现邻里关系和谐相处"的情理上，这也是可以"理解"和"完全讲得过去的"。第三，李家和王家是本家，却因该条过道多次发生纠纷，王家总是以家境殷实等优势长期"欺负"李家。如果王家新翻盖的后院围墙地基能够缩进"30 厘米"，则从此两家"相安无事"。

不过，在王家看来，李家所提出的要求完全是"蛮不讲理"的仇视心态。针对李家提出要求的依据，王家则针锋相对地提出了质疑：第一，过去乡村的农业运输工具是人力板车，现在所使用的运输工具是拖拉机，如果将来李家"发达"了，开始使用"飞机"作为运输工具，那这岂不是要让我王家从这里"彻底地搬走"？第二，如果说按照村委会对各家宅基地规划的总面积，王家宅基地使用面积超标"11 米×2.3 米"，但是李家宅基地的使用总面积也同样超标"11 米×1 米"。李家不能说我王家宅基地使用总面积超标"11 米×2.3 米"，就得让王家迁就李家而缩进"30 厘米"，为什么李家自己不缩进？第三，两家因为这条过道而产生的矛盾由来已久，但即使在以前使用人力板车作为农业运输工具时，李家也经常发生"人力板车'撞墙'"事件，但所撞之墙基本都是王家的围墙，而非李家的主墙。如果今天王家给李家的过道缩进"30 厘米"，以后李家开拖拉机通行时，如何才能保证不会发生"用拖拉机'撞'我王家围墙"的事件？而且，相较于"人力板车'撞墙'"的后果而言，"拖拉机'撞墙'"的后果明显要严重得多。

2014 年 10 月，面对年长堂叔不断"强势推墙"的无奈，王家在不能完成对后院围墙的翻盖事宜之后，只好以"排除妨碍"为诉讼请求直接将李家诉至 Z 县法院，请求法院依法作出判决。Z 县法院在充分调查纠纷事实的基础之上，于 2015 年 1 月作出判决，"依法"支持王家的诉讼请求。李家不服 Z 县一审法院的判决，认为王家赢得判决的主要原因是"贿赂"了法院和法官。同月，李家以"排除通行妨碍"并要求王家"缩进 30 厘米"为诉讼请求，将王家上诉至 Z 县法院的上级法院 X 中院。2015 年 7 月，X 中院作出终审判决："维持原判。"

---

[3] 长期以来，李家的农用拖拉机都是在靠外墙过道（村上的一条主要公共过道）并靠近李家住房的房檐处停放。但是，由于影响到村上的公共交通，为此，李家与村上的很多村民都闹过纠纷。李家要求王家的后院围墙"缩进 30 厘米"的另一个目的，则在于意图将自家农用拖拉机停放在与王家相邻的过道里，从而既"便利"，也不再与其他村民发生纠纷。

[4] 需要指出的是，《中华人民共和国城乡规划法》是自 2008 年 1 月 1 日起开始施行的。该村村委会按照各家人口数量等基本情况，给各家规划的宅基地使用面积基本上均统一为：11 米（宽）×15 米（深）。但是，该规划在很多情形中并没有得到严格的贯彻执行。这既体现在村上 2008 年之前已经盖好的宅基地中，也体现在 2008 年以后甚至是至今仍在翻盖的宅基地中。只有在统一规划的"新乡村"的宅基地使用上，该村村委会对各家宅基地使用面积的规划才能得到严格落实。

2015 年 7 月 21 日,在 Z 县法院执行庭的执行法官和镇政府、镇派出所、村委会等基层领导干部共 11 人的现场督导下,王家继续翻盖后院的新围墙。而李家则聚合了当地"某组织"的相关人员共 13 人(均为老弱病残人员)与之对抗。[5] 双方发生了激烈争执和对骂,甚至发生了肢体冲撞,现场非常混乱。在现场"推墙"与"护墙"的冲突中,正在翻盖的约 1.2 米高的围墙发生倒塌,李家推墙老人的双腿被砸成骨折。之后,李家聚合的相关人员趁着现场混乱,直接把李家的老人强行抬进了王家后院的一间杂物间,并要求王家对其负责。镇派出所出警,现场共传唤了 3 人。其中,涉嫌有推墙嫌疑的王家两个帮忙垒墙的亲戚(男性青年)被传唤,而李家现场闹事最凶的智障小儿子也同样被传唤。镇派出所出警传唤人的目的在于:"查清当时究竟是谁推倒了围墙,并直接造成了李家年长老人的双腿被砸成骨折。"[6]

当天晚上,李家老人在绝望的疼痛叫喊和谩骂声中,在"几乎"没有人觉察的情形下,用自己的裤腰带将自己吊死在王家杂物间的窗户上。[7] 由此,事态进一步升级。第二天(即 2015 年 7 月 22 日)一大早(约六点左右),李家聚合了"某组织"的 34 人(均为老弱病残人员)队伍,直接将李家吊死老人的尸体抬至 Z 县政法委的大门口摆起了灵堂,要求 Z 县政法委对此事负责。上午约八点半左右,Z 县政法委紧急调集警力,强行驱散聚众闹事人员,并行政处罚了聚众闹事人员中"最凶"的 9 人,事件才得到平息。2015 年 7 月 26 日,在 Z 县政法委介入并做好各方充分安抚工作之后,按照当地习俗妥善地安葬了李家老人。2015 年 9 月 10 日,王家的后院围墙终于在原有宅基地的位置上翻盖完成。2015 年 9 月 13 日,先后被传唤和行政处罚的 12 人均被释放回家。需要补充

---

[5] 在调研中,我们发现,当地乡村中广泛存在某种形式的"组织",很多弱势农民群体(尤其是老弱病残者)均加入了该类"组织"。对于该类"组织",我们很难从性质上对其加以认定。该类"组织"实际上发挥着三种属性的基本社会功能:其一,弱势农民群体之间在经济上的"互助"功能。例如,在农忙期间,他们之间无偿地互相帮助,以填补转型社会中"乡村互助""家族互助"和"家庭互助"的缺失。其二,在遭遇各种可能的外部压力时,弱势农民群体之间相互抱团,以共同抗拒外部压力的"抱团功能"。其三,在平时,通过该"组织"的联系纽带,弱势农民群体之间在精神上"相互安慰"和"相互鼓励"的"精神支撑功能"。正因为如此,当地基层组织平时对它的存在也只是持"睁只眼、闭只眼"的放任态度。

[6] 当然,镇派出所认为,他们也不排除李家老人自己推墙导致围墙发生倒塌并砸伤自己的可能。到目前为止,"李家老人究竟是因自己推墙还是因别人推墙而被砸成骨折"的案件事实,镇派出所仍然无法查清。

[7] 实际上,在这起邻里宅基地纠纷中,李家老人仅仅是一个牺牲品,表现为:对于李家而言,李家老人只是李家与王家博弈中的一个筹码;甚至对于李家老人自己而言,他对自己"年长"等现实因素的认识,也决定了其可能选择采取以牺牲"自己"为代价的方式来实现李家的要求;而对于王家而言,其对于同为本家的这个长辈更多地表现为一种"无奈",尤其是在其被砸成骨折之后,王家几乎没有任何可以制裁他的"办法",于是,对于他的"死活"所采取的态度基本上就是"不闻不问"的放任。当然,最终李家老人"上吊自杀",却是王家所没有充分预料到的,更是王家所不希望发生的。毕竟,自家因此而成了"凶宅"。

的是,Z县政法委对于涉事双方当事人和其他相关人员的艰难安抚工作一直持续至2015年农历年年底。[8]

面对这起"以命抗法"的邻里宅基地纠纷案,我们似乎又回到了费孝通当年有关在乡土中国推进"送法下乡"之"命运"的判断:"现行的司法制度在乡间发生了很特殊的副作用,它破坏了原有的礼治秩序,但并不能有效地建立起法治秩序……更进一步,在社会结构和思想观念上还得先有一番改革。如果在这些方面不加以改革,单把法律和法庭推行下乡,结果法治秩序的好处未得,而破坏礼治秩序的弊病却已先发生了。"[9]对于上述判断,立足于当今的转型社会背景,我们需要进一步追问的是,缘何这样一起平常的邻里宅基地纠纷,在司法治理具体展开的情形下,却导致了"原被告双方俱败"的最终结果,甚至发生了"司法治理"的各种溢出性负面效应?

二、司法治理在乡村治理中的发生逻辑

从社会形态来看,正如高其才所言,虽然当今中国社会的工业文明有了一定的发展,商业文明也有了某种程度的体现,但是从社会结构、治理体系、思维方式等方面来整体衡量,当代中国社会从本质上仍为乡土社会。[10] 具体而言,在治理体系上,乡村治理既包括乡村的自我治理,也包括基层组织对乡村的治理。与传统乡村秩序维系的内在机制基本相同,当今乡村秩序的自我维系或者自我治理的展开,所依赖的仍然是诸如邻里纠纷的自我调解机制和双方力量的博弈,这种自我调解机制的良好运转和双方力量博弈的大致平衡,则构成了乡村自我治理和乡村秩序再生产的一种能力。乡村"自治"从来都是乡村"他治"展开的逻辑前提,以村委会和镇政府等为代表的基层组织,也是依托于这些自我调解机制和双方力量的博弈而展开乡村治理工作的。这集中表现在治理的话语层面,基层组织对乡村的治理往往外化为一种主要依赖于"地方性知识"或"传统乡村礼治主义秩序的'是否观'"而非单纯的"法律话语"而展开,"因为熟人之间一般无需法律,或只需要很少的法律"[11]。

但是,伴随着城镇化的不断推进,中国社会的转型危机开始在乡村社会集中呈现,"转型危机主要是指经济和社会层面的,包括两个基本特征:(1)经济和社会关系发生重大结构性变迁从而产生了大量的经济和社会的矛盾和冲突;(2)这些矛盾和冲突不能在经济领域和社会领域自我矫正,需要国家通过各种

---

[8] 有关Z县政法委等对该纠纷案处理和安抚的各细节部分,在此不便披露。
[9] 费孝通:《乡土中国 生育制度》,北京大学出版社1998年版,第58页。
[10] 高其才:《乡土法学探索——高其才自选集》,法律出版社2015年版,"代序:乡土法学的若干思考"第1页。
[11] 苏力:《送法下乡——中国基层司法制度研究》,中国政法大学出版社2000年版,第48页。

治理手段进行干预。"[12]在某种意义上,上述这起乡村邻里宅基地纠纷案的发生,正是中国社会转型危机的一个缩影。与南方丘陵地带的乡村状况不同,在地理形态上,北方多为相对开阔的"平原式"村落;在人口数量上,北方村庄的人口数量普遍相对较大。这无疑决定了即使在持续城镇化的背景下,类似于L村这样的北方村庄,所呈现出的"人口空心化"趋势仍然相对较缓。尽管如此,L村在乡村人口、乡村生活和农业生产方式等方面正在发生的"重大结构性变迁",仍具体化为L村现实的"内在生活困境"和"内在发展困境";而基于这两种类型困境所引发出的矛盾和冲突,无法在现有乡村自治的纠纷解决机制内得到解决,从而迫使基层组织来承担对该纠纷的化解责任。但由于基层组织自身也陷入到"内在治理困境"中,在各方的理性选择甚至是在各方的"共谋"之下,最终这起邻里宅基地纠纷的解决轨道"转向司法治理"的方向。具体而言,上述困境集中表现在以下几个方面:

首先,"城—乡"二元结构的乡村人口居住模式带来了乡村邻里关系难以有效维系的"内在生活困境",由此引发了乡村的"自我治理困境"。在持续城镇化的社会转型背景下,那些成功进城谋生的农民,构成了"离土农民"的乡村群体;相反,那些基于各种原因而没有能够成功进城谋生的农民,则构成了"守土农民"的乡村群体。由此,转型社会所带来的"城—乡"二元结构的乡村人口居住模式,在"离土农民"和"守土农民"之间的乡村邻里关系维系上则催生了某种微妙的变化。这种变化,既体现在邻里关系维系的心态上,也体现在邻里关系维系的外在行为上。同时,他们之间邻里关系的维系程度还发生了某种"溢出效应",甚至在改变着乡村邻里关系的部分和全局。某种传统乡村的"熟人社会"人际关系,夹杂着现代城市的"陌生人社会"人际关系,则构成了当下转型乡村的复合型人际关系,并呈现为常态。这一常态,无疑引发了乡村邻里关系难以有效维系的"内在生活困境"。

在上述邻里宅基地纠纷案的叙述中,乡村所面临的"内在生活困境"集中体现为:本为"堂兄弟关系"的王家和李家,在邻里关系的相处层面出现了某种难以逆转的危机。这既体现在邻里两家相处的心态上,也体现在邻里两家相处的外在行为上。对于"离土"的王家而言,乡村的住房仅仅意味着"逢年过节"的临时驿站,长期"离土"带来了王家对自家财产"可能被盗"等长远顾虑,以及通过翻盖新围墙等外在行为来彰显自己在城市打拼的"成功"等心态。这无疑直接催生了王家翻盖(包括加高和加固)院子的"心理动机"和"外在行为"。而对于"守土"的李家而言,与同为本家的王家的"成功"相比,李家在心理层面则必然处于劣势,与王家相邻并"长期以来成为两家矛盾和冲突点"的相邻过道,则成

---

[12] 徐湘林:"转型危机与国家治理:中国的经验",载《经济社会体制比较》2010年第5期。

为李家可能"改变"劣势心理的直接载体。[13] 这无疑直接催生了李家借着王家翻盖后院新围墙的"机会",要求王家所翻盖的新围墙的地基往回缩进"30厘米"的"强烈要求",以及通过推墙来"坚决阻止王家翻盖后院新围墙"的外在行为方式。由此,与传统乡村邻里纠纷的自我调解能力相比,王家和李家之间所发生的这起纠纷自然就呈现出某种"不可调和"的对立状态。而在这一对立状态的背后所集中呈现出来的,无疑是乡村自我治理能力削弱的客观现实。

其次,乡村生活方式、交通工具和农业生产工具等的快速变化,带来了乡村的"内在发展困境",由此引发了乡村在纠纷化解机制层面"失灵"的"秩序再生成困境"。在城镇化的社会转型背景下,"乡村自我治理能力削弱"的现实,不仅体现在乡村邻里关系维系的内在微观层面中,也体现在乡村生活方式、交通工具和农业生产方式等的快速变化所带来的外在宏观层面中。例如,在乡村生活方式和交通工具方面,部分成功的"离土农民"和部分成功的"守土农民"开始接受城市生活方式,包括乡村住房的内在装修,而且开始普遍使用私家汽车等现代城市交通工具。前者体现为农民开始使用"抽油烟机""自来水"和"抽水马桶"等诸多现代化生活设备,但由此引发了诸如"烟筒"纠纷、乡村排水和排污纠纷等新型乡村邻里纠纷;后者则引发了诸如"汽车撞墙"等新型乡村纠纷。而在农业生产工具方面,伴随着机器化和半机械化的农业生产工具等的普遍使用,旧有乡村邻里过道甚至是村庄公共道路"偏窄"的难题等则急剧凸显。因此,乡村生活方式、交通工具、农业生产工具等方面所发生的快速变化,必然导致乡村纠纷及其数量和对立强度凸显出持续的"内在发展困境"。

上述这一"内在发展困境",同样也集中体现在王家和李家之间所发生的邻里宅基地纠纷中。在李家所提出的"王家新翻盖的后院围墙的宅基地后缩30厘米"的要求中,李家的依据正是"守土农民"在农业运输工具方面已经发生了事实改变这一客观事实:从使用"人力板车"到使用"拖拉机"。因此,在李家看来,王家的退让是"合情合理"的。[14] 同时,王家后院的这堵围墙,按照村委会的事后规划,"可能"存在超标"11米×2.3米"的嫌疑。[15] 故相对于这超标的"11米×2.3米"而言,李家对王家后院围墙缩进"30厘米"的要求也是合情合

---

[13] 在调研中,王家反映,李家即使在过去使用人力板车作为农业运输工具时,在相邻过道中也经常发生"撞墙"事件,但所撞之"墙"基本上均为王家后院之围墙。因此,王家与李家早有"积怨"。

[14] 需要补充的是,李家"要求"的另一个客观事实依据是:与该过道相邻的李家的墙是李家居住房屋的承重墙,故李家没有办法自己"缩进"。在调研中,李家也一直在"强调"这一点。

[15] 在调研中,我们发现,乡村农民住房扩建的现象非常普遍,只是存在程度上的差别。对于"扩建"的程度,基本取决于左邻右舍的"妥协式"认同,以及各方在博弈中所达成的某种"平衡"。该村的村委会对各家宅基地实际使用面积的规划,具体到王家而言,所存在的难题主要有二:其一,该规划为一种"事后规划",即王家盖房在先,而规划在后;其二,该规划为一种"笼统规划",并没有具体到"到底是王家哪堵墙(前院围墙抑或后院围墙)存在超标使用的认定"。

理的,这既可以让李家的拖拉机"顺利通行",也可以从此改善与王家的"邻里关系",即李家所声称的"从此两家相安无事"。而对于王家来说,其认为自己不能缩进"30厘米"的理由却是基于李家过去经常发生人力板车"撞"王家围墙的经验教训,即李家不可能保证将来不会发生"拖拉机撞墙"事件。不仅如此,在王家看来,相较于人力板车"撞墙"的危害性,拖拉机撞墙的"后果"明显要严重得多,且王家平时家里很少有人居住,难以就未来可能发生的"撞墙行为"和李家展开及时、有效的交涉。同时,在王家看来,向李家"妥协"还会"丢面子"。不仅如此,在王家看来,李家自己的现有住房,严格按照村委会的规划,同样也存在超标"11米×1米"的客观事实。因此,在诸多复杂的内在微观层面和外在宏观层面因素的共同交织下,在类似于本案的邻里纠纷中,乡村不断呈现的"内在发展困境"必然导致乡村在纠纷化解机制层面"失灵"的"秩序再生成困境","传统的依靠社会力量进行治理的治理资源和治理机制被打破,村庄的内生秩序解体"[16]。

最后,与过去相比,基层组织所掌握的治理资源不断递减以及治理成本与治理风险不断递增等"内在治理困境",引发了基层组织的"治权式微困境"。与城市治理的内在逻辑不同,基层组织对乡村的治理主要依赖于其自身所可能掌握的各种治理资源,包括"执行计划生育政策""落实各种乡村和农业政策"以及"新宅基地申请的审批"等。在城镇化的社会转型中,基层组织对上述治理资源的掌握却呈现出不断递减的趋势。[17] 与此同时,基层组织对乡村的治理在治理的权威性上必然呈现出不断式微的趋势,而在治理成本与治理风险等方面却呈现出不断递增的趋势。[18] 这两种"趋势"的叠加,无疑在共同促使基层组织对乡村的治理呈现出"妥协性"甚至是"不作为"的姿态。"正在退出农村的乡镇政府""无所作为的村一级"和"已经散掉的村民组"等,已经成为基层组织在乡村治理中的一个现实刻画。[19] 从一个更加抽象的层面而言,我们可以将其概

---

〔16〕 曾红萍:"去公共化的乡村治理及其后果——以利益密集型村庄为例",载《学习与实践》2013年第2期。

〔17〕 例如,在执行"计划生育政策"的问题上,以前基层组织往往可以将原本需要严格执行的"计划生育政策"通过"软化"(即"不严格执行"或"简单罚款"等)而成功地转为一种可能的治理资源。但是,近年来,很多"离土"农民却通过诸如在城市买房等途径,在城市为可能"超生的小孩"成功办理了户口。这自然就直接导致了基层组织对乡村治理资源掌握的一种"相对递减"。

〔18〕 例如,基层组织在对乡村的治理中,治理事项最终总是要落实到具体的家庭和村民,而这往往很容易被转化为"基层干部"与"具体家庭、家族和村民"之间的直接矛盾。因此,基层组织在对乡村的治理当中,治理成本和治理风险必然会呈现出某种"不断递增"的趋势。需要指出的是,虽然《人民调解工作若干规定》第18条第1款规定,"人民调解员依法履行职务,受到非法干涉、打击报复的,可以请求司法行政机关和有关部门依法予以保护",但是,由于乡村诸多的复杂因素,该条的具体落实总是"被大打折扣"。

〔19〕 贺雪峰:"论乡村治理内卷化——以河南省K镇调查为例",载《开放时代》2011年第2期。

括为:基层组织为乡村支出公共产品能力的不足,必然导致其在乡村治理能力上的不足,进而导致其对乡村的既有纠纷和不断涌现的新纠纷难以实现有效化解的"内在治理困境",由此引发了基层组织的"治权式微困境"。

在上述王家和李家之间发生的邻里宅基地纠纷中,基层组织虽经数次调解,但最终却"无果而终",而这也正充分地反映了上述"治权式微困境"的现实存在。具有对照意义的是,前些年该村也发生过类似的邻里宅基地纠纷。针对这些纠纷,基层组织出面调解的效果是非常明显的,而调解的途径大致可以被类型化为:其一,纠纷主要涉及两家人的"过道",但其主要是由一家使用的情形。对此,纠纷一方往往以"自留地"(例如,菜地)或者"自家承包的耕地"来置换需要"缩进"的"宅基地"。此时,基层组织大多只是起到"见证人"的作用,即将这种"置换"行为"公示化",防止以后一方可能出现的反悔甚至是引发新的邻里纠纷。其二,与第一种情形完全类似,但由于纠纷一方对对方用"自留地"或者"承包的耕地"来置换需要"缩进"的"宅基地"没有主观需求,则此时由纠纷一方"花钱"来置换需要"缩进"的"宅基地"。对于"价格",并没有固定的标准,主要取决于双方讨价还价的结果。[20] 此时,与前述情形相同,基层组织也只是起到"中间传话筒"和"见证人"的作用。在上述两种情形中,无论是以"地"置换还是以"钱"置换,双方解决纠纷所遵循的基本逻辑无疑是经济人"双方利益最大化"的理性逻辑。其三,纠纷涉及不特定的多数人,即"过道"是由多家使用甚至是村上交通要道的情形。对此,基层组织就必须直接出面、努力解决,但往往需要寻找到最有利的时机。例如,如果"占道"的该家需要申请新的宅基地,基层组织在"审批"时就会抓住机会提出要求"缩进"到一个合理状态的"审批附加条件"。不仅如此,中间也同样会出现基层组织和"占道"家庭之间双方讨价还价的情形,基层组织甚至还可能以同意增批"双倍"甚至"更多倍"于要求"缩进"的宅基地面积的方式进行"补偿"。然而,近年来,因为乡村邻里关系已经发生了根本改变,上述情形中的前两种已经很难适用了。而在情形三中,由于近年来国家对乡村宅基地审批的"收口",[21] 直接导致基层组织再也无法使用诸如对农民新宅基地申请进行"审批"等治理资源来与对方讨价还价。这无疑就决定了基层组织对此类纠纷在治理能力上的不足和在治理效果上的不佳,"治权式微困境"呈现无疑。

---

[20] 在该村的调研中,我们对用钱"置换"做法中的价格部分也进行了了解。其中,如果相邻两家关系较好并各自"通情达理",有赔偿"3000元"的最低做法,即相当于翻盖一堵新围墙的"成本"。相反,如果相邻两家关系一般,一方愿意出能让对方满意的价码,则也能"成交"。例如,有一家就出到"36000元"的最高价格。主要原因是,这一家经济条件较好,家里买了一辆价值不菲的小轿车,急需拓宽过道将车直接开进自家院子里停放。

[21] 近年来,乡村的发展主要在围绕着"新农村建设"来展开规划,而对原有村庄新宅基地的审批则开始普遍"收口",即几乎不再受理和批准在原有村庄范围内新建宅基地的申请。

无论是从乡村自我治理的理性抉择和乡村"秩序再生成"的内在机制,还是从基层组织对乡村展开有效治理的机制抉择而言,当乡村治理从整体上陷入相关内在困境时,则必然发生寻求其他可能治理途径的理性抉择。否则,转型社会中的乡村治理所遭遇的"结构性困境",必然会带来乡村完全失序的治理危机,"缺乏有效的制度供给,处于国家秩序边缘的'自治'是一种无奈的自治,是边缘化、无序化的无奈选择"[22]。伴随着转型社会中各种法律知识和司法知识的普及、"依法维权意识"的觉醒和律师业务向乡村的积极拓展等,乡村也开始普遍将各种类型的邻里纠纷诉诸司法治理的方式来加以解决。如果说在20世纪90年代以前,国家对乡村治理所秉持的理念是"送法下乡"[23],那么,透过对现在这起邻里宅基地纠纷案的分析,我们发现,乡村治理的上述内在困境和秩序现状正构成乡村"迎法下乡"的内在动力,而这一内在动力无疑构成司法治理在当前乡村治理中的发生逻辑,"一项司法行为之所以具有巨大的社会影响力,是因为它通过对法律的保障来保证了社会秩序,这也许是其他任何行为都无法与之比拟的"[24]。

三、司法治理在乡村治理中的展开逻辑

需要指出的是,这种"转向司法治理"的纠纷解决方式却往往体现为一种"被迫的"心态,"一个已然崩溃的应该与事实的轨道——它所代表的,其实是错误代表的,是一种当地的司法意识,一种社会和谐,即外来所谓秩序观念"[25]。这种"被迫",往往是由以下两个不同维度的"驱动力"来促成的:其一,对于纠纷的一方而言,当其依据"国家法"(合法律性层面)和"地方性知识"(合情理性层面)来预判,自己可能更占优势,同时,与其他可能的纠纷解决方式相比成本和风险相对较低时,转向司法治理无疑是其更为理性的选择,毕竟司法治理是一种相对"省事"和"更为经济"的纠纷解决方式。因为,对他而言,通过司法治理来解决纠纷,更多的只是意味着支付"律师代理费"和"法院的诉讼费",以及支出"诉讼的时间成本"和承担"败诉的风险"等。其二,对于与纠纷无直接利害关系却负有维护社会稳定职责的基层组织而言,面对"已经介入"却"无功而返"的"治权式微困境",以及为了"工作上的'省事'"和规避"因工作而带来的个人甚

---

[22] 熊烨、凌宁:"乡村治理秩序的困境与重建",载《重庆社会科学》2014年第6期。
[23] 苏力认为,倡导司法下乡、送法下乡与国家权力在中国农村社会的松弱相关,"下乡"是一种国家权力试图在乡土社会中创立权威并使之得以真正实现的战略性选择。参见苏力:《送法下乡——中国基层司法制度研究》,同前注[11],第40页。
[24] 狄骥:《公法的变迁》,郑戈译,中国法制出版社2010年版,第179页。
[25] 克利福德·吉尔兹:《地方性知识——阐释人类学论文集》,王海龙、张家瑄译,中央编译局2000年版,第267页。

至是家属的风险"等[26],其往往更愿意"积极引导"纠纷当事人一方甚至是双方通过司法治理途径来解决纠纷。

在本案当中,王家也是遵循了上述"被迫的"理性选择逻辑,最后无奈地将李家告上了Z县法院。不过,面对Z县法院作出的一审判决,李家表示不服,甚至认为,Z县法院作出的一审判决可能是由于王家"贿赂"了法院和法官。需要指出的是,从李家基于终审判决对自己不利而将这种不利结果归咎于法官职业道德,明显反映了社会对司法和法律权威所秉持的一种普遍性工具主义立场,即当司法判决对自己有利时,坚决支持该判决;相反,当判决对自己不利时,则将这种不利于自己的判决完全归咎于司法的不公或者法官的不廉洁。一般而言,法律工具主义是指一种关于法律本质和法律功能的法学世界观和认识论,它强调在社会系统中法律只是实现一定社会目标的工具和手段。[27] 法律工具主义对司法实质正义的追求往往借助于大众的社会评价和一般的道德评价来简单地超越法律评价,从而极易催生出社会对法律和司法公正性的否定性意识。在法律工具主义的司法观念支配下,李家也被迫按照司法治理的逻辑来展开"司法救济",即向Z县的上级法院(X中院)提起上诉。但是,面对X中院作出的"维持原判"的终审判决,李家开始彻底地丧失了对两级法院"公正司法"的信任,并再次退回到继续通过"私力救济"来试图实现自己"要求"的出发点,即不惜与前来执行判决的国家工作人员发生直接的暴力冲突。李家在面对"终审判决"时仍然坚持通过私力救济以意图实现自己的诉求,突出地反映了中国司法非终局性的特点。美国学者爱德华教授认为,司法的非终局性是指,"只要当事人仍然觉得不公平,他总是可以请求统治阶层复审",换言之,案件永远不会了结,纠纷继续发酵和持续存在。[28] 在转型社会中,司法的非终局性特点既是传统司法的延续,更是当前中国司法公信力缺失和司法权威性式微的集中体现。

然而,在此我们需要追问的是,针对李家和王家之间发生的这起邻里宅基地纠纷,两级法院所作的判决是否"合法"与"合理"?而透过判决在"合法"层面与"合理"层面之间的冲突,我们恰恰需要进一步探讨的是,转型社会中司法治

---

[26] 例如,很多基层组织的工作人员总是抱怨:现在的"刁民"越来越多,甚至很多蛮不讲理的"刁民"将自己的"损失"归结于工作人员的"偏私"或者"谋取了私利"等,并将这种"怨恨"转移至工作人员甚至是工作人员的家属身上。很多工作人员反映,他们自己和他们的家属都或多或少地受到过某种"若隐如现"的人身威胁,包括通过"写举报信"和"杜撰谣言"等方式来污蔑和攻击工作人员及其家属。

[27] 谢晖:"法律工具主义评析",载《中国法学》1994年第1期。

[28] 参见兰德尔·艾德华等:《当代中国的人权》,哥伦比亚大学出版社1986年版,第47页。转引自於兴中:"非终局性、'青天大人'与超级法官赫尔克里斯——简论传统中国的公正观",载《杭州师范大学学报(社会科学版)》2012年第5期。

理在乡村治理中的具体展开遭遇了哪些可类型化的突出性难题？

首先，两级法院所作的司法判决是否"合法"？就李家和王家之间发生的这起邻里宅基地纠纷而言，所涉及的法律问题无非就是"相邻关系"问题。依据《中华人民共和国物权法》对于相邻关系问题的规定，相邻关系是指依据法律的规定，两个或者两个以上相互毗邻的不动产所有人或占有、使用人，在行使不动产的占有、使用、收益和处分权时，相互之间应当给予便利或者接受限制而发生的权利义务关系。处理相邻关系所遵循的基本司法原则为：有利生产、方便生活、团结互助、公平合理，给相邻方造成妨碍或损失的，应当停止侵害、排除妨碍、赔偿损失。[29]

具体到本案李家和王家之间的这起邻里宅基地纠纷，相邻关系所涉及的只是李家的"（顺利）通行关系"问题。在司法实践中，对于相邻关系的纠纷，法院主要是通过对双方自愿调解或者由村委会等基层组织出面调解来加以解决，但具体到本案，上述调解方式无疑不可能实现。从两级法院作出的"支持王家"的判决结论来看，法官建构该判决的合法性基准的核心理由在于："王家围墙的历史连续性存在。"[30]以此为基础，法院认为：王家在原有后院围墙的外线地基之上翻盖新围墙，遭到李家"强势推墙"的干扰，王家所提出的"排除妨碍"诉讼请求，法院依法予以支持。同时，李家提出的"要求王家新翻盖围墙的外线地基往回缩进'30厘米'"和"排除通行妨碍"的诉讼请求，因缺乏明确的法律规定，法院依法不予以支持。[31]

其次，两级法院所作的司法判决是否"合理"？尽管该判决结论在"合法性"层面是完全站得住脚的，但是在"合理性"层面，通过调研我们发现，无论是与纠纷无直接利益关系的村民和村委会、镇派出所等基层领导干部，还是作为上级涉事单位的县政法委的某些领导，对两级法院所作的判决结论"私下里"都或多或少地表达了自己的些许质疑。恰恰是这些质疑构成了促使李家和王家之间这起邻里宅基地纠纷不断发酵的"背后推手"。同时，也正是这些"背后推手"使得司法治理在乡村治理的具体展开中遭遇到类型化处理的难题；同时在转型社会中司法治理展开的逻辑，亦陷入到了相关的内在困境当中。这集中表现为：

---

[29] 参见《中华人民共和国物权法》第 84、87 和 92 条的相关规定。

[30] 依据该村村委会对该村各户宅基地使用面积的规划，王家的宅基地面积即使存在"超标"的事实，法院也不予以考虑，原因在于：第一，王家宅基地的修建时间为 2004 年，早于规划生效时间（即 2008 年）；第二，王家宅基地的使用面积即使存在"超标"的事实，但该超标为一种"笼统"意义上的超标，即无法确认到底是王家的前院围墙存在超标，还是后院围墙存在超标；第三，该村村委会对前后相邻两家之间的过道所应该预留的宽度并没有明确的规划。

[31] 来自两级法院所作的判决书，判决书的索引号等均予以隐去，主要是基于本文对纠纷的相关细节分析可能会对相关涉事主体带来负面影响的考量。

第一，司法治理所依托的法律话语和权利话语遭遇了"熟人社会的朴素正义观"的质疑。由此，转型社会中司法治理展开的逻辑自然就陷入了"'依法维权'和'促进自我治理'之间"的内在困境中。在针对村民的调研中，我们发现，村民们正是从"熟人社会的朴素正义观"视角来表达自己对判决结论的质疑的。尤为重要的是，我们也注意到，村民们也同时从司法治理展开的最终博弈后果与他们较为认可的"熟人社会中对弱势者应该充分隐忍"的邻里和谐相处的"乡村秩序观"相比来表达自己的质疑："乡村就是乡村，不同于城市""法律固然重要，人情也同样重要""退一步海阔天高"以及"本是同根生，相煎何太急"等！

具体而言，在他们看来：其一，王家的家境比较殷实，身份和地位在村上都一直占据优势，有些"为富不仁"的味道。[32] 此一质疑，我们可以进一步将其概括为，"以熟人社会中较为笼统的人身评价"来超越"以法律话语和权利话语较为具体的行为评价"。其二，在与王家长期的邻里纠纷中，同为本家的李家一直处于劣势，甚至李家的老人被逼到"以命相搏"的境地，尤其是村民对李家"出了人命"这一意外结果表达了充分的同情。其三，对于王家"被迫"转向通过司法治理来展开"维权"的做法，村民们同样表达了"不屑"，因为自此以后，王家的住宅沦落为"凶宅"。由此看来，王家最终无疑是"得不偿失"。上述两点质疑，我们可以进一步将其概括为，"以纠纷的后果评价"来超越"纠纷本身在法律上的'是非'评价"。由此，转型社会中司法治理的展开逻辑自然就陷入"'依法维权'和'促进自我治理'之间"的内在困境中。毕竟，对于村民的"乡村秩序观"而言，"法院的判决来了，但最终还是要离开的，而乡村的生活，则必须继续"。

第二，司法治理所依托的法律权威和司法权威遭遇了"权威依赖"的不积极合作的质疑难题。由此，转型社会中司法治理的展开逻辑，自然就陷入了"'基于输出法律秩序的理想权威需求'和'落实法律秩序的现实权威式微'之间"的内在困境当中。在调研中，我们发现，村委会和镇派出所等基层领导干部，甚至包括作为上级涉事单位的Z县政法委的某些领导，主要是从"李家和王家之间发生的这起邻里宅基地纠纷给自己的工作（包括调解工作和维稳工作等）带来了无穷尽的负担"的视角来表达自己的质疑的。[33] 虽然他们也坚决支持"已经生效"的判决权威，但这种"支持"更多的只是从减轻自己工作负担的视角来展开的。

---

[32] 马丁·夏皮罗：《法院：比较法上和政治学上的分析》，张生、李彤译，中国政法大学出版社2005年版，第222页。

[33] 在调研中，我们发现，村委会和镇派出所等基层组织和Z县政法委的相关领导一直在强调，他们因这起持续长达2年半的邻里宅基地纠纷前后几乎"跑断了腿"，费劲了"周折"，甚至在出现"非正常上访"的舆情时，他们几乎都处于24小时的待命状态，连周末休假的时间都取消了。对此，对他们所付出的努力，我们应该予以充分的肯定；而对于他们所承受的工作压力，我们也应该予以充分的理解。

具体而言,在他们看来:其一,如果王家一开始就能从实现邻里和谐相处(乡村的"秩序再生产")的角度作出"'某种可理解'的让步",那么,这起邻里宅基地纠纷的后续结果自然也就不会发展到今天这种"两败俱伤"的地步。其二,当地县政法委的一位同志"私下"里谈到,他们本来打算通过"某组织"的负责人来给李家做协调工作,该头目也已经答应出面。但是,由于王家"一厢情愿地"诉诸司法治理的途径来"维权",结果导致这种努力"付诸东流"。其三,在司法治理已经展开的情形下,该村的基层组织甚至是上级 Z 县政法委只能站在维护司法判决权威的立场来展开"维稳"工作,而难以从诸如"绕开司法判决权威"的立场来展开其他可能的调解工作。这也是在"全面推进依法治国"的背景下,他们的维稳工作应该严格按照"法治思维"和"法治方式"的要求来具体展开的需要。[34] 因此,转型社会中司法治理展开的逻辑在"基于输出法律秩序的理想权威需求"和"落实法律秩序的现实权威式微"之间,自然就陷入了相关的内在困境中。

最后,司法治理所输出的规则正义和所倚重的法律秩序建构模式遭遇了"乡村内在秩序"的抵触。由此,在转型社会中司法治理的展开逻辑自然就陷入了"法治外在秩序"和"乡村内在秩序"之间对立的内在困境中。尽管转型时期的乡村秩序结构不完全是一种传统礼治社会的秩序结构,但乡村社会秩序在总体上依旧是一个建立在礼治传统基础之上的熟人社会秩序,具有内源性和相对封闭性等突出特点。这种建立在熟人社会基础之上的内在秩序所秉持的秩序观念集中表现为:"礼既是富于差异性,因人而异的,所以贵有贵之礼,贱有贱之礼,尊有尊之礼,卑有卑之礼,长有长之礼,幼有幼之礼,礼仪三百,繁杂万分,不是可以茫然随意运用。每个人必须按着他自己的社会地位去抉择相当的礼,否则变为非礼。"[35]中国社会的礼治传统,在近现代的社会转型中,往往转为一种依据熟人社会的道德观念和道德评价标准,从而承载着乡村熟人社会的基本秩序建构职能。而相对于乡村社会中的熟人内在秩序而言,国家层面的法律秩序则毫无疑问是一种外在秩序。

在社会治理层面,法律秩序承载着国家治理的基本秩序理念和规则正义,司法治理无疑是依据国家层面的法律秩序向社会输出规则和正义,进而建构具有普适性意义的法律秩序,"一个持续出现的事实是,在法律发展的一定阶段,某种解释的可能性、某项一般法律原则或者某一漏洞填补的做法会被提出并讨

---

[34] 需要指出的是,在"全面推进依法治国"的背景下,各地党政部门和基层组织都自觉努力地通过不断邀请相关领域的专家和学者,就自己工作领域中涉及的"法治思维"和"法治方式"问题等进行了集中学习和研究,提高自己工作的法治素养。应该看到,这种"学习方式"绝对不是简单的"按中央精神办事"的形式主义,而是来自于他们现实工作的真切需要,他们对这种"学习和研究"的动力甚至完全超越了我们这些研究者的"可能预判"。

[35] 瞿同祖:《中国法律与中国社会》,中华书局 2003 年版,第 298 页。

论,并缓慢地获得效力。"[36]司法治理所倚重的法律秩序建构模式,既需要社会的自愿服从,更需要通过社会压力和法律程序的威慑来保障法律体系发挥其一般性的行为导向功能,"这种以规则为基础的司法体系的一个重要结果是,妥协的因素很少受到鼓励。一旦争议提交给法官,他就被期待作出一个决定,而不是作为在两个争议者之间的调解者而行为。"[37]相反,熟人社会中的礼治秩序所秉持的基本秩序观乃是道义上的崇高性、强者对弱者合理范围内的同情和忍让,进而建立一种在包容、隐忍和互利基础上的地方性社会秩序,"乡土社会是个'反诉讼的社会',因为一切以和为贵,即使是表面上的和谐,也胜过公开实际存在的冲突"[38]。由此,转型社会中司法治理的展开逻辑必然就会陷入"法治外在秩序"和"乡村内在秩序"之间严重对立的内在困境中,并且难以得到有效的调和。

四、司法治理在乡村治理中的效果逻辑

司法治理所依托的"以司法正义引领社会正义实现"的内在治理价值遭遇了"社会纠纷的历史连续性"的质疑难题。由此,转型社会中司法治理的展开逻辑自然就陷入了"'基于社会纠纷的历史延续性'与'通过司法治理当下解决社会纠纷的妥协性'之间"的内在困境中。与其他治理方式不同,司法治理的具体展开必须努力实现将纠纷事实"格式化"为一种可能的法律事实,以建立纠纷解决在法律层面的"合法性"。但问题在于,"纠纷事实"本身的存在却是一种历史延续性的"存在",这种存在既包括纠纷事实的本身,也包括引发或者促成纠纷事实的各种复杂社会因素和历史因素等,而要合理地解决纠纷,则需要我们遵从社会情理的脉络和历史的脉络展开"同情式"的理解。由此,司法治理对纠纷解决的效果逻辑必然会陷入司法的"法律效果"和"社会效果"之间、司法的"合法性要求"与"合理性要求"之间难以调和的永恒困境中。而在转型社会中,两者之间不可调和的内在困境显得尤为突出,尤其是司法的社会效果和合理性要求往往难以落实。

就李家与王家之间所发生的这起邻里宅基地纠纷,法院对所作出的司法判决必须在两个基本的层面展开充分考量:

其一,在合法性层面,由于基准性法律事实的模糊或者难以确定,以及由于具体的行政规划相对滞后等原因,法院对司法判决在合法性层面的考量和建构

---

[36] 齐佩利乌斯:《法学方法论》,金振豹译,法律出版社 2009 年版,第 12 页。
[37] 西蒙·罗伯茨:《秩序与争议——法律人类学导论》,沈伟、张铮译,上海交通大学出版社 2012 年版,第 9 页。
[38] 林端:《儒家伦理与法律文化——社会学观点的探索》,中国政法大学出版社 2002 年版,第 9 页。

只能遵从"既定事实"来认定。具体表现为,按照该村村委会对各户人家宅基地使用面积的规划,法院如何判断王家宅基地的使用面积已经"超标使用"了"11米×2.3米"这一行为的性质?依据两级法院所作出的判决书,法院对于王家宅基地面积"超标使用"的行为:一方面,在行为性质的认定上,王家宅基地的"超标使用"行为(即2004年)明显先于村委会的事后"规划行为"(即2008年);且对王家宅基地"超标使用"的行为,即使需要纠正,也应该由村委会通过行政行为来加以纠正,而李家在本案中不具备提出"纠正王家该'超标使用'行为"的诉讼请求资格。另一方面,在王家宅基地"超标使用"的具体位置的认定上,王家宅基地的"超标使用"为一种"笼统"意义上的"超标使用",即无法依据明确的法律规定(例如,村委会对该村相邻过道宽度的具体规划)来确定王家宅基地的"超标使用"到底是"前院围墙"存在"超标的事实",还是"后院围墙"存在"超标的事实"。同时,法院在本案中也不承担这一"认定"的具体司法责任。[39] 相反,法院认定"王家在原有宅基地基础之上翻盖新围墙"的合法性,却是基于"既定事实"或者"历史性客观事实",而李家的"强势推墙"明显干扰了"王家在自己宅基地基础之上翻盖新围墙"的合法权利。

其二,在合理性层面,尽管依据"道德"或者"熟人社会秩序观念"等来建构司法判决能增强具体司法判决的合理性,但相对于实在法渊源而言,"道德"和"熟人社会秩序观念"等非正式法律渊源明显具有不确定性和内在弹性,法院如果纯粹以非正式法律渊源来建构司法判决的合理性,必然可能会遭遇相应的合法性危机。李家自始至终均坚持王家新翻盖的后院围墙的外线地基应该缩进"30厘米"的要求,其合理性建构的依据无非就是李家已经使用了"农用拖拉机",而该运输工具"无法在与王家相邻的过道里顺利通行"这一客观事实。而针对这一客观事实,法院在实质正义的层面又该如何进行考量呢?在调研中,两级法院的主审法官均强调以下两方面的考量依据:一方面,法院所作出的司法判决对实质正义的追求必须在坚持充分"合法性"的前提之下。显然,李家"要求王家后院围墙缩进'30厘米'"的诉讼请求,由于缺乏任何明确的法律规定(即该村村委会对相邻过道宽度的具体规划),法院在法律层面无法支持。相反,王家后院围墙既有宅基地的位置,基于某种"历史性事实"的存在,法院应该予以支持。另一方面,即使法院追求从情理上基于"同情处于'劣势'的李家"而"意图要求处于'优势'的王家予以'退让'",从而"让李家的农用拖拉机可以顺利通行"的结果,这种"同情",法院也只有在"审前调解程序"中才可能"实现"。

---

[39] 在判决书的论证过程中,法院的判决同样规避了对李家宅基地的使用面积同样"超标使用"了"11米×1米"这一行为性质的认定。同时,按照司法判决书可能发生"后续效力"这一基本司法原则,自然也规避了对该村其他人家可能存在的同样"超标使用"宅基地的行为性质的认定。需要指出的是,这无疑是司法权的运行必须坚持"自我克制"原则的基本要求。

法院的法官也确实通过诸如给王家讲述"六尺巷"等典故来做王家"缩进30厘米"的调解工作,但王家却基于"李家在使用'人力板车'的年代,曾多次碰撞王家围墙"的经验教训,坚决不予以退让。基于此一事实,法院对李家的诉讼请求也基本上只能是"爱莫能助"了。

在上述李家和王家之间发生的这起邻里宅基地纠纷中,面对两级法院所作的"依法支持"王家诉讼请求的最终判决,李家几乎绝望地走上了一条"不惜以命相搏"的"所谓'私力救济'"的纠纷解决途径,甚至最终引发了"非正常上访"。从表面上看,李家所采用的"私力救济"和"非正常上访"无疑是直接对抗"司法治理权威",这所印证的乃是转型社会中司法治理所遭遇的诸如"司法公信力缺失"和"司法权威式微"等这些抽象性的学术话语。而从深层次来看,李家的诉讼请求因为"于法无据"而不可能得到法院的"依法支持",但李家无疑是值得同情的,即一种基于其自身处于"劣势地位"而非基于判决合理性层面考量的"同情"。由此,我们需要进一步追问的是:在"全面推进依法治国"的国家治理转型这一顶层设计背景下,面对诸如因社会竞争而处于劣势地位的李家,对于司法治理所内蕴的"通过司法公正引领社会公正实现"的社会治理价值,我们应该如何给予它一个恰当的历史性定位?转型社会中的司法治理又如何才能有效地展开?

在公正形态的划分上,司法公正和社会公正乃是两种最重要的公正形态。但是,司法公正不同于社会公正,司法公正是一种合法(律)性的公正、程序性的公正、有限性的公正、普遍性的公正和救济性的公正等,其中,"合法性"是司法公正的基本属性;而社会公正在内容和评价标准上则具有多维性,社会公正首先涉及的是通过立法将社会公正转换为法律公正,进而通过司法程序将法律公正转换为司法公正。司法治理所承载的"以司法公正引领社会公正实现"的社会治理公正观,正是依据此逻辑来具体展开的。[40] 由此,司法公正与社会公正之间必然存在某种内在的紧张关系,而转型社会中司法治理的有效展开,则必须正面解决两者之间存在的这种内在紧张关系。从上述李家和王家之间发生的这起邻里宅基地纠纷案的整体过程来看,司法治理在乡村治理中的效果逻辑无疑是以司法的合法性来"超越"司法的合理性,以司法的"法律效果"来超越司法的"社会效果"。"法律化尤其是为社会过程引入了行为导向的安定性和稳定性。在关于何为正义与公道的多元化的观念冲突当中,法规范提供了可靠的、可贯彻的行为指南。"[41]然而,基于"社会纠纷的历史连续性"这一客观事实,司

---

[40] 对于司法公正的基本结构,有学者将其概括为:法律之善优先于事实之真、形式合理性优先于实质合理性、程序正义优先于实体正义等。参见章武生、马贵翔、王志强、吴英姿:《司法公正的路径选择:从体制到程序》,中国法制出版社2010年版,第36页。

[41] 齐佩利乌斯:《法哲学》,金振豹译,北京大学出版社2012年版,第79页。

法公正要努力发挥引领社会公正实现的目标,司法治理可以通过各种可能的促成双方"妥协"的方式,以最小的成本最大限度地追求社会公正的实现,从而努力实现司法的社会效果。

就李家和王家之间所发生的这起邻里宅基地纠纷而言,各种促成双方"妥协"的可能途径或许都是存在的:首先,在对两家之间纠纷的实质价值衡量上,李家"对王家新翻盖的后院围墙的宅基地,往回缩进'30厘米'"的诉讼请求所涉及的乃是李家诸如"顺利通行""方便生活""方便农业生产"等核心价值;而王家"坚持在原有后院围墙的地基之上翻盖新围墙"的诉讼请求所涉及的主要是"宅基地使用权"等核心价值。而在这两种不同属性的价值之间,或许依据既有的地方性规范,两家之间还存在某种可能的"妥协"空间。"地方性规范是一个庞杂的知识体,但其支撑这一知识体的'骨架'却是相对清晰的,即'要给人留活路'的生存原则、'讲情面'的人际互动原则以及内外有别的原则等。"[42]

尤其是对比处于弱势地位的李家和处于强势地位的王家,从价值相对性的角度而言,王家坚持"30厘米"和李家要求退让"30厘米"之间的价值相比较,明显李家更具有"可理解性"和"道义上的可同情性"。而从双方价值最大化的角度而言,法院在诸如"审前调解"等准审判过程中努力促使两家尽可能按照既有邻里宅基地纠纷解决途径来化解矛盾,或许是一种更值得社会倡导的纠纷解决方式。相反,与传统"审前调解"等准审判程序的普遍适用不同,当前法院似乎从"思维经济"等立场往往更倾向于积极、直接采用"审判程序"来解决纠纷。但是,对于准审判制度在司法程序中的重要性,正如棚濑孝雄所言,"准审判制度"能够根据具体状况表现出很大的灵活性,同时,非制度化的纠纷解决中当事者、第三者的行动也多多少少受到各种社会规范的制约,因而更有利于追求司法的实质正义性和社会效果,甚至更能节约司法审判资源。[43]

其次,在司法治权实现的依赖和司法权威的确立上,在终审法院已经作出支持"王家胜诉"的终审判决之后,基层组织和相关的上级涉事单位所可能掌握的各种治理资源需要完全且充分地围绕"具体落实终审判决"来展开具体的配置,进而在保障司法公正落实的同时兼顾社会公正的可能实现。在当前我国社会治理体系中,与各种行政治理、综治办的维稳治理和乡村自我治理等治理方式相区别,司法治理虽然缺乏足够的灵活性和可妥协性,但司法治理一旦通过判决确立下来则具有终局性的特点和属性,其他治理手段和治理途径均应该积极配合司法治理来展开,并充分配合司法判决的全面落实。司法对纠纷解决的

---

[42] 狄金华:《被困的治理:河镇的复合治理与农户策略(1980—2009)》,生活·读书·新知三联书店 2015 年版,第 109 页。
[43] 棚濑孝雄:《纠纷的解决与审判制度》,王亚新译,中国政法大学出版社 2004 年版,第 22—23 页。

终局性要求,既是司法权威性的充分体现,也是其他治理方式展开的合法性前提和基础。"如果当局丧失了合法性,那么法律当局也就丧失了推动人们遵守法律的功能,因此也就无法保证自己的有效运作。"[44]具体到李家和王家之间发生的这起邻里宅基地纠纷案中,在法院的二审终审判决已经作出后,乡村基层组织、镇政府、镇派出所和县政法委等相关涉事单位应该充分利用各种维稳和化解社会纠纷的资源,全面配合具体判决的执行来展开积极维稳。

从社会治理的整体联动来看,面对李家在长达两年半的时间与王家的各种博弈,以及面对法院所作出的终审判决,各涉事单位是否充分地考虑过"通过诸如'协助李家有限度地改造其住宅结构'"等途径来帮助李家解决其现实的"顺利通行困难"等? 针对纠纷本身,虽然法院只能依据法律"在李家和王家之间作出一个'胜—负'二分"的司法判决,但针对李家的特殊性和李家争取"过道顺利通行"的权利诉求,如何帮助李家有限度地实现其需求则无疑是相关涉事单位需要认真对待的后续问题。毕竟,在既有"乡村内在秩序"已经面临危机、"法治外在秩序"尚未确立的治理困境之下,司法治理的"单兵突进"或许在进一步加剧乡村秩序的失序。"当下乡村社会的现实结构也不是完全和现代法律体系相匹配,在村落社会还是存在一定的有地方特色的内生秩序,同时也存在国家法律对这些内生秩序的强行改造,甚至践踏的粗暴打压。"[45]由此,费孝通当年有关在乡土中国推进"送法下乡"之"命运"的判断,似乎依旧是一把悬在我们头顶并"挥之不去"的利剑:法治秩序的好处未得,而破坏礼治秩序的弊病却已先发生!

五、余论

围绕着李家和王家之间发生的这起邻里宅基地纠纷案,行文至此,我们或许大致可以得出一个具有普遍性的结论,即在转型社会中,乡村治理所遭遇的内在困境,恰恰构成了司法治理在乡村治理中的发生逻辑;而司法治理在乡村治理中的展开逻辑,却遭遇了其自身难以克服的相关内在困境;同时,司法治理在乡村治理中的效果逻辑,似乎并没有能够有效地化解邻里矛盾,甚至于在当前转型时期还带来乡村内在秩序的某种"失序"现状。面对处于各种博弈中的李家的弱势,某种油然而起的"同情心"让我们不得不反思,或许,司法治理并不是乡村治理的优先选择方式,在社会纠纷的历史延续性和解决社会纠纷必要的妥协性之间下,司法治理也难以有效地回应乡村治理中对实质正义的强烈诉求。

---

[44] 汤姆·R.泰勒:《人们为什么遵守法律》,黄永译,中国法制出版社2015年版,第278页。
[45] 董磊明:《宋村的调解:巨变时代的权威与秩序》,法律出版社2008年版,第203页。

然而，在对李家的这种"同情式"理解之上，以及在"全面推进依法治国"的宏大社会背景下，司法治理在乡村治理中带来的"实质正义缺失"的治理成本和治理风险又到底应该由谁来承担呢？在法院作出"支持王家胜诉"的终审司法判决之后，村民、基层领导干部甚至是政法委领导等都纷纷对这一判决表示"私下非议"和"同情"的这一客观事实似乎已经告诉了我们结论：处于弱势的李家不应该成为这次司法治理不利结果的全部承担者。而进一步的问题则在于，转型社会中司法治理在乡村社会中的有效展开实际上并不完全取决于司法权威建构的"单兵突进"。纵使司法治理在"类似于本案的纠纷解决"中"成功"地单兵突进，李家也因此承受了转型社会中司法治理展开所必要的代价，法院仍需要进一步努力的，无疑是通过"个案司法"向社会输出规则和司法公正。尤为重要的是，如何最大化地降低司法治理所带来的各种可能的溢出性负面效应和治理风险，并通过各种其他途径来引领社会公正的实现，以最终推动中国社会治理的法治化转型。"法治实现了，可以产生这种社会秩序；有了这种社会秩序，法治精神才能稳定和维持。"[46] 这于本文而言，或许只是一个"不是结论"的"结论"。

（初审编辑　洪国盛）

---

[46] 蔡枢衡：《中国法理自觉的发展》，清华大学出版社2005年版，第136页。

论反思平衡在《正义论》论证结构中的位置
——兼谈桑德尔对《正义论》的误读

钱一栋[*]

On the Role of Reflective Equilibrium in *A Theory of Justice*:
Concurrently on Sandel's Misreading of *A Theory of Justice*

Qian Yidong

内容摘要：反思平衡在《正义论》的论证结构中究竟处于何种位置，它与契约论如何分工、衔接，这一问题一直没有得到足够清晰的说明。本文试图论证，对正义观的最终辩护应由正义观与深思熟虑的判断之间的反思平衡来完成。反思平衡的主体不是原初状态中的道德人，而是现实中的我们。在反思平衡中，与深思熟虑的判断融贯度最高的正义观便是最佳的正义观，在此意义上，这一正义观获得了辩护。《正义论》中提出的正义观是反思平衡所面对的无数正义观中的一种，而契约论是罗尔斯为构造自己的正义观采取的方法。因此，契约论并不提供最终的辩护，它只负责构造一种正义观，这一正义观最终从它与判断的反思平衡中获得辩护。

关键词：反思平衡　契约论　道德理论　辩护

---

[*] 复旦大学法学院法理学专业博士研究生。E-mail: zjsyqianyidong@163.com。

一、引言

（一）问题及其意义

在休谟的《论原初契约》[1]一文对契约论作了毁灭性批判后，契约论传统在英美政治思想中几近消失，罗尔斯说，"像洛克的这种学说后来连一个继承者都没有，至少在英格兰是这样。"[2]功利主义取代契约论成为英语世界中政治哲学的主流学说。而《正义论》的基本特征就在于复兴了契约论，以之对抗功利主义。但显然，罗尔斯不可能简单重返两百多年前洛克、康德等人的契约论立场，他的契约论必须能应对休谟等人已经作出的重要批判，因此《正义论》中以契约论为核心的一系列工作必须依赖于对伦理学的重新奠基[3]。这一重新奠基的工作是由反思平衡来完成的。[4]

但在《正义论》及相关研究中，反思平衡有一个颇为悖谬的位置：它既有奠基性的重要意义，却又显得微不足道——与罗尔斯对契约论的细密论证相比，反思平衡在《正义论》中所占的篇幅只有寥寥几页；在相关研究中，对原初状态的设置、两个正义原则的推理过程等契约论问题的研究汗牛充栋，对反思平衡则殊少关注。

按一般理解，契约论与反思平衡是互补的"双保险"，两者共同致力于为两个正义原则提供辩护（justification）[5]。例如哈特认为，"罗尔斯认为他的两个

---

[1] 此文中译版本可参见休谟：《休谟政治论文选》，张若衡译，商务印书馆 2010 年版，第 119—138 页。

[2] 罗尔斯：《政治哲学史讲义》，杨通进、李丽丽、林航译，中国社会科学出版社 2011 年版，第 172 页。

[3] "奠基"一词容易引起误解，因为反思平衡的最大特点就是反对基础主义，"奠基"一词则有寻求基础的暗示。不过由于没有找到更合适的表述，且罗尔斯本人也把反思平衡作为对伦理学知识之基础的回答，本文还是决定保留这一术语。

[4] 这一论断的基本根据涉及罗尔斯对道德理论的理解，这一点留待后文展开。另一个证据是，罗尔斯在普林斯顿大学的博士论文"探究伦理学知识的基础"（A Study in the Ground of Ethical Knowledge）明确以反思平衡（虽然当时还没有用这一概念）来为伦理学奠基。如果只着眼于《正义论》，并带着契约论的前见来阅读《正义论》，那么可能得出的一个初步结论是，罗尔斯通过将传统的社会契约理论一般化、提升到更高水平克服了对契约论的常见批判。（See John Rawls, *Political Liberalism*, Columbia University Press, 1996, p. xvii.）罗尔斯也确实经常通过强调原初状态只是一种代表设置来回应类似责难，但笔者认为这种回应充其量只是初步的，这种设置的合理性必须要回到罗尔斯对道德理论的基本理解才能得到说明。

[5] 笔者同意陈肖生的判断，即将 justification 翻译为"证成"是误导性的，"证成"这一翻译太过局限于理论理性，而罗尔斯强调的不是某种预设了真理标准的理论证明，而是正义观的可接受性。（参见约翰·罗尔斯：《罗尔斯论文全集》（下册），陈肖生等译，吉林出版集团有限公司 2013 年版，第 343 页。）与之类似，"证明"这一概念也难以表现罗尔斯对实践理性的理解，而更具逻辑学色彩。因此本文选择将 justification 译为"辩护"。有两点需要读者注意：首先，本文中大部分引文直接引自中译本，这些引文中的"证明""证成"一般就是本文所谓的"辩护"；其次，在介绍桑德尔等人对 justification 的分析时，有几处笔者选择将 justification 译为"证明"，这是为了表现桑德尔等人对罗尔斯的误读。

原则的建构与正当化**不仅仅**通过——如他所主张的——原初状态下的各方当事方将会选择它们的事实，**也在于**这些原则与通常'已及时修正与调整的深思熟虑的判断'大体一致。"[6]不过对于契约论与反思平衡究竟如何在论证中进行配合这一问题，论者往往语焉不详。而正如桑德尔所言："正当合理性证明的问题(the question of justification)被罗尔斯搞得复杂不堪，他似乎同时依赖两种不同的正当性证明：一种是诉诸反思平衡的方法；一种是诉诸传统的社会契约论。想把两种方法区分开来并非易事。"[7]这种论证结构的复杂性不仅不够清晰，更可能暗藏矛盾。本文打算系统分析反思平衡与契约论这两种论证进路在《正义论》中所扮演的角色，借此澄清正义观的辩护方式。

（二）研究状况综述

本文的目的是以反思平衡为切入点来分析《正义论》，而不是把它作为一种普遍性的实践哲学方法加以讨论。因此对本文而言，反思平衡所涉及的理论脉络就是《正义论》及相关研究中对这一思想的分析。

反思平衡这一概念最早由罗尔斯在《正义论》中提出，但罗尔斯对这样一种伦理学进路早有探索。罗尔斯在普林斯顿大学的博士论文"探究伦理学知识的基础"(A Study in the Grounds of Ethical Knowledge)是反思平衡的最早雏形。在逻辑学领域，纳尔逊·古德曼也曾以类似反思平衡的方法来为推理规则提供证明。[8]

除罗尔斯本人在其后期思想中继续使用这一概念外，反思平衡最重要的发展者是诺曼·丹尼尔斯。在《正义与辩护》(Justice and Justification)一书中，丹尼尔斯不仅对反思平衡做了相较罗尔斯更为细致的分析，还将之作为一种一般性的伦理学方法进行了广泛的运用。不过丹尼尔斯的工作颇为琐碎，且偏应用性，缺乏对根本问题的质问。

就笔者阅读所及，在对《正义论》的无数解读中，德沃金的文章"正义和权利"对反思平衡的地位最为重视。不过德沃金的解读虽然充分意识到了反思平衡的重要性，但对于反思平衡与契约论究竟如何分工、衔接这一问题，他并没有进行明确的处理，而是过分匆忙地转而阐发自己从《正义论》中读出的"深层理论"。

在《当代政治哲学》一书中，威尔·金里卡区分了诉诸直觉的论证和社会契

---

[6] H. L. A.哈特：《法理学与法哲学论文集》，支振锋译，法律出版社2005年版，第238—239页。黑体为笔者所加。

[7] 迈克尔·J.桑德尔：《自由主义与正义的局限》，万俊人等译，译林出版社2011年版，第123页。

[8] 参见纳尔逊·古德曼：《事实、虚构与预测》，刘华杰译，商务印书馆2010年版。

约的论证,并以对这两种论证方式的讨论来展开对《正义论》的解释。[9] 但笔者认为,金里卡对他所谓诉诸直觉的论证的重构是对《正义论》的一种误读。金里卡用来重构这一论证的材料是从罗尔斯在《正义论》第二章中对正义原则的意义的解释中摘取出来的零星论点,而罗尔斯在此主要是在对正义原则做初步的解释,第三章将解释为何这些原则将被原初状态中的人接受。因此不能把第二章的论述理解为是在提出一种独立于契约论的论证,第二章、第三章是联系在一起的,都是契约论论证的组成部分。

金里卡最终也认为这两种论证是相互依赖的[10],并且诉诸直觉的论证才是首要的论证。但他对这两种论证究竟如何相互依赖、各自发挥什么作用的解释颇为含糊,特别是在确认诉诸直觉的论证更重要后,他对契约论论证的必要性颇有些犹疑。笔者认为,金里卡在这一问题上的思考并不成熟。

迈克尔·桑德尔的《自由主义与正义的局限》一书自出版以来一直被公认为是《正义论》最重要的批评著作。虽然此书对反思平衡并没有进行太多讨论,但它依然是本文最重要的对话者之一。借助桑德尔的一系列精彩分析,本文的观点可以得到更为清晰的展现,同时本文也将对桑德尔的观点作出系统的回应。

我国学界对反思平衡也有一些研究。我们大致可以把这些研究分为三大类,第一类将反思平衡作为一种伦理学方法进行引介[11];第二类是文本导向的,

---

[9] 参见威尔·金里卡:《当代政治哲学》,刘莘译,上海译文出版社2011年版,第61—76页。

[10] 但金里卡认为罗尔斯对这两种论证究竟是相互独立还是相互依赖的表述模棱两可(参见同上注,第73页)。笔者也同意金里卡的这一判断。

[11] 例如,焦金波:"罗尔斯道德哲学的方法论浅论",载《学海》2002年第6期(对罗尔斯的契约论与反思平衡作了些概括描述);贾中海、温丽娟:"原初契约论的哲学方法论意义",载《社会科学辑刊》2010年第4期(认为反思平衡是在原初状态设计完成后选择正义原则的方法,并认为反思平衡方法是辩证法在当代的一种表现形态,是理性思辨与经验相结合的思维方法,是发现社会价值与寻求意义的一种新的辩证思维方法);刘兴:"直觉、契约与反思的平衡——《正义论》的论证方法",载《长江论坛》2010年第3期(概括出了《正义论》中的三种论证方法,即直觉、契约与反思平衡,并指出,"理性主义与非理性主义的汇合是直觉主义与契约精神的汇合,体现在正义论中的方法论就是反思的平衡");姚大志:"反思平衡与道德哲学的方法",载《学术月刊》2011年第2期(认为反思平衡具有"在永恒的方式下"进行思考的特定,即"是把认知中偶然的、任意的东西排除出去,以使普遍的、必然的东西显现出来"的方法);丛占修:"罗尔斯的反思平衡方法评析",载《中国矿业大学学报(社会科学版)》2012年第4期(认为反思平衡没有给出深思熟虑的判断与原则之间的取舍标准,因此存在不确定性,进而认为反思平衡"无法承担起建构一种实质性道德或政治理论的任务");丛占修另著有《确认正义:罗尔斯政治哲学方法与基础研究》(人民出版社2011年版)一书,该书以罗尔斯的证明为主题,资料翔实、分析全面,对相关问题也有涉及,不过笔者认为他的基本结论是错误的;傅鹤鸣:"'理性''信念'与'道德原则'——从罗尔斯的'反思平衡法'到德沃金的'建设性阐释'",载《深圳大学学报(人文社会科学版)》2012年第3期(介绍了罗尔斯的反思平衡法与德沃金的建构性阐释,结论是这两种方法都依赖于对"符合真理观"的颠覆);王元亮:"正义的论证路径考论——兼驳罗尔斯的'反思平衡'",载《东岳论坛》2013年第4期(认为"在对正义的各种

即通过对反思平衡的分析来解释罗尔斯著作中的相关问题[12];第三类是问题导向的,即把反思平衡运用于其他问题之上[13]。这些研究中存在的普遍问题是立论过于宏大,往往是在缺乏对文本细致、准确分析的情况下,把反思平衡简

论证路径中,目的论是不可接受的,因为关于目的的分歧是形而上的,人们难以就目的是什么达成一致;功利主义是肤浅的,因为其隐含的关于幸福、快乐、痛苦或者功利的可比可加的假设从一开始就是悬而未决的,是一个伪命题;契约论是不彻底的,因为缔约方的全体一致同意几乎没有达成的现实可能;而罗尔斯的反思平衡是反经验的,缺乏与现实的勾连");葛四友:"论无知之幕和社会契约的作用",载《中国人民大学学报》2012年第5期(认为罗尔斯为作为公平的正义提供了社会契约论、理性选择论与融贯论三种证成方法,这三种方法都与原初状态密不可分,并认为社会契约论与理性选择论只是一种显示装置,真正的证成在于融贯论。葛文的结论与本文有相近之处,不过葛文对原初状态如何体现融贯论缺少具体的机制性说明,没有重构出一个明确的论证结构,因此对许多潜在的问题缺少考察,同时文本证据也比较薄弱);曹钦:"反思平衡与思想实验",载《天津大学学报(社会科学版)》2014年第1期(认为反思平衡与思想实验是当代政治哲学中广泛适用的两种方法,然后说诺齐克的思想实验与罗尔斯的反思平衡存在冲突);刘翀:"德沃金的建构性解释与反思平衡",载《河南科技大学学报(社会科学版)》2014年第1期(简要介绍了罗尔斯的反思平衡法与德沃金的建构性阐释,认为建构性阐释的方法是反思平衡在法理学中的运用);刘娟:"反思平衡:罗尔斯政治哲学的方法问题",载《同济大学学报(社会科学版)》2014年第5期(用反思平衡重述了从《正义论》到《政治自由主义》几个主题,认为"广义反思平衡是由一系列的反思过程组成,每一个新的思考点的引入都可能打破前一段的平衡关系,成为新一轮反思平衡的撬动点,并带动反思过程往更广阔的背景理论里延伸,然后在更深或更抽象的层面又获致一个全新的平衡点,这个平衡点再一次等待着被新的反思点打破")。

[12] 例如,马庆:"论罗尔斯的反思平衡理念",武汉大学2005年硕士论文(对相关问题作了全面准确的梳理);王培通、杨晓东:"刍议罗尔斯契约论方法的抽象性",载《社会科学研究》2006年第4期(认为原初状态是"反思平衡""思辨概括"的结果,由此也体现了罗尔斯契约论的抽象性);丛占修:"罗尔斯的正当性证明问题研究",载《烟台大学学报(哲学社会科学版)》2008年第1期(对契约论、反思平衡、建构主义做了些概括描述,并介绍了国外学者对三者关系的分析);迟海杰:"论罗尔斯正义理论中的'反思平衡法'",山东师范大学2008年硕士论文(对《正义论》中的相关内容进行了比较系统的梳理,文章参考了石元康先生的观点,认为反思平衡在《正义论》中的作用是"对原初状态的证明"和"对两个正义原则的确认");金东生:"论罗尔斯正义理论的契约论论证模式",载《理论界》2009年第3期(认为契约论的方法只具有一种策略性的意义,"即使剥除了契约论的方法,在罗尔斯的理论中,仍然可以依靠正义感的确信在两个正义原则上达成共识,这里的直觉论证之所以不同于直觉主义,并能达到对优先性问题的解决,正在于这里的直觉主体——作为自由、平等的理性人的自律,也就是作为公平的正义的康德式解释:理性为自我立法"。而反思平衡则有助于确立正义原则,并使之被现实中的人接受。这篇文章的观点与本文观点有相似的地方,惜乎缺乏具体的论证支撑);陈喜贵:"论罗尔斯公正理论的方法论困境",载《马克思主义与现实》2011年第1期(认为,"说到底,所谓'反思平衡'只不过是用来掩盖这种思维漏洞的障眼法。而且,偶合并不是证明。反思平衡试图将直觉系统化,而这种做法离简单的直觉主义并不远,与宣称仅凭我们的直觉就可以保证原则的有效性相比,并没有更强的证明力");姚云:"罗尔斯对康德道德原则的建构主义诠释",载《江西师范大学学报(哲学社会科学版)》2013年第2期(认为罗尔斯的康德式建构主义的建构过程即反思平衡);张祖辽:"从困境到重构——论罗尔斯政治哲学中反思平衡的两种形态",载《人文杂志》2015年第9期(认为罗尔斯的建构主义可以上溯至《正义论》中的反思平衡法,并且认为在《正义论》中,证成的主要承担者是康德式的主体观念,从而是基础主义的,这种主体观念是优先于反思平衡的,两者之间也存在一些矛盾)。

[13] 例如,李飞:"'反思的平衡'与法律发展——尝试构建一种'和谐'的法律发展观",载《福建法学》2005年第4期。

单挂靠在某些一般性结论之上。就笔者管见所及,在对反思平衡的现有研究中,马庆的"论罗尔斯的反思平衡理念"一文所用材料最丰富,分析最为全面、准确和清晰。马文的主要问题是处理的主题过多,且主题之间的联系比较松散,缺乏一个层层递进的论证结构,从而导致在具体问题上缺乏深入的分析,而更接近引介式写作。

综上,现有研究对反思平衡已经作了多角度的解读,不过与本文问题意识相似的文章、著作并不多。

(三) 本文结构安排

本文第二部分将对反思平衡加以一般性的解释。第三、四部分将聚焦于"契约论如何提供辩护"这一问题,从构建四种《正义论》论证结构的理想类型入手,分析反思平衡与契约论之间的逻辑关联。第五部分通过揭示"《正义论》的论证结构"正面回答了契约论与反思平衡是何种关系、如何理解《正义论》的论证结构、正义观如何获得辩护这些问题,同时也对桑德尔的观点作出回应。最后,本文将会处理罗尔斯前后期理论的一致性问题及反思平衡在其后期理论中的角色;这一工作主要是为了解释为何可以援引罗尔斯的后期文本来支持本文的论点。

应该指出的是,本文不能被理解为仅仅是在澄清罗尔斯的本意。哈特、桑德尔等人对《正义论》的辩护方式的犹疑或误读证明了罗尔斯在这一问题上缺乏基本的清晰性,而这种清晰性的缺乏不仅是表达层面的问题,我相信也涉及思想本身。因此如果说本文的工作是一种解释,那也是德沃金意义上的建构性解释(constructive interpretation)。这种解释不能仅仅被看做是对《正义论》更为清晰的解释,而是对罗尔斯的观点的推进:彻底检省其模棱两可之处,找寻一个更为融贯、更具说服力且清晰明了的论证结构。

二、什么是反思平衡

(一) 定义

反思平衡是一种通过反思来检验特定命题与自己的信念体系是否融贯,进而以这种融贯性为依据,为该命题提供辩护的方法。可以说,能与既有信念系统相融贯的命题就是合情合理的。与之形成对比的是基础主义的论证进路。

我们知道,演绎推理的结论要能成立,不仅推理过程必须逻辑正确,前提也必须能够成立。而前提本身还需要更为根本的前提作为依据,否则无法回答前提本身为何能够成立。不过这样我们就会陷入一种推理困境,即必须无限后退以寻找更为根本的前提。基础主义的论证将某种"自明前提"设为必真的理论基础,以此摆脱无限后推的推理困境。因此,自明前提成了最终的演绎前提,整个理论的可靠性都系于这一前提之上,特定命题的可靠性都最终来自于自明前提的可靠性。如果自明前提不可靠，那么整个理论大厦都将垮塌，此即"基础"之所喻。

那么，反思平衡与基础主义的主要区别就在于，反思平衡的辩护依据不在于特定命题最终符合某个自明前提。反思平衡是以特定命题与特定信念体系是否融贯为标准来为这一命题提供辩护的。

(二)《正义论》中对反思平衡的描述

在《正义论》中，下面这段话对反思平衡的描述最为具体：

> 在寻求对这种原初状态的最可取描述时，我们是从两端进行的。开始我们这样描述它，使它体现那些普遍享有和弱得可取的条件，然后我们看这些条件是否足以强到产生一些有意义的原则。如果不能，我们就以同样合理的方式寻求进一步的前提。但如果能，且这些原则适合我们深思熟虑的正义信念，那么到目前为止一切就都进行得很顺利。但大概总会有一些不相符合的地方，在这种情况下我们就要有一个选择。我们或者修改对原初状态的解释；或者修改我们现在的判断；因为，即使我们现在暂时看做确定之点的判断也是可以修正的。通过这样的反复来回：有时修改契约环境的条件；有时又撤销我们的判断使之符合原则，我预期最后我们将达到这样一种对原初状态的描述：它既表达了合理的条件；又适合我们所考虑的并已及时修正和调整了的判断。这种情况我把它叫做反思的平衡。[14]

这段描述是在"寻求对原初状态的最可取描述"的上下文中提出来的，因此我们还需要超越具体的上下文，提炼出反思平衡的一般含义。在此，我们可以结合罗尔斯对道德理论的讨论。

罗尔斯认为，道德理论是道德哲学的一部分，后者还包括认识论、意义理论等。道德理论的特点是，它搁置了对道德真理问题的讨论，转而"探究在恰当界定的条件下人们持有的或将会持有的实质性道德观念"[15]。因此，罗尔斯把道德理论设想为一种描述道德能力的尝试。作为道德理论的其中一部分，正义理论是一种描述正义感的尝试。[16] 这首先意味着，《正义论》并不致力于探究道德真理。

那么我们怎么描述正义感呢？罗尔斯援引乔姆斯基的语言学理论，以对语法感的描述来类比《正义论》的工作。语言学家通过构造语法规则来描述语言

---

[14] 约翰·罗尔斯：《正义论》（修订版），何怀宏、何包钢、廖申白译，中国社会科学出版社2009年版，第16页。

[15] 约翰·罗尔斯：《罗尔斯论文全集》（上册），陈肖生等译，吉林出版集团有限公司2013年版，第324页。

[16] See John Rawls, *A Theory of Justice* (revised edition), The Belknap Press of Harvard University Press, 1999, p.41. 中译参见约翰·罗尔斯：《正义论》（修订版），同前注[14]，第37页。

能力,这些语法规则"在判断句子是否符合语法时要能够作出和以该语言为母语的人同样的判断"[17]。在《正义论》中,对应语法规则的是正义原则,对句子是否符合语法的判断则对应罗尔斯所谓的"深思熟虑的判断"。深思熟虑的判断"是作为这样的判断被引进的,即我们的道德能力最能够不受曲解地体现在这些判断之中"[18]。

反思平衡是在正义原则与深思熟虑的判断之间进行的,它的目标是描述正义感。[19] 而《正义论》的基本目的正是描述正义感。就此而言,反思平衡而非契约论似乎才是《正义论》的基本论证方法,原则与判断之间的融贯性则是判断正义观的可辩护性的标准。那么究竟应该如何理解契约论与反思平衡在《正义论》论证结构中的关系呢?

三、契约论如何提供辩护[20]

我们先从对《正义论》的一般理解开始,分析契约论论证的问题在哪里,然后逐步把问题引到反思平衡上去。

(一)《正义论》中的契约论论证

罗尔斯认为,社会是一个合作体系,人们在其中既有利益的一致,又有利益的分歧。所谓利益的一致,是指社会合作可以使人们过上比仅靠一个人生存更好的生活;所谓利益的分歧,是指人们都希望能在社会合作的蛋糕中获得更大的份额,由此导致了利益分配的冲突。《正义论》要提供一套正义原则——一个正义观——这套原则"提供了一种在社会的基本制度中分配权利和义务的办

---

[17] 约翰·罗尔斯:《正义论》(修订版),同前注[14],第37页。

[18] 同上注。

[19] 这里有必要简单交代下正义感(a sense of justice)、直觉(intuition)、深思熟虑的判断(considered judgments)这几个概念的关系。根据罗尔斯的论述,我们可以概括说,正义感是一种道德能力,我们基于正义感而拥有了相应的道德直觉,我们凭直觉作出判断。如果判断是在有利于运用正义感的条件下作出的,那么这种判断就是深思熟虑的判断(同上注,第4、9节)。罗尔斯有时还将"深思熟虑的判断"称为"深思熟虑的确信"(considered convictions)[同上注,第16页;also see John Rawls, *A Theory of Justice* (revised edition), *supra* note [16], p.17]。判断在此几乎没有思虑色彩,而是一种基于直觉的当下反应,至于这些判断的根据,则是在判断之后、由探究正义感的研究者进行阐述的(联系语言学的类比)。因此,罗尔斯将这种判断称为深思熟虑的判断多少有些误导人。事实上这一概念强调的不是思虑,而恰恰是前反思的正义感的自然流露。我们可以借用儒学的概念来说明这一点。按罗尔斯的原意,作出这种判断并不需要太高的理论修养,因为"良知良能,愚夫愚妇与圣人同"(《传习录·答顾东桥书》)。只要没有"失其本心"(《孟子·告子上》),能使自己的"良知良能"自然呈现,那么愚夫愚妇也可以作出这种判断。真正具有"深思熟虑"性质的判断是在广义的反思平衡中与各种原则进行对话后重新确立的判断,但罗尔斯并没有对前反思的判断与经过反思重新确立的判断进行概念上的区分,而一概以深思熟虑的判断来指代。

[20] 当然本文的结论是,契约论并不提供最终的辩护。不过我们还是从一般理解展开讨论。

法，确立了社会合作的利益和负担的适当分配"[21]。

罗尔斯是通过契约论得出两个正义原则的。

原初状态对应契约论中的自然状态，"它应被理解为一种用来达到某种确定的正义观的纯粹假设的状态"[22]。其特征是其中的人处在无知之幕下进行选择，无知之幕屏蔽了他们的社会背景、自然禀赋和特殊善观念等偶然因素。因此原初状态中的人都是自由、平等的理性人，罗尔斯称之为道德人，"即作为有自己的目的并具有一种正义感能力的有理性的存在物的个人"[23]。所谓"公平的正义"就是说正义原则是在这样一种公平的原初状态中被一致同意的。

罗尔斯认为，"如果有理性的（rational）人在这种原初状态中选出具有某些正义观的原则来扮演正义的角色，这种正义观就比另一种正义观更合理（reasonable），或者说可以证明它是正义的。"[24]于是正义原则的辩护就被转换成一个理性选择问题。但究竟为什么原初状态中的理性选择可以作为对正义观的合理性的辩护？这一选择对原初状态中的人来说是理性的，但这种理性选择与道德有任何关系吗？这种理性体现的似乎只是目的—手段层面的精明算计。这种显然缺乏道德力量的精明算计需要借助什么样的论证结构才能被转换为一种具有道德力量的合理性辩护？

（二）原初状态中的理性选择为什么能为正义原则提供辩护

罗尔斯本人对原初状态中的理性选择为何是对正义原则的合理性辩护这一问题语焉不详，由此很容易使人产生误读。我们后面将会证明，桑德尔的解释就是这种误读的最深刻形态。在分析桑德尔的观点之前，我们先来逐步解释这种误读的逻辑。

在《正义论》第四节中，罗尔斯在陈述了原初状态中的理性选择可以作为对正义观的合理性辩护后转入了对原初状态的讨论。这似乎在提示我们，使原初状态中的理性选择可以成为对正义观的辩护的原因就隐藏在原初状态的特征之中。

罗尔斯认为，"我们要证明一种特殊的对最初状态的描述，就要展现它联合了这些共同（commonly）分享的预设。我们的论证要从广泛接受但却很弱的前提开始，达到比较具体的结论。"[25]他认为，"契约论方法的目标就是要证明，这些预设一起为可接受的正义原则施加了有意义的（significant）约束。"[26]

"联合了这些共同分享的预设""广泛接受但却很弱的前提"——换言之，原

---

[21] 约翰·罗尔斯：《正义论》（修订版），同前注[14]，第4页。
[22] 同上注，第10页。
[23] 同上注。
[24] 同上注，第14页。See also John Rawls, *Political Liberalism*, supra note [4], p. xxii.
[25] 同上注，第14—15页。
[26] 同上注，第15页。

初状态的条件应该具有普遍性。为什么罗尔斯把具有普遍性的条件看做是对正义原则的有意义的约束,认为这种条件能成为原初状态的合理条件呢?

如果"普遍的就是有道德力量的"这样一个论断似乎显得理所当然,那也许是康德道德形而上学的概念架构已经深入人心,以至于普遍性与道德在概念上似乎存在必然联系。在康德那里,我们可以通过普遍性检验来判断一种行动是否道德,但这不是因为普遍性本身具有道德意义。康德道德形而上学的基本出发点是决定论与自由意志的对立。在康德看来,只有自由的行动才可能具有道德意义。康德的先验哲学理解的自由就是不受制于现象界的因果律,按自己的理性立法来行动。因此在康德那里,理性和自由是概念上相关的。按理性行动是有道德意义的,因为只有按理性行动才是自由的。而理性是普遍的,因此可以通过普遍性检验来分析行动是否道德——是**检验**行动是否符合道德,而不是**赋予**行动以道德意义。罗尔斯当然会拒绝直接诉诸康德的论证。那么在他的理论中,普遍性的道德力量在哪里呢?

石元康认为,契约论在建构自然状态时要将自然的条件与偶然的条件区分开来,前者是指"人性中的本质的部分以及人所处的环境中不可逃避的条件"[27]。为什么要"自然"条件不要"偶然"条件呢?石元康认为,这是因为"从这种条件中推导出来的理论具有较高的普遍性。如果自然状态中所描述的都是些历史上的偶然因素,则不同文化背景的人可以指出,由于文化的不同,这个理论对他们是无效的。"[28]不过他强调,罗尔斯的契约论的目的是提出道德原则,而非建立政治组织,因此罗尔斯心目中的"自然"是指,"当人被认为是一种道德性的存在并具有一种公正感的时候,那些特征是构成这种存在的本质性的部分。"[29]因此这一"自然"不是事实层面的经验普遍性,而指向一种规范性的主体概念。

石元康的解读成立吗?

罗尔斯认为,

> ……原初状态的观念体现了专属于道德理论的特征。……原初状态是这样定义的:它是一种其间所达到的任何契约都是公平的状态,是一种各方在其中都是作为道德人的平等代表、选择的结构不受任意的偶然因素或社会力量的相对平衡所决定的状态。这样,公平的正义从一开始就能使用纯粹程序正义的观念。[30]

---

[27] 石元康:《罗尔斯》,广西师范大学出版社2004年版,第98页。
[28] 同上注。
[29] 同上注,第99页。
[30] 约翰·罗尔斯:《正义论》(修订版),同前注[14],第93—94页。

也就是说，原初状态作为契约的背景，确实具有某种道德力量，而非道德中立的。[31] 具有普遍性的条件之所以能对正义原则的选择施加有意义的约束，是因为这种条件能够保证选择条件的公平性，换言之，能屏蔽现实世界中人与人之间的差异所造成的选择条件的不公平性。

可见，石元康的解读有些道理。原初状态的普遍性条件不是对经验状态的概括，普遍性的设置有规范层面的考虑，这一考虑的核心是它能体现一种道德人之间的公平状态。

那么是否可以说，这样一种公平的原初状态之所以能保证其中选出的原则具有道德意义，是因为原初状态本身的道德力量**传递**给了其中的原则，而原初状态的道德力量又来自于它对一种规范性主体概念的刻画？我们可以借助桑德尔的工作来分析这一问题。[32]

（三）桑德尔的分析

诺齐克批评说，罗尔斯一方面依赖契约产生正义原则，另一方面又用正义原则约束自愿交换（按诺齐克理解，契约就是一种自由交换），这多少有些前后不一致。但桑德尔认为，诺齐克没搞清罗尔斯对实际契约和契约性论证的区分——原初状态中的契约只是一种契约性论证，而非实际契约。罗尔斯完全明白实际契约的不自足性。实际契约是一种非完善程序正义，必须借助背景道德为之提供独立于契约的正义标准，这一标准就是正义原则。

实际契约的不自足性可以通过诉诸正义原则来克服，而正义原则是从原初状态的契约性论证中推导出来的，那么，这一契约性论证在道德上是自足的吗？或者说，为什么契约性论证就能得出具有道德意义的原则？因为契约性论证符合更深层的原则？比如有人认为原则的道德意义来自于原初状态的公平合理性。不过由此而来的问题就是，公平合理性的道德意义又来自哪里？我们似乎必须诉诸某种类似自然法的自明之物来打住这种无限后推。不过，罗尔斯反对基础主义，他诉诸的是纯粹程序正义，也就是说，在原初状态中不预设任何判断契约结果是否符合道德的先在标准，任何具有道德意义的标准都必须在契约完成之后产生，而契约的结果之所以具有道德意义，仅仅是因为它们被原初状态中的人们选择。桑德尔认为，之所以如此，是因为选择能力展现了我们作为道德主体的本性，因此通过这种选择程序来思考正义就是有意义的。[33]

---

[31] 同上注，第458页。

[32] 德沃金也对《正义论》中契约的效力进行了分析，他认为假然契约不是契约，而其实是在诉诸某种公平合理的理由。德沃金认为，强制某人受规则约束的理由有两个，一个是存在实际的契约，一个是存在某种公平合理的理由（See Ronald Dworkin, *Taking Rights Seriously*, Harvard University Press, 1977, pp. 150—152）。不过笔者认为德沃金并没有把这其中的道理说明白，相比之下，桑德尔对此的分析远为清晰透彻。

[33] 迈克尔·J.桑德尔：《自由主义与正义的局限》，同前注[7]，第123—153页。

我们来具体解释这一点。

如前所述，罗尔斯认为原初状态并不是道德中立的，原初状态本身具有道德力量。但罗尔斯的论证不是直接把诸如"公平性"等标准设置为自明的道德命题，然后据此演绎出正义原则，而是通过设置原初状态的各项条件来体现这种道德力量的。不过根据前面一段的分析，原初状态是不预设任何先在道德标准的。这自然引起了一种疑问，即原初状态本身具有道德力量与原初状态不预设任何道德标准这两个命题如何共存？简单来说，原初状态的道德力量体现在它对康德式自律主体概念的表现上，而接受康德式的自律概念也就意味着接受正当与善的区分。因此，原初状态的设置体现的是"正当"的形式限制[34]，在此意义上原初状态具有道德力量。而被原初状态预先排除的道德标准特指包含实质性"善"观念的道德标准。基于义务论的基本逻辑，正当优先于善。现在我们可以明白，原初状态本身具有道德力量与原初状态不预设任何道德标准这两个命题是可以共存的。

桑德尔敏锐地将罗尔斯的这一思路放到了义务论自由主义的理论架构中进行把握。义务论自由主义面对的是一种后目的论的宇宙观。由于现代自然科学与认识论构造出了一个机械论的世界图景，道德秩序被排除在"事实"概念之外，成为超验之物。因此，主体无法再发现道德秩序，而必须由自己来为世界立法。主体从一切道德秩序中解放出来，只剩下自由，而自由体现了我们的尊严，因此，唯一的道德即自律（自由），即服从自己的理性。[35] 原初状态中的理性选择之所以具有辩护力量，是因为它模拟了义务论意义上的自由人立法。

不过严格来说，原初状态中的道德人不仅不是日常意义上有道德的人，也不是义务论意义上的自由人。我们知道，义务论意义上的自由在消极方面表现为"不受（free from）感官冲动或刺激的决定"[36]；在积极方面表现为纯粹理性自身就是实践的。而原初状态中的道德人是相互冷漠而理性的人，他们渴望得到基本社会善这种与康德意义上的现象界的欲望相联系的事物。因此原初状态中的道德人不是**出于**道德律令而不考虑偶然因素，而是原初状态的种种限制使得偶然因素无法发挥作用。换句话说，是这些限制使得他们**表现**得道德。因此，是整个原初状态的一系列设定而非原初状态中道德人头脑的慎思模拟了自由人的立法。

那么似乎很显然，原初状态中的理性选择不仅可以为原初状态中的人为何要接受两个正义原则提供辩护，还可以间接为现实中的人为何要接受两个正义

---

[34] 罗尔斯在解释原初状态的道德力量时援引的就是《正义论》第23节"正当概念的形式限制"。参见约翰·罗尔斯：《正义论》（修订版），同前注[14]，第458页。

[35] 迈克尔·J.桑德尔：《自由主义与正义的局限》，同前注[7]，第197—200页。

[36] 康德：《法的形而上学原理》，沈叔平译，林荣远校，商务印书馆1991年版，第17页。

原则提供辩护,因为康德式的自律主体就是我们应该成为的人,而原初状态中的选择就是这种主体将会作出的选择。因此,桑德尔说:"我们必须准备按照原初状态所展示的景象来生活,互无利益关涉,大家悠然无碍;而且我们还要准备过这样的生活,即把原初状态的描述视为对人类道德环境的精确的反思,它与我们的自我理解相契合。"[37]

于是,桑德尔认为,隐含在《正义论》中的自我形象是超然于经验界之外的"无牵无挂的自我"(unencumbered self)[38]。罗尔斯预设的道德主体是超然于经验世界流变之外的占有主体,也就是说,这一道德主体不会在经验世界的流变中不断塑造自己。因此,主体虽然对所有的特殊善观念开放,但只是将之作为占有对象来接受,而排除了使之成为主体构成性因素的可能性。也就是说,我们的社会背景、自然禀赋乃至特殊善观念等都只是外在于"我"的,是"我的"(mine)占有对象,而不是"我"本身的一部分。无知之幕是一个剥离装置,把附着于我身上的"我的"社会背景、自然禀赋、特殊善观念剥离下来,使作为占有主体的"我"显形。而经过这种剥离程序后显形的主体自然是千人一面、自由平等的个体,于是这些个体之间签订的契约也就没有讨价还价的特征了。这些复数个体在本质上是不需要进行沟通行动的,他们只需要进行独白式的沉思。由于他们千人一面,独白式沉思的结果也将具有普遍性。因此桑德尔总结说:"原初状态的秘密——以及正当合理性证明的关键,不在于人们在那里做什么,而在于人们在那里理解什么。关键不是他们选择了什么,而是他们看到了什么;不是他们决定了什么,而是他们发现了什么。"[39]

回到我们刚才的讨论。按桑德尔的观点,原初状态所表达的合理条件事实上是由一种道德主体理论决定的。原初状态不是对人类状态的经验总结,而是一个屏蔽无关信息、让道德主体克服经验世界中的偶然性的阻碍来进行立法的环境。于是我们可以理解,之所以如此设置原初状态是合理的,是因为它是严格根据道德主体的本性来设置的。

桑德尔的分析正确吗?

四、《正义论》可能的论证结构

我们暂且把桑德尔的论证放一放,先来看下《正义论》的四种可能的论证结构,然后再在对这些论证结构进行分析的基础上来解释《正义论》的论证结构,并评估桑德尔的观点。

---

[37] 迈克尔·J.桑德尔:《自由主义与正义的局限》,同前注[7],第64页。
[38] 对这一概念的阐述参见 Michael Sandel, "The Procedural Republic and the Unencumbered Self", 12 *Political Theory* 81 (1984).
[39] 迈克尔·J.桑德尔:《自由主义与正义的局限》,同前注[7],第153页。

(一)"相互配合说"

一般认为,反思平衡与契约论是同一论证结构的两个组成部分,而非两个独立的论证,我们可以把对反思平衡与契约论关系的这种解读称为"相互配合说"。如果我们接受这种解读,那么要进一步回答的问题就是反思平衡与契约论究竟如何分工、衔接,从而构成一个严密的论证结构?

1. "演绎起点说"

本文第二部分中引用的那段对反思平衡的最重要描述是在"寻求对原初状态的最可取描述"的上下文中提出的,许多人据此认为,反思平衡的作用就是得出一个对原初状态的最可取描述。例如石元康认为:

> 罗尔斯深深地了解到自然状态在契约论中的重要性,以及建构这个理论概念时所遭遇到的困难,**因此**他特别提出一个方法给这个建构程序一个理论根据。这个方法就是反思的平衡法(method of reflective equilibrium)。这个方法有两个用途,它一方面被用来对自然状态作规定及解释,另一方面,它被用来作为证明原则的根据。[40]

周保松也认为,反思的平衡"是一个有效的方法,帮助我们测试和检验对原初状态的描述的合理程度,确保得出的原则合乎我们深思熟虑的判断。"[41]

杨晓畅同样持类似观点:

> 他又为正义原则的证成**附加**了第二个步骤,即为"原初状态"这个建构程序提供来自"反思平衡"的证明。……具体而言,如果"原初状态"的设定符合人们"深思熟虑的判断",那么人们便接受正义原则;如果不符合,便要么修正"原初状态",要么修正其"深思熟虑的判断"。……他为"原初状态"这个建构程序的证成**补充**了"反思平衡"的证明,指出"原初状态"需要经过来回反复的反思过程得以修正……[42]

我们可以把这种"相互配合说"的观点具体称为"演绎起点说"。这种观点认为,反思平衡的功能(之一)是为契约论提供一个可靠的演绎起点(即原初状态),也就是说,反思平衡为这一起点的设置提供了合理的根据,因此可以使契

---

[40] 石元康:《罗尔斯》,同前注[27],第71页。黑体为笔者所加。事实上,除了个别例外(注释12中),中文学界几乎都将反思平衡的功能理解为为原初状态提供证明。这里选取石元康、周保松、杨晓畅的观点作为代表,是因为他(她)们对此的阐释最为具体和清晰,尤其是石元康先生的观点直接影响了不少学者对反思平衡的功能的理解。

[41] 周保松:《自由人的平等政治》,生活·读书·新知三联书店2010年版,第24页。

[42] 杨晓畅:《罗尔斯后期正义理论研究》,上海世纪出版集团2014年版,第94—95页。黑体为笔者所加。

约论避免诉诸独断的自明前提。罗尔斯自己似乎也确有此意。[43] 这种解释体现了要把原则的合理哲学条件和我们深思熟虑的哲学判断容纳在一个体系之中的努力。[44] 不过按这种说法,反思平衡似乎仅仅是服务于契约论的一个理论装置,其目的是为契约论提供演绎起点,因此只是对契约论的一个补充。

本文认为,这种观点显然存在问题。

按《正义论》第四节中的描述,反思平衡是在正义原则与深思熟虑的判断之间进行的,而非在原初状态的条件和深思熟虑的判断之间进行。按"演绎起点说"的逻辑,在原初状态的条件与判断之间——而非正义原则与判断之间——进行反思平衡的论证结构显然更为简洁、合理,反思平衡与契约论的分工、合作也更为清晰、紧密。石元康、周保松的解读兼顾了"演绎起点说"和《正义论》文本中对反思平衡程序的描述,由此认为反思平衡既提供了对原初状态的描述,又检测了正义原则。不过,这种说法显然只是一种无奈的折中调和。因为如果石元康、周保松的观点成立,那么罗尔斯至少应该让深思熟虑的判断**分别**与原初状态的合理条件和正义原则进行反思平衡。我们很难理解罗尔斯为什么仅让正义原则与深思熟虑的判断进行反思平衡,而原初状态的条件仅仅是因为不能产生能够说服判断的原则而被修改,而非因为条件本身不符合判断而被修改。

"演绎起点说"不仅在文本证据上存在致命缺陷,还有更为实质的弱点。"演绎起点说"将正义观的合理性根据完全放在"起点"之上,即完全放在一种合理的代表设置之上,契约论则只是社会合作条款的建构程序,这种做法使《正义论》丧失了道德理论色彩,即它不再致力于描述正义感,而只描述了更为宽泛的主体间的正当关系,在此基础上建构社会合作条款——这一步骤不再具有道德理论的色彩。原初状态模拟了主体间的正当关系,但无法保证据此得出的契约符合我们的正义感,除非预设某种基础主义:将这种主体间关系作为基础性的道德真理,因而由此推出的结论也必然符合我们深思熟虑的判断。如果拒绝基础主义,那么我们就不能预设命题之间稳定的乃至必然的单向推导关系,而应该承认从合乎判断的前提推出违反判断的结论的可能性。这也就是反思平衡要进行反复、来回操作的原因所在。因此,作为正义理论的《正义论》必须要直接在正义原则与深思熟虑的判断之间进行反思平衡,如此才能保证正义观符合我们的正义感,才能体现《正义论》的道德理论色彩。

另有一种解释认为,反思平衡是一个发生心理学解释,即解释现实中的个人如何产生或接受正义观,与之相对,契约论则承担了与发生学相对的逻辑层

---

[43] 不仅本文第二部分中引用的那段对反思平衡的描述是在"寻求对原初状态的最可取描述"的上下文中提出的,在描述完这一程序后,罗尔斯还补充说:但是,我们可以把我所提出的原初状态解释看做这种假设的**反思的结果**。

[44] 约翰·罗尔斯:《正义论》(修订版),同前注[14],第17页。黑体为笔者所加。

面的证明工作。不过这种说法显然消解了反思平衡的辩护角色,由此将无法解释契约论在辩护问题上遇到的一系列难题,并且反思平衡与《正义论》第三编中提到的道德心理学的关系也将变得令人费解。

2. 桑德尔的解释

桑德尔的观点也是一种"相互配合说",不过桑德尔对《正义论》文本的分析显然更为细致。桑德尔认为对原初状态的描述是由我们的道德直觉提供的,罗尔斯根据我们的道德直觉设定了原初状态的合理条件。他注意到罗尔斯并没有明确解释什么是合理条件,这也意味着,罗尔斯并没有直接诉诸反思平衡来为原初状态的条件提供根据。

桑德尔认为,**应该**对称地运用反思平衡的方法,即不仅对正义原则是否符合深思熟虑的判断进行分析,还要分析对原初状态的描述是否符合深思熟虑的判断、是否能与我们的自我理解相契合。不过桑德尔并不认为这是《正义论》本身的观点。我们再来看下桑德尔的这两句话:

> **如果**对称地运用反思平衡的方法,那么,原初状态就必须不只是创造一种道德理论,而且还要创造一种哲学人类学……**如果**反思平衡真的能从两个方面运作,那么,一旦达到反思平衡,所出现的人类环境的解释就不再是多余的,也不再是一种虚构设计的偶然产物,而是正义原则自身。[45]

显然,桑德尔在陈述反思平衡的"对称运用"时用的是虚拟语气。我们最好把桑德尔的这种解释理解为他对罗尔斯论证的改造,而非总结。问题是,这种改造是否比罗尔斯自己的表述更准确地阐述了罗尔斯实际想表达的意思呢?这一问题我们留到下一部分回答。

(二)"分别论证说"

所谓"分别论证说",是指反思平衡与契约论是两个独立的论证,两者分别为正义原则提供辩护。

这种解读显然于理不合。一个作者不太可能同时诉诸两种独立的论证进路——我们显然会问,这两种进路是什么关系,彼此之间会不会存在矛盾?如果不会矛盾,那它们应该可以被统摄在一个更大的论证结构之下。整全、单一的答案有着直觉性的吸引力,而论证结构的多元性总令人怀疑这暗示了思考的不彻底,真正的答案尚未被触及。

有些解读确实具有"分别论证说"的色彩,例如石元康认为:

> 在推导与证明道德原则这个问题上,罗尔斯采用了两个方法,他认为,一组道德原则之所以能成立能够由下面两种方法得到证明:(1)如果我们

---

[45] 迈克尔·J.桑德尔:《自由主义与正义的局限》,同前注[7],第 64 页。黑体为笔者所加。

可以证明这组原则是立约者们会选择的,这是契约的方法;(2) 如果我们可以证明这组原则与我们对道德问题的深思熟虑的判断相吻合,这是反思的平衡法。[46]

不过笔者倾向于认为,石元康的这段话更多表明了他对契约论与反思平衡之间的关系缺乏关注,从而导致在表述时不够清晰、准确。"演绎起点说"应该更接近他的实际理解。

(三)"反思平衡独立论证说"

我们还可以想象两种更具批判性的论证构想,即"反思平衡独立论证说"和"契约论独立论证说"。这两种论证构想当然不是对《正义论》文本的解读,而是我们想象的、基于对《正义论》中论证方案的不满而重新构想的论证结构。我们先来看"反思平衡独立论证说"。

如果说契约论由于无法诉诸自明的演绎起点而似乎不得不借助反思平衡,那么相比之下,反思平衡看上去像是一种自足的论证方法。如罗尔斯所言,《正义论》是一种描述正义感的企图,那么我们似乎完全可以抛开契约论,仅仅通过原则和判断之间的简单互动,得出符合正义感的正义原则。我们可以把这种观点称为"反思平衡独立论证说"。那么,罗尔斯为什么不诉诸这种独立论证说,而要同时运用契约论和反思平衡两种方法呢?

在回答这个问题之前,我们先来概述下罗尔斯对正义、正义观与正义论这三个概念的界定。罗尔斯认为,不同正义观的共同作用——指导如何合理分配基本权利义务、如何恰当平衡冲突的理由诉求——指定了正义的概念;正义观则由一系列正义原则组成,它们具体解释了正义的作用,即解释到底如何合理分配基本权利义务、如何恰当平衡冲突的理由诉求;正义论则为这些原则提供系统的理据。

"反思平衡独立论证说"的主要问题是,它只能简单判断原则与深思熟虑的判断是否相符,但难以提出一套**系统的**正义观,更难以解释正义观背后的道理。而我们最好为反思平衡提供一系列有系统论据支撑的正义观,让它直接在正义观与深思熟虑的判断之间进行反思平衡,由此,我们最后得到的就不是对一系列零散原则的"符合度报告",而可以得出最符合我们深思熟虑的判断的、系统的正义观。[47]

---

[46] 石元康:《罗尔斯》,同前注[27],第 105 页。
[47] 罗尔斯在《政治自由主义》第一讲第一节第三部分前两段中对这层意思有所暗示。罗尔斯那两段话的基本意思是,一套政治的正义观要能被接受,就必须符合各个层面的深思熟虑的判断,而这有赖于我们收集、组织公共文化中的基本理念和原则。不过,公共文化内部往往不具有融贯性,其对平等与自由的理解往往充满争议,因此,将其中的理念和原则组织为一个政治的正义观并不是一个机械的排列过程,而一定程度上要改变原有的理念和原则本身,改变的主要目标是使其具有系统性。参见 John Rawls, *Political Liberalism*, supra note [4], pp. 8—9.

就此而言,契约论的方法就是一个有效的理论装置,它可以系统表达、展现我们的正义信念。罗尔斯解释说,原初状态是一种解释手段,它总结了我们实际上接受的,或者可以被哲学的反思说服去接受的进行社会合作的条件。或者说,它对我们的直觉性观念进行了精致的表达,借此我们可以更明晰地澄清我们在理解道德关系上所持的实际立场。[48]

(四)"契约论独立论证说"

我们把"契约论独立论证说"界定为认为可以不借助反思平衡,单独以契约论为正义观提供完整论证的观点。

"契约论独立论证说"面临的困难是显而易见的。我们知道,在传统的社会契约论中,契约的根据来自于对自然权利的明智保护(霍布斯)、对自然法执行权的妥善安排(洛克)、道德自由的实现(卢梭)等。通过分析原初状态的一系列设置,我们可以推断,罗尔斯认为我们实际接受或会被说服接受的进行社会合作的条件是把彼此视为自由平等的理性合作者,这是我们根本的道德信念。不过罗尔斯不会把这种信念作为自明的规范性前提,这种基础主义的论证进路是罗尔斯无法接受的。因此,离开了反思平衡,契约论又将面临寻找自明前提的困难。

我们还可以进一步想象这样一种观点,这种观点认为,罗尔斯甚至不需要诉诸契约论,而应该直接从公平演绎出正义。这种观点认为,罗尔斯是以公平来推导正义的,而公平本身就是一个道德判断,公平将道德力量传递给了正义原则,因此契约论的设置实在有些多此一举。不过在后形而上学的现代世界,这种观点实在不值一驳。如果真有学者坚持这种观点,那无非表现了自由主义者的盲信,以至于认为可以无视论证上的压力了。

五、《正义论》的论证结构

通过前文分析,我们发现,罗尔斯的契约论确实必须依赖反思平衡,契约论自身则可以充当一个系统表达我们正义信念的理论装置。有鉴于此,本文也主张某种"相互配合说"。那么,在否定了"演绎起点说"之后,本文必须提供另一种更具说服力的"相互配合说",来解释契约论与反思平衡如何分工、衔接,一起为两个正义原则提供论证的问题。解释这一问题同时也是在解释正义观究竟是如何获得辩护的。

(一)契约论与反思平衡如何分工、衔接

《正义论》中的反思平衡是一种广义的反思平衡,要向主体提供各种可能的正义观。这些正义观试图描述主体的正义感,主体对其进行独白式的反思,看

---

[48] 约翰·罗尔斯:《正义论》(修订版),同前注[14],第17页。

它们是否符合自己深思熟虑的判断;若不符合,则看看正义观能否说服自己修正既有判断,或者对正义观进行修正后即可符合自己的判断。在各种正义观与深思熟虑的判断之间进行反复对话后,最终选出某一种正义观,这种正义观(可能是在与判断进行了相互修正以后)与他的正义信念融贯度最高。

不过,有趣的是,在《正义论》的文本中,没有进行哪怕一次反思平衡的推演。原初状态中的人进行的是理性慎思(rational deliberation),而非反思平衡。原初状态的设置者关心正义,但原初状态中的人关心的不是正义,不是哪种正义观符合自己的正义直觉,而是如何在原初状态设置的条件下获得最大、最保险的个人利益。原初状态中甚至都不存在一个选择过程。《正义论》与其说是在描述原初状态中的人如何选择,不如说是在解释为何其他正义观是与原初状态、无知之幕、道德人的基本设定相违背的。在此意义上,契约的前提已经决定了结果,因此这一论证过程可以接近严格的演绎性。[49]

一个关键性的结论已经很清楚了:反思平衡是在《正义论》的文本之外进行的。反思平衡的对象是各种正义观及其论据,而《正义论》的工作是提出一种特定的正义观,即作为公平的正义。因此,《正义论》论证的正义观只是反思平衡所要考虑的诸种正义观中的一种。

在《政治自由主义》中,罗尔斯区分了原初状态中的各方、良序社会中的公民以及"我们自己"这三个视角。正义观在第三个视角——现实中的你和我的视角——中接受评估、评估、检验的方式是反思平衡。最符合反思平衡的融贯性标准的观念便是最合理的观念。[50] 因此,从主体的角度来说,契约的主体与反思平衡的主体也是不同的。《正义论》中的具体论证是以契约论的方式进行的,契约的主体是原初状态中的道德人,而反思平衡的主体是《正义论》文本外的、现实中的人。罗尔斯说:"证明问题就是通过一个慎思(deliberation)的问题来解决的:我们必须弄清采取哪些原则在这种给定的契约境况下是合理(rational)的。"[51]这里所谓的证明特指向原初状态中的人进行的理性选择证明,而这一证明只是这一思想实验中的一部分。要使这一思想实验中得出的原则得到最终的辩护,即向现实中的人进行有道德力量的合理性辩护,还需要诉诸文本外的、现实中的人们对这些原则的接受,这一步是通过反思平衡来完成的。这一步不是简单使现实中的人们接受已经通过契约论得到合理性辩护的正义观,而恰恰是合理性辩护本身——只有符合现实中的人们的正义感,换言之,能够在现实中的人们面前为自己的可接受性辩护,正义观才真正具有道德力量,亦真正获得了合理性辩护。

---

[49] 约翰·罗尔斯:《正义论》(修订版),同前注[14],第 93 页。
[50] See John Rawls, *Political Liberalism*, supra note [4], p. 28.
[51] 约翰·罗尔斯:《正义论》(修订版),同前注[14],第 14 页。

至此,契约论与反思平衡如何分工、衔接这一问题已经比较清楚了。我们可以通过与"演绎起点说"的对照来说明这一点。

我们知道,反思平衡是在正义原则与深思熟虑的判断之间进行的。按"演绎起点说"的逻辑,反思平衡显然是应该在原初状态的条件和深思熟虑的判断之间进行。但罗尔斯对反思平衡的描述不是这样的。在罗尔斯的描述中,反思平衡是在正义原则与深思熟虑的判断之间进行的。如果说"演绎起点说"无法从罗尔斯对反思平衡的描述中得到支持,从而在文本证据上存在致命的缺陷,那么我们的观点却可以对这一描述进行非常有说服力的解释。

反思平衡的对象是各种正义观,这些正义观试图描述我们的正义感,而《正义论》的工作是提出一种特定的正义观。[52] 那么,《正义论》的论证结构事实上是超越《正义论》文本本身的。《正义论》的文本提供了一种正义观,反思平衡的主体则要面对包括罗尔斯所主张的正义观在内的各种正义观,判断哪种正义观(可能是在与判断进行了相互修正后)与他的判断融贯度最高,而那种融贯度最高的正义观便是最佳的正义观。罗尔斯在《政治自由主义》平装版序言中对《正义论》目标的一段描述最简练地交代了他的基本理论逻辑:"《正义论》希望展现这样一种正义理论的结构性特征,以便使之最接近于我们关于正义的深思熟虑的判断,由此给出民主社会最恰切的道德基础。"[53]因此,契约论只是一个理论装置,用来**构造**、**展现**一套正义观,而对这套正义观的**合理性辩护**最终来自反思平衡。这种辩护表现为检查特定正义观与"我们"关于正义的深思熟虑的判断是否融贯,表现为特定正义观能否被"我们"持有的或将会持有的正义信念体系所接受。也就是说,判断一种正义观好坏的依据是它与我们深思熟虑的判断的融贯度。因此,反思平衡是最终的"上诉法庭"。如果我们认为罗尔斯主张的正义观是最好的正义观,那是因为在提供给反思平衡的各种正义观中,这一正义观最为集中地表达了我们的正义感。由此我们便能理解,为什么罗尔斯说《正义论》是一种描述我们正义感的尝试。

那么,为什么在《正义论》的文本内部要选择契约论来作为论证方法呢?这

---

[52] 不少论者认为罗尔斯将自己的著作命名为 *A Theory of Justice*(可直译为《一种正义理论》)而非 *The Theory of Justice* 表明了罗尔斯的谦逊,即罗尔斯认为自己的正义理论不是唯一有效的(如汪丁丁:《新政治经济学讲义——在中国思索正义、效率与公共选择》,上海世纪出版集团2013年版,第362页)。笔者认为这种解释并没有太大说服力。罗尔斯当然不会声称自己的正义理论是唯一有效的,这种姿态至少是不谨慎的。但他肯定是把提出一种更为优越的正义理论作为自己的写作目的的,因此对他来说,"最好的正义理论"至少是一个范导性的理念。如果认为罗尔斯只是在提出自己的正义理论,而不想证明这种正义理论优于功利主义等既有正义理论,就很难解释罗尔斯对自己理论意图的明白交代和对功利主义、直觉主义等的反复批判。那么,为什么罗尔斯将自己的正义理论命名为 *A Theory of Justice* 而非 *The Theory of Justice* 呢?正义理论与反思平衡的关系似乎可以为这一问题提供一个很有说服力的答案。

[53] See John Rawls, *Political Liberalism*, *supra* note [4], p. xxxix.

不仅仅是一个方法的问题,更准确的说法也许是,罗尔斯为什么把正义论体系描述为契约论形态的?

我们知道,反思平衡无法穷尽对正义观的所有描述,因此最可靠和简便的方法就是"研究和考察我们通过道德哲学传统所得知的正义观,以及其他向我们呈现的正义观"[54]。契约论就是道德哲学传统中非常重要的一支,并且罗尔斯认为最佳的正义观就是由契约论产生的。当然,罗尔斯不满足于既有的契约论,提出了自己的版本,即作为公平的正义。

为了使这一观点更有说服力,我们有必要再次澄清罗尔斯对正义理论性质的看法。前面已经提到,正义理论是一种道德理论。罗尔斯认为,道德理论的目的不是追求道德真理,"因为道德哲学史已经表明道德真理概念是成问题的"[55]。道德理论的特点是它搁置了对道德真理问题的讨论,转而"探究在恰当界定的条件下人们持有的或将会持有的实质性道德观念"[56]。那么,作为道德理论的正义理论所要做的便是找到一个原则体系,"它能够与我们在反思平衡中的深思熟虑判断以及普遍的确信相匹配"[57]。由此,在罗尔斯的理论中,"justification"也不再通过诉诸自明的道德真理来完成,而表现为一种辩护,即在一个由正义观与深思熟虑的判断组成的对话结构中,在判断面前为特定正义观的可接受性进行辩护。特定规范主张如果被主体的信念系统所接受,辩护便成功了。

"我并不认为我提出的观点具有创始性,相反我承认其中主要的观念都是传统的和众所周知的。"[58]——写在《正义论》初版序言中的这句话不是罗尔斯的谦逊之辞,而是基于《正义论》的理论性质作出的客观陈述。《正义论》所要做的正是将这些传统的和众所周知的观念组织成一个最符合我们深思熟虑的判断的一般体系。正是《正义论》的这种性质决定了正义观的辩护不是通过诉诸某种真理命题来完成的,而是通过正义观与深思熟虑的判断的融贯度检测来进行的。

(二)对桑德尔观点的评估

至此,我们也可以对桑德尔的观点作一个评估了。笔者依然认为桑德尔的

---

[54] Id., p. 39. 另一个理由在本文第四部分第(三)点中已作了解释,即单纯依靠反思平衡无法得出系统的正义观,因此必须让反思平衡面对已经有系统形态的正义观,而不是面对零散的正义原则。因此,借助于道德哲学传统中既有的正义观形态便是一个明智的做法。简言之,系统、可靠、简便,这是借助道德哲学既有传统来研究最佳正义观的基本理由。至于为什么具体选择契约论就是正文后面所讨论的问题了。

[55] 约翰·罗尔斯:《罗尔斯论文全集》(上册),同前注[15],第324页。

[56] 同上注。

[57] 同上注。

[58] 约翰·罗尔斯:《正义论》(修订版),同前注[14],初版序言第2页。

分析是极具洞察力的,但他忽视了反思平衡的重要性,误解了《正义论》的基本理论性质。

桑德尔认为《正义论》的证明实际上是通过隐秘地诉诸康德式的主体概念来完成的:原初状态的道德力量体现在它是根据对康德式自律主体的理解来设置的,而这样的自律主体就是我们应该成为的人,因此现实中的我们应该接受原初状态中选择的原则。在此基础上,桑德尔认为在一种经验理论的框架内,一种把社会背景、自然禀赋和特殊善观念都剥离下来的主体概念是反经验的,因此这种理论设计存在内部的不自洽。

罗尔斯认为,桑德尔的这种观点误解了原初状态的性质:原初状态只是一种代表设置(a device of representation),而不是形而上学或自然科学意义上对人之本性的刻画。[59] 不过笔者认为,罗尔斯的这种反驳并不充分。原初状态诚然是一种理论策略,是一种"戏剧",但为什么要这样设置"戏剧"的"背景"和"角色"呢?为什么我们会认同这种"戏剧"所产生的正义观呢?因此,仅仅强调原初状态中的代表与现实中的我们的距离是不够的,因为这种距离一方面使罗尔斯免受桑德尔的批判,但另一方面也引发了原初状态中的假然契约如何对现实中的我们产生约束力这一问题。桑德尔以哲学人类学为中介填补了这一距离,但这种策略不被罗尔斯接受。罗尔斯如何才能填补这一距离呢?[60] 与强调原初状态是一种代表设置相比,契约论与反思平衡的关系——换言之,《正义论》的辩护结构——能更有说服力地揭示桑德尔的解释的问题所在。

本文认为,桑德尔误解了《正义论》的辩护结构。罗尔斯的这段话再明白不过地说明了桑德尔的错误所在:

> 我不认为原初状态观念本身没有道德力量,或作为它的基础的那些概念在道德上是中立的(见第23节)。我只是简单地把这个问题**搁置**起来。所以,我**没有**这样推论,似乎那些首要原则,或它们依赖的条件或定义,具

---

[59] See John Rawls, *Political Liberalism*, supra note〔4〕, p. 27.
[60] 在回应德沃金提出的"假然协议没有约束力"这一问题时,罗尔斯给出了一个填补距离的解释。罗尔斯认为,原初状态模拟了我们基于深思熟虑的判断而视为可接受的限制,因此各方在其中接受的正义观定义了我们视为公平的正义观,并得到了最佳理由的支持(*Id.*, p. 26)。以深思熟虑的判断为中介,现实中的我们有了接受原初状态中的代表选出的正义感的理由。可以认为,罗尔斯以原初状态这一代表设置所模拟的深思熟虑的判断是人们所持有的判断来补充代表设置的解释。不过这一解释却反而像是对桑德尔的观点的复述了,即代表设置导向一种由反思平衡得出的规范性自我理解。而如果罗尔斯想避免这种过强的解释,而试图以此表明"假然"契约的约束力仅仅在于它符合我们的信念,那么罗尔斯现在的解释依然是有缺陷的:人们接受原初状态的设置,但不一定会认为由此得出的正义观也符合深思熟虑的判断。当然在反复调整后也许最终会得出符合深思熟虑判断的正义观(正如罗尔斯在《正义论》中解释反思平衡的操作步骤时所描述的),但这就说明,只凭借符合道德直觉的原初状态设置并不能解决太多问题。总之,不将契约论与反思平衡的关系理清楚,罗尔斯就难以系统、有力地为自己的观点辩护。

有一些特殊的特点，使它们在证明一种道德学说的正当性方面占有一种特殊地位。它们是理论中的核心因素和方法，但**证明依赖于整个观念，依赖于它在任何程度上适合我们反思的平衡中的深思熟虑的判断，并把这些判断组织成一个系统**。[61]

原初状态确实是一个根据对道德主体的理解而设置的理想环境，在此意义上，桑德尔的分析是正确的。原初状态是一种代表设置。现实中的公民受到各种偶然因素的羁绊，而原初状态是一个自由、平等的理性主体之间的理想立约环境，因此我们以原初状态中的立约各方来代表现实中的公民。这种做法的合理性在于，"我们都是自由、平等的理性主体"这样一种信念是我们道德信念的核心部分。不过，罗尔斯并没有把这一道德信念当做辩护的最终根据，因为这种思路将使他陷入他所反对的基础主义。在罗尔斯的理论中，辩护是由信念之间的融贯来完成的。契约论不提供最终的辩护，它提供的是最有可能得到辩护的正义观。因此罗尔斯明确表示，"原初状态中被一致同意的原则就是最合理的原则"这一判断只是一种推测（conjecture），还必须以多层面、多方向的考虑来检验正义原则。[62]

而桑德尔之所以误解《正义论》的辩护结构，根本原因也许在于，他没有关注罗尔斯所说的道德理论的性质。桑德尔解读的《正义论》更接近于一种道德形而上学，他认为这一理论的最终根基是一种道德主体理论，这一道德主体理论为契约论提供了最终的证明。但罗尔斯在《道德理论中的康德式建构主义》一文中明确解释说，

> 使得一个正义观念获得辩护的东西，并非是从某些先定的秩序来看，这种正义观念是真确的；而是它与我们对自我的深层次理解和抱负的契合，以及我们认识到，给定体现在我们公共文化的历史和传统，它就是于我们而言最合乎情理的原则。[63]

因此，契约论只是一个用于构造特定正义观的理论装置。也就是说，这种道德主体不是在隐秘地为契约提供证明，《正义论》中的契约论仅仅是一个用来描述我们正义感的**假说**，对契约的最终辩护不是由契约论自身完成的，而是要诉诸反思平衡。

---

[61] 约翰·罗尔斯：《正义论》（修订版），同前注[14]，第458页。黑体为笔者所加。

[62] See John Rawls, *Political Liberalism*, supra note[4], p. 381. 可以说罗尔斯在此对"原初状态中选出的原则就是合理的原则"这一论断作了补充修正。

[63] 约翰·罗尔斯：《罗尔斯论文全集》（上册），同前注[15]，第346页。

六、余论：罗尔斯的理论转向与反思平衡的角色变化

本文处理的是反思平衡在《正义论》论证结构中的位置这一问题，但所引的文本证据并不限于《正义论》，而对罗尔斯在《正义论》之后的作品特别是《政治自由主义》多有涉及。这种做法必须面对的问题是：罗尔斯前后期理论之间是否存在基本的一致性？反思平衡在其前后期理论架构中所扮演的角色是否大致相同？

事实上，这不仅是本文面临的问题，也是罗尔斯必须回答的问题，因为罗尔斯在他的后期文本中时常不作限定地解释《正义论》中的重要理念，换言之，除了他特意强调在后期理论中有新的特殊含义的理念外，他认为他对其他理念的解释在前后期理论中是可以通用的。

（一）罗尔斯前后期理论的一致性

和许多伟大的思想家一样，罗尔斯的理论一般被分为前期和后期，分别以《正义论》和《政治自由主义》两本著作为中心。这种惯常理解当然算不得错，但往往容易夸大罗尔斯前后期理论之间的断裂。特别是由于认为罗尔斯的转向是由社群主义者特别是桑德尔对其主体理论的批判激发的，评论者往往认为罗尔斯前期理论的核心部分即某种康德式的主体概念发生了变动。

在《政治自由主义》导言的一个注释中，罗尔斯明确指出，"有时候，我在后续论文中的观点变化被认为是在回应社群主义者的批评。我认为这种说法没有什么根据。"[64]这里所谓的"社群主义者"当然主要是指桑德尔。前文已经分析了罗尔斯为什么认为桑德尔的批判是不成立的。那么，促使罗尔斯发生理论转向的原因到底是什么呢？这种转向是否意味着罗尔斯前后期理论之间存在根本性的断裂？

按罗尔斯自己的交代，他之所以修正自己的前期理论，从"整全性的"自由主义走向"政治的"自由主义，是因为他意识到自己低估了合理多元主义的挑战。《政治自由主义》的写作是为了解决《正义论》的一个内在问题，即《正义论》第三编中良序社会的稳定性问题。我们来具体解释这一点。

罗尔斯认为，在宪政民主政制下，合理多元主义是一个难以避免的结果，这是人类理性在宪政民主政制下自由运用的正常结果。但合理多元主义的事实使《正义论》中的良序社会理念丧失了稳定性。按《正义论》，良序社会中的公民都在一种整全性哲学理论的基础上，即他们都持一种康德式的哲学理论，赞同作为公平的正义这一观念，这种公共认同使良序社会有了稳定性。但事实上民主社会存在多种而非一种整全性理论，这些理论也未必都是自由主义的。因此

---

[64] See John Rawls, *Political Liberalism*, *supra* note [4], p. xix.

《正义论》无法应对合理多元主义的处境,不具有现实性,据此设计的良序社会无法实现稳定性。罗尔斯后期理论的问题意识在于,在合理多元主义的事实前提下,正义且稳定的社会如何可能持存?罗尔斯后期理论的基本特色在于,它不再依附于某种道德哲学,而选择把政治哲学从道德哲学中切割出来,提出一套自立(self-standing)的,亦即纯粹政治的正义观,并希望基督教徒、伊斯兰教徒、康德主义者、功利主义者都能基于**各自**的理由接受他的正义观,此即所谓"重叠共识",并以此来克服"何以多元主义"的挑战。

因此,《政治自由主义》只是对《正义论》的局部修正,即解决《正义论》第三编中良序社会的稳定性问题。它的目的不是替代《正义论》,而是使《正义论》更为前后一贯。当然,由此《正义论》中的其他理念也需要作适当的调整,且还需要引入一些新的理念,不过这些都是局部修正,不触及根本。

(二)反思平衡在罗尔斯后期理论架构中的角色

前文对罗尔斯后期理论的问题意识和概念架构作了一个极为简略的交代,此处将解释反思平衡在罗尔斯后期理论架构中的角色。

诺曼·丹尼尔斯认为,《政治自由主义》中的反思平衡是一种政治的反思平衡。政治的反思平衡不是一种主体间**共享**的广义反思平衡,因为它试图避免诉诸普遍一致的正义感。政治的反思平衡首先要求人们在面对正义观时必须将之放入广义的反思平衡之中,这种反思平衡表现为正义观与人们的整全性理论进行对话、相互调试、寻求平衡。而人们的整全性理论是多元的,因此正义观要与各种各样的合理整全性理论进行反思平衡。那么显然,政治的反思平衡是个殊、多样的,即这一反思平衡在持不同整全性理论的人那里表现为不同的形态。正义观要从不同的整全性理论那里获得支持自身的理由,不同的整全性理论基于各自的理由共同接受某种正义观,这种"共同接受"就是对这种正义观达成的"重叠共识"。[65]

丹尼尔斯的这种解释虽然不乏洞见,但不应被理解为对罗尔斯的忠实解释。罗尔斯确实有过类似的表述[66],但他在《作为公平的正义》中明确指出,以融贯性为核心的辩护理念不一定被作为公平的正义之外的其他整全性学说所看重。[67] 因此,重叠共识不能被简单理解为丹尼尔斯所谓的政治的反思平衡的理想结果,重叠共识的来源比政治的反思平衡更广,各种整全性学说可以基于不同于反思平衡的辩护理念来接受政治正义观念。换言之,重叠共识意味着

---

[65] See Norman Daniels, *Justice and Justification*, Cambridge University Press, 1996, pp. 144—175.

[66] See John Rawls, *Political Liberalism*, supra note [4], 1996, p. 388.

[67] 罗尔斯:《作为公平的正义:正义新论》,姚大志译,中国社会科学出版社2011年版,第43—44页。

各种整全性学说基于各自的理由对政治正义观念的共同接受,但各种整全性学说对政治正义观念的接受并不一定都以政治正义观念能融贯于整全性学说自身为前提。

因此,反思平衡这一理念在罗尔斯的后期理论中被弱化了,公共辩护的重任落在了重叠共识与公共理性之上,反思平衡则成了一种相对特殊的辩护理念,只适用于某些整全性学说,由此,重叠共识无须完全依靠反思平衡来达成,公共理性的可接受性也不一定表现为反思平衡。

综上,罗尔斯前后期理论存在基本的一致性;罗尔斯在其后期理论中对反思平衡这一理念进行了微调,且将其辩护角色弱化了。在注意到这些异同的基础上,我们依然可以借助罗尔斯后期理论中对相关理念的进一步澄清来理解《正义论》的论证结构。

(初审编辑　赵英男)

"财富的美德":亚当·斯密所有权理论探析

彭 浩[*]

The Virtue of Wealth:
Analysis of Adam Smith's Property Theory

Peng Hao

内容摘要:19世纪末以来,斯密法理学课堂笔记的三次发现为研究者们重新理解斯密的思想提供了契机。斯密的权利理论和正义理论是其所有权理论的基础。通过文本考察发现,斯密在《法理讲义》中对占有、添附、时效、继承以及自愿移转五种所有权取得方式逐一进行了阐释。《道德情操论》中曾出现的公正旁观者居于斯密所有权理论的核心地位,而正义则是公正旁观者所秉持的基本价值。斯密有关所有权取得方式正义与否的拷问,实际上是将道德领域的判断逻辑向经济领域推演。通过对斯密所有权理论的还原,《道德情操论》《法理讲义》《国富论》三者构成的斯密对现代社会的整体性思考也初见端倪。

关键词:亚当·斯密 所有权 正义 公正旁观者

一、引言

1759年,《道德情操论》出版。在《道德情操论》第一版文末,斯密认为西塞

---

[*] 中国人民大学法学院2015级博士生,E-mail:phaedo@ruc.edu.cn。匿名评审专家给本文提出了宝贵的修改意见,谨此致谢。

罗和柏拉图的法学不是"正义的法学"(law of justice),而是"警察[1]的法学"(law of police)。基于这种不满,加之对格劳秀斯构建自然法体系尝试的赞同,斯密表明了自己法理学写作计划的内容:"法律与政府的普遍原则以及它们在社会的不同年代与时期所经历的种种变革,在其中不仅考虑正义,也考虑警察、岁入、军备以及法律的其他对象。"[2]1785年,在致罗什富科公爵的信件中,斯密谈及了自己繁重的工作。在夜以继日地修订《道德情操论》之外,他还在奋力撰写两部篇幅巨大的著作:一本为各种学科的历史如哲学史、诗歌史和雄辩史等;另一本为法律和政治历史的理论。而且,斯密袒露已经收集了大量材料,一些部分也已经整理出头绪,但是由于年龄愈高自己也没有把握能否在生前完成前述两本书中的一本。[3]1790年5月,《道德情操论》第六版面世。在这一版中,斯密撰写了一篇告读者(advertisement)附在目录之前,其中涉及对《道德情操论》第一版的最后一段法理学写作计划的说明:

> 在《关于国民财富的性质和原因的考察》[4]中,我部分完成了这个承诺(法理学写作计划);至少有关警察、岁入和军备的内容上是如此。余留的长期计划中的法理学部分,我至今仍无法完成,同样的俗事也一直妨碍我修订此书(《道德情操论》)。

两个月后,斯密逝世,他的法理学写作计划就此永久搁浅。

去世前一周,"斯密在潘缪尔大楼让人烧毁了自己的文稿"[5]。这导致在斯密去世后百余年间,人们对他曾许诺的法理学写作计划的具体文本内容几乎一无所知。当年格拉斯哥大学学生约翰·米勒(John Millar)对斯密法理学课堂的回忆是人们了解斯密法理学的唯一途径。[6] 1895年,埃德温·坎南(Edwin Cannan)发现一本斯密法理学课程笔记。翌年,坎南将其所发现的笔记编

---

[1] 必须说明的是,(斯密所在的)18世纪"police"的概念区别于当代意义上的警察。斯密将警察的职能概括为三个方面:一是负责公共卫生;二是负责安全问题;三是在前两者的基础之上追求一国物产的廉价与富足。这个意义上的警察大致反映的是政府的各项治理,范围较现代的"警察"更为广泛。

[2] Adam Smith, *The Theory of Moral Sentiments*, Clarendon Press, 1976, pp. 341—342.

[3] 参见欧内斯特·莫斯纳、伊恩·辛普森·罗斯编:《亚当·斯密通信集》,林国夫等译,商务印书馆2012年版,第439—440页。

[4] 即《国民财富的性质和原因的研究》(*An Inquiry into the Nature and Causes of the Wealth of Nations*)一书,此处原文书名为"*Enquiry Concerning the Nature and Causes of the Wealth of Nations*"。

[5] 伊安·罗斯:《亚当·斯密传》,张亚萍译,浙江大学出版社2013年版,第631页。

[6] 米勒的回忆主要见于斯图尔特(Dugald Stewart)的"亚当·斯密生平及其著作评述"(Account of the Life and Writings of Adam Smith)一文。See Adam Smith, *Essays on Philosophical Subjects*, Clarendon Press, 1980.

辑后出版。1958年,约翰·M.洛西安(John. M. Lothian)通过拍卖竞价获得两套斯密课程笔记,其中之一便是法理学课程笔记。为区分这前后发现的两套不同的笔记,一般将洛西安版法理讲义称为"Lectures on Jurisprudence(A)",简称为"LJ(A)",而将坎南版法理讲义称为"LJ(B)"。1970年,A. H. 布朗(A. H. Brown)在一套安德森日常备忘笔记中发现了斯密法理学课程内容的笔记,这个版本的斯密法理学课程笔记一般被称为安德森笔记(The Anderson Notes)。

斯密法理学课程笔记的三次发现逐渐明晰了斯密的法理学思想轮廓,也部分填补了后人无从知晓斯密身前法理学写作具体内容的遗憾,更为研究者们整体性地理解斯密的思想提供了契机。

本文即是以此为契机,以前述三次发现的斯密法理学文本为基础,对斯密所有权理论进行全方位还原。在具体文本的梳理中,我们将会发现,斯密在探讨占有、添附、时效、继承、自愿移转五种所有权取得方式时,不断地运用秉持正义的公正旁观者模型对具体历史场景中的所有权归属等问题作出判断。进而,文章将在这种还原的基础上,展示斯密的所有权理论对于道德伦理与经济生活的联结。这种联结在斯密的所有权理论部分得到了充分的证明和体现,斯密以自己伦理学中的消极正义作为公正旁观者基本的判断标准,进而运用公正旁观者模型与同情机制,为经济社会(具体的历史场景)中最基本的所有权的相关问题定分止争。这种联结也反映出斯密的思想从伦理学(《道德情操论》)到政治经济学(《国民财富的性质和原因的研究》)的内在一致性。这种内在一致性,可能能够解开一直以来研究者们对于《道德情操论》与《国民财富的性质和原因的研究》之间关系的困惑,甚至可以看做是对于所谓"斯密问题"的一种强有力的回应。通过这种内在一致性,斯密以《道德情操论》《法理讲义》《国民财富的性质和原因的研究》三个文本为基础对现代社会的整体性思考逐渐浮出水面,而这种整体性思考对于当下中国的现实与发展也不无启发。

本文首先介绍斯密法理学课程的整体框架,以明确所有权部分在整个课程中的位置;而后对斯密权利理论与正义理论核心内容的简要展示则是为阐释斯密所有权思想进行必要的理论铺垫;之后将依靠具体的文本内容对斯密所有权理论进行系统阐述,并在对所有权理论有准确认识的基础之上,挖掘《法理讲义》中斯密所有权理论的理论意义与现实意义。

二、权利理论与正义理论

斯密认为每个政府设置原则都围绕着这样四个方面:维护正义、维持政府运转、增加国家收入以及抵御外国侵略。[7] 这四个方面大致对应斯密法理学

---

[7] Adam Smith, *Lectures on Jurisprudence*, Oxford University Press, 1978, pp. 5—7.

课程中的法律、警察、岁入、军备部分,从而构成斯密整个法理学课程的体系。在第一部分的法律课程中,斯密的法律理论、正义理论均得以展现。虽然这部分占据整个课程与讲义最重的篇幅,但毕竟斯密最终未能完成法理学写作计划,所以这部分所展现的内容归根到底只能是"较为丰富"。第二部分是有关警察的课程。警察部分的内容包括三个方面,首先是卫生,其次是安全,最后是在这两者得到保证的基础上,政府应增进国家的富饶。第二部分的第三分部与《国民财富的性质和原因的研究》最为相关,其中已经出现"劳动分工""价格因素""出口"等内容。第三、四部分课程在LJ(A)中未能得到体现,这是因为LJ(A)缺失了这两部分的具体文本内容。值得指出的是,在处理第四部分时,斯密的"野心"颇大,他意图打造自己的"战争与和平法"[8]。本文将法律部分课程的基本体系以表格的方式展示如下:

表1 法律部分课程的基本体系

法律部分	作为个人 (对应私法)	人身	身体伤害	
			限制自由	
		名誉	—	
		财产	对物权 (real right) (对任何人主张权利)	所有权 (property)	占有
					添附
					时效
					继承
					自愿移转
				地役权
				质押与抵押
				独占权(专业权)
			对人权 (personal right) (对特定人主张权利)	契约
				准契约
				故意或过失
	作为家庭成员 (对应家庭法)	夫妻关系		
		父母与子女的关系		
		[主仆关系][9]		
		[监护人与被监护人的关系]		
		[家庭内部犯罪及其刑罚]		
	作为国家公民 (对应公法)	—		

[8] *Id.*, p. 7.
[9] 注意,在LJ(A)中此部分存在缺失,主仆关系部分不完整,对照LJ(B)可以发现在家庭法的内容中斯密还对监护人与被监护人的关系、家庭内部犯罪及其刑罚进行了讨论,为照顾体系的完整性,故在此处完整列出而未遵循现存LJ(A)的内容。

观察表1不难发现，斯密以权利的划分为标准构建起整个法律部分的课程体系，所以，理解斯密法律部分课程的前提是对斯密的权利理论的基本内容有一定的认知。斯密的权利理论首先可以借助完全权利（perfect rights）与不完全权利（imperfect rights）这对概念进行理解。斯密指出，完全权利与不完全权利的区别在于人们是否有权（title）在要求得不到满足时强迫他人作出符合自己要求的行为。在LJ(B)中，斯密用了一个有些戏谑但十分贴切的例子对此进行解释：

> 当我们说牛顿作为哲学家并不比笛卡尔更伟大，或者说蒲柏作为诗人并不比他那个时代的普通诗人更出色时，我们并没有侵害伊萨克·牛顿爵士和蒲柏先生（的名誉）。我们的这些评价没有给牛顿和蒲柏应得的称赞，但我们也没有侵犯他们，因为我们并没有把他们贬低到他们所在专业领域的一般水平之下。[10]

由这段表述可以看出，斯密认为，法律只有在一个人被贬低到一般水平之下时才登场，未给予应有的正面称赞并不属于法律管辖范围。法律不能强迫人们去称赞某人，但拥有防止人们贬损某人的强制力。换言之，斯密理解的法律保护对象只是相对于不完美权利更加"消极"的完美权利，而这里出现的"消极"正是斯密的权利观与法律观不可或缺的一块拼图。

在法律范围内，正如图1所示，权利消极程度越高，侵害行为违反正义的程度也就越高，公正旁观者[11]（impartial spectator）的愤恨程度也随之越高，而惩罚侵害行为、保障该权利的法律也就获得了更高的神圣程度。由此，斯密作出判断，"最神圣的正义法律是那些保护我们邻居的生活和人身安全的法律；其次是那些保护个人财产和所有权的法律；最后是那些保护所谓对人权（仅能对特定人主张的权利）或别人因承诺而应给予他的东西的法律"。[12]

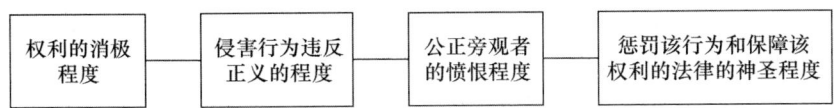

图1　权利消极程度与法律神圣程度的内在关联

---

[10] Adam Smith, *The Theory of Moral Sentiments*, supra note[2], p. 399. 此外，普芬道夫在论及名誉时也作了类似的评论，参见萨缪尔·普芬道夫：《论人和公民的自然法义务》，祝杰、韦洪发译，吉林人民出版社2010年版，第121—123页。

[11] 公正旁观者是斯密理论中一个十分重要的概念。简言之，在《法理讲义》中，它既是依靠同情共感观察事实的见证者，又是以正义为标准不偏不倚对事实进行评判的裁判者。对公正旁观者的细致分析，see Alexander Broadie, "Sympathy and the Impartial Spectator", in Knud Haakonssen (ed.), *The Cambridge Companion to Adam Smith*, Cambridge University Press, 2006, pp. 158—188.

[12] Adam Smith, *The Theory of Moral Sentiments*, supra note[2], p. 84.

对图1逻辑的进一步追问则反映出斯密将正义作为一种消极美德的观点。"在绝大多数情况下,正义只是一种消极美德,只是阻止我们伤害邻人。……我们通常只是静观其变而无为就可以实现正义的全部规则。"[13]对正义消极性质的强调反映出斯密的社会观。虽然斯密也希望且承认仁慈、热爱等美德能够维持一个完善的社会,但即使不大量产生甚至不存在这些美德的地方,社会依然能够存在;但是如果正义被抛诸脑后,社会纽带就将被撕裂,而社会将不复存在。斯密为何将正义这一消极美德作为社会大厦的"主要支柱",可以在"我们更渴望向我们的朋友倾吐我们的不快而不是愉快"这一事实中得以理解。斯密认为,人们普遍最渴望自己不愉快而非愉快的情感得到他人同情,这形成一种十分强烈的社会需求。归根到底,是人们对减轻痛苦的需求往往大于增加快乐,而作为消极美德的正义所衍生出的对不义行为的报复、反抗、阻止,正是在减轻或避免不该有的痛苦。斯密在《道德情操论》前两卷基本完成了从同情到正义的论证。[14] 作为消极美德的正义在社会中的基础性因此在斯密的理论中得以确认。

正义成为社会存在的必要基础,而斯密进一步的思考则推导出正义精确性的一面。一方面,经验证据(最根本的是公正旁观者的反应经验)向人们展示出心灵对违反正义的行为所造成的伤害的感受既深刻又清楚,因为这些伤害行为是真实存在而积极的;另一方面,保障正义这一消极美德的是一种强力,而这种强力所保护的界限是如此严格与分明,以至于人们能够精确预测行为的后果。所以,斯密才将正义比作"语法规则",才能十分肯定:"正义规则精确程度最高,不允许任何例外与修改,除非例外与修改是如同正义规则本身一般精确,而且实际上,这些例外与修改一般也都来自于与原本的正义规则同样的原则。"[15]

简要阐释正义理论的基础内容之后,回到图1的逻辑框架。实际上,斯密的权利理论形成了两个层次,第一个层次是通过权利消极与否区分受法律保护的权利与不受法律保护的权利。在斯密的理论中,公正旁观者体验人们的经历,当"消极"的权利受到侵害时,它会产生愤恨,而受害人要求侵害他人的人作出补救、恢复等行为就被认为是合理的。这里所言的"愤恨",针对的是"一种具有危害倾向、出于不正当动机的行为"[16],这类行为违背的是正义,必须得到惩罚,而惩罚的保障正是来自于法律。第二个层次是在法律范围内,公正旁观者的运行依然遵循"消极优先"的逻辑,只是由权利消极与否转变为权利消极程度的高低。这样,我们也就能理解为什么斯密将人身权等权利作为自然(natural)

---

[13] Id., p. 82.
[14] Id., pp. 1—108.
[15] Id., p. 175.
[16] Id., p. 78.

权利,而保护这些权利的法律是神圣程度最高的法律。因为生命、健康是每个正常人天生就拥有的,它不必后天"积极"地主张,而需要"消极"地保护。进一步讲,斯密没有言明的是,此处权利的"消极"表现为权利的流转。换言之,生命权的不可流转与财产权的流转程度直观地反映出二者所具有的消极程度的高低。正是在这个意义上,我们也就同样可以更准确地理解斯密为何将财产权划为获得权利。[17]

三、斯密的所有权理论

斯密在划定自然权利与获得权利的分野之后,对自己即将进入各类权利的具体讨论给出了这样的"预设":"现在我们可能察觉到,所谓最伟大的自然权利的起源不必加以解释。……只是财产权的起源并非如自然权利的起源一般清晰。"[18]在接下来的文本中,斯密的确几乎再也没有涉及人身、名誉方面权利的讨论,而是直接进入财产权部分的阐释。

斯密首先处理的就是所有权。按照表1的体系,所有权是财产权中对物权的一种。所有权包含5种取得(产生)的途径,分别是占有、添附、时效、继承以及自愿移转。斯密认为,这5种途径又可划归为两大类,一类是所有权的原始取得方式,包括占有和添附;另一类是财产在死者与生者之间、生者与生者之间的流转,这包括继承、时效和自愿移转。在分析所有权的诸多问题时,斯密一如既往地运用了公正旁观者的理论模型。在公正旁观者理论之外,另一个经常出现在《法理讲义》乃至斯密整个思想中的理论——历史四阶段理论也登场亮相。

(一)历史四阶段的引入

在"占有"一节的开端,斯密认为获得所有权的方式随着政府与社会的变迁而产生变化。因此,要阐述所有权的发展,很自然地需要阐述历史,历史四阶段理论便顺理成章地第一次出现在 LJ(A)中。"人类历史经历了四个不同的阶段,首先是渔猎时代;第二个是游牧时代;第三个是农耕时代;第四个是商业时

---

[17] 获得权利本身基于特定历史条件而产生。这正如斯密在运用历史四阶段理论时所言:"在狩猎民族中,几乎没有什么财产可言,就算有,至少也没什么价值超过两三天劳动的东西,所以也就没有出现裁判官或建立规范的司法部门。"(Adam Smith, *An Inquiry into the Nature and Causes of the Wealth of Nations*, Clarendon Press, 1979, p. 709.)而在整个历史发展进程中,"财产权与市民政府在很大程度上是相互依存的,财产权的保护和财产的不平等最初促使市民政府建立,而财产权的状态必定随着政府形式的变迁而常常发生变化。"(Adam Smith, *Lectures on Jurisprudence*, supra note [7], p. 401.)获得权利经历的不同年代与时期,正是《道德情操论》最后部分所言的法律与政府的普遍原则所经历的"不同年代与时期"(Adam Smith, *The Theory of Moral Sentiments*, supra note [2], p. 342)。作为写作计划的一部分,历史在斯密的法理学课程中占据相当重要的位置。LJ(A)作为六卷本的《法理讲义》,有近乎两卷的内容均是在讲述历史变迁。

[18] Adam Smith, *Lectures on Jurisprudence*, supra note [7], p. 13.

代。"[19] 在农耕时代下，又可以细分为农耕阶段、采邑制阶段以及封建阶段。与许多学者一样，斯密将前一阶段进入后一阶段的发展动因很大程度上归结为生存的需要。例如斯密将游牧时代的兴起就描述为："他们发现打猎所获得的生存来源太不稳定，他们需要谋求其他方式来养活自己。……最自然的想法就是把他们捕获的野生动物中的一些驯养起来。"[20] 在这样一种历史性的描述中，斯密不仅是在解释历史各阶段的演变过程，也是在寻找财产权产生、演变的脉络，这正是在占有（整个财产权具体内容的第一小节[21]）的讨论开始时就引入历史四阶段理论的原因。在后面的讨论中将会看到，斯密将每一种取得所有权的方式都置于历史四阶段理论中对其产生、发展、变化进行阐释。

需要注意的是，斯密的历史四阶段理论代表了社会和经济发展的过程，但这并非精确的历史描述。[22] 历史四阶段理论可以看做是历史发展通常如此，这对于认知社会整体演进有一定作用。但更重要的方面在于，历史四阶段理论的运用有助于斯密厘清诸如财产权、司法、劳动分工、市场等各种要素的产生、发展与变化。[23]

（二）占有

在占有理论中，斯密回答的第一个问题是为何仅占有某物就可以为人们带来排他性的所有权。斯密借助公正旁观者对这个问题加以解释。此处的关键是公正旁观者所体验的内容。斯密认为，之所以公正旁观者在此情形下能够与所有权人形成反应的一致性，是因为每个人占有某物时，都会形成使用此物的合理期待。[24] 当使用的期待不超出公正旁观者的期待时，它就是合理的。斯密以苹果为例具体展示了他对这一问题的思考。他认为一个人一旦投入了时间、体力、脑力等各种成本来占有一个苹果，他当然拥有使用这个苹果的合理期待，拥有排他性的所有权。对于意图侵犯他人的所有权来满足自己使用期待的人，斯密给出的指引则是："你可以走入森林（花费时间与其他成本）摘下另一个

---

[19] *Id.*, p. 14.

[20] *Id.*, pp. 14—15.

[21] 因为斯密几乎并未对人身、名誉两类自然权利展开具体讨论，所以这一小节实际上也是整个 LJ(A) 文本具体内容的第一小节，可参见前文给出的课程体系表。在第一小节开篇引入历史四阶段理论是斯密有意为之，这使整个文本都带有"历史"与"经验"的意味。

[22] 参见帕特里夏·沃哈恩：《亚当·斯密及其留给现代资本主义的遗产》，夏镇平译，上海译文出版社 2006 年版，第 81 页。

[23] 由于历史四阶段理论凸显出社会经济发展的过程，所以有学者将与经济关联紧密的要素抽出来作为斯密历史四阶段理论的动力因，认为历史四阶段理论证明了斯密是一位历史唯物主义者。然而，这种观点有待商榷。一方面，从历史四阶段理论本身来看，并不见得能从中得出经济要素是社会机器的驱动力这样的结论；另一方面，"历史唯物主义者"的身份也与斯密思想的整体气质并不相符。

[24] See Adam Smith, *Lectures on Jurisprudence*, *supra* note [7], p. 17.

苹果。"[25]

上述讨论回答的是占有为何能成为所有权产生的方式。然而,上述论证无力回答这样的情况:当多人均针对同一对象投入劳动,他们似乎都具备"合理的期待"。多个"合理的期待"的冲突该如何解决?于是斯密对占有及所有权的思考又进入到这样两个问题中:以占有的方式获得所有权的开始时间如何确定?终结时间又如何确定?

通过确定以占有方式取得所有权的时间,多个期待的冲突可以被解决,定分止争。在历史的背景下,斯密对这一问题采用的是观点罗列式的陈述。他先后抛出特雷巴修斯(Trebatius)、普罗库拉斯(Proculus)、萨宾纳斯(Sabinus)、弗雷德里克·巴巴罗萨(Fredric Barbarossa)等人的观点。综合各家的看法,斯密也并未能得出确切的答案,而可以确定的是,在大多数情况下,人们都认可形成对物的实际占有之时就是取得其所有权的开始。[26]

对于所有权何时终止的问题,斯密同样以一种十分细致的态度进行阐释。初步的结论是,"当财产脱离我们的控制时,便不再是我们所有"。但斯密又强调:

> 一个人与他失去的某物之间的联系,比他获得此物之前会更紧密。所有权将被认为会有所延伸,而其原因不仅包括我们当时占有该物而且包括我们曾经占有,尽管它们此时已经脱离我们的控制。换言之,只要我们追寻它们,且拥有恢复占有它们的可能。[27]

虽然斯密的讨论依然保持相当细致的程度,但更值得关注的是,斯密再次指出历史变迁对于财产权利的影响。他反复强调,随着历史的发展,财产(property)概念的外延在发生变化。也正是因为财产概念的外延(主要是)不断扩大,需要细致讨论的内容也就越来越多。而且,一个人能够主张所有权的范围逐步超出他现实控制的对象,这一对"占有"方式认识的突破性进展进一步指向了这样一个事实——对于所有权的范围问题,不存在古今皆准的普遍回答,而土地是其中最为典型的例子之一。

历史的变迁最终促使土地也成为所有权客体,这一变化被斯密称为所有权发展经历的"最大的扩充"。然而,依然存在一些不属于所有权范围的对象,比如野生动物、空气、流水和海洋等。这些被斯密称为"人皆可用"(common to all)的资源,在历史的变迁中也因为各种原因出现了不能为所有人使用的情况,比如封建国王、贵族对下层人民权利的剥夺,或是在他国的水域中航行受到

---

[25] Id.
[26] See Adam Smith, *Lectures on Jurisprudence*, supra note [7], pp. 17—18.
[27] Id., p. 19.

限制或禁止。[28] 虽然斯密在这些所有权例外问题的讨论中也运用综合分析的方法,但这些讨论依然贯彻着历史四阶段论。

（三）添附

添附作为所有权取得方式的一种,同样经历了历史的变迁。渔猎时代,没有产生添附这一概念的条件。游牧时代,添附的范围限于动物的奶与幼崽。到农耕时代,因为农业的发展与所有权范围的扩大（尤其是土地被囊括进所有权的范围）,添附情形的发生数量得以极大增长。在添附不断发展的进程中,各类问题也逐渐趋于复杂。但总归来说,添附最基本的问题在于两个方面:添附的认定与添附所有权的归属。

斯密在处理添附的认定时,实际上突出了这样一种心理:一般情况下,人们总是倾向于让小的事物依附于大的事物,伴生的事物依附于本体的事物。所以,斯密也认为,一般应该将相对较小的或伴生的事物作为与之相关的较大的或本体的事物的添附,例如将奶、幼崽（很小的时候）当做母体[29]的添附,将土地之上（后来经过发展也包括土地之下）的树木、石头、矿物等附着物当做土地的添附等。[30]

在添附所有权的归属问题上,公正旁观者再次出场。在公正旁观者对一般情形的体验中,若将添附归属于其他任何人或者公共所有,又或者依据占有的一般原则判定添附的所有权归属,都将显得不合适。[31] 只有添附所依附的财产的所有权人对添附主张权利时,才会显得顺理成章。斯密并没有进一步解释支持公正旁观者的心理基础[32],而是在历史场景中对各种添附归属的特别情况进行阐释:封建法时期,地下矿藏中的贵重金属（尤其是金、银）虽为土地之添附,但均归属国王;在水域边缘因自然作用形成的小片新土地,作为添附当然属

---

[28] Id., pp. 23—27.

[29] 斯密认为,一般对于自然界而言,动物幼崽往往被视为母亲而不是父亲的添附,但也存在一些特殊的例子,比如天鹅;而人类历史中,因为存在将妻子作为丈夫财产的一部分的情况,所以虽然孩子可能仍然被当做是母亲的添附,但其认定与归属将相对复杂。

[30] See Adam Smith, Lectures on Jurisprudence, supra note [7], pp. 27—28.

[31] Id., p. 27.

[32] 休谟分析以添附方式取得所有权时,此处公正旁观者的心理基础得到阐释:"心灵自然地倾向于结合各种关系,尤其是互相类似的各种关系,并且在那样一种结合中发现一种适合性和一致性。由这种倾向就得出这样一些自然法则,就是:在社会初成立时,财产权总是随着现实占有而发生;而后来则发生于最初占有或长期占有。我们也可以很容易地观察到,关系不止限于一个等级,我们由一个与我们有关系的对象,也获得对于其他与之相关的每个对象的关系,如此一直顺推下去,直至思想由于进程太长、失掉线索为止。每推移一步,关系不论如何有所削弱,但总不至于立刻就消灭,而往往借一个与两者关联的中介对象把两个对象联结起来。这个原则具有足以产生添附权的那样大的力量,并使我们不但对于我们直接占有的那些对象,而且对于那些和它们相关的对象,都获得一种财产权。"休谟:《人性论》（下册）,关文运译,商务印书馆1980年版,第550页。

于附近关联土地的所有者,但因同样原因形成了大片新土地时,即使新形成的土地相比附近土地更小,新土地在法律上也将不作为附近土地的添附进行处理,而是归属国家。斯密还列举了一些更为复杂的情况,例如在他人的土地上建造房屋。斯密认为,虽然房子的价值可能大过土地,并且有可能更好地发挥了土地的功效,但这并不足以支持房下的土地归属房屋建造者。他引用普芬道夫的名言——"任何人都不应该因为他人的行为而失去自己的财产"——来支撑自己的观点,而许多法学学者也都认为此情形下土地所有权人可以向房屋主张权利。[33] 在这背后依然是公正旁观者的判断逻辑:正是因为每个人不愿因他人的行为而失去自己的财产这种心态被普遍接受,所以公正旁观者认为房屋建造者向土地主张权利的行为并不合适。上述结论并不绝对,存在一些类似但需重新考虑的情形。当一个人在他人的画布上创作了一幅价值巨大的画作,或一个人利用他人的石料创作了一座雕塑,如果依照前例,这幅画将归属画布的主人,这雕塑将归属石料的主人,持这种观点的人被斯密称为严格派。另有被斯密称为中间派的学者认为,本物(画布、石料)能够还原时,则仍归属本物的所有权人;当本物无法还原时,就将本物视作添附的"添附"进行处置。斯密对这两派的观点进行了批判,尤其是中间派,虽然他们所得出的结论有时与斯密的观点一致,但斯密将他们的观点称为"反复无常"[34]与"没有合理基础的规则"。因为在斯密看来,公正旁观者所秉持的正义才是判断合理与否的标准。当一幅画作、一座雕塑的价值巨大,而承载它们的画板或石料的价值相对微不足道时,如果画布、石料的主人们有权对画作、雕塑主张所有权,那么他们获得暴利的同时将伴随画作或雕塑创作者的巨大损失,这在公正旁观者看来并不合适。[35]

在处理添附的不同情形时,斯密看似前后原则不一致,甚至有落入他口中"反复无常"的中间派的危险,但实质上,他一直秉持的是公正旁观者原则。斯密运用公正旁观者的特点就在于,他不会仅依据已存在的先例,也不会采纳无理或突发奇想的标准,而是在每一情形的必要时刻,通过公正旁观者对各种具体变量加以考量,得出结论。

(四)时效

斯密所言的时效(权)的完整实现方式较为复杂。起初,甲对 A 物享有所有权,但因某种原因,他失去了对 A 物的实际控制。对此,甲并未主张自己的所有权,而另一人乙不间断地善意占有 A 物的时间达到了一定长度。于是,A 物的所有权由甲移转到乙。可见,与占有、添附不同,时效是一种传来性质的所

---

[33] See Adam Smith, *Lectures on Jurisprudence*, supra note [7], p. 30.
[34] 根据中间派的标准,在前例中画布的主人可以对画作主张所有权,而石料的主人却无法获得这样的权利,而这两种结论的区别只是因为画作可以抹去,雕塑则无法还原为以前的石料。
[35] See Adam Smith, *Lectures on Jurisprudence*, supra note [7], pp. 30—31.

有权取得方式。这样一种方式,不仅需要考虑人与物之间的联系,还需要处理人与人(前后两位所有权人)之间的联系。

　　斯密从个人与社会两个层面出发,为自己对时效的考虑提供了解释。他认为,时效之所以能够取得所有权,与占有有着极其类似的逻辑与原则。借助前段中的例子,乙连续一段时期善意占有 A 物,而甲并未主张自己的所有权,公正旁观者将会认为甲对 A 物的依恋心理与使用期待明显降低甚至消失。同时,在公正旁观者看来,作为 A 物实际占有者的乙已经产生了对使用 A 物的合理期待。乙的这种期待以及他与 A 物之间的联系明显强于漠不关心 A 物的甲。在此种情形下,公正旁观者必然认为将乙占有的 A 物交还给甲或以其他方式处理 A 物的做法不合适。相反,公正旁观者会同意人们像保护原始取得所有权的那一次占有那样保护这一次占有。同时,如果一个人以满足时效(权)的方式占有某物却无法取得该物的所有权,那么在社会层面看来,该物的所有权将处于不确定的状态中。[36] 这既不利于该物的保护与利用,更与所有权制度产生的初衷相违背。[37]

　　时效的确可以在个人、社会层面得到论证支持。但是,由于时效(权)不仅是在创设一种取得所有权的方式,更是一种剥离原所有权人与所有权客体法律关系的设计,还需要思考人与人之间的联系,所以,必须有严格的条件来保证它发挥良好的作用,使得"所有权体系保持一定的弹性又不至于失序"[38]。

　　时效的第一个条件是善意(bona fide),即占有人自认为是某物的合法所有权人。如果一个人明知某物属于他人,即使永久占有也不可能给他带来该物的所有权。[39] 第二个条件是占之有名(justus titulus),即是应具有某种使占有合法的依据,这可能是来源于一纸令状或一次交易等。这个条件在许多情形中并不十分要紧,有些地区规定只有不动产必须具有合法性依据。第三个条件是占有的连续性,在这一点上,斯密并不考虑中断占有连续性的力量合法与否。因为在他看来,只有原所有权人主张所有权是导致时效中断的唯一合法方式,如果再考虑中断连续性的力量是否合法,将降低"占有连续性"这一条件的实际意义。[40] 第四个条件则是原所有权人具备中断时效的能力。这一条件的设置

---

[36] Id., pp. 32—33.
[37] LJ(B)的相关内容只是简单提及了人对物的依恋与冷漠这一心理基础,这不仅在篇幅上无法与 LJ(A)相比,在讨论的层次上也存在缺陷,而公正旁观者的出场与斯密社会观的隐形登场都没有得到体现。LJ(A)对 LJ(B)的这种版本优势在整个课程中时常得以体现。当然,LJ(B)在某些内容上也具备一定优势,例如前文已提及,LJ(A)部分内容存在缺失,需要 LJ(B)进行弥补。并且,LJ(A)与 LJ(B)两个版本能够相互印证才是两者关系的主要方面。
[38] Knud Haakonssen, *The Science of A Legislator: The Natural Jurisprudence of David Hume and Adam Smith*, Cambridge University Press, 1981, p. 108.
[39] See Adam Smith, *Lectures on Jurisprudence*, supra note [7], p. 33.
[40] Id., p. 33.

实际上是承认这样一种可能：当某物的原所有权人只是没有能力主张所有权时，其对该物的依恋心理与使用的合理期待可能并未减弱或消失，而这也就不可能使公正旁观者产生支持时效（权）的态度。从古罗马十二铜表法到亨利八世颁布的法令，再到保护时效（权）倾向十分明显的苏格兰法，上述四个条件在不同历史时期有着不同的取舍倾向与具体规则。尤其是占有持续时间的长短，1年、2年、3年、10年、40年等时间长度都曾为立法者们所选择。[41]

（五）继承之一：对格劳秀斯等人继承理论的批判

在斯密看来，继承作为第二种传来取得所有权的方式，是财产由死者向生者的移转。斯密首先区分了无遗嘱继承（*successio ab intestato*）与遗嘱继承。在无遗嘱继承之下，斯密又将继承分为可分（divisible）继承与不可分（indivisible）继承。对于可分继承，古罗马与大多数古代国家所采取的方式可被称为家庭成员内部均分制[42]；而近代欧洲国家普遍采用的方式则是将丈夫去世留下的财产平分为三份，一份归妻子，一份归儿女，剩余一份归丈夫的其他继承者们。随着罗马帝国的衰亡与蛮族西迁，以长子继承制为典型的不可分继承方式为许多封建国家所采用，这对历史发展既有推动，又有阻碍。[43] 通过梳理，继承部分的课程结构基本如下：

表2　继承部分的课程结构

	法定继承	可分继承	古罗马法定继承的具体规则
			近代欧洲国家法定继承的具体规则
		不可分继承	—
	遗嘱继承		—

虽然继承部分较为庞杂，但历史的意味仍贯穿始终。其中，最值得关注的是斯密对格劳秀斯、普芬道夫等人有关法定继承（无遗嘱继承）基础的论断的批判。格劳秀斯等人认为，法定继承是以推测死者分配遗产的意愿为基础的继承方式，换言之，他们认为法定继承以"遗嘱继承"为基础。[44] 针对前人观点，斯密提出自己的反驳意见：如果法定继承的基础当真是死者分配遗产的意愿，那么按此逻辑推演应该是遗嘱继承先于法定继承出现，然而事实却恰恰相反——几乎所有国度中遗嘱继承的出现均比法定继承晚许多。古罗马在十二铜表法中才第一次出现遗嘱继承，而在此之前的遗产继承均只能以库里亚大会制定的

---

[41] *Id.*, pp. 34—36.

[42] 古罗马与古代国家继承规则中的家庭成员主要是妻和子女，后逐渐扩展包括直系卑亲、直系尊亲和旁系血亲；而均分则包括两种形式的均分：一种是按内部人数为准的均分制，另一种是按家系（*per stripes*）为准的均分制。

[43] See Adam Smith, *Lectures on Jurisprudence*, supra note [7], pp. 49—63.

[44] See Hugo Grotius, *The Rights of War and Peace*（Book II）, Liberty Fund, 2005, p. 583.

法律为依据；雅典的遗嘱继承产生于梭伦时期，同样迟于法定继承；而英国将遗嘱继承纳入法律中比法定继承晚了600年。[45] 此外，几乎所有国度的法定继承都比遗嘱继承更为盛行，而遗嘱也很容易因要件缺失而被认为无效（不推崇遗嘱继承的体现）。如果法定继承的基础真如格劳秀斯等人所言那般，前述情况就不可能出现在如此多的国度中。

斯密以历史事实对格劳秀斯等人的法定继承理论进行驳斥当然并非他的目的本身。在批驳的基础上，斯密希望为法定继承寻找到更为坚实的基础。在寻找过程中，斯密再次借助历史四阶段理论。在渔猎时代，基本没有什么遗产可言，也就没有继承一说，死者的弓、箭袋等物品均随着遗体付之一炬。到游牧时代，个人财产大量增加，继承才真正登上历史舞台，除部分物品焚烧外，其余部分由家庭其他成员们获得。[46] 这前后两个时代的变化中就隐含着法定继承的基础。有物可继是继承得以进行的前提，而游牧时代较之渔猎时代的发展提供了这一前提。进一步考察其生产则可发现，丈夫的财产得益于整个家庭的共同劳动——这才是法定继承的基础，即家庭内部的共同劳动奠定了法定继承最初以家庭内部成员为继承人的规则基础。[47] 斯密这一概括，本质上是将继承的根据定义为一种人对物的关系。进一步讲，人的劳动为人带来取得所有权的可能。

（六）继承之二："劳动"的使用——斯密与洛克之间的差别

虽然第（五）部分的初步结论似乎将斯密推向洛克的理论，但这需要更深入的探讨才能得出结论。"每个人以自己劳动而有的所有权，是其他各种所有权的起始基础(original foundation)，因此它最为神圣不可侵犯。"[48]《国民财富的性质和原因的研究》中的这句话被一些学者用来证明斯密与洛克之间所有权理论的联系。的确，当"劳动"与"所有权"两词以这样一种关系被组合进同一句话时，很容易让人们倾向于认为斯密的阐述是洛克式的。由于斯密在其他地方并未有类似本段开头所引文字的表达，所以将该句逐层剖析清楚是必要且有较大价值的。首先，斯密的财产权是一种获得权利[49]，而洛克以劳动为基础的财产

---

[45] See Adam Smith, *Lectures on Jurisprudence*, supra note [7], p. 38.
[46] Id., p. 39.
[47] Id.
[48] Adam Smith, *An Inquiry Into the Nature and Causes of the Wealth of Nations*, Clarendon Press, 1979, p. 138.
[49] 对于这一点，本文前述法律部分的课程体系一节已反复强调。而且，在斯密三个版本的法理学课程笔记中，对于财产权是获得权利这一点均毫无疑问。

理论所展示的是一种自然权利。[50] 于是，在自然权利与获得权利这一层面需要追问的是，"最为神圣不可侵犯"是否表达出斯密认可洛克在财产上的自然权利理论？答案显然是否定的。从原句结构上分析，"最为神圣不可侵犯"是指每个人"以自己劳动而有的所有权"相比"其他各种所有权"更为"神圣不可侵犯"；而对原文文本前后的语境进行梳理则可以发现，原文前后是在阐述长期学徒等制度限制劳动者获得适当报酬与自由，而"最为神圣不可侵犯"其实是斯密反对这些制度限制劳动者的一种强调。

厘清斯密与洛克在自然权利与获得权利层面可能的混淆还未能完全展示两人的区别。同时，更根本也更棘手的问题在于，"每个人以自己劳动而有的所有权，是其他各种所有权的起始基础"是否意味着斯密如洛克一样认为劳动是所有权的基础？哈孔森与温奇给出的答案均是否定的。哈孔森认为应该淡化"起始基础（original foundation）"的"基础"意味，而赋予其"起始"的理解，即认为斯密意在表达所有权的起始是劳动。[51] 而温奇则认为斯密这段话是在讨论学徒法中对穷人的压迫，就文本而言不能证明斯密认为劳动是所有权的基础。[52] 结合哈孔森与温奇的思考，加上《法理讲义》的文本内容，这一问题能够得到有效回答。在"占有"部分，斯密以公正旁观者认可的"合理期待"对通过占有方式取得的所有权进行解释。面对先占者（所有权人）的合理期待，其他人合理的做法是以同样方式获得另一果实，"因为我（先占者）已经在获取这个果实上投入了我的时间和痛苦（pain）"[53]。可见，斯密不仅关心投入的"时间"，也关心"痛苦"。更为明显的例子出现在安德森笔记中，"对一个人捕获的野兽或鱼类，或者采集的果实的剥夺，是在剥夺那些他耗费劳动的东西，因而是在给予他痛苦（pain），而这与最野蛮的社会的法律都相左。"[54] 两个"痛苦"的印证告诉人们，在所有权的相关考虑中，斯密的重心依然在公正旁观者的体验。斯密更强调通过公正旁观者的体验所获得的对"痛苦"的排斥以及对带来"痛苦"的行为的愤恨，而不是"劳动"。虽然斯密使用了"劳动"这一概念（即使是洛克式

---

[50] "他的身体所从事的劳动和他的双手所进行的工作，我们可以说，是正当属于他的。所以只要他使任何东西脱离自然所提供的和那个东西所处的状态，它就已经掺进他的劳动，在这上面加入他自己所有的某些东西，因而使它成为他的财产。"在这一段文字及其后的小节，洛克遵循"身体"—"劳动"—"财产（所有权）"的逻辑，他这里使用的"劳动""财产"明显带有强烈的自然意味。参见洛克：《政府论》（下篇），叶启芳等译，商务印书馆1964年版，第18、19页。

[51] See Knud Haakonssen, *The Science of A Legislator: The Natural Jurisprudence of David Hume and Adam Smith*, supra note [38], pp. 106—107.

[52] See Donald Winch, *Adam Smith's Politics*, Cambridge University Press, 1978, p. 58.

[53] Adam Smith, *Lectures on Jurisprudence*, supra note [7], p. 17.

[54] 此处所引笔记原文来自 Ronald L. Meek 所著"亚当·斯密在格拉斯哥大学法理学讲演的新发现"一文后所附的安德森笔记原文全文，特此说明。Ronald L. Meek, "New light on Adam Smith's Glasgow Lectures on Jurisprudence", 8(4) *History of Political Economy* (1976), pp. 439—467.

的),却并不能够由此认为斯密将劳动视为所有权的基础。回顾前述继承部分的分析可以发现,虽然公正旁观者在整个继承部分基本隐而不出,但实质上仍是斯密分析继承问题的基础工具。

(七)自愿移转的两个条件

最后一种取得所有权的方式是自愿移转。斯密认为,自愿移转需由两方面条件构成:第一,所有权人明确表示出移转的意志;第二,移转的现实交付或者象征交付。[55] 斯密并未就这两个条件的基础进行自然法[56]式的阐释,而是集中力量在制度层面展开讨论。[57] 在斯密看来这两个条件都必不可少,如果缺少交付,则可能暂时只产生对人权——仍需以移转意志的表示为依据对所有权人提出移转交付的请求,最终完成交付乃至对物权(所有权)的移转;如果缺少移转意志的表示,则既不产生对人权,更不可能发生所有权的移转。[58] 对于前一条件,没有什么争论,但有学者(格劳秀斯等)对后一条件的必需性提出质疑。格劳秀斯认为,有时在并未发生交付的情况下,仅有所有权人的移转意志也足以促使所有权完成移转,他举出的例子包括抵押权人通过自愿移转的方式取得抵押物的所有权等情况。[59] 然而在斯密看来,虽然格劳秀斯所举出的抵押、出质等例子情况相对特殊,但这并不足以形成自愿移转两个必需条件的例外,他认为格劳秀斯的观点是对自愿移转第二条件的误读。斯密指出,只是因为在所有权人表示出移转的意志以前,抵押权人、质权人已经占有抵押物或质物,所以在所有权人表示出移转的意志以后,不再需要进行移转交付。但这并非是不存在移转交付,只是不存在表示出意志之后的交付。[60] 但同时,也正是格劳秀斯的观点在客观上促使斯密认识到自愿移转第二条件的本质并不在于交付本身,

---

[55] See Adam Smith, *Lectures on Jurisprudence*, supra note [7], p. 71.

[56] 在休谟的讨论中,自愿移转作为人与所有物之间关系的补救性调整方式而出现。虽然对自愿移转的功能存在夸张的嫌疑,但休谟的论述依然清晰地显示出自愿移转是正义在僵硬的稳定性与变化不定的调整办法之间寻求平衡的具体途径之一。进一步讲,自愿移转根植于自然法,这可以为斯密的此部分讨论提供必要的支撑。参见休谟:《人性论》(下册),同前注[32],第554、555页。

[57] See Adam Smith, *Lectures on Jurisprudence*, supra note [7], pp. 72—76.

[58] 由此可知,斯密其实将所有权人明确表示出移转的意志视为移转交付的依据,进而可以推知,斯密实际上是将第一条件设置为整个自愿移转制度运行的关键。但这却与他回应格劳秀斯有关交付必需性的疑问时所给出的观点(详见本段后文)存在一定程度的矛盾,因为如果所有权人明确表示出移转的意志的时间是在交付之后,那么这个还未存在的"表示"如何成为已经发生的移转的依据呢?当然,或许有人会为斯密初步辩解道:"我们是在'表示'之后才将之前的交付视作为移转交付。"

[59] See Hugo Grotius, *The Rights of War and Peace (Book II)*, supra note [44], pp. 660—662.

[60] See Adam Smith, *Lectures on Jurisprudence*, supra note [7], p. 72.

而在于交付之后形成的新的所有权人对财产的控制(占有)。毫无疑问,此种认识又回到了公正旁观者的核心内容,而前几部分的内容对此已反复强调。

四、结语

在《法理讲义》的所有权部分,斯密运用公正旁观者反复检视着历史场景中有关所有权的设置是否符合正义。公正旁观者既具有类似斯多亚(Stoic)式世界公民[61]的普遍性,又以正义作为基础价值,而其运行过程也遵循同情共感的原理,这些特征恰能符合对历史中的法律进行评判乃至批判的要求。无论从文本内容还是逻辑上,公正旁观者均处于斯密所有权论述的核心地位。而作为公正旁观者基础价值的正义也正是斯密所有权理论的基础价值。

同时需要注意的是,斯密不仅通过公正旁观者理论展现出所有权的自然正义,也试图处理具体历史中的实在法。[62]斯密在自然法对实在法的批判以及法律变革问题上显示出一种谨慎的态度。斯密晚年在第 6 版《道德情操论》中加入了新的第 6 卷,可以从文本中明显体会到斯密的谨慎:

> 一个拥有由人性(humanity)和仁慈(benevolence)共同激发出的公共精神的人……将尽他所能让自己的公共计划与人们根深蒂固的习惯与偏见相适应;而且也将尽他所能地妥善处理人们不愿遵守的那些法规要求所引起的不便……当他无法建立最好的法律体系时,他将像梭伦那样尽力建立时人所能接受的最好的法律体系。[63]

这种谨慎促使斯密对于他所面向的历史持有一种特殊的态度——相信秩序与创新之间可以存在一个微妙平衡。[64]

正是因为有这种寻求"微妙的平衡"的态度,斯密的法理学才不仅是一种批判性质的自然法理学,才可能成为立法者的科学,才可能通过法律打通道德判断与经济生活间的关节。如果说在《道德情操论》中,斯密运用"同情"与"公正

---

[61] See Adam Smith, *The Theory of Moral Sentiments*, supra note [2], p. 140.

[62] 有学者就认为,在斯密看来,现代商业社会的法律与《法理讲义》中那些不完善的样本一样,也不过是自然正义有缺陷的实现。自然正义为人类社会勾勒出一个高于现代商业社会的轮廓,而《国民财富的性质和原因的研究》则只展示出了斯密有关自然正义的部分领悟。See David Lieberman, "Adam Smith on Justice, Rights, and Law", in Knud Haakonssen (ed.), *The Cambridge Companion to Adam Smith*, Cambridge University Press, 2006, pp. 242—243.

[63] Adam Smith, *The Theory of Moral Sentiments*, supra note [2], p. 233.

[64] See id., introduction, p. 19.

旁观者"进行的是关于道德判断何以可能的论证。[65] 那么,斯密在《法理讲义》中运用"同情"与"公正旁观者",秉持正义作为基本价值对所有权的取得方式进行拷问,尝试将所有权——这一经济生活得以展开的关键要素——奠基在正义之上,实际上就是将道德领域的判断逻辑向经济领域推演。正是因为"经济领域还没有本身的法则可供我们作为区别善恶的标准"[66],斯密这种"古典"式的努力才显得如此重要。

进一步讲,对伦理与经济二者间关系的思考反映出现代人必须回答的基本问题:现代社会如何得以存续,而人在现代社会中应如何自处,据以自处的根基又是什么?这正是斯密毕生所反复思索的问题。通过前文对斯密所有权理论的还原,可以窥见斯密思想中一条前后一致的线索:从《道德情操论》酝酿而出的公正旁观者在《法理讲义》中秉持正义作为基本价值,对随具体历史阶段发展而变化的各种形成社会、政府的要素进行审视,而《国富论》则是以这种审视为底色,对具体历史阶段的社会、政府等方面的展示。《道德情操论》《法理讲义》《国富论》三个文本正是"从一个人人可察觉和辨认的人性观点出发,阐明了一个跟人类生活有关的广阔体系"[67]。通过这个体系,斯密重新为经济社会中的"人"寻找到新的根基。

同时,也正是在这个整体性的框架之下,斯密确立了法律对于社会发展的重要意义。他认为:

> 如果一国不具有规范的司法行政制度,人民对于他们拥有的财产无法感受到安全感,对契约的信任得不到法律保障,政府的权力被设想为并不经常运用于强制有偿还能力者偿还债务,则商业与制造业不可能实现在这样的国度中长期繁荣。简而言之,如果人们对政府的公正缺乏确定的信心,商业和制造业不可能出现(长期的)繁荣。[68]

在《法理讲义》中,斯密也同样强调:"政府制度的首要的设置是维护正义,进而防止社会成员侵犯他人财产或夺取不属于自己的东西。这一设置保障每

---

[65] See John W. Cairns, "Adam Smith and the Role of the Courts in Securing Justice and Liberty", in Robin P. Malloy et al (eds.), *Adam Smith and the Philosophy of Law and Economics*, Kluwer Academic Publishers, 1994, p. 36.

[66] 卡尔·波兰尼:《巨变:当代政治与经济的起源》,黄树民译,社会科学文献出版社 2013 年版,第 211 页。

[67] 约瑟夫·克罗普西:《国体与经体:对亚当·斯密原理的进一步思考》,邓文正译,上海人民出版社 2005 年版,第 30 页。

[68] Adam Smith, *An Inquiry Into the Nature and Causes of the Wealth of Nations*, supra note [48], p. 910.

个人安全且和平地拥有他自己的财产。"[69] 换言之,斯密将公正的法律确立起的财产制度视为商业社会成功的关键所在,而这恰巧回应了当下中国的现实。的确,探寻"财富的美德"[70]从何而来是在为现代经济生活寻求最坚实的基础,而这不仅是斯密所在的时代,也是我们这个时代依然需要思考的问题。进言之,我们不能把斯密的思想仅仅当做是遥远的西方的历史,而更应是当下中国需要的活的智慧。

(初审编辑　张天白)

---

[69] Adam Smith, *Lectures on Jurisprudence*, *supra* note [7], p. 5.
[70] 本文展现出的正是斯密将自己的消极正义观作为所有权理论的基石。而正义也就是斯密所认为的财富应具有的"美德"。

顺治朝题本中所见"两议"案件研究

胡祥雨[*]

A Study of Cases with "Two Recommended Judgments" from the Routine Memorials in the Shunzhi Period

Hu Xiangyu

内容摘要：顺治十到十二年，刑部和三法司在审理、复核案件时常常提出两种或者两种以上拟律。这些"两议"案件多因为案情认定或者定罪量刑上的分歧而产生。由于满洲司法体系下对罪犯定罪时不一定必须有罪犯承招的口供，大量案情尚未确定的案件就被呈送到皇帝面前。在犯罪情节确定的情况下，官员定罪量刑也常常有分歧，从而产生"两议"案件。这些"两议"案件证明此时清律已经是刑部引律定罪的基本依据；刑部满官在拟律时并非一个整体，其内部常常有不同意见；刑部和三法司的汉官并非摆设，他们积极参与审判，并且敢于和满官抗争。

关键词：两议　顺治　大清律　满汉关系

---

[*] 中国人民大学清史研究所副教授。本文系2015年国家社会科学基金项目"明清易代与清前期司法制度变迁研究"（批准号：15BZS068）中期研究成果。

引言

本文的"两议"是指对案件提出两种（或两种以上）处理意见。清代法司在审理案件时，会因为案情认定、法律应用、量刑等原因提出两种意见，上呈皇帝处理。笔者在阅读顺治朝题本时[1]发现28件"两议"案件（见附件）。本文试对此28件"两议"案件进行分析，探究"两议"案件产生的背景和原因，并从这些案件出发，透视顺治亲政时期（1650—1661年）司法领域的满汉关系。

对于顺治朝（1644—1661年）的满汉关系[2]，学界关注甚多。其中，魏斐德（Frederic E. Wakeman）的《洪业：清朝开国史》可谓研究明清易代的经典之作。该书对顺治朝满汉关系作了非常细致的描写，对多尔衮摄政时期（1644—1650年）和顺治亲政时期满汉关系的不同表现也有很具体的论述，但除"逃人法"和一些重大案件外，该书并未就顺治朝司法领域中的满汉关系作专门论述。[3]管见所及，学界论及顺治朝司法领域中的满汉关系时要么强调满洲的统治地位，要么强调满汉隔离。例如，谷井俊仁在论述《督捕则例》的实施时，认为顺治时期依然是"古老美好的满人时代"，但是面对并统治复杂的汉人世界，满人会不知不觉地改变自己的思想和社会。[4]吴志铿认为"逃人法"是满洲本位政策的一环，在顺治时期满汉官僚就"逃人法"产生争执时，"满臣每能占居上风"。[5]苏亦工认为，清廷入关之初，刑部审案时录供只用满字（直省复核案件除外），直到康熙四十三年（1704年）才满、汉字兼用。苏氏由此推断，借助语言优势，康熙四十三年之前满官一直把持刑部，垄断审判权力。[6]苏亦工的最新研究"因革与依违——清初法制史上的满汉分歧一瞥"一文详细论述了满汉斗争在清初司法领域的表现，分析了汉官对汉人律典的坚持和对满人司法制度的

---

[1] 现存顺治时期的司法档案以题本（或者题本的副本、揭帖）为主，这些题本主要藏于中国第一历史档案馆（"北大移交题本"）和台湾"中研院"历史语言研究所（"内阁大库档案"）。笔者阅读了第一历史档案馆所藏顺治朝题本之"刑罚类"的全部档案，并在网上逐一浏览了"内阁大库档案"全部顺治朝题本。顺治朝其他档案，如"内国史院满文档案"，也涉及案件审判，但多属于案件的转述，其覆盖面（里面的案件数量远少于题本中的数量）和原始性均不如题本。

[2] 需要指出的是，顺治年间在司法层面旗人和民人之间的分野远比满汉之间的差别要大。旗人以满人为核心，虽然也包括汉军和蒙古八旗，但在司法层面，他们也和满人一样待遇。即便被抓的旗下奴仆，虽然很多是汉人出身，但其法律待遇也在很多方面和满人一样。而民人的主体是汉人。因此，本文所指满汉关系，实际上表现为旗人和民人之间的关系。

[3] 魏斐德：《洪业——清朝开国史》，陈苏镇等译，江苏人民出版社2008年版。张晋藩、郭成康所著《清入关前国家法律制度史》（辽宁人民出版社1988年版）则未关注入关后法律制度之变迁。

[4] 谷井俊仁："督捕则例的成立——清初の官僚制と社会"，载《史林》1989年第2期。

[5] 吴志铿："清代的逃人法与满洲本位政策"，载《台湾师范大学历史学报》1996年第24卷。

[6] 苏亦工："官制、语言与司法——清代刑部满汉官权力之消长"，载《法学家》2013年第2期。

反对,指出清廷对明律和清律的接受经历了一番曲折反复的斗争。[7]

吕元骢(Adam Lui)强调满汉之间的隔离。他指出顺治年间"满人、蒙古人和其他非汉人种有自己的法典和审判机构。……满洲当局在政治上精明地采取了种族隔离政策,这样,不同种族之间就不再互相冲突。"[8]郑小悠最近在修正苏亦工观点时指出,顺治、康熙年间刑部采取满汉分治的管理方式。她认为,顺治年间由于最高统治者的袒护,刑部满洲堂官在现审大案[9]的审判中占据绝对强势地位,但对于外省案件,由于与满官关系不大,其复核往往由汉官主宰。针对旗人案件,郑小悠敏锐地注意到由于满官对清律的掌握不如汉官,常常需要同汉官商量。[10]

以上学者从各自研究领域出发,均得出一些值得重视的观点,但没有仔细利用顺治朝档案。众所周知,清代满人也和汉人一样,要遵守清律。[11] 清律颁行于顺治四年,但满洲法律并未马上退出历史舞台。那么,当满洲法律与清律冲突时,审判官员又将如何断案?[12] 顺治年间刑部满、汉官的关系在实践中到底如何?对这些问题的回答,不仅可以帮助我们了解清初的满汉关系,还可以审视清廷重建司法制度的努力。"两议"案件为我们回答这些问题提供了绝佳素材。本文希望在前人研究的基础上,利用"两议"案件对这一时期的满汉关系作出更具说服力的考察。

一、"两议"案件发生的背景与原因

一般说来,因为刑名事务极为复杂,官员将不同意见上交皇帝裁决并不罕见。所以,"两议"案件随时可能出现。然而,笔者在题本中发现的"两议"案件除一件系顺治九年(1652年),其余均出现在顺治十年(1653年)到十二年(1655年)。顺治其他时期也有类似"两议"案件(比如本文将要论及的王秉衡案),但限于笔者精力、眼力和档案保存的客观条件,我所搜集的题本里的"两议"案件

---

[7] 苏亦工:"因革与依违——清初法制史上的满汉分歧一瞥",载《清华法学》2014年第1期。

[8] Adam Lui, *Two Rulers in One Reign*: *Dorgon and Shun-Chih*, 1644—1660, Faculty of Asian Studies, Australian National University, 1989, p. 76.

[9] 按照清代制度,京师徒罪以上案件由刑部审理,被称作现审案件,但实际上,现审案件中常有细事案件。参见胡祥雨:"清代刑部与京师细事案件的审理",载《清史研究》2010年第3期。

[10] 郑小悠:"清代刑部满汉官关系研究",载《民族研究》2015年第6期。

[11] 瞿同祖:《中国法律与中国社会》,中华书局1981年版,第249页。Mark C. Elliott, *The Manchu Way: The Eight Banners and Ethnic Identity in Late Imperial China*, Stanford University Press, 2001, p. 197.

[12] 苏亦工在"因革与依违——清初法制史上的满汉分歧一瞥"一文并未清晰回答我提出的这些问题。他强调的是顺治朝旗人用"国制"(指满洲制度)而忽视汉人的清律或者明律。

集中在这一时期,应当与这一时期的背景有关。[13]

首先是满、汉两种不同司法制度并存。入关前,虽然满洲法律和司法制度就受到汉人的影响,但满洲特色浓厚。[14] 故此,本文将入关前的清朝(以及后金)司法制度称为满洲司法制度。入关之后,清廷面对的是有着悠久历史传承的明代司法制度,即本文所称的汉人司法制度。相应地,满洲法律是指入关前满洲社会的法律。[15] 汉人律主要是指《明律》和其他明代法典。满、汉两种不同的司法制度在清初并存并激烈碰撞。这种碰撞常常是双向的。一是清廷将某些满洲法律应用于汉人。"逃人法"即是满洲统治者力图将满洲法律强加给汉人的有力例证。[16] 二是清廷逐步采用明朝司法制度并将其应用于满人。顺治四年(1647年),清廷颁布《大清律集解附例》(以下用"顺治律"指代该律典和它在顺治年间的不同版本),但正如诸多学者所言,该律与明律相差不大,依然被视作汉人法典。[17] 郑秦在"顺治三年律考"一文中指出,顺治初年清廷就按照清律判案。不过,他列举的案例都是发生在直省的汉人案件。[18] 实际上,顺治律的颁布并不意味着满洲原有法律马上退出历史舞台。苏亦工就认为,顺治四年清律颁布以后,虽然一定程度上得到应用,但清律和满洲习惯法相冲突时,清律常常得不到满人尊重。而且这一时期满洲官员经常把持审判,因为他们的汉文水平或者律法(指清律)知识有限,律例虽有明文却常常得不到执行。直到康熙初年,满洲法律传统仍干扰清律的正常运作。[19] 尽管苏氏的论述仍有待实际案例的确证,但他敏锐地指出清初满、汉两套司法体系并存,依据两种不同

---

[13] 其他文献中也有"两议"案件。比如顺治二年(1645年),一旗人指使一男仆打死一女仆。法司给出两种意见,一为鞭一百,一为免罪。中国第一历史档案馆编:《清初内国史院满文档案译编》(中),光明日报出版社1989年版,第150页。再如,顺治十七年(1660年)有一起受贿案,法司给出两种处理意见。参见《世祖章皇帝实录》卷132,中华书局1985年影印版,第3册,第1024页。下文引用该《实录》只注明卷次页码。

[14] 张晋藩、郭成康:《清入关前国家法律制度史》,同前注[3],第445—561页。

[15] 遗憾的是,清入关前满洲社会并无成文法典,所以我们今天只能从一些文献中找到某些满洲法律的痕迹。有关满洲法律的研究,可参阅张晋藩、郭成康所著《清入关前国家法律制度史》。

[16] 清初"逃人法"主要是为了保持满洲奴仆制度以防止旗下家人逃走,相关研究可参阅刘家驹:"顺治年间的逃人问题",载庆祝李济先生七十岁论文集编辑委员会编:《庆祝李济先生七十岁论文集》(下册),台湾清华学报社1967年版,第1049—1080页;杨学琛:"关于清初的'逃人法'——兼论满族阶级斗争的特点和作用",载《历史研究》1979年第10期;徐凯:"清初逃人事件述略",载《北京大学学报(哲学社会科学版)》1983年第2期;吴志铿:"清代的逃人法与满洲本位政策",同前注[5]。

[17] 时人谈迁甚至言清律乃明律之改名。需要指出的是,顺治律也吸收了一些满洲元素。比如,"隐匿满洲逃亡新旧家人"律为顺治律之正式律文,该律源于满洲法律。(清)谈迁:《北游录》,中华书局2006年版,第378页。郑秦:"顺治三年律考",载《法学研究》1996年第1期;胡祥雨:"'逃人法'入'顺治律'考——兼谈'逃人法'的应用",载《清史研究》2012年第3期。

[18] 郑秦:"顺治三年律考",同上注。

[19] 苏亦工:《明清律典与条例》,中国政法大学出版社2000年版,第121—123页。

法律作出的拟律有可能同时呈送给皇帝评判。

其次,顺治九年(1652年)到十三年(1656年),顺治皇帝抑制满洲贵族并进行大规模的制度改革。魏斐德指出,在彻底否定已故摄政王多尔衮之后,顺治皇帝进一步抑制满洲贵族的权力,并在顺治八年(1651年)成为一个独立自主的君主。随后,顺治九年到十二年清廷进行了第二次大规模的制度改革(第一次发生在入关之初多尔衮治下),而改革措施几乎全部由六部的明朝旧臣提出。[20] 司法改革是这一时期清廷制度改革的重要一环。顺治十年六月丁酉,顺治帝谕令问刑衙门拟律时必须引用"顺治律",并特意强调王以下及各旗官民知晓圣意。[21] 显然,皇帝旨在建立以明律为底本的清律在满人中的权威。满、汉两种并存的司法体系何时过渡到以清律为核心的体系,学界对此专门论述甚少。就笔者管见,苏亦工关注这一问题。他认为,清廷对旗人实行换刑的规定既是为了承认清律的普遍效力,同时也是为了赋予旗人在法律上的特殊地位。对于清廷准许旗人换刑的规定,苏亦工强调的是旗人犯罪不与汉人同科,从而形成满汉分治的二元法治,而且旗人可以换刑之后,清律依然受到满洲法律的干扰,得不到满人的尊重。[22] 笔者之前的研究指出,顺治十年到十三年是清廷建立清律权威的关键时期。就刑罚而言,清廷从顺治二年起就在直省实施基于明律或清律(顺治四年之后)的五刑(笞、杖、徒、流、死)体制;但在北京,满洲原有的两等刑罚体制(轻罪用鞭,重罪用斩)一直占主导地位。但顺治十年到十三年,清廷先后确立五刑体制在汉人和满人中的权威。尽管顺治十三年规定满人(更广泛地说,旗人)的徒刑、流刑、充军和发遣可以折枷号(笞刑和杖刑为鞭责),但折换本身是以清律中的五刑为基础的。[23] 基于清律的判决具有权威性是旗人换刑特权的前提。故此,清廷必定在顺治十三年确立了清律的权威,否则旗人换刑就成为无源之水。而确立清律权威就不可避免地要和某些满洲法律发生冲突。在制订换刑规定之前,对同一案件可能定罪相同,但适用刑罚不同。这些无疑会导致"两议"案件。

此外,顺治九年到十三年清廷司法改革多以恢复明制为目标,而对明代制度的继承和变化也会产生"两议"案件。比如,明代三法司的职掌,大体而言,"刑部受天下刑名,都察院纠察,大理寺驳正"[24]。而清代入关前并无三法司之

---

[20] 魏斐德:《洪业:清朝开国史》,同前注〔3〕,第600,609—612页。
[21] 《世祖章皇帝实录》卷76,第597—598页。
[22] 苏亦工:"因革与依违——清初法制史上的满汉分歧一瞥",同前注〔7〕;苏亦工:《明清律典与条例》,同前注〔19〕,第121—123页。
[23] Hu Xiangyu, "Reinstating the Authority of the Five Punishments: A New Perspective on Legal Privilege for Bannermen", 34 *Late Imperial China* 28 (2013).
[24] (清)张廷玉等撰:《明史》卷94《刑法二》,中华书局1974年点校版,第2305页。

名。[25] 入关后，清廷逐步采用明朝制度并恢复三法司的建制。顺治十年十月庚辰，清廷规定"三法司凡审拟死罪，议同者合具看语、不同者各具看语奏闻，永著为例"[26]。当三法司对某些死罪案件有不同意见时，即便不涉及满、汉冲突，也会产生"两议"案件。

二、28件"两议"案件总览

从地域来看，21件来自京师地区，6件来自直省，1件来自盛京。就涉及的罪犯而言，共有19件涉及旗人犯罪，11件涉及民人犯罪（均含2件旗人、民人共同犯罪的案件）。17件只有旗人犯罪的案件中有15件发生在京师。从案件性质来看，第12案不涉及犯罪，有11案涉及人命，其余则非常零散，涉及盗窃、抢劫、通奸、窝留逃人等诸多罪名。

表1 "两议"案件的地域分类

位置	旗人	民人	旗、民	总数
京师	第2、4、6、10、11、15、17、18、20、21、22、23、24、25、27案	第3、7、12、14案	第1、19案	21
直省	第13案	第5、8、16、26、28案		6
盛京	第9案			1

从审判程序上看，发生在京师的案件一般由刑部或三法司审理，初审衙门一般为刑部。这一时期，旗人在外地驻防具有临时性质，依然归京师的八旗机构管理。[27] 档案中所见，涉及旗人的案件一般送到京师审理。比如，言布一案发生在湖广，但案犯系旗人，直接送交刑部审理，与发生在京师的案件在审判程序上相同。其他不涉及旗人的直省案件，审判程序上也多未经层层转审，与京师案件一致而同普通直省案件有别。[28] 除了盛京总兵曾作出过"两议"外，其余"两议"均由刑部或者三法司作出。这说明，清代直省的审判人员较少（如果存在的话）就一个案件作出两种拟律意见。案件的地域分布与学界看法一致，即各直省官员比较严格地执行清律，而刑部则因为满人势力之影响，清律尚未

---

[25] 那思陆：《清代中央司法审判制度》，北京大学出版社2004年版，第19页。
[26] 《世祖章皇帝实录》卷78，第618页。
[27] 定宜庄：《清代八旗驻防研究》，辽宁民族出版社2003年，第190—192页。
[28] 此时普通直省案件如系重罪案件，一般会经过层层转审。第8案因为档案不全，不知是否在地方经过了转审。其余案件为何没有经过地方的层层转审，情形不一。其中第5、16案为职官犯罪案件，第28案为逃人案件，这三起案均按照制度交刑部（或三法司）审理。第26案因为涉及刑部所办之案，所以地方官直接转交刑部审理。

完全支配审判。[29] 一般而言,"两议"主要是在对案情的认定、对罪犯的定罪和量刑三阶段产生,而且对案情的确定必定影响对罪犯的定罪和量刑(同理,对罪犯的定罪也将影响量刑)。

表 2 "两议"发生阶段

案情认定	定罪	量刑[30]
第 3、8、11、15、17、26、27、28 案	第 2、5、6、9、13、14、16、18、19、22、23 案	第 1、4、7、10、12[31]、20、21、24、25 案

三、从"两议"案件透视满、汉关系

（一）案情认定与"两议"案件

让人感到匪夷所思的是,28 件"两议"案件中居然有 8 件是因为承审官员或者衙门没有弄清案情或者对案情理解不同而造成的。它们包括三起人命案件(3、8、17),两起投毒案(15、27),一起抢劫案(26),一起窝逃案(28)和一起持刀案(11)。尤其有意思的是,第 15 案和第 17 案居然没有见到三法司不同衙门或者官员之间的分歧,但仍提出了两种处理意见。出现这种现象,要么"两议"的意见是官员共同作出的,要么是官员之间有分歧但由于某种原因而不愿意公开。如果是后一种情况,官员们可以集体保护自己。在这两个案件的审判中,官员(整体或者分别)对于两案中的罪犯是否杀人或者是否试图杀人有着两种完全不同的理解,所以相应的判决也大相径庭。第 15 案分别为绞监候和杖八十(不考虑赦免情况),第 17 案分别为斩监候和鞭一百。即便此时"两议"案件频发,皇帝对这两个案件的拟律也极为不满,指出第 15 案"两议"轻重悬殊,第 17 案则"两议"俱属游移。

对证据的采纳标准不一会直接导致对案情的认定不同,从而产生"两议"案件。这八起"两议"案件均有承审官员在缺少认罪口供的情况下定罪。比如,第 3 案属于三法司不同衙门之间的分歧。此案中典史郦天成因借银纠纷被殴身死,都察院和大理寺均认为郦天成系被在借钱中作保的成简公殴打致死,拟对成简公"绞抵"。但成简公不承认殴打之事,刑部注重这一口供。刑部因为殴打之事由成简公作保借银引起,所以将成简公按"共殴律杖、流",因为皇帝有恩诏减等免流,所以将其刑罚折责四十板。皇帝接受了刑部的意见。此案中,都察院和大理寺居然在罪犯不承招的情况下拟律,按照汉人标准亦属匪夷所思。第

---

[29] 苏亦工指出,满族因为语言等因素限制,把持政权只在中央一级,地方则"以汉治汉"。苏亦工:"官制、语言与司法——清代刑部满汉官权力之消长",同前注[6]。

[30] 由于有些案件并未引律,某些量刑不同的案件可能是由定罪不同造成的。

[31] 第 12 案不涉及犯罪,但刑部给出两种处理意见。

15、17、27等案均系对证据采纳标准不一而导致拟律不同。其中第27案中,三法司满、汉官员严重对立,汉官更注重罪犯口供。

还有的情况是官员对证据的理解完全不同。比如第11案,一名旗人的银子被五人抢去,失主遇上三名旗人后求助。这三名旗人在追贼过程中抓到杨海(亦系旗人)。据杨海供称他不是贼并且误认为三个追他的人是贼所以拿刀自戳,他身上的白裩是自己外头得的。刑部拟律时,以尚书交罗(觉罗)[32]巴哈纳为首的满官不顾杨海的供词,认定杨海为抢劫之贼,理由是捉拿之时杨海走入高粱地,取刀戳身,又搜出白裩一件。他们主张杨海"合依强盗已行但得财者不分首从皆斩律应斩"。而刑部汉官则认为经过夹审,杨海不承认为贼,而且白裩不是失主之赃,况且没有同伙,所以杨海不是强盗。刑部按照持刀之律将杨海拟以鞭一百。刑部满官不注重口供,对物证的理解也和汉官不同,最后得出的意见也自然和汉官大相径庭。刑部将二种意见具题,皇帝下旨由三法司核拟具奏。三法司核拟时支持刑部的第二种意见,最后皇帝决定将杨海鞭一百。

刑部或者三法司为何在缺少口供的情况下对罪犯定罪,甚至将这些连案情都无法达成共识的案件呈送到皇帝面前?难道这些都是超级疑难案件,以至于案情真相无从得知?本文所引案件的案情并没有疑难到真相无从得知的程度。那么,到底是何原因导致这些"两议"案件被呈送到皇帝面前?我个人认为,其原因主要是满洲法制传统不像汉人那样重视罪犯承招的口供。

滋贺秀三指出,帝制中国定罪的方式可以称为口供主义:"任何人都不能被以自己没有供认的犯罪事实而问罪。"[33]汉人司法传统中,确实存在没有认罪口供即可定罪的情况,但一般仅限特定人群或特殊情况。清律继承明律,对王公、贵族和高官等"八议"人士,七十以上老人和十五岁以下幼童,以及废疾者犯罪,可以依据众证定罪,无需认罪口供,也不能动用刑讯。[34] 但这八起"两议"中,并无老幼或"八议"人犯。另外涉及造反时,清廷也会不顾口供定罪。[35]

与帝制中国的传统不同,满洲司法制度则没有严格要求要有罪犯的认罪口供。对于这一点,我们只能从其他案件的审判中推断。尽管张晋藩和郭成康两位前辈认为清入关前在审讯中非常重视口供,但他们并未言明满洲体制下对罪

---

[32] 巴哈纳身份为觉罗,档案中多写作"交罗巴哈纳"。
[33] 滋贺秀三:"中国法文化的考察",载王亚新等编:《明清时期的民事审判与民间契约》,法律出版社1998年版,第11页。
[34] 参见《顺治三年奏定律》(《大清律集解附例》)卷28,杨一凡主编、王宏治、李建渝点校:《中国珍稀法律典籍续编》(第五册),黑龙江人民出版社2002年版,第405页。下面引用只注明卷次、页码。
[35] 比如,清廷镇压太平天国运动时就对一些没有认罪口供的罪犯拟以死罪。参见胡祥雨:"变与不变:太平天国运动与京师司法审判",载《中山大学学报(社会科学版)》2011年第2期。

犯的定罪是否一定需要罪犯认罪的口供。[36]《满文老档》和《盛京刑部原文件》等资料里的诸多案件多未有罪犯承招的具体口供。入关后某些案件的审判如同本文所引的案件一样，在罪犯不认罪的情况下定罪。比如，顺治九年六月二十四日，刑部上题黄三因为细事争嚷一案，就在缺少罪犯招认口供的情况下定罪。此案白丫兔在斗殴中被打死，但黄三不承认是他打死的。刑部官员在黄三不招认的情况下，依然按照旁人证词断定黄三故意以锅并砖头击打白丫兔致其死亡。刑部没有引用任何律例直接将黄三拟斩。皇帝批准了刑部的判决，下旨"黄三著即处斩"。[37] 如果按照清律断罪，斗殴杀人应拟议绞监候；如果黄三故意杀死白丫兔，也罪止斩监候。[38] 对于这一人命重案，刑部居然在罪犯不认罪的情况下不引用律例直接判处嫌疑人死罪。这种定罪方式和汉人必须让罪犯承招并且法司严格引用律例定罪的方式可以说格格不入。这样的案件说明此时满官在刑部审判时的强势地位，也表明满洲不像汉人社会那样在审判定罪中必须要求罪犯认罪方可结案。

因为缺少直接证据，我们无法断定这些案情都不能确定的案件有多少是因为满洲法制传统不重视认罪口供而引起（比如第28案成为"两议"案件主要是皇帝介入的结果）。但这种缺少罪犯认罪口供的拟律与汉人司法传统相去甚远，由此引发一些"两议"案件也属自然。

（二）从法律应用看"两议"与满、汉关系

28起案件中，除第12案不涉及犯罪外，所有"两议"案件均有对罪犯的不同定罪或量刑。从表3不难看出，此时清律已经是法司拟律的主要法律。所有案件中，除第28案涉及"逃人法"[39]外，余下只有3起案件没有引用清律，而两议均引用清律的情况则有11案。一议引用了清律，而另一议没有引用清律的案件有12起。

表3 "两议"案件中清律引用情况

两议均未引清律	两议均引用清律	只有一议引清律
第1、2、9（盛京总兵）、28（窝逃案件）案	第5、6、7、8、10、14、15、16、19、23、26案	第3、4、11、13、17、18、20、21、22、24、25、27案

某些未引用清律的拟律，其法律依据有可能是满洲法律。第1、2、9三起案

---

[36] 张晋藩、郭成康：《清入关前国家法律制度史》，同前注[3]，第584—585页。
[37] 无标题，顺治九年六月二十四日，内阁大库档案085711，台湾"中研院"历史语言研究所藏。本文所引内阁大库档案均藏台湾"中研院"，以下不再注明。
[38] 《顺治三年奏定律》卷19，第327页。
[39] 胡祥雨指出，顺治五年以后，清廷不断修改"逃人法"，所以实践中的"逃人法"和清律中的"逃人法"逐渐相去甚远。诸多逃人案件按照修改后的规定定罪，而清律中的"逃人法"则变化甚少。胡祥雨："'逃人法'入'顺治律'考——兼谈'逃人法'的应用"，同前注[17]。

件"两议"均未引用清律。我们从刑罚入手,可以看出这三起案件拟律背后的满洲法。第1案刑部第一议提供的处罚有罚土黑勒威勒,这是满洲刑罚的一种。另外,第一议中,刑部断脑木七身为仓役盗仓粮五十石,拟斩不枉;外郎鲍奎盗发仓米五十石并且商量分赃,也被拟斩;书办沈宗焕隐匿盗米帖子,也应拟斩。清律中的"监守自盗仓库钱粮"律规定所盗价值达到七两五钱就拟徒罪,至四十两者为杂犯斩罪,实际执行徒五年。只有三犯者方可问真犯死罪,但罪也止为绞。[40] 所以,如果严格按照清律定罪,这三名罪犯皆罪不至死。刑部第二议未引用任何律例对脑木七、鲍奎拟以鞭一百,沈宗焕则四十板。责四十板和鞭打一百是"相等"的刑罚,只是前者应用于民人,后者应用于旗人。从斩罪到鞭一百(或者民人杖一百,实际责打四十),按照清律中的五等刑罚,二者相去甚远。但此案发生在顺治九年,其时京师实行的是两等刑罚体制,死罪减一等即为鞭一百。[41] 总之,此案两议虽然均未引用任何法律,但其定罪与清律相去甚远,而且刑罚与满洲刑罚一致,所以拟律背后的法律可能是满洲法律而非清律。

结合入关前的史料和顺治朝其他案件不难看出,依照满洲司法传统断案时不严格引用法条是常态。在《满文老档》《盛京刑部原档》和《清初内国史院满文档案译编》等档案中记载的案件,往往只有所犯罪行和处罚,与汉人司法传统下产生的题本相比,缺少对法律条文的明确记载和引用。顺治十年之前的旗人案件,一般也只有犯罪情形的描述和给罪犯的处罚。前文所引之黄三案就是如此。此处再举一例。顺治六年刑部具题一死罪案件,案中朱庆同林化龙抢劫旗下村庄时被拿获。刑部没有引用任何律例直接拟朱庆"一斩何辞"。皇父摄政王多尔衮批准了刑部所拟判决,下旨"朱庆著即处斩"。[42] 还需要指出的是,依据明代司法制度,呈送皇帝的最后判决因为经过层层拟律和转审,也往往没有严格引用律例。清初发生在直省的诸多民人案件,因为经过从县到省的层层拟律和转审,刑部或者三法司最后呈给皇帝时也确实没有再引用律文。[43] 但这种情况与顺治十年之前刑部审拟京师案件(现审案件)完全不同,因为对于现审案件,刑部系第一次拟律的衙门,此前并未经过层层拟律、转审。且顺治十年后,刑部对于京师案件一般也严格引用清律断案。[44] 没有引用清律的拟律,一般也没有援引任何其他法律。这有两种可能,一是法司罔顾满、汉法律擅自断案;二是依据以前的满洲司法传统,按照满洲法定罪但不引用法律条文(或是满

---

[40] 《顺治三年奏定律》卷18,第303—304页。

[41] Hu Xiangyu, "Reinstating the Authority of the Five Punishments: A New Perspective on Legal Privilege for Bannermen", *supra* note [23].

[42] 无标题,顺治六年九月初八,内阁大库档案 087524-001。

[43] "刑部为临晋县书役周维朝贪赃",顺治四年四月二十八日,内阁大库档案 117645-001。

[44] 详见 Hu Xiangyu, "The Shunzhi Court and the Construction of the Qing Criminal Code", AAS Annual Conference, Philadelphia, March 29, 2014.

洲法不存在相应条款,法司根据相关满洲法条款进行类推,但不说明类推过程以及类推所据的法律)。不管是何种可能,不引法律条文的拟律与汉人司法制度相悖,却与满洲司法制度相符。

与第 1 案类似,第 2 案虽然没有引用任何法律条文,但根据刑罚可以发现背后的满洲因素。此案包衣旗人韩守富打死亲弟之子韩宗科。刑部第一议以韩守富私自打死为由,拟其绞抵。第二议则考虑到韩宗科本人凶恶而且是韩守富亲弟之子,所以拟"鞭一百、赔人"。查清律之"殴期亲尊长"律,伯父殴杀侄子杖一百、徒三年,故杀者,杖一百、流二千里。[45] 刑部之第一议在清律中找不到依据,第二议之赔人则明显来自满洲法律。[46] 此案具题在顺治十年三月,但清律依然没有受到尊重。第 9 案具题在顺治十年十二月,此案中道士沙正奎与傅朝庚因赌钱争嚷,朝庚将正奎母踢伤身死。该案之"两议"由盛京总兵作出。作为清代京城的盛京此时可能沿用满洲原有法律。"两议"中第二议的处罚"鞭一百、赔一人"当依据满洲法律作出。第一议的斩立决判决也与清律不符。[47] 不过,案件送到刑部后,刑部官员严格按照清律将罪犯拟以绞监候。刑部的拟律得到了皇帝的批准。在此案的审判中,清律权威胜过满洲法律。

在一议依据清律的案件中,另一议有可能是依据满洲法律。比如,在第 18 案中,刑部就分别引用了满、汉两种不同的法律。旗人阿叔虎朵同阿哩呢妻通奸。照清律和奸系轻罪,但《盛京定例》规定"本夫出兵而妇人犯奸,男、妇各处死"。刑部第一议拟按照清律杖八十,第二议则提到《盛京定例》的规定并给出三种处理方式:处死,按照热审时的规则减等鞭责[48],或者等阿哩呢回来再作处理。皇帝决定将奸妇、奸夫免死、鞭一百。皇帝批准免死、鞭一百的处罚既体现了《盛京定例》的规定,也说明了汉人热审制度的效力;而清律之规定和《盛京定例》的规定并列,则表明即便是旗人案件也不一定只能适用《盛京定例》。

第 18 案是所有"两议"案件中唯一明确引用了满洲法律的案件。另外第 22 案中,旗下家人招儿丙醉酒打死戴天锡。刑部第一议按律"凡斗殴杀人者,不问手足、他物、金刃,并绞",将招儿丙应拟绞监候。第二议认为,虽然招儿丙"按律应绞,但查凡强贼行劫自行投首者免死鞭一百",所以将其拟鞭一百。刑部第二议所引法律"凡强贼行劫自行投首者免死鞭一百"在清律中找不到。作

---

[45] 《顺治三年奏定律》卷 20,第 344 页。

[46] 张晋藩、郭成康:《清入关前国家法律制度史》,同前注[3],第 534 页;刘小萌:"满族习惯法初探",载王中翰主编:《满族历史与文化》,中央民族大学出版社 1996 年版,第 77—78 页;苏亦工:"因革与依违——清初法制史上的满汉分歧一瞥",同前注[7]。

[47] 案中傅朝庚因为赌钱争嚷踢死一人。按照清律,斗殴致死应拟绞监候。参见《顺治三年奏定律》卷 19,第 327 页。

[48] 顺治八年和十年,清廷两次决定热审中死罪情有可矜疑者,奏请定夺。参见《世祖章皇帝实录》卷 55,第 436 页;卷 75,第 594 页。

为初审衙门的刑部在清律有明确规定的情况下又作二议，所引用的法律应当不是凭空捏造。最大的可能就是这实际上是满洲法律之一款。皇帝下旨三法司核拟，我未能找到此案的最终判决。

其余十起案件中的另一议往往没有引用任何法律条文。而此十起案件中，除第3案罪犯为民人外，其余案件罪犯均为旗人。其中，第20、21、24、25案的"两议"实际上发生在量刑阶段，下文将进行详述。

有些案件中没有引用清律的拟律可能是依据满洲法作出的。[49] 第4、13案引用清律的判决比没有引用清律的判决要轻。案件主犯全为旗人。第4案中旗人妇女大姐、小二姐偷内用盘子。三法司第一议未引任何法律对她们拟斩。第二议则引用了清律"凡偷内用财物者皆斩，准赎"[50]。档案没有见到最后处理结果。第13案中旗人打赖的家人言布在打赖兄病故的情况下同刘三（打赖兄的家人）一起嫖娼，并且将妓女带到尸房后楼上弹唱。言布还有赌博等恶行。作为初审衙门，刑部第一议没有引用任何法律判言布斩罪。第二议则严格按照清律拟律；因为言布以奴仆身份在仆主丧期宿娼赌博，律无正条，刑部比照子居父母丧犯奸者加凡奸二等，拟鞭一百。[51] 刑部将两种意见一起于顺治十一年正月十一日具题，次日奉旨三法司核拟。三法司依然有两种意见。刑部和都察院同意第一议；同时，刑部、都察院和大理寺同意第二议。档案中没有说明刑部和都察院官员是否对此案审拟有分歧，尽管此二衙门都给出了两种拟律。大理寺则只同意按照清律定罪。皇帝同意第二议，言布被处以鞭一百。

余下四案则涉及对案情的认定。第3案系民人犯罪，都察院和大理寺均认定成简公打死郗天成，对其定罪时没有严格引用清律，只是笼统提到"应从绞抵"，但案件最终以刑部依清律定罪结案。第11案杨海以持刀之罪被拟鞭一百，也未见引用确切律条。[52] 再如第17案，三法司提供的第二种拟律确认何罗偷米情真，拟鞭一百但没有引用任何律例。[53] 第27案逃人杨大夫畏法服毒，其同伴也服毒，刑部满官按照谋杀已伤者律[54]判杨大夫绞监候；刑部汉官

---

[49] 如前所述，因为满洲法并非成文法，所以除了个别条文外，我们今天无从得知其具体内容。由于清初满、汉两种司法制度共存，而满洲司法传统定罪不引用法律条文属于常态，所以没有引用法律条文且所拟罪名与清律不符的拟律，极有可能是依据满洲法律作出的——如果法司不是随意定罪的话。

[50] 查"盗内府财物"律记载："凡盗内府财物者，皆斩。【杂】。"杂犯死罪可以收赎。参见《顺治三年奏定律》卷18，第301页。

[51] 《顺治三年奏定律》卷25，第385页。

[52] "私藏应禁军器"律明确提到刀不在禁限之列。参见《顺治三年奏定律》卷十四，第271页。

[53] 按照清律中的"窃盗"律，窃盗价值达到四十两并不到五十两者方拟杖一百（相当于旗人鞭一百）。参见《顺治三年奏定律》卷18，第309—310页。

[54] 《顺治三年奏定律》卷19，第322页。

断定他没有毒害其他人的意图,在没有引用任何律例的情况下对其拟以鞭一百。档案中未见到此案的最终结果。

如果刑部和三法司定罪不是完全无据的话,这些案件中没有引律的判决有可能是根据满洲法律作出的。官员们同时将依据清律拟定的惩罚上题说明满洲法律不再拥有不证自明的权威。

(三)官员拟律分歧与满汉关系

从官员拟律分歧来看,刑部和三法司满、汉官员之间的冲突呈现错综复杂的局面。所有案件中,共有12案在拟律时提到持不同意见之官员的名字。其中第8案只可以看到三法司堂官的名字(刑部堂官意见不一致),但未给出其他级别官员的名字。余下的11案全部发生在顺治十一年到十二年。有7案(见表4)系刑部审理时不同官员发生分歧。其中第25案"两议"中均有满、汉官员。第21和22案满官持一议,持另一议者则既有满官也有汉官。第11(持刀)、20(人命)、23(奴殴主)、27(投毒)案的拟律存在明显的满汉对立,均为满官持一议,汉官持一议。这四起案件罪犯均为旗人。第23案满、汉官员均依照清律定罪,但是满官拟死罪,汉官则拟以杖一百流三千里,实际执行鞭一百(因为"旗下人无流徙之例")。有意思的是,第11、20、27案满洲官员严格按照清律对罪犯拟以死罪,而汉官则在没有严格引律的情况下主张对罪犯拟以鞭一百。第11、20案最终按照汉官的意见结案。

表4 刑部满、汉官员[55]在拟律中的表现

满、汉官各持一议	汉官持一议;满、汉官持另一议	满官持一议;满、汉官持另一议	两议中均有满汉官
第11、20、23、27案	—	第21、22案	第25案

所以,在最能体现刑部满、汉官对立的4起案件中,反而是满官严格按清律拟死罪,汉官(引律或不引律)则主张免死。在三法司审理的第19案中,刑部满、汉官员也各执一议。此案罪犯旗、民皆有而且满、汉官员均引用清律定罪。满官主张重惩,汉官则拟以轻罪。我们或许可以假定,刑部汉官试图通过减轻对这些旗人的处罚以取悦满洲统治者或是迎合满人,而且以汉官名义主张轻判旗人罪犯更容易让皇帝顺水推舟批准处罚轻的拟律。刑部审理的案件中,没有一起是汉官持一议,满、汉官员持另一议的。相对地,却有第21、22案是满官持一议,满、汉官持另一议。第21案拟律中,严格按照清律主张对罪犯(均为旗人)拟以死罪的全是满官,主张对罪犯免死的则满、汉官皆有。第22案拟以死罪的则满、汉官均有。

---

[55] 本文满官实际上指的是旗人出身的官,所以,刑部和三法司中的汉军旗人亦算作满官。

如果扩展到三法司审理或者复核的案件,刑部官员中只有第 26 案系汉官持一议,满、汉官持另一议。此案罪犯为民人,"两议"均引用清律,拟以重罪的满、汉官均有,而拟以轻罪的则均为汉官。刑部满官持一议,满、汉官持另一议则有第 24、28 案。两案中拟以重罪的刑部官员全为满官,而拟以轻罪的则满、汉官均有(第 24 案罪犯为旗人,"两议"均依照清律,第 28 案为民人窝隐逃人案件)。总的看来,在三法司审理或者核拟的 6 起案件中,有 3 起案件的"两议"均有满、汉官员参与。在承审官员人数增加的情况下,只在第 19 案出现满官与汉官对立。

表 5　三法司满、汉官员在拟律中的表现

满、汉官各持一议	汉官持一议;满、汉官持另一议	满官持一议;满、汉官持另一议	两议中均有满、汉官
第 19 案	第 26 案	第 24 案	第 20、21、28 案

从罪犯身份来看,以上所述由刑部或三法司满、汉官员对立造成的"两议"案件中,除第 19 案系民人和旗人共同犯罪外,其余案件罪犯均为旗人。而且除第 18 案系正身旗人犯罪外,其余均系旗下家人或奴仆。一议为清律,另一议有可能为满洲律的案件包括第 3(人命)、4(盗窃)、11(持刀)、13(居丧宿娼)、17(人命)、22(人命)、27(投毒,此案同时有满、汉官员拟律时的对立)案。这些案件中除第 3 案罪犯为民人外,其余案件罪犯均为旗人。除第 4、11 案中罪犯系包衣旗人外,其余均为旗下家人。由此不难看出,因为满汉冲突导致"两议"的主要是旗人尤其是下层旗人犯罪的案件。[56]

与苏亦工、郑小悠等学者将满、汉官员视作一个整体的视角不同,刑部和三法司满、汉官员在拟律中的表现表明,满官和汉官都不是一个统一的整体。身份差异当然存在,但在所有拟律出现不同意见的 11 件"两议"案件中只有 5 起存在明显的满汉对立。满官在 6 起案件(第 20、21、22、24、25、28 案)中有不同的拟律意见,说明满官自身在审判拟律时也会有分歧。苏亦工所言清初满官凭借满语之语言优势垄断刑部审判权力的论点在"两议"案件中得不到支持。第一,本文所引案件大多引用清律,而清律满文本直到顺治十二年十二月方才颁布。[57] 在此之前,由于语言因素,汉官引用清律比满官更具有优势,满官更需要听取汉官意见。满官自然不可能因为语言优势垄断刑部审判权。第二,满汉官员对案件拟律意见不一致的时候,汉官的意见也和满官的意见一道送给皇帝,说明满官无力阻止汉人行使审判权力。在满汉对立的第 11、19、20、23、27

---

[56] 需要指出的是,正身旗人此时可能忙于战事,犯罪较为少见。档案中这一时期旗人罪犯主要是旗下家人,"两议"案中的旗人罪犯自然多为旗下家人。

[57]《世祖章皇帝实录》卷 96,第 752 页。

案,所见只有第11、20案有最终结果,皇帝在两案中均按照汉官拟律意见从轻处罚。第28案系窝逃案件,在皇帝圣意已明的情况下,刑部汉官全部主张对窝逃者不处以死刑,而刑部满官则两种意见均有。这说明刑部之汉官有时更能和皇帝达成一致意见。在这样的情况下,刑部满官更是无力垄断审判权力。

当然,笔者无意否认清初满官权势可能会压倒汉官。从顺治皇帝的角度来看,一个满汉激烈对峙的官僚阶层并不是其理想[58],而且他并非始终和汉官站在一起。顺治对一起死罪案件的批复可以看出他有时对汉官拟律态度是很反感的。

> 王秉衡、吴永芳、白霈著即处斩,余依前议。这两议满官自为一议,汉官自为一议。是何法例?凡贪官情罪,自应执法审拟,宽典当听朕裁,何得遽议请宽。后议各官著明白回奏。[59]

除对拟律中满汉对峙不满外,皇帝在此案批红中表达的另一层意思是审判必须依照律例,如果需要宽免罪犯,必须出自圣意。但此案审判中为何有官员主张轻拟?此题本残缺,不知具题时间,也不知道具体情节。不过案中主犯王秉衡曾任苏松巡按,查《实录》其被审判定罪发生在顺治十六年。王秉衡因为贪赃被拟死罪,三法司汉官另议主张从轻处罚王秉衡家产妻子等。又据时人魏象枢为审理此案的刑部尚书白允谦所作的墓志铭,皇帝欲将王秉衡妻子家产籍没,而刑部尚书白允谦则认为依据清律不应籍没,所谓"罪人不孥"。汉官从轻处罚罪犯并非特例,前文就有皇帝批准汉官轻议的案子。但此案顺治皇帝认为"王秉衡贪赃重罪原无可矜",对汉官集体主张轻处王秉衡妻子家产的态度非常不满,下旨由九卿、科、道官员对这些汉官进行议处。九卿、科、道会议将这些汉官全部革职。而皇帝只将刑部尚书白允谦降三级调用,宽免了三法司其他汉官。[60]

汉官因为拟律遭处分的并非只有白允谦一人。顺治十二年十月,都察院左都御史龚鼎孳拟律时偏袒汉人就被处罚过。顺治帝认为龚鼎孳在拟律时"往往倡为另议。若事系满洲,则同满议,附会重律;事涉汉人,则多出两议,曲引宽条"。顺治皇帝批评他"果系公忠为国,岂肯如此?"认为其行为系"偏执市恩",

---

[58]《实录》中顺治对满汉官议事互异表示反感。《世祖章皇帝实录》卷143,第1102页。

[59]"查参久稽钦件以清积案事",日期不详,内阁题本(北大移交)1930-22,中国第一历史档案馆藏。

[60]《世祖章皇帝实录》卷128,第994页。魏象枢提到白允谦面对皇帝诘问时"援律正对",皇帝知其无所欺,只将其降三级调用。(清)魏象枢撰:《寒松堂全集》卷11,陈金陵点校,中华书局1996年版,第567页。苏亦工指出,清代受满洲旧习影响,籍没之刑滥用。刑部尚书白允谦提出代轻议实际上是反对清廷滥用籍没之刑。苏亦工:"因革与依违——清初法制史上的满汉分歧一瞥",同前注[7]。

通过吏部要求龚鼎孳解释。[61] 龚鼎孳辩解时承认对死罪犯人再四推敲,如有一隙可矜则以另议之方式上请皇帝免死减等,但是完全否认将满、汉罪犯区别对待。[62] 查本文所引之"两议"案件可知皇帝所言并非空穴来风。第20、21案罪犯均系旗人,刑部满官均主张按照清律拟以重罪,而汉官则主张轻拟。在龚鼎孳参与的三法司核拟中,他是少有的站在满官一边主张拟以重罪的汉官。尤其是第20案,他是三法司汉官中唯一和满官持相同意见的。第19案罪犯涉及旗人和民人(顺治十一年,龚鼎孳时任都察院右都御史),第26案涉及民人犯罪,龚鼎孳在这两案中与其他汉官一起引用宽条对罪犯拟以轻罪。可见,顺治帝的批评有事实根据。龚鼎孳的辩解无法解释他在第20、21案中站在满官一边对旗人罪犯拟以死罪,而其他汉官则主张免死。他的辩解未能说服吏部和皇帝。吏部建议革职,皇帝将处罚改为降八级调用。[63]

本文所引案件和白允谦、龚鼎孳的遭遇说明,皇帝在案件的审判上既可以支持汉官,也可以支持满官。但不管他支持哪方,都表明没有任何一方可以垄断审判权力。一个满汉分裂的官僚阶层不符合皇帝的利益,但一个由满官完全垄断审判权力的刑部恐怕也不是皇帝所能接受的。

(四)从量刑不同看当时满汉关系

如前所述,9个案件(第1、4、7、10、12、20、21、24、25案)涉及不同量刑(第12案为非刑事案件,结案方式不同)。其中,第1、4案可能涉及满洲法,前文已作分析。第20、21、24、25案的"两议"中有一议严格引用了清律,另一议则没有引用任何法律。这些都为旗人死罪减等案件,"两议"主要表现为量刑分歧。第20案系旗下家人刘三酒醉后殴死妻子。刑部和三法司第一议都按照清律判刘三绞监候;第二议以酒醉为由主张免死减等。议政王、贝勒、大臣会议赞成第二种意见。皇帝最后决定"刘三伤妻既系醉后,姑免死。著仍鞭一百。"第21案系旗人柴度酒醉殴伤主子。与第20案类似,刑部和三法司第一议严格按照清律依"奴婢殴家长"律拟斩监候[64],第二议则提到"照律应斩",但以柴度酒醉为由免死鞭一百。议政王、贝勒、大臣会议也赞成第二议。档案没有见到皇帝判决。第24、25案均系旗人斗殴杀人,三法司第一议均照清律拟绞监候。第24案第二议罪犯无害人之心,而且时逢热审,"其情可矜",所以免死拟鞭一百。第25案第二议因为罪犯无杀人之心而且被杀者母亲替罪犯求情,所以断罪犯

---

[61]《世祖章皇帝实录》卷94,第740页。
[62] (清)龚鼎孳撰,(清)龚士稚编:《龚端毅公(鼎孳)奏疏》,沈云龙主编《近代中国史料丛刊续编》第33辑,台湾文海出版社1976年版,第257—259页。
[63]《世祖章皇帝实录》卷94,第742页。需要指出的是,第11案中,龚鼎孳作为刑部右侍郎和其他汉人一起主张对旗人罪犯拟以轻罪。
[64] "奴婢殴家长"律规定凡奴婢殴家长皆斩,而非斩监候,但除刑罚外,档案中对清律的引用在文字上几乎一致。《顺治三年奏定律》卷20,第341页。

鞭一百赔营葬银两。皇帝均批准第二议,将罪犯免死。

这4起案件没有引用清律的拟律,全部都首先明确清律应该如何判决,只是由于各种原因将死罪减等。其中第24案系热审减等,完全符合汉人司法制度。其他案件的减等,则不排除因为罪犯是旗人所以免死。由于这些案件的最终决定权在皇帝手上,无论是按照满人制度还是汉人制度,都不存在皇帝判决是否合法的问题。不过,承审官员给出的鞭一百判决,系满洲刑罚下的死罪减一等。这些没有引用法律的减等判决符合满洲刑罚制度,说明满洲刑罚制度对旗人刑罚具有影响力。

第10案也为死罪减等案件,"两议"均引用清律,其分歧主要在于三法司之间的量刑不一。旗人李麻子告主母与道士通奸,经刑部审理,李麻子系诬告。刑部严格引用律例进行拟律,认为"奴婢诬告家长律绞,李麻子应拟绞监候",但刑部又考虑到其主母曾经和道士同睡一屋,刑部决定将李麻子免死鞭一百。刑部上题后皇帝下旨由三法司核拟。三法司对于李麻子罪名(奴婢诬告家长)没有异议,但有不同的量刑意见。三法司之刑部和大理寺维持刑部原拟,主张死罪减等。都察院则按照奴婢诬告家长律拟李麻子绞监候。皇帝批准律刑部和大理寺所拟判决。这里的死罪减等,亦依照满洲刑罚为鞭一百。

第7案系汉人犯罪,"两议"也均照清律定罪,却被加等至死罪。案中王科因为细事鸣冤,冲突仪仗。刑部第一议认为依律"凡有申诉冤抑者,冲突仪仗内而所诉不实者绞,系杂犯准徒五年。"[65]但考虑到王科身系校尉,刑部认为应该加重处罚,拟斩立决。刑部第二议则严格按照清律拟徒五年。此处刑部第一议系基于罪犯之军人身份,所以在清律基础上加重处罚。

上面讨论的第10、12、20、21、24、25案中减等人犯皆为旗人,而汉人犯罪的第7案则加重处罚。我们当然不能据此认为法司偏袒旗人或是严惩汉人。不过,以上旗人量刑不同的案件至少说明一个事实:旗人均按照满洲刑罚体制定刑,死罪减一等均拟鞭一百。而根据清律,死刑减一等为流刑。满、汉人犯哪怕在所犯罪名相同的情况下,也可能依据不同的刑罚体制而受到不同的惩罚。

四、其他引发"两议"案件的因素

除满汉冲突外,其他因素也会导致"两议",如皇帝介入、对罪犯身份的认定(进而影响法律应用)等。这些因素有的可能与时代背景有关,有的则在任何时代都可能出现,而且这些因素可能相互交织,有时也从某些侧面反映了司法领域的满汉冲突。

(一)皇帝介入

尽管"两议"一般由审判官员提出,但第28案(窝逃案件)出现"两议"则是

---

[65] 律文可见《顺治三年奏定律》卷13,第259页。

皇帝亲自介入的结果。此案出现"两议"是因为刑部和三法司在审判中都不顾罪犯口供，用推测代替证据，而皇帝则相信罪犯口供。顺治四年，山西民人李永昌外出做买卖。顺治六年，其弟李永盛被满洲兵拿去，于顺治七年逃回。李永昌在顺治八年回家后和李永盛在一院同居七个月。据李永昌的供词，李永盛告诉他满洲兵来的时候，他躲到山里去了，所以他不知道李永盛系逃人。李永昌兄弟被人举首后被送到京师，先由兵部审理。兵部督捕断定李永昌"供称不知逃人李永盛被大兵抢去等语，明系巧饰"，窝隐是实，于顺治十二年八月十九日请皇帝敕下刑部将其正法。皇帝下旨由三法司核拟具奏。三法司对此案进行复审。李永昌供称顺治四年他出门做买卖，顺治六年他的兄弟和妻子都听说李永盛被满兵带去，后来李永盛逃回。顺治八年李永昌回家后问李永盛，李永盛回答满兵来时住在山里，兵去后回家了。尽管李永昌否认自己知道李永盛系逃人，但三法司依然根据这些供词认定李永昌明知李永盛系逃人，隐藏是实，"应照例拟绞监候，秋后处决"。三法司于顺治十二年十月二十三日上题。

二十六日顺治皇帝下旨："李永盛逃回时据李永昌辩称在外不知。依拟应绞，着监候，再审具奏。余依议。"与一般绞监候案件不同，皇帝在批语里明确提到李永昌的供词，而且将判决由"绞监候，秋后处决"改为"监候，再审具奏"，说明皇帝对此案之拟律尚存疑问。三法司于是再次复审，但复审依然断定李永昌知情隐藏，"仍依定例拟绞监候，秋后处决"。十一月初三三法司具题，初六皇帝下旨："李永昌供在外贸易，不知李永盛被满洲带去，其情近真。还著确议具奏。"至此，皇帝的意思已经非常明显：他更相信罪犯李永昌的供词，而非三法司官员的推测。

在皇帝旨意如此明确的情况下，三法司依然未直接按照皇帝的圣旨采纳李永昌的证言，但对如何拟律发生了分歧。一种意见不顾皇帝圣旨，仍主张李永昌"难免知情之罪"，对其拟绞监候秋决。持这种意见的以刑部满尚书图海为首，包括数名满官和一名汉官。另一种意见则认为李永昌对李永盛被获逃回之事"似属不知"，但又认为二人系同胞兄弟，"难言尽不知情"，对其拟以杖一百、流徙宁古塔。持这种意见的以刑部汉尚书刘昌为首，包括其余汉官（含刑部所有参与审判之汉官）和数名满官。明显，后一种意见也体现了官员的推测，认为李永昌难免不知道其弟弟系逃人，但毕竟没有判处李永昌死刑。皇帝采纳了后一种意见，并没有就两种意见均未采纳李永昌的供词再作文章。皇帝几次干涉此案，可能是为了在逃人案件审判上压制满洲贵族，也可能是想放李永昌一条生路，至于拟律过程中如何采用供词则处于相对次要的位置。

这一案件极富时代背景。逃人问题是此时清廷最为关注的问题之一，也是清初满汉冲突的焦点。此案中初议，兵部和三法司都不顾李永昌的口供欲置窝逃者李永昌于死地，汉官对此也没有异议。但在皇帝的强力介入下，三法司中部分满、汉官员终于领悟皇帝意图,通过"两议"来援救窝逃者。就此案而言,皇帝压制了包括满洲贵族在内的整个官僚机构,并保护了一位汉人窝逃者。

(二)身份之争

第 6 案和第 14 案涉及身份认定。第 6 案中,旗人家婢三姐持刀为盗取金钳将主子马起哈家十三岁女儿的耳垂割下。刑部第一议将三姐视作奴婢,"依奴婢殴良人者加凡人一等,至笃疾者绞监候"。[66] 刑部第二议则认为,马起哈已经收三姐为妾,所以三姐不能以奴婢论。刑部按照凡人之间斗殴毁人耳鼻者,拟杖一百。[67] 皇帝收到刑部的两种意见后下旨三法司核拟。刑部和大理寺在核拟中依然坚持三姐不得以奴婢论,建议按照凡人之间的斗殴拟杖一百,而都察院则认为三姐为奴婢,主张"依奴婢殴家长之期亲伤者律斩监候"。皇帝同意都察院的拟律意见,将三姐拟斩监候。

第 14 案涉及旗下人身份问题。案中投充家人保儿在民人张豆腐家佣工。保儿后来因为偷钱被打身死。刑部第一议按照普通人斗殴将张豆腐拟绞监候。该议并未逐字引用清律,但其对罪状的描述和所拟刑罚与清律一致。[68] 第二议则将保儿视作雇工人,依"家长殴雇工人因而致死者律"[69],拟杖一百、徒三年。三法司核拟时,恰逢热审,支持第二议意见。皇帝同意三法司所拟,将张豆腐杖一百、徒三年。

以上案件虽然没有明显的满汉之争,但也从侧面反映出当时的满汉关系。逃人问题是此时满汉冲突的焦点之一,但第 28 案(窝逃案件)说明,皇帝不是完全袒护满官。第 6 案在一定程度上表明汉人的等级以及身份观念影响到旗人犯罪的判决。第 14 案则说明罪犯保儿旗人身份的介入,并未改变他的雇工人身份——他依然按照基于汉人等级概念的律例定罪。

其他案件则基本不涉及满汉关系。第 5 案和第 16 案均系汉人职官职务犯罪。第 5 案系封疆大吏丢失厦门,第 16 案系地方官隐瞒盗案。刑部提出的两议均依据清律作出,未见审判官员的分歧。此类分歧因为涉及职官,不排除承审官员和皇帝会有政治上的考虑。

结语

顺治十到十三年是顺治皇帝重建汉人司法体制的关键期。这一时期朝堂上的满汉关系可谓风起云涌。一方面,诸多汉官(如陈名夏)遭受打击甚至丧失性命,但另一方面,正如魏斐德所言,这是清廷重建明朝制度的第二波。以往学

---

[66] 此处律文引自档案。原文可见《顺治三年奏定律》卷 20,第 340 页。

[67] 律文可见《顺治三年奏定律》卷 20,第 334 页。

[68] 清律规定斗殴杀人拟绞监候。参见《顺治三年奏定律》卷 19,第 327 页。

[69] 律文可见《顺治三年奏定律》卷 20,第 341—342 页。

者强调顺治朝司法的满洲特色和应用清律的困境。本文证明,尽管满洲法律和其他司法传统并未完全退出,但此时清律才是刑部和三法司拟律的基本依据。郑小悠、苏亦工等学者论述满、汉关系时往往将满、汉分别视作一个整体,而"两议"案件中的满汉关系呈现出更加复杂的局面:满官有时会分裂,有时支持汉官,时常按照清律定罪。

附录:28 件"两议"案件摘要

1. 日期为具题时间,采用清代纪年。比如第 1 案,"9.11.12"表示具题时间为顺治九年十一月十二日。

2. 来源指档案出处。"BD"表示中国第一历史档案馆藏"内阁题本"(北大移交),BD 后面的数字为档案文件号。"NG"表示台湾"中研院"历史语言研究所藏"内阁大库档案",后面的数字为档案登录号。

序号	案由概述	两议情况 1	两议情况 2	皇帝意见	日期、来源及说明
1	京师案件 1,犯人旗、民均有。正红旗看croaq马法、脑木七、外郎鲍奎系仓役盗仓粮,沈宗焕也参与。	刑部 1:脑木七、鲍奎、沈宗焕斩;田有成等各责四十板;户部副理事官乌二山鞭七十折赎;理事官郎廷辅议罚一个土黑勒威勒。	刑部 2:脑木七、鲍奎各鞭一百,书办沈宗焕责四十板,俱革役。	脑木七、鲍奎著各鞭一百,沈宗焕著责四十板,革役。未获人着落王世科等伙内追赔。余依议行。	9.11.12 BD1859-1 量刑不同。未标明衙门或者官员分歧。
2	京师案件 2,旗人案件。韩守富打死韩宗科,虽韩宗科是伊弟之子,但系民。	刑部 1:因其私自打死,应拟绞抵。	刑部 2:韩宗科系韩守富亲弟之子,因凶恶打死,依律韩守富鞭一百、赔人。	(满汉文均无批红)	10.3.14 NG120274 拟律不同。未标明衙门或者官员分歧。
3	京师案件 3,民人案件。典史郿天成借何二银两,成简公作保。郿天成被殴身死。	都察院、大理寺	刑部:何二脱逃,成简公不承认殴打之事,合依共殴律杖流不枉。遵奉上传减等免流,仍责四十板。断殡殓银两给尸亲。	成简公依刑部议,何二获caught 另结。	10.4.23 BD1863-13 情节认定不一致。
4	京师案件 4,旗人案件。采柱妻大姐、陈木匠妻小二姐偷内用盘子;小二姐婆婆、郑扬文知情不举。	刑部、都察院、大理寺 1:大姐、小二姐拟斩;	刑部、都察院、大理寺 2:得凡偷内用财物者皆斩,准赎,将大姐、小二姐各鞭一百。小二姐婆婆、郑扬文应鞭一百,遵奉上传杖笞应免。	缺	10.5.15 BD1865-14 量刑不同。

(续表)

序号	案由概述	两议情况1	两议情况2	皇帝意见	日期、来源及说明
5	直省案件1,民人案件。张学圣、马得功、黄澍失防厦门。	刑部1:张学圣、马得功合依飞报军情若互相知会,隐匿不速奏闻者杖一百、罢职不叙,因而失误军机者律,拟斩监候。黄澍合依凡共犯罪者以造意为首,随从者减一等律,杖一百、流三千里。王应元仍依事应奏不奏律,杖八十折赎。	刑部2:张学圣职任封疆,慢无防范,以致逆贼滋蔓攻陷城池,其厦门旋得旋失之罪,虽系赦前,失陷海澄等六县,事在赦后,若非驻扎处所,兵备、守巡及守备官俱降三级调用,查失陷六县非张学圣驻扎处所,应按律降三级调用,交与吏部。马得功应比照守边将帅被贼侵入境内掳掠人民律,发边远充军,但得功曾杀退围攻伊驻扎泉州之贼,及闻贼侵犯海澄亦领兵救援,奈兵未到而海澄已陷,随又杀退兴化之贼。其被陷六县虽系得功所辖,但各有专任防守之官,得功相应免罪。黄澍失厦门之罪,事在赦前,失陷六县非其所属,亦应免罪。王应元知厦门得失情形不行题知之罪,查系赦前,亦应免议。	凡重大狱情,如识见不同,止可两议。这本内看语三四,其说何凭裁定?尔三法司再会同确拟具奏。	10.8.6 NG039793 未标明衙门或者官员分歧。拟律不同。
6	京师案件5,旗人案件。三姐持刀将主女耳垂割下,盗取金钳,赃证有据。	刑部1:合依奴婢殴良人者加凡人一等,至笃疾者绞监候。	刑部2:三姐虽系马起哈家婢,然马起哈已收之为妾,即不得以奴婢论矣。查律妾犯者各从凡斗法,合依抉毁人耳鼻者,杖一百。	三法司核拟具奏	10.8.18 NG089422 身份认定。
		刑部、大理寺:三姐系主马起哈已收为妾是实,不得以奴婢论。应从凡斗法抉毁人耳鼻者杖一百。	都察院:依奴婢殴家长之期亲伤者律斩监候。	三姐依拟应斩,着监候,秋后处决。	10.12.16 NG089423

（续表）

序号	案由概述	两议情况1	两议情况2	皇帝意见	日期、来源及说明
7	京师案件6,民人案件。王科供潘二借钱八千八百文,向彼取讨不与,反行殴打。王科以潘二伙党封五等要行殴打等情于驾前鸣冤,及审据封五供并无打他情由,据见证宛平县皂隶赵奇供不曾见封五等打他情由。	刑部1：查律凡有件诉冤抑者,冲突仪仗内而所诉不实者绞,系杂犯准徒伍年。但凡人冲突仪仗尚拟此罪,查王科身系校尉,并无奇冤,止以此锁细情由敢于太和殿前仪仗内诬捏喊冤,相应拟斩立决。	刑部2：查王科冲突仪仗所诉不实,应依本律准徒五年,革去校尉,发驿递摆。	缺	10.12.16 NG036518 量刑不同。
8	直省案件2,民人案件。萧贵、萧兰打死王秀情真,萧贵以元谋绞抵监候,萧贵为从鞭一百。萧贵致死家人李木匠,图抵王秀人命系轻,罪不重科。来聘母死的证无人免究。王来聘不听审理,复行私斗拟杖八拾折赎。原借贵银追给主。郭钦等八名分别责惩革役,赃追给主。杨生光等并知州□议朱国臣送户部审结。	刑部尚书交罗（觉罗）巴哈纳等、都察院承政臣土赖等：王来聘借萧贵银未还,反将病死老母赖贵打死,告道后贵亦赴道告,撞遇来聘。聘同弟兄众人持棍将贵弟□殴打,其情因还银不起,将病死之母希抵前□告道不遂,将贵弟兄殴打,但贵家人围门殴聘,又无青伤,止贵、兰有伤据。来聘供没有持刀戳贵,持石打腿是实,此即聘心不良。又称王秀被兰□□重伤身死,审萧兰供并未持石打秀,因身被打昏不知秀是谁打死,干证刘文光、吴守习供未见萧兰打秀,止见贵、兰、王秀倒地,则萧兰打秀无证,况众人乱打不知是谁打死,说系萧兰有是理乎？王来聘责四十板,折赎革黜。原借银还贵。同殴贵、兰之王来问等十三名各责二十板。萧贵告来聘戳死李木匠,地方官文称刀口无血又无证不准。贵、兰被伤免罪。李木匠、王秀不知被谁打死,无证无凭。查审郭钦等八名分别责惩革役,赃追给主。杨生光等并知州免议,朱国臣送户部审结。	大理寺卿魏管等：核得萧贵向王来聘索债争嚷,将聘母推跌三日身死,虽验有踢伤,但的证无人,未便遽拟,及告到道又复纠众围聘门乱打,将王秀石击立毙,伤真确证,萧贵依元谋律绞抵监候,萧兰为从律杖。李木匠之死,打时并无其人,且刀口无血系死后之伤,萧贵家人吴大口供系贵谋死图抵,应照前拟绞。王来聘母侄既死免议。原借本银追给事主。郭钦按律责三十板,张宗智各责二十板,俱革役。赃追给□。杨生光等并知州免议。朱国臣送户部审结。	缺	10.12.16 NG120579 外地案件。情节认定不同。只提到最高官员名字。

(续表)

序号	案由概述	两议情况1	两议情况2	皇帝意见	日期、来源及说明
9	盛京案件1,旗人案件。京孙道官管的奶奶庙中的道士沙正奎与傅朝庚因赌钱争嚷,朝庚将正奎母踢伤身死。	盛京总兵1:傅朝庚应斩; -------- 盛京总兵2:原非专意打死,应鞭一百,赔一人。	刑部:查律凡斗殴杀人者不问手足、他物、金刃并绞,按律傅朝庚应绞监候,秋决。三法司与刑部议同。	傅朝庚依拟应绞,着监候秋后处决,余依议。	10.12.12 NG006436 盛京将军两议。
10	京师案件7,旗人案件。李麻子清字告主母与红羊教道士聂大通奸。	刑部:奴婢诬告家长律绞,李麻子应拟绞监候,但主母在家供佛与道士同屋居住不免嫌疑,李麻子免死鞭一百。	三法司之刑部、大理寺照刑部原拟。都察院:奴婢诬告家长律绞,李麻子应绞,秋后处决。	李麻子免死鞭一百。	10.12.22 BD1869-9 量刑不同。
11	京师案件8,旗人案件。捕获强贼查杨海(正白旗包衣)入高粱地中持刀自戳,并无弓箭、腰刀,搜出白裈亦非失物也。	刑部尚书交罗(觉罗)巴哈纳、左侍郎宜尔都赤、启心郎吴达礼、理事官蔡必兔:杨海合依强盗已行但得财者不分首从皆斩律应斩。	尚书张秉贞、左侍郎卫周祚、右侍郎龚鼎孳、郎中刘世杰:杨海走入高粱地内,被追持刀自刺,踪迹可疑,但并无弓箭、腰刀,亦不伏贼,搜出白裈一件亦非失主之赃,夹审不认,难以强盗律论,但其持刀之罪应鞭一百。三法司:律以持刀之罪应鞭一百。	杨海鞭一百。余依议	11.1.7 NG087591 刑部开始情节认定不一致。
12	京师案件9,非刑事案件,民人案件。太监萧章的驴头被贼抢去,后看见房山县人王大的驴子,认为是自己的。	刑部1:查买卖俱未上税,亦难拟以偷盗,情属可疑,宋洪儒、熊三等俱免罪,驴与太监萧章。其被劫之物俟贼获日另结。	刑部2:王大等既非是贼,则王大之驴非萧章之驴,不应给萧章之驴。买卖未上税入官。案候盗贼获日再问萧章之驴。	依后议。	11.2.9 BD1870-15 不涉及犯罪。刑部提出两种处理意见,未见官员分歧。
13	直省案件3,旗人案件。言布守主亲前宿娼赌钱,穿故主衣服。	刑部原议1、刑部和都察院核拟:言布应立斩。	刑部原议2、三法司:言布以奴仆居主丧宿娼赌博律无正条,合引子居父母丧犯奸者加凡奸二等,照律与新人刘三各鞭一百。	言布、刘三依拟各鞭一百,余依议。	11.4.4 BD1872-3 满洲例与大清律。未见官员分歧。
14	京师案件10,民人案件。民人张豆腐打死投充家人保儿。	刑部1:张豆腐应拟绞,秋后处决。	刑部2:查律若家长殴雇工人,非折伤勿论,至折伤以上者,减凡人三等,因而致死者杖一百徒三年,张豆腐照律应杖一百折责四十板,徒三年。	三法司核拟具奏。	11.4.16 BD1872-5 缺页

顺治朝题本中所见"两议"案件研究　　141

（续表）

序号	案由概述	两议情况1	两议情况2	皇帝意见	日期、来源及说明
		三法司：适逢热审之期……保儿雇与张豆腐佣工是实，若径以凡斗拟绞，情有可矜，应照后议家长殴雇工人因而致死者律，张豆腐杖一百，徒三年。	张豆腐依议。		11.6.7 BD1873-3 旗下人是雇工人。
15	京师案件11，旗人案件。四姐与王厨子通奸，欲杀伊主明阿兔，将毒药放在饭内情真。	三法司1：依毒药杀人不死已伤，拟绞监候。	三法司2：四姐置买毒药无据，通奸情真，依和奸律杖八十。奉有笞杖豁免之旨，免杖。	两议轻重悬殊还着□□具奏。	11.5.9 NG089445 三法司情节认定不一。
16	直省案件4，汉人官吏案件。纠参匿盗各官。	刑部1：知府杨惠心、快役窝盗截劫未能觉察，大梁道中军史三才境内强贼截劫不能缉拿，又未申报，合依不应得为而为之事理重者律，各杖八十折赎。郑州知州王永祚、荥泽知县韩重辉、河阴知县孟世勋各本境内被盗截劫隐匿不报，俱以应申上而不申上者律笞四十折赎。查另案史文严亦以境内有贼不报革职，杨惠心、史三才、王永祚、韩重辉、孟世勋俱应革职。荥阳知县倪斌本境并无盗贼失事，徒以接壤有盗未经预申，后将李虎山等住址、姓名报道，且又亲身出境捕获贼首窝主相应免议，应否革职听吏部议覆。	刑部2：知府杨惠心快役窝贼虽未能觉察，而以卯不到革出，该抚拟不应得为而为之事理重者律杖八十。知州王永祚、知县韩重辉、孟世勋各境内有贼未能申报，该抚拟以应申上而不申上者律笞四十。查名例文职官私罪笞肆四十以下者，附过还职，杖八十降三等叙用，杨惠心应否降等叙用，王永祚、韩重辉、孟世勋应否附过还职，听吏部议覆。至知县倪斌境内并无盗贼失事，且亲身捕获贼首窝主，应免议。应否还职听吏部议覆。中军史三才领兵驻防不能剿贼，又不申报合依不应得为而为之事理重者律杖八十，革职折赎。	杨惠心等依前议。	11.5.16 NG008937 无官员分歧。拟律不同。
17	京师案件12，旗人案件。管家何罗打死投充人王之玉儿。	三法司1：何罗偷米，持刀背打死王之玉儿情真，合依故杀律拟斩监候秋决。	三法司2：何罗打死王之玉儿及骂主事由并无实据，偷米情真，应鞭一百，不援热审免责。	据前议何罗持刀背打死王之玉儿情；后议又云何罗打死王之玉儿原无的证。两议具属游移，是何谳法？还着□□拟具奏。	11.6.14 BD1873-6 情节认定不一。

(续表)

序号	案由概述	两议情况1	两议情况2	皇帝意见	日期、来源及说明
18	京师案件13,旗人案件。阿哩呢妻与阿叔虎朵和奸	刑部1:和奸情真,查律和奸者各杖八十。	刑部2:又查《盛京定例》,凡本夫出兵而妇人犯奸,男妇各处死,但奉有热审死罪有可矜疑之奏请定夺之旨。阿哩呢妻、阿叔虎朵今或应责鞭发落,或照盛京之例处死,或候阿哩呢回日结案。	阿哩呢妻、阿叔虎朵姑免死,着各鞭一百。	11.6.14 NG117478
19	京师案件14,犯人旗、民均有。刘三、曹二、疙疸红、十里河、王三、郭大等六名各处抢劫行凶伤人。	刑部署尚书事宗人府启心郎交罗(觉罗)宜兔、左侍郎吴喇插、右侍郎色冷、启心郎对哈纳、理事官蔡必兔、都察院参政佟国胤、左金都御史蒋国柱、启心郎课罗科、大理寺卿尼堪:刘三、曹二、疙疸红、十里河、王三、郭大等六名各处抢劫、行凶、伤人,赃证已确,俱合依强盗已行但得财者不分首从皆斩;其萧二同刘三白日截得行路人牛参只未曾伤人,合依白昼抢夺人财物者杖一百,徒三年,因系满洲家人无充徒之例,免徒应鞭一百。今逢恩赦免责。	刑部尚书张秉贞、左侍郎李际期、右侍郎林德馨、都察院右都御史龚鼎孳、大理寺卿梁清远、郭大、十里河虽……但同刘三中途截杀大任驴马,将大任射伤一箭,查射吴大任者系刘三,非郭大、十里河,按律凡白昼抢夺伤人者斩,为从各减一等,杖一百,流三千里,郭大合依律杖一百,流三千里,十里河系旗下人例免流,同萧二鞭一百,今逢恩赦应免罪。余照前议。		11.8.3 NG037006 拟律不同。
20	京师案件15,旗人案件。旗下家人刘三将妻子刘氏打死	左侍郎吴喇插、右侍郎阿思哈、色冷、启心郎对哈纳、副理事官金鼎:按律夫殴妻至死者绞,刘三应拟绞监候秋决。	尚书任浚、左侍郎李际期、右侍郎林德馨、郎中王孙蔚:妻素日有病,刘三酒醉失手,免死鞭一百。	三法司核拟具奏。	11.9.24 BD1876-11 量刑不同
		刑部左侍郎吴喇插、右侍郎阿思哈、右侍郎色冷、启心郎对哈纳、副理事官金鼎、都察院承政固山额真土赖、左御史龚鼎孳、左金都御史白如梅、启心郎课罗科、理事官多那:绞监候秋决。	刑部尚书任浚、左侍郎李际期、右侍郎林德馨、郎中王孙蔚、大理寺卿尼堪、王尔禄、左少卿吴尔虾赤、霍达、寺丞张椿:免死鞭一百。	着议政王、贝勒、大臣详确拟议具奏。	11.12.11 BD1883-6
		议政王、贝勒、大臣:鞭一百,免鞭		刘三伤妻既系醉后,姑免死着仍鞭一百	12.1.25 NG089425

(续表)

序号	案由概述	两议情况1	两议情况2	皇帝意见	日期、来源及说明
21	京师案件16，旗人案件。旗人柴度酒醉殴伤主子。	刑部左侍郎吴喇插、右侍郎阿思哈、色冷：合依凡奴婢殴打家长律斩，柴度应斩监候秋决。	尚书任浚、右侍郎林德馨、启心郎对哈纳、理事官嘉木佐、罗多、杨茂勋、郎中刘允谦：照律应斩，酒醉无知殴主相应免死鞭一百。	三法司确拟具奏（NG120278）。	11.11.30；BD1882-11 量刑不同。
		刑部左侍郎吴喇插、右侍郎阿思哈、右侍郎色冷、都察院左都御史龚鼎孳、左佥都御史白如梅、御史杨旬瑛、大理寺正卿王尔禄、左少卿吴尔虾赤：仍照前拟，斩监候秋决。	太子太保刑部尚书刘昌、右侍郎袁懋功、启心郎对哈纳、理事官罗多、杨茂勋、郎中刘允谦：依律应斩，但沉醉不知人事，免死鞭一百。	着议政王、贝勒、大臣详确拟议具奏	12.3.12 NG120278
		议政王、贝勒、大臣：柴度……因醉不知拒主相应免死鞭一百。			12.3.23 NG086743
22	京师案件17，旗人案件。旗下家人招儿丙讨租途中酒醉打戴天锡，戴第二日身死。	尚书任浚、右侍郎阿思哈、右侍郎色冷、左侍郎李际期、右侍郎林德馨、郎中王孙蔚：按律凡斗殴杀人者不问手足、他物、金刃并绞，招儿丙应拟绞监候秋决。	左侍郎吴喇插、启心郎对哈纳、理事官宜尔特黑：按律应绞，但查凡强贼行劫自行投首者免死鞭一百。今招儿丙相应免死鞭一百，仍追埋葬银。	三法司核拟具奏。	12.1.20 BD1884-13
23	京师案件18，旗人案件。盖三醉后与主母相持，推主母一下。	刑部左侍郎吴喇插、右侍郎阿思哈、启心郎对哈纳、理事官张所养：查律凡奴婢殴家长者有伤、无伤不分首从皆斩，盖三依律应斩监候秋决。	右侍郎戴明说、郎中刘世杰：按以殴律斩不无过重，应比照过失伤主者律杖一百，流三千里。旗下人无流徙之例，盖三应鞭一百。	三法司核拟具奏。	12.2.28 BD1886-12
24	京师案件19，旗人案件。希喇哈因本家李四与和尚等争钱口角好意相劝，李四反行詈骂，希喇哈回彼一拳，不意李四跌到墙下身死。	刑部左侍郎吴喇插、启心郎对哈纳、山西司理事官花尚、高岱、副理事官满都：合依斗殴杀人不问手足、他物、金刃律绞监候秋决。起岬之和尚、罗旺、罗明合依不应律笞四十，逢热审免议。	太子太保弘文院大学士尚书图海、少保兼太子太保尚书刘昌、右侍郎阿思哈、左侍郎袁懋功、郎中吴颖、员外郎李盈公、都察院左副都御史曹溶、大理寺卿孙建宗、左理事官吴尔虾赤、理事官宜把汉、寺丞林起龙：希喇哈实无害四之心，其情可矜，相应免绞，事逢热审应遵人命不减等之例仍鞭一百。和尚、罗旺、罗明合依不应律笞四十，热审免议。	希喇哈姑免绞着鞭一百，余依议。	12.7.10 BD1896-4 量刑不同。

（续表）

序号	案由概述	两议情况1	两议情况2	皇帝意见	日期、来源及说明
25	京师案件20,旗人案件。旗下家人小子拳殴马进禄,三日后进禄身死。	刑部左侍郎吴喇插、左侍郎袁懋功、启心郎对哈纳、理事官莫洛、吴国元、郎中周茂源：查律凡斗殴杀人者不问手足、他物、金刃并绞,小子依律应绞监候秋决。	太子太保弘文院大学士尚书图海、少保兼太子太保尚书刘昌、右侍郎阿思哈：小子原无杀马进禄之心,马进禄之母称我子既不能复生,小子面其抵命,乞断银两给我养膳之资……乞断银两给我养膳之资……小子相应免死鞭一百,断追营葬折银十二两四钱二分,其他照前议。	小子姑免死鞭一百,追营葬银,余依议。	sz12.7.11 BD1896-5 量刑不同。
26	直省案件5,民人案件。王成印等四犯伙劫各处。	太子太保弘文院大学士刑部尚书图海、右侍郎阿思哈、理事官宜尔特黑、副理事官金鼎、郎中王孙蔚、都察院启心郎课罗科、大理寺卿吴库礼：王成印、陈二、王三、郝大伙劫各处众证有据,按律凡强盗已行但得财者不分首从皆斩,依律斩立决。	少保兼太子太保尚书刘昌、左侍郎臣袁懋功、右侍郎臣王尔禄、都察院左都御史龚鼎孳、大理寺卿孙建宗、少卿程正揆：王成印、陈二赃俱花费,王三原解到赃止丝裤一条,又无失主认领；郝大面供系宗胖子拉去田文正家将自己口袋装分麦子二斗,并无至姚三、郭二家射人、烤人等情,王成印等四犯俱照窃盗律以一主为重并赃论罪六十两律各杖七十、徒一年半,余照前议。	这案前后两议轻重太悬,还着确议具奏。	12.5.29 NG008303 情节认定和拟律不一。
		太子太保弘文院大学士刑部尚书图海、左侍郎吴喇插、右侍郎阿思哈、启心郎对哈纳、理事官宜尔特黑、副理事官金鼎、郎中王孙蔚、都察院启心郎课罗科、大理寺卿吴库礼：王成印、陈二、王三、郝大伙劫各处众证有据。现赃有王三名下丝裤一条,及已故窝主周凤仪分得伙劫赃物三件,又有失主刘国名、田文正等供证的确,且石曹地方已故失主姚三、郭二及现在失主田文正俱系同村。郝大虽供姚三是李大射死,郭二是杨二等烤死,伊曾分白毡、麦子等物,难辞同伙杀人之罪。王成印等四犯相应仍照强盗已行得财律处斩立决。	少保兼太子太保尚书刘昌、左侍郎臣袁懋功、右侍郎臣王尔禄、都察院左都御史龚鼎孳、左副都御史曹溶、大理寺卿孙建宗：王成印、陈二、王三、郝大招认同行是实,但查各犯所分之赃甚微,又皆花费无存,只有现解丝裤一条又无失主认领,至石曹一处王成印、陈二、王三俱未曾去,郝大虽被宗胖子拉去,但面供,止在田文正家,并未至被杀之姚三、郭二两失主家,且各犯赃俱花费。查律例被获之时赃亦花费者俱引监候处决。今王成印、陈二、王三、郝大赃各花费,合依律例监候秋后处决。	缺	12.7.22 NG008303

(续表)

序号	案由概述	两议情况1	两议情况2	皇帝意见	日期、来源及说明
27	京师案件21,旗人案件。逃人杨大夫畏法服毒,余犯各亦自服。	太子太保弘文院大学士尚书图海、左侍郎吴喇插、右侍郎阿思哈、理事官杨茂勋:杨大夫你虽供将毒药因惧打欲死,自服,并未与四儿等吃,系他们自己抢吃,然四儿、四姐供,不系我们自己抢吃,俱系杨大夫与我们吃的。查律用毒药杀人不死依谋杀已伤者律绞,杨大夫依律应绞监候秋决。	少保兼太子太保尚书刘昌、左侍郎袁懋功、右侍郎臣王尔禄、署司事主事臣王延祹、杨大夫与妻胡氏、四儿等同逃于河西……杨大夫恐到部受刑不过,将所买毒药自服因而昏迷。四儿亦惧刑各将余药自服,遂亦迷倒。按律用毒药杀人不死依谋杀已伤者律绞,谓有意用毒药害人也。今杨大夫畏法自己先服,余犯各亦自服,原非杨大夫之有意害众,况与四儿等又无仇恨,相应鞭一百。	三法司核拟具奏。	12.10.20 NG087718 满官按照法律重判;汉官轻。情节认定不一样。
28	直省案件6,民人案件。山西汾阳县民李永昌隐匿逃人案。	三法司:李永昌虽巧辩不知逃人李永盛被满洲带去情由,据伊供六年外弟与妻子俱听说带去。李永昌明知逃人李永盛隐藏是实。 该太子太保弘文院大学士刑部尚书图海、右侍郎臣阿思哈、大理事左理事官臣吴尔虾赤、寺承臣林起龙:看得李永昌虽供出外贸易不知伊弟李永盛被满洲带去,又口供内于陆年听说带去等语,先虽在外后同一院住居七月难免知情之罪,应照定例拟绞监候秋后处决。	照例拟绞监候秋后处决。其余与督捕相同。 少保兼太子太保刑部尚书刘昌、右侍郎臣杨义、启心郎臣对哈纳、理事官臣高岱、署司事广东司主事臣李之芳、太子太保内翰林弘文院大学士管都察院左都御史事成克巩、启心郎臣课罗科:李永昌与逃人李永盛既系兄弟又同居七月难免隐藏之罪前审以拟绞,今臣等公同确议,永昌出外贸易,在顺治四年永盛为大兵所获,乃在六年及其七年逃回,而永昌八年始归,则其间被获逃回之事似属不知,但永盛又言躲在山里□系同胞兄弟难言尽不知情,相应免死杖□□□徙宁古塔地方。	李永盛逃回时据李永昌辩称在外不知。依拟应绞监候,再审具奏,余依议。 李永昌姑免死杖一百,流徙宁古塔地方。	12.10.23 NG087698 12.12.18 NG087698

(初审编辑 潘程)

类型化视野下的医疗机构告知义务

缪 宇[*]

On the Duty to Disclosure of Medical Institutions in the View of Typology

Miao Yu

内容摘要：《侵权责任法》第 55 条第 1 款确立了两种不同的告知义务，即第 1 句中的不以取得患者同意为目的的告知义务和第 2 句中的以取得患者同意为目的的告知义务，后者则正是告知后同意规则的具体体现。不同类型的告知义务保护的对象并不相同，违反不同的告知义务的损害赔偿后果也不尽相同。在我国既有的民事权利体系下，患者对身体的自主决定也属于身体权的内容，故第 55 条第 1 款第 2 句的告知义务旨在保护患者的身体权，医疗机构仅在紧急情况出现、患者知晓相关信息、患者放弃知情权和运用医疗特权时无须履行该告知义务，违反该告知义务的医疗机构应对患者由此遭受的所有损害负责，医疗机构得证明损害与未尽告知义务之间不存在义务违反关联或可通过合法替代行为抗辩免除损害赔偿责任。

关键词：告知义务 身体权 自主决定 损害赔偿

---

[*] 法学博士，北京市社会科学院博士后工作站、中国社会科学院法学所博士后流动站博士后研究人员。

一、问题的提出

（一）学界对告知义务的保护对象及违反告知义务的损害赔偿责任的争议

我国学界通说认为，《侵权责任法》第55条确立了患者的知情后同意规则，医生负有告知义务，而患者则享有知情同意权或自主决定权。[1] 然而，医疗机构违反告知义务的损害赔偿责任如何，学界却存在不同观点。

第一种观点认为，医疗机构仅违反告知义务的，侵害了患者的知情同意权，如果患者并未遭受物质损害，医疗机构即无须承担责任，只有在医疗机构违反告知义务的同时还引起实际损害的，医疗机构才应该负责。[2] 这种观点实际上认为，告知义务只是治疗行为的一个组成部分，不具有独立的意义。

第二种观点认为，医疗机构违反告知义务，侵害患者知情同意权的，医疗机构负担的损害赔偿责任取决于造成的具体损害：医疗机构仅违反告知义务的，就侵害知情同意权负侵权损害赔偿责任；医疗机构同时侵害了患者的物质性人格权的，则应承担人身损害赔偿责任。[3] 这种观点实际上认为，虽然告知义务的违反侵害了患者的知情同意权，但当患者的身体健康权同时受损时，侵害知情同意权的行为不再具有独立的意义，医疗机构仅就患者的身体健康权损害负责。

第三种观点认为，从法律后果的角度来看，应当区分违反告知义务和未经同意的治疗行为，违反告知义务，侵害患者知情同意权的法律后果是精神损害赔偿，而因治疗行为造成物质性人格权损害（包括财产性损害和非财产性损害）的赔偿责任则须另行认定。比如，周江洪教授以告知义务的类型化为基础，主张从因果关系认定的角度来确定违反告知义务的赔偿范围，从而当医疗机构违反说明义务对患者的意思决定或选择具有实质性影响时，应当允许患者主张物质性损害赔偿，而且，当医疗机构违反告知义务时，不论治疗成功与否，患者都得主张精神损害赔偿。[4] 类似的，周友军博士指出，在医疗机构违反知情同意规则的情况下，即使医疗机构主张合法替代行为抗辩，受害人无法主张生命权、健康权损害赔偿的，仍得就隐私权（自主决定权）侵害主张精神损害赔偿；就生命权、健康权侵害而言，违反知情同意规则的医疗机构必须对患者遭受的损害负赔偿责

---

[1] 王利明：《侵权责任法研究》（下卷），中国人民大学出版社2016年版，第402页；张新宝：《侵权责任法》，中国人民大学出版社2016年版，第222页；周友军：《侵权法学》，中国人民大学出版社2011年版，第264页；程啸：《侵权责任法》，法律出版社2015年版，第560页。

[2] 王利明：《侵权责任法研究》（下卷），同上注，第412页。

[3] 杨立新：《侵权法论》，人民法院出版社2011年版，第447页。

[4] 周江洪："违反医疗说明义务损害赔偿范围的界定"，载《法学》2011年第5期。

任,不论医生在治疗时是否具有医疗过错。[5] 王竹博士也持类似观点。[6] 这种观点实际上认为,告知义务和治疗行为相互独立,违反告知义务的损害赔偿和治疗行为的损害赔偿应当分别认定,但患者的同意能够阻却治疗行为的不法性。

总的来看,第一种观点完全否认了告知义务的独立意义,并不足取。而第二种观点和第三种观点则有些殊途同归,它们唯一的分歧则在于:当医疗机构不仅违反了告知义务,而且还侵害了患者的身体健康权时,医疗机构是否仍须单独赔偿自主决定权侵害的精神损害赔偿?第二种观点认为在这种情况下侵害自主决定权不再具有独立的意义;而第三种观点则主张此时仍应独立认定侵害自主决定权的精神损害赔偿。

(二) 司法实践的立场

医疗机构违反告知义务,导致患者遭受人身损害的,医疗机构负担何种损害赔偿责任,我国司法实践的立场不尽一致。[7] 更麻烦的是,我国《民事案件案由规定》不仅规定了"侵害患者知情同意权责任纠纷",还规定了"生命权、健康权、身体权纠纷",这加剧了司法实践的分歧。

医疗机构违反告知义务但不存在医疗过失或不构成医疗事故的,如患者遭受的损害源于医疗措施的典型并发症,除极少数判决否认医疗机构的赔偿责任外[8],各地司法实践就医疗机构的损害赔偿责任大致存在三种立场:(1) 由于医疗机构不存在医疗过失或不构成医疗事故,患者身体健康权损害与医疗机构告知义务的违反没有因果关系,此时法院可能不会列举具体赔偿项目,直接酌定医疗机构的损害赔偿责任[9];(2) 医疗机构手术符合常规、医疗机构不存在

---

[5] 周友军:《侵权法学》,同前注[1],第 270 页。

[6] 王竹:"解释论视野下的侵害患者知情同意权侵权责任",载《法学》2011 年第 11 期。

[7]《侵权责任法》出台之前的情况,参见周江洪:"违反医疗说明义务损害赔偿范围的界定",同前注[4]。

[8] 如"陈某某与霍邱县第二人民医院侵害患者知情同意权责任纠纷案",安徽省霍邱县人民法院(2013)霍民一初字第 01142 号;"黄启珍诉广西壮族自治区人民医院医疗损害责任案",广西壮族自治区南宁市中级人民法院(2014)南市民再字第 34 号;"丁春平与南京市栖霞区迈皋桥医院医疗损害责任纠纷再审复查与审判监督民事裁定书",江苏省高级人民法院(2014)苏审三民申字第 0556 号;"郑刚医疗损害责任纠纷申诉、申请民事裁定书",北京市高级人民法院(2015)高民申字第 00139 号。

[9] 如"张冬英与宝应县鲁垛镇卫生院医疗损害赔偿纠纷上诉案",江苏省扬州市中级人民法院(2011)扬民终字第 0909 号;"万 a 等诉 A 儿科医院医疗损害责任纠纷案",上海市闵行区人民法院(2012)闵民一(民)初字第 17828 号;"张良昆与沅陵县人民医院侵害患者知情同意权纠纷上诉案",湖南省怀化市中级人民法院(2014)怀中民一终字第 221 号;"魏某某等与宁波市医疗中心××医院医疗损害责任纠纷上诉案",浙江省宁波市中级人民法院(2012)浙甬民一终字第 90 号;"华某某诉某医院医疗损害责任纠纷案",上海市徐汇区人民法院(2013)徐民一(民)初字第 4304 号;"黄德伟与上海市第十人民医院医疗损害责任纠纷案",上海市第二中级人民法院(2014)沪二中民一(民)终字第 260 号;"俞民宏与中国人民解放军第一一三医院医疗损害责任纠纷再审民事判决书",浙江省高级人民法院(2015)浙民再字第 41 号。

过错或不构成医疗事故,故患者身体健康权损害与医疗机构告知义务的违反没有因果关系,但法院仍会要求医疗机构对患者承担精神损害赔偿责任,同时赔偿或退还部分医疗费[10];(3)虽然医疗机构不存在过错或不构成医疗事故,医疗措施与患者遭受损害没有因果关系,但法院判令医疗机构就违反告知义务对患者的生命权、身体健康权损害负责,包括医疗费、误工费、护理费[11]甚至死亡赔偿金和丧葬费。[12]

医疗机构不仅违反了告知义务、侵犯了患者的知情同意权,还构成医疗过错或医疗事故的,法院往往直接判决要求医疗机构承担损害赔偿责任,包括医疗费、误工费、营养费、残疾赔偿金、精神损害赔偿等,但该精神损害赔偿针对的是患者因身体健康权受损而蒙受的精神痛苦,并非侵害自主决定权的精神损害赔偿。[13]换言之,在这种情况下,法院不会单独认定对于侵害知情同意权的损害赔偿。[14]

总的来看,就医疗机构违反告知义务的损害赔偿责任而言,我国司法实践基本采纳了学界的第二种立场:当不存在身体健康权侵害时,医疗机构仅就违

---

[10] 如"李某某诉上海某医院有限公司侵害患者知情同意权责任纠纷案",上海市崇明县(2011)崇民一(民)初字第4174号判决,上海市第二中级人民法院(2012)沪二中民一(民)终字第43号;"喻春秀诉新疆医科大学第一附属医院医疗损害赔偿案",新疆维吾尔自治区乌鲁木齐市中级人民法院(2010)乌中民一终字第782号;"上诉人宋智与被上诉人中国人民解放军第九十一中心医院医疗损害赔偿纠纷案",河南省焦作市中级人民法院(2013)焦民二终字第00312号;"万a等诉A儿科医院医疗损害责任纠纷案",上海市闵行区人民法院(2012)闵民一(民)初字第17828号;"上诉人宋智与被上诉人中国人民解放军第九十一中心医院医疗损害赔偿纠纷案",河南省焦作市中级人民法院(2013)焦民二终字第00312号;"孙湘华与湘西土家族苗族自治州人民医院侵害患者知情同意权责任纠纷案",湖南省吉首市人民法院(2014)吉民初字第990号。

[11] 如"潘某与杭州市某某人民医院医疗损害责任纠纷上诉案",浙江省杭州市中级人民法院(2012)浙杭民终字第1369号;"上诉人亢亚兰与被上诉人灵宝市第一人民医院医疗损害责任纠纷案",河南省三门峡市中级人民法院(2012)三民终字第298号;"张某某与浙江省某某医院医疗损害责任纠纷上诉案",浙江省杭州市中级人民法院(2012)浙杭民终字第1739号。

[12] 如"余丙等与上海市肺科医院医疗损害责任纠纷上诉案",上海市第二中级人民法院(2012)沪二中民一(民)终字第1537号;"原告张文、张宁、袁英与被告新疆医科大学第一附属医院医疗损害责任纠纷案",新疆维吾尔自治区乌鲁木齐市新市区人民法院(2014)新民一初字第3360号。

[13] 周江洪:"违反医疗说明义务损害赔偿范围的界定",同前注[4]。

[14] 如"雷某与南京市儿童医院医疗损害责任纠纷再审案",江苏省南京市中级人民法院(2011)宁民再终字第31号;"李星与娄底市湘中煤炭医院有限责任公司医疗事故赔偿纠纷再审案",湖南娄底市中级人民法院(2012)娄民再终字第36号;"上诉人某某某与被上诉人杜某某医疗损害赔偿责任纠纷案",河南省洛阳市中级人民法院(2013)洛民终字第389号;"田某某与上海交通大学医学院附属仁济医院医疗损害责任纠纷案",上海市第二中级人民法院(2012)沪二中民一(民)终字第2657号;"周伦与广州市第十二人民医院医疗损害赔偿纠纷案",广东省广州市中级人民法院(2013)穗中法民一终字第353号;"陆某某诉某医院医疗损害责任纠纷案",上海市徐汇区人民法院(2013)徐民一(民)初字第1028号;"岳阳市二人民医院与李友良医疗损害赔偿纠纷上诉案",湖南省岳阳市中级人民法院(2012)岳中民三终字第296号;"赵社会诉行唐县人民医院侵犯患者知情同意权责任纠纷案",河北省行唐县人民法院(2014)行民一初字第00604号。

反告知义务承担赔偿责任,但该赔偿责任范围如何,实践中缺乏统一标准;当医疗机构不仅违反了告知义务,还因医疗过错侵害了患者的身体健康权时,法院往往不再要求医疗机构就侵害知情同意权单独承担责任,知情同意权的侵害被身体健康权的侵害行为所吸收。法院无意识的选择似乎隐含了这一逻辑:当医疗机构同时侵害患者的自主决定权和身体健康权时,自主决定权的侵害被身体健康权侵害之高度行为所吸收,无须额外成立侵害自主决定权之侵权责任。[15]

(三)争论的症结

在本文看来,学界和司法实践就违反告知义务的损害赔偿范围之争,首先源于学界对讨论背景的忽视:《侵权责任法》第 55 条第 1 款中的告知义务的保护范围是否仅限于患者的自主决定权或知情同意权?实际上,告知义务具有双重属性,它首先是基于医疗合同关系产生的义务[16],其次才是侵权法上的义务。《侵权责任法》第 55 条第 1 款规定的告知义务具有内容多样化的特点,不同的告知义务针对的法益并不完全一致,违反告知义务造成的法律后果也不尽相同。在缺乏对告知义务类型化分析的前提下,讨论违反告知义务的具体损害赔偿范围,得出的结论必然千差万别。

此外,基于学界和司法实践的共识,侵害患者自主决定权的典型是医疗机构违反告知义务在未获得患者同意的情况下即为患者实施治疗,导致患者遭受人身损害。但是,这种告知义务的保护对象真的是患者独立的"自主决定权"或"知情同意权"吗?

因此,要厘清违反告知义务的损害赔偿范围,就必须以类型化为出发点,结合我国《侵权责任法》第 55 条第 1 款的规定,按照告知义务的具体内容和法益保护范围分别讨论。在此基础上,还应当厘清告知后同意的保护对象。

(四)告知义务的类型化——对《侵权责任法》第 55 条第 1 款的解读

我国《侵权责任法》第 55 条第 1 款规定:"医务人员在诊疗活动中应当向患者说明病情和医疗措施。需要实施手术、特殊检查、特殊治疗的,医务人员应当及时向患者说明医疗风险、替代医疗方案等情况,并取得其书面同意;不宜向患者说明的,应当向患者的近亲属说明,并取得其书面同意。"从该条的文义来看,我国《侵权责任法》确立了两种告知义务:(1)关于病情和医疗措施的告知义务;(2)关于治疗措施的医疗风险、替代医疗方案的告知义务。我国学界有学者将其分别称为"确保疗效的说明义务"(告知义务)和"介入性说明义务"(告知同意),前者不涉及患者或其家属的同意,后者则涉及患者的自主决定,以取得

---

[15] 陈聪富:《医疗责任的形成与展开》,台湾大学出版中心 2014 年版,第 216 页。
[16] 张谷:"浅谈医方的说明义务",载《浙江社会科学》2010 年第 2 期;周江洪:"违反医疗说明义务损害赔偿范围的界定",同前注[4]。

患者或其家属的同意为目的。[17]

学界的这种分类大抵源于德国法。在德国法中,告知义务具体包括[18]:(1)诊断结果的告知(Diagnoseaufklärung),即医生负有将诊断结论和病情告知患者的义务;(2)确保疗效的告知(Sicherungsaufklärung),即治疗上的告知(therapeutische Aufklärung),该类告知义务旨在促成患者在治疗过程中配合治疗,实现治疗效果的最大化,故该类告知义务保护的是患者的生命健康权,原则上违反该告知义务构成医疗过失(Behandlungsfehler),而非告知过失(Aufklärungsfehler),《德国民法典》第 630c 条第 2 款第 1 句即规定了这一告知义务;(3)保障患者自主决定的告知(Selbstbestimmungsaufklärung),即治疗风险的告知(Risikoaufklärung)和治疗过程的告知(Verlaufaufklärung),《德国民法典》第 630e 条第 1 款就规定了这一告知义务;(4)经济上的告知(wirtschaftliche Aufklärung, wirtschaftliche Informationspflicht),即医生在采取治疗措施之前将不属于医疗保险报销范围的治疗措施及其费用告知患者,这一告知义务可见于《德国民法典》第 630c 条第 3 款。一般来说,德国学界在讨论告知义务时主要针对的是保障患者自主决定的告知义务,确保疗效的告知则往往在医疗过失中讨论。[19]

从这个角度来看,我国《侵权责任法》第 55 条第 1 款第 1 句规定的是诊断结果的告知义务:患者是否患病、患有何种疾病,应当采取哪些医疗措施,医生应当告知患者。第 55 条第 1 款虽然没有明文规定确保疗效的告知义务,但我国司法实践却将其纳入第 1 句,作为无须患者同意的告知义务处理。该告知义务不以取得患者同意为目的,与患者的自主决定无关,患者对这类告知可以接受,也可以不接受。此外,在我国,经济上的告知义务被分为两个部分,即不涉及替代治疗方案的经济上的告知义务和替代方案的经济上的告知义务,从而存在多项法律依据。第 55 条第 1 款第 2 句则是为了保障患者的自主决定而设置的告知义务:医生应当将医疗措施的风险、替代治疗方案等信息告知患者,供患者在理性思考的基础上自行选择。换言之,第 2 句规定了狭义的告知义务,即以取得患者同意为目的的告知义务,旨在保障患者的自主决定:基于私法自治

---

[17] 同上注;周江洪:"违反医疗说明义务损害赔偿范围的界定",同前注[4];王竹:"解释论视野下的侵害患者知情同意权侵权责任",同前注[6]。

[18] Vgl. Spickhoff, in: *Soergel*, 13. Aufl., 2005, § 823, Anh. I, Rdn. 119 ff.; Hager, in: *Staudinger*, 14. Aufl., 2010, § 823 I, Rdn. 76 ff.; Laufs, in: Laufs/Kern, *Handbuch des Arztrechts*, 4. Aufl., 2010, Kapitel 11; Wagner, in: *Münchener Kommentar zum BGB*, 6. Aufl., 2013, § 823, Rdn. 808 ff.; Katzenmeier, in: Laufs/Katzenmeier/Lipp, *Arztrecht*, 7. Aufl., 2015, Kapitel V, Rdn. 14 ff. 我国学界的介绍,参见曾见、葛晓敏:"医生告知义务的类型与范围",载《医学与哲学》2017 年 9A 期。

[19] Vgl. Hager, a. a. O., § 823 I, Rdn. 78; Wagner, in: *Münchener Kommentar zum BGB*, 7. Aufl., 2017, § 630c, Rdn. 14.

原则,患者在被充分告知的基础上,本着自负责任的精神,经过理性思考,就是否接受治疗和接受何种治疗自主决定,基于患者的同意,在医疗机构不具有医疗过失或不构成医疗事故的前提下,医疗机构原则上无须就医疗措施对患者造成的损害负担赔偿责任。

因此,违反告知义务的损害赔偿范围取决于各个具体的告知义务的保护范围。接下来,本文即在区分第55条第1款第1句和第2句两种告知义务的基础上,分别讨论违反告知义务的损害赔偿责任。

二、不以取得患者同意为目标的告知义务——《侵权责任法》第55条第1款第1句

《侵权责任法》第55条第1款第1句规定的告知义务原则上与患者的自主决定无关。该告知义务的范围包括医生对病情(诊断结果)的告知义务。从解释上来看,确保疗效的告知义务和经济上的告知义务也属于这类告知义务的范畴。违反这类义务的法律后果,按照受害的具体法益而定。就医疗措施的告知而言,按照第55条第1款第1句和第2句的关系,第1句的医疗措施似乎限于手术、特殊检查、特殊治疗以外且没有医疗风险或替代方案的医疗措施,常见的例子是医生会为患者开具常规药品、为患者清理创口、包扎伤口,该医疗措施的告知义务是仅保护患者的知情权但不以取得患者同意为目标的告知义务,患者可以拒绝接受这些医疗措施,但这一医疗措施的告知义务与保护患者的自主决定权无关。

(一)诊断结果的告知义务

1. 诊断结果告知义务的内容和性质

不言而喻,医生应当将诊断结果主动告知患者,患者有权要求医生告知诊断结果。具体来说,告知的范围包括:患者是否患病、患何种疾病,疾病具有何种危害,疾病的成因以及未来可能的发展状况等。不仅如此,医疗机构收治患者后,发现患者患有其他疾病的,也应当告知患者。[20] 此外,当医生对诊断结果存疑时,应当将该疑问告知患者。对于患者的问题,医生也应予以解答。至于可行的治疗措施,医生也应当告知患者。当然,为了避免患者的心理压力或绝望情绪,在不影响患者同意、配合治疗的前提下,医生可以例外地不向患者披露诊断结果,但是必须告知其近亲属。换言之,《侵权责任法》第55条第1款第2句后半句规定的治疗上特权(therapeutic privilege; therapeutisches Privileg)也适用于"病情"的告知。

---

[20] "王亚申与神华神东煤炭有限公司总医院侵害患者知情同意权责任纠纷案",陕西省榆林市中级人民法院(2014)榆中法民二终字第00144号,陕西省高级人民法院(2014)陕审民申字第00916号。

严格来说,诊断结果告知义务属于合同义务:当医患之间存在医疗合同时,医生对患者的治疗属于主给付义务,而该项告知义务属于医生的附随义务;当医患之间仅仅存在医学检查合同时,比如患者前往其他医院咨询专家(尤其是医院针对疑难病案组织的专家会诊)、孕妇的定期产检(如唐筛)、术后患者的定期复查,该项告知义务则为合同的主给付义务。故诊断结果告知义务的履行,必须遵循诚实信用等履行合同义务的基本原则,以尽可能地维护患者的利益。

虽然诊断结果的告知构成告知后同意的基础,但《侵权责任法》第55条第1款第1句将诊断结果的告知义务规定为不以取得患者同意为目标的告知义务,因此,诊断结果告知义务的不履行,原则上与患者的自主决定无关[21];患者无须同意或接受医生的诊断结果,但可以接受或拒绝医生提出的治疗方案;患者对医生的诊断结果存疑的,大可去其他医院寻求二次检查诊断。不过,当诊断结果的不实告知实质上影响了患者的决定时,患者基于诊断结果决定是否接受治疗、接受何种治疗的,比如医生故意夸大病情的严重程度,强调立刻手术的紧迫性,诱使没有必要立刻接受手术的患者住院接受手术的,违反该告知义务即侵害了患者的自主决定权。

2. 违反诊断结果告知义务的损害赔偿责任

一般来说,违反诊断结果的告知义务主要有不告知和错误告知两种形式。医生未能诊断出患者病情的,当然不存在诊断结果的告知义务。[22] 医生诊断出患者病情但未告知诊断结果的,患者可以主张违约责任,如退还医疗费。医生因过失错估患者病情,患者不得不按照医生建议接受其他深入检查,或者前往其他医疗机构进行二次检查的,医疗机构对患者支付的合理医疗费用也应承担赔偿责任。然而,违反诊断结果的告知义务原则上不会造成患者的身体健康权遭受侵害,因为,造成患者身体健康权遭受侵害的是医生在误诊基础上的错误治疗或不治疗,此时患者得主张医疗过失,依据《侵权责任法》第54条要求损害赔偿。由于我国违约责任损害赔偿范围原则上不包括精神损害赔偿,因此,在医生违反诊断结果告知义务的情况下,比如将患者的良性肿瘤误诊为癌症晚

---

[21] 在德国学界,诊断结果告知义务的地位如何,理论上存在争议:第一种观点认为,诊断结果告知义务属于保障患者自主决定的告知义务(Vgl. Deutsch, Schutzbereich und Beweislast der ärztlichen Aufklärungspflicht, *NJW* 1984, 1802, 1802; Roßner, Verzicht des Patienten auf eine Aufklärung durch den Arzt, *NJW* 1990, 2291, 2292 f.; Wussow, Umfang und Grenzen der ärztlichen Aufklärungspflicht, VersR 2002, 1337; Hager, Fn. 18, § 823 I, Rdn. 83; Katzenmeier, Fn. 18, Kapitel V, Rdn. 14; Laufs, Fn. 18, § 59, Rdn. 11, 13);第二种观点认为,诊断结果告知义务属于确保疗效的告知义务(Vgl. Wagner, Fn. 18, § 823, Rdn. 804; Wagner, Fn. 19, § 630c, Rdn. 12);第三种观点认为,诊断结果告知义务系一项独立的义务(Vgl. Nüßgens, in: *RGRK*, 12. Aufl., 1989, § 823, Anh. II, Rdn. 50)。

[22] "邢光辉、路胜君与内丘县人民医院医疗损害责任纠纷二审案",河北省邢台市中级人民法院(2014)邢民一终字第268号。

期的,患者遭受的精神痛苦只能通过侵权损害赔偿来救济。

(二)确保疗效的告知义务

1. 确保疗效的告知义务的内容和性质

确保疗效的告知义务不仅系侵权法上的义务,也属于合同的附随义务。[23]它旨在促成患者的协助,确保治疗的疗效,避免患者因错误的行为方式遭受健康损害,引起治疗的困难或二次治疗。[24] 从这个角度来看,确保疗效的告知义务保护的是患者的健康利益[25],是治疗行为的组成部分,故医疗机构违反该告知义务的,可能会基于患者身体健康权受损而成立医疗过失[26],或成立加害给付。反之,如果医生已经尽到该告知义务,将相关事项告知了患者,但患者明确表示拒绝的,医生在将不予配合可能带来的风险告知患者后,原则上对患者不遵医嘱造成的自身损害无须负责。

确保疗效的告知义务与保障患者自主决定的告知义务可能会发生关联:当医生可能在确保疗效的告知中,将拟采纳治疗措施的相关要求告知患者时,这些相关要求可能会影响患者的自主决定。[27] 如患者术后希望尽快出院回到工作岗位,医生将患者出院后的注意事项告知患者,尤其是疾病复发或者后遗症的风险等,患者可能在医生告知以后放弃出院,继续留在医院接受进一步观察治疗。[28]

一般来说,从医生采取治疗措施起,确保疗效的告知义务即告发生[29],它的强度取决于个案中的具体情况,随着患者病情的发展和治疗的推进而不断变化,贯穿于整个治疗过程的始终,甚至发生于治疗结束之后,如患者违反事前的医嘱或医生基于术中特殊治疗措施需要再次告知。[30] 典型的确保疗效的告知义务包括:在患者接受某项手术前,医生告知患者禁食、禁水、为了配合手术应

---

[23] Vgl. Glatz, *Der Arzt zwischen Aufklärung und Beratung*, 1998, S. 232; Müller-Hegen, *Die Haftung für Aufklärungsfehler im Arztrecht*, Diss. Mainz, 2005, S. 20; Greiner, in: Spickhoff, *Medizinrecht*, 2. Aufl., 2014, BGB § 823, Rdn. 206; Förster, in: *BeckOK BGB*, 43. Ed., 2017, § 823, Rdn. 804.

[24] Vgl. Spickhoff, Fn. 18, § 823, Anh. I, Rdn. 129; Wagner, Fn. 19, § 630c, Rdn. 14; Hausch, Beweisprobleme bei der therapeutischen Aufklärung, VersR 2007, 167.

[25] Vgl. Wussow, Fn. 21, *VersR* 2002, 1337; Katzenmeier, Fn. 18, Kapitel V, Rdn. 17.

[26] Vgl. Nüßgens, Fn. 21, § 823, Anh. II, Rdn. 45; Spickhoff, Fn. 18, § 823, Anh. I, Rdn. 129; Wagner, Fn. 19, § 630c, Rdn. 15; Katzenmeier, Fn. 18, Kapitel V, Rdn. 16; Laufs, Fn. 18, § 58, Rdn. 1; Greiner, in: Geiß/Greiner, *Arzthaftpflichtrecht*, 7. Aufl., 2014, Kapitel B, Rdn. 98.

[27] Vgl. Hausch, VersR 2007, 167; Greiner, a. a. O., Kapitel B, Rdn. 97; Spickhoff, in: Spickhoff, *Medizinrecht*, 2. Aufl., 2014, BGB § 630c, Rdn. 12.

[28] 侯英泠:"从德国法论医师之契约上说明义务",载《月旦法学杂志》2004年第9期。

[29] Vgl. Harmann, Das Recht des Patienten auf Aufklärungsverzicht, *NJOZ* 2010, 819, 820.

[30] Vgl. Wagner, Fn. 19, § 630c, Rdn. 16; Greiner, Fn. 23, BGB § 823, Rdn. 50.

当采取何种体位进行相应锻炼;在手术后,医生告知患者卧床休息、不宜下床走动,宜食哪些食物(如温凉流食),同时服用哪些药物配合治疗,并告知药物的服用方法(空腹服用或饭后服用、剂量、服用间隔、与其他药物的配合服用)和副作用;在患者出院时,医生告知患者生活上的注意事项,如不宜熬夜劳累,不宜食用煎、炸、辛辣、油腻食物,不宜食用甜食,不宜喝酒抽烟,多运动(如为了避免血栓形成,多运动而不宜久坐,为患者接上断肢以后为促进断肢机能恢复应多锻炼、复健),多食用提高免疫力的蔬菜水果,避免伤口感染而不宜洗浴等。

总的来看,与保障患者自主决定的告知义务相比,确保疗效的告知义务内容较为广泛,并不针对特定的治疗措施[31];医生要告知的内容不仅包括现时对患者健康产生不利影响的细节或情况,还包括未来可能对患者健康产生影响、患者在治疗时可能并未表现出来的生活习惯或行为方式。[32]

2. 确保疗效的告知义务在我国司法实践中的适用及其法律依据

我国《侵权责任法》第55条第1款并没有规定确保疗效的告知义务,但司法实践却依据该条规定要求未尽到该告知义务的医疗机构负损害赔偿责任。

如在"陈里云与益阳市第一中医医院医疗损害责任纠纷上诉案"[33]中,受害人在手指被玻璃割伤后仅仅进行了简单的清创和包扎,直到3个月后才前往被告医院接受手术治疗,但受害人出院后左手中指屈曲畸形、功能出现障碍,受害人起诉要求被告医院赔偿。对此,一审法院认为:"被告的诊疗行为虽不构成医疗事故,但在诊疗过程中存在告知不详的过失,没有详细告知受害人在手术后功能锻炼,导致受害人在出院后没有进行功能恢复锻炼,在一定程度上导致受害人左中指屈曲畸形,功能出现障碍。"因此,一审法院基于违反告知义务认定了被告的部分损害赔偿责任。对此,二审法院予以了确认,明确将《侵权责任法》第55条作为该告知义务的法律依据,并指出:

> 受害人术后出现左手中指屈曲畸形、功能障碍,与术后粘连、挛缩及术后功能锻炼不得力有关。本案中,被告在对受害人的病历资料中无详细的术后功能恢复锻炼指导,导致受害人在出院后对其左中指未及时进行功能锻炼,被告对患者未尽客观上的注意义务,存在告知不详的过失。

类似的,在"陈士等与衡阳市第一人民医院医疗损害责任纠纷上诉案"[34]中,受害人患有冠心病、陈旧性下壁心肌梗塞,在受害人接受手术治疗后,受害人家属在受害人病情尚未稳定的情况下要求出院,被告医院建议到省级医院进

---

[31] Vgl. Laufs, Fn. 18, §58, Rdn. 17.
[32] Vgl. Wussow, Fn. 21, *VersR* 2002, 1337; Katzenmeier, Fn. 18, Kapitel V, Rdn. 16; Katzenmeier, in: *BeckOK BGB*, 43. Ed., 2016, §630c, Rdn. 7, 9.
[33] 益阳市中级人民法院(2011)益法民一终字第451号。
[34] 湖南省衡阳市中级人民法院(2013)衡中法民四终字第90号。

一步诊治,但受害人在出院两日后去世。对此,法院认定被告医院承担部分赔偿责任,其理由在于:"受害人在出院时病情不稳定,需要继续治疗不宜出院,虽然受害人家属要求出院,但被告未将出院的风险进行告知。"

严格地说,确保疗效的告知义务是治疗行为的一部分,旨在维护患者的身体、健康权益,与其他不以取得患者同意为目的的告知义务存在本质区别,因此它属于《侵权责任法》第54条的范围,违反确保疗效的告知义务,医疗机构可能对患者遭受的身体健康权损害具有过失,从而负损害赔偿责任。

3. 违反确保疗效的告知义务的损害赔偿责任

违反确保疗效的告知义务,构成医疗过失的,原则上医疗机构对由此造成的患者的人身损害负侵权赔偿责任。[35] 比如,医生应该告知患者,服药时可能会有犯困、意识不清、视线模糊等副作用,不得开车,医生未尽到该项告知义务,导致患者驾车造成交通事故的,医生对患者遭受的人身损害负责。[36] 又如,医生发现诊断结果异常,且无法排除患者有病情恶化的风险,但却未建议患者转至其他医疗条件更为优越的医疗机构治疗的,对患者的病情恶化负损害赔偿责任。[37] 此外,医生从检查结果中怀疑患者患有心脏疾病,但无法确定的,应当告知患者并建议其调整生活方式,医生未能告知患者相应风险及注意事项,患者随后因该心脏疾病去世的,应当对此负责。[38]

(三) 经济上的告知义务

1. 经济上的告知义务的内容和性质

经济上的告知义务属于医疗合同中的附随义务[39],医生依据诚实信用原则应照顾到患者的经济利益,将患者接受某项治疗时自己应负担的医疗费用告知患者,征得患者的同意,避免未经患者同意直接使用超过患者负担能力的药品和治疗措施,避免对患者使用毫无治疗意义的措施。换言之,当医生建议的治疗措施并不属于医疗保险的覆盖范围时,或者医生对此存疑时,应当在治疗

---

[35] 德国学界和司法实践认为,确保疗效的告知义务不仅仅保护患者本身,还保护第三人。比如患儿接种带有病原体的疫苗的,医生应当告知患儿的父母他们有被传染的风险。类似的,就献血者和输血者而言,医生应告知他们在献血和输血后接受艾滋病检测,以保护他们的伴侣。Vgl. Wagner, Fn. 19, § 630c, Rdn. 23; Greiner, Fn. 23, BGB § 823, Rdn. 51; Wussow, Fn. 21, *VersR* 2002, 1337.

[36] Vgl. Laufs, Fn. 18, § 58, Rdn. 14.

[37] "徐伟燕诉茂名市中医院等医疗损害责任纠纷案",广东省广州市中级人民法院(2013)穗中法民一终字第4748号。二审法院在判决中指出,"(被告)在发现徐伟燕尿常规检查结果异常的情况下,未建议徐伟燕进行有针对性的专科检查,也属于其过失。"

[38] Vgl. OLG Köln, *VersR* 1992, 1231.

[39] Vgl. Nüßgens, Fn. 21, § 823, Anh. II, Rdn. 54; Wagner, Fn. 18, § 823, Rdn. 808; Greiner, Fn. 23, BGB § 823, Rdn. 207; Katzenmeier, Fn. 32, § 630c, Rdn. 16; Walter, in: *BeckOGK*, 2017, Rdn. 48; Wussow, Fn. 21, VersR 2002, 1337. Aber a. A. Deutsch/Spickhoff, *Medizinrecht*, 7. Aufl., 2014, IV 12, Rdn. 147 (Obliegenheit).

开始前告知患者，由患者签署《使用自费药品和医用耗材告知同意书》。从这个角度来看，经济上的告知义务也有助于保护患者的自我决定[40]，尤其是经济上的告知义务可能会与医疗替代方案的告知义务产生关联[41]。不过，经济上的告知义务保护的并非患者的身体健康权，而是患者的一般财产利益。[42]

2. 经济上的告知义务在我国司法实践中的适用及其法律依据

《侵权责任法》第55条第1款并未明文规定经济上的告知义务，但是《医疗机构管理条例实施细则》第88条规定，收费可能对患者造成较大经济负担的检查和治疗也属于"特殊检查、特殊治疗"的范围。同时，《医疗卫生服务单位信息公开管理办法（试行）》第12条规定，患者接受的高值（千元以上）费用项目等诊疗服务及其收费标准，医保患者使用的自费比例较高的药品和诊疗项目，新型农村合作医疗患者使用新型农村合作医疗基本药物目录和诊疗项目之外的药品和诊疗项目，均需要患者签署知情同意书。因此，医疗机构未向患者告知治疗效果相当的替代医疗措施，直接给患者使用价格高昂的医疗措施的，患者可以依据《侵权责任法》第55条第1款要求赔偿。

如在"吉林大学中日联谊医院与白宽侵害患者知情同意权纠纷案"[43]中，原告因遭受交通事故而在被告医院接受手术治疗，被告医院在未告知的情况下给原告植入了高额器材，法院认定肇事方保险公司无须对这些高额器材进行全额赔付，原告不得不起诉被告医院要求赔偿。一审法院认为，被告医院采用的植入性器材总价是吉林省农村居民人均纯收入的15.33倍，吉林省城镇居民人均可支配收入消费水平的6.47倍，故应将该治疗方案认定为可能造成患者较大经济负担的"特殊治疗"，尤其是被告实施手术时还存在符合治疗效果、价格更为低廉的其他植入性器材选择方案。然而，被告医院在《知情同意书》中提供的"生产厂家、使用产品名称及编号、植入性医用产品的作用、可能出现的问题、术后注意事项、供应科意见、医务科意见"等内容，亦无产品价格信息，更未告知原告有任何其他替代性方案可供其根据自身经济状况、受伤情况自由选择，故被告医院侵害了原告的知情同意权，应向原告赔偿其未获赔偿的经济损失。

不过，承认经济上的告知义务仍有独立意义：在医疗机构未经告知给患者

---

[40] Vgl. Katzenmeier, Fn. 18, Kapitel V, Rdn. 18. Aber a. A. Nüßgens, a. a. O., §823, Anh. II, Rdn. 54; Deutsch/Spickhoff, a. a. O., VIII 9, Rdn. 454.

[41] Vgl. Spickhoff, Fn. 18, §823, Anh. I, Rdn. 123.

[42] Vgl. Olzen, in: *Staudinger*, Neubearbeitung 2015, §241, Rdn. 469 f.; Bachmann/Roth, in: *Münchener Kommentar zum BGB*, 6. Aufl., 2012, Rdn. 197; Wagner, Fn. 18, §823, Rdn. 808; Wagner, Fn. 19, §630c, Rdn. 59 f.; Voigt, in: *Dauner-Lieb/Langen*, 3. Aufl., 2016, §630c, Rdn. 1.

[43] 吉林省长春市中级人民法院2014年长民二终字第00108号。该案判决说理可资赞同。类似案情，但是却完全相反的判决，参见"于宽诉北京市平谷区医院医疗服务合同纠纷案"，北京市平谷区人民法院（2014）平民初字第02410号。

使用不合理用药或非医保用药时,如果这些药品价格并不高昂,不属于"特殊检查、特殊治疗"的,患者得借助经济上的告知义务获得救济。该告知义务可以经由《合同法》第 60 条解释出来。违反该告知义务,未经患者同意对其使用无法报销的药品,可以成立违约责任,患者无须依据《侵权责任法》求得救济。具体来说,患者未支付相关费用的,可以拒绝支付,由此产生的医疗费用由医疗机构自行承担;患者已经支付或自行承担的,可以依据《合同法》第 107 条主张违约责任,甚至与未支付的医疗费用进行抵销。[44] 因此,医疗机构为患者开出的不合理用药导致患者无法从保险人处获得赔付的,患者得依据《合同法》主张赔偿。[45] 这也得到了最高人民法院的确认。[46]

总的来看,经济上的告知义务在我国存在两项法律依据,即《侵权责任法》第 55 条第 1 款第 1 句和《合同法》第 60 条,前者适用于可能对患者造成较大经济负担的医疗措施(特殊治疗),后者则适用于其他普通医疗措施。从这个角度来看,经济上的告知义务部分地被医疗替代方案的告知义务所吸收。

3. 违反经济上的告知义务的损害赔偿责任

违反经济上的告知义务原则上不会造成患者的身体健康权损害,而是患者的经济利益损害。因此,不论患者主张侵权责任还是违约责任,违反该义务的损害赔偿限于患者自费或无法转移给第三方的医疗费用,即这部分费用由医疗机构自行负担。

三、以取得患者同意为目的的告知义务——《侵权责任法》第 55 条第 1 款第 2 句

以取得患者同意为目的的告知义务是医疗机构告知义务的核心。从合同法的角度来看,该项义务是医疗机构负担的附随义务。[47] 通过该项告知,患者

---

[44] Vgl. Wagner, Fn. 19, § 630c, Rdn. 64; Spickhoff, Fn. 27, BGB § 630c, Rdn. 42; Katzenmeier, Fn. 32, § 630c, Rdn. 21.

[45] 在"王某某等诉某医院医疗损害责任纠纷案"判决中,医生坚持要求身患癌症的患者使用非医保用药,虽然患者去世与该用药无因果关系,但法院指出,"根据相关规定,医疗机构应当根据诊疗规范、常规对患者实施诊疗行为,医生采用不符合诊疗常规的高价化疗药物,系过度医疗,造成患者财产损失,被告应当对此承担赔偿责任。"最后,由于医院还未尽到诊断结果的告知义务,法院依据《侵权责任法》判令被告对原告支付的化疗费用作出赔偿。参见上海市徐汇区人民法院(2013)徐民一(民)初字第 4891 号。

[46] "张丰春与泰安市中心医院医疗服务合同纠纷案",山东省泰安市泰山区人民法院(2014)泰山商初字第 30 号。该案被最高人民法院纳入典型案例,参见"最高法院 3 月 31 日召开新闻通气会公布 4 个典型案例",http://www.court.gov.cn/zixun-xiangqing-14000.html,最后访问日期 2016 年 4 月 27 日。

[47] Vgl. Deutsch, Neue Aufklärungsprobleme im Arztrecht, *NJW* 1982, 2585, 2586; BGH, *NJW* 2005, 1718 1718; Hassner, Ärztliche Selbstbestimmungsaufklärung und zivilrechtliche Haftung, *VersR* 2013, 23, 23;韩世远:"医疗服务合同的不完全履行及其救济",载《法学研究》2005 年第 6 期。Aber a. A. Spickhoff, Fn. 27, BGB § 630a, Rdn. 45; Katzenmeier, Fn. 32, § 630a, Rdn. 117 (Hauptpflicht).

得在权衡利弊的基础上自主决定是否接受医生建议的医疗措施。因此,告知以具体患者的理解能力为标准[48],并应当及时,从而为患者保留充分的考虑时间,避免患者因临时告知或突然告知而实质上丧失自主决定的可能。告知是否及时,取决于个案中的具体情况,尤其是疾病的严重程度、疾病可能的发展状况以及疾病引起损害的可能性。

从司法适用的角度来看,讨论该告知义务需要解决如下几个问题:首先,该告知义务的法益保护范围是否是患者的"知情同意权"或"自主决定权",换言之,在既有的民事权利体系框架下,是否应当承认独立的"知情同意权"或"自主决定权";其次,依据《侵权责任法》第55条第1款第2句,该告知义务的具体类型有哪些,具有何种特点;再次,保障患者自主决定的告知义务是否有被限制的可能;最后,违反该告知义务,医疗机构承担何种损害赔偿责任,医疗机构是否存在不负损害赔偿责任的可能。

(一)知情同意规则的法益保护范围

学界通说认为,知情同意规则保护的是患者的人格权,即自主决定权或知情同意权。[49] 少数说认为,知情同意规则保护的对象具有双重性,即个人的自主决定权和身体健康权。[50] 由于《侵权责任法》第2条并未明文规定民事主体的自主决定权,因此,有学者将自我决定权理解为一种人格法益,并主张将其纳入《侵权责任法》保护的民事权益范畴。[51] 与此相对,还有学者或借鉴美国法

---

[48] 关于告知的标准,德国学界主要有理性患者说(Vgl. Glatz, Fn. 23, S. 247; Hauschild, *Der Maßstab für die ärztliche Aufklärung im amerikanischen, englischen und deutschen Recht*, 1994, S. 94 ff.)和具体患者说(Vgl. Nüßgens, Fn. 21, §823, Anh. II, Rdn. 112; Giesen, *Arzthaftungsrecht*, 4. Aufl., 1995, S. 243, Rdn. 277; Brüggemeier, *Haftungsrecht*, 2006, S. 497; Spickhoff, Fn. 18, §823, Anh. I, Rdn. 133; Wagner, Fn. 19, §630e, Rdn. 46; Spickhoff, a. a. O., §630e, Rdn. 6; Katzenmeier, a. a. O., §630e, Rdn. 49; Deutsch/Spickhoff, Fn. 39, VIII 9, Rdn. 455)两种学说。《德国民法典》第630e条第2款第1句第3项采纳了具体患者说。美国则存在理性医师说、理性患者说和具体患者说三种学说(陈聪富:《医疗责任的形成与展开》,同前注[15],第224—226页;吴俊颖:"医师告知义务急速扩张的时代",载《法学新论》2009年第14期)。我国学界也存在理性患者说(赵西巨:"知情同意原则下医疗过失损害赔偿责任的几个问题",载《法律与医学杂志》2004年第4期;刘小红:"我国医疗侵权知情同意原则问题研究",载《暨南学报(哲学社会科学版)》2014年第7期)和具体患者说(周友军:《侵权法学》,同前注[1],第267页)的争议。

[49] 王利明:《侵权责任法研究》(下卷),同前注[1],第402页;张新宝:《侵权责任法》,同前注[1],第222页;梁慧星:"论侵权责任法中的医疗损害责任",载《法商研究》2010年第6期;杨立新、袁雪石:"论医疗机构违反告知义务的医疗侵权责任",载《河北法学》2006年第12期;龚赛红、董俊霞:"论患者知情同意权的限制",载《中国社会科学院研究生院学报》2009年第5期;程啸:《侵权责任法》,同前注[1],第560页;王竹:"解释论视野下的侵害患者知情同意权侵权责任",同前注[6];黄芬:"告知后同意规则的法律构造",载《时代法学》2012年第6期。

[50] 周友军:《侵权法学》,同前注[1],第269页。类似的观点,参见周江洪:"违反医疗说明义务损害赔偿范围的界定",同前注[4]。

[51] 周江洪:"违反医疗说明义务损害赔偿范围的界定",同前注[4]。

的隐私权概念,或立足于德国式一般人格权中对个人事务的自主决定权,将患者的自主决定权理解为一种隐私权。[52]

事实上,将《侵权责任法》第 55 条的保护对象理解为自主决定权或知情同意权的见解,源于美国法中的"informed consent"规则,这种见解也得到了部分德国学者的支持。而将知情同意规则的保护对象理解为双重权利的观点,则直接源于部分德国学者的著述。然而,如前所述,我国法院仅在极少数的判决中单独承认了知情同意权的侵权损害赔偿。而在我国绝大多数判决中,法院仍然将未经患者同意的手术治疗理解为对患者身体健康权的侵害。那么,在我国民事权利体系之中,告知义务的保护对象是身体健康权,还是独立的自主决定权,就值得思考。为了说明这一问题,本文先对德国民法学界的相关争论予以说明,然后再对我国学界的争议给出解答。

1. 德国民法学界中告知义务的保护对象之争

(1) 学说上的争论

在德国学界,关于违反告知义务,未经同意为患者实施手术的理论构成主要有三种,即身体权侵害说、一般人格权侵害说(自主决定权说)和双重权利侵害说。

德国司法实践和学界通说一直采身体权侵害说,认为医生对患者采取医疗措施的,构成对患者身体的侵害,直接成立不法行为,因此,患者对医疗措施的同意是对这种身体侵害的违法阻却事由。[53] 换言之,尽管自主决定源于基本法保障的人格尊严,但是违反告知义务的医疗行为侵害的是患者对身体完整性的决定自由。[54]

反对说则接受了德国刑法学界的观点[55],拒绝将医疗行为理解为不法行为,转而支持自主决定权侵害说,认为违反告知义务擅自对患者实施救治侵害的是患者的自主决定权,该项权利属于一般人格权的范畴。[56] 因为从社会相

---

[52] 参见周友军:《侵权法学》,同前注[1],第 269 页;郭明龙:"论患者隐私权保护",载《法律科学》2013 年第 3 期。

[53] Vgl. Giesen, Fn. 48, S. 166, 169 ff., Rdn. 203 f.; Ohly, „*Volenti non fit iniuria*"—*Die Einwilligung im Privatrecht*, 2002, S. 242 f.; Werner, *Entnahme und Patentierung menschlicher Körpersubstanzen*, 2008, S. 64; Wagner, Fn. 18, § 823, Rdn. 757; Wagner, Fn. 19, Vor § 630a, Rdn. 12.

[54] Vgl. BGHZ 106, 391 (397 f.).

[55] z. B. Schroeder, *Strafrecht, Besonderer Teil*, 10. Aufl., 2009, § 8 IV, Rdn. 24.

[56] Vgl. Nüßgens, Fn. 21, § 823, Anh. II, Rdn. 49, 64; Larenz/Canaris, *Schuldrecht, Besonderer Teil II 2*, 10. Aufl., 1994, § 76 II 1 g, S. 383; Esser/Weyers, *Schuldrecht, Besonderer Teil 2*, 8. Aufl., 2000, § 55 I 1 b, S. 154 f.; Spickhoff, Fn. 18, § 823, Anh. I, Rdn. 101; Hager, Fn. 18, § 823 I, Rdn. 77; Katzenmeier, Fn. 18, Kapitel V, Rdn. 12 f.; Katzenmeier, Fn. 32, § 630e, Rdn. 6.

当性角度来看,医疗行为旨在恢复患者的健康或减少患者的痛苦,维护的是患者的福祉,不应将其简单地理解为违法行为。[57]

双重权利侵害说的代表人物是 Brüggemeier。他认为,医生违反告知义务实施医疗行为的,其责任依据在于医疗行为侵害了患者的身体权,而这一侵害则源于过失地侵害了患者的决定自由,即该医疗行为不仅侵害了患者在认知和意识上的自主决定权,还侵害了患者身体和心理上的完整性。[58]

（2）争论的背景

在本文看来,德国式论争有其深刻的学术背景,即《德国民法典》第 823 条第 1 款对身体权和一般人格权的区别对待。

传统上,身体权主要是指维持身体外在完整性(Integrität)的权利。[59] 因此,要将违反告知义务的医疗行为理解为侵害身体权的行为,就必须对身体权的内容或对身体权的"侵害"做扩大解释。正如德国联邦法院在冷藏精子销毁案中指出的,"身体侵害应做广义解释,未经权利主体同意而破坏身体状态的,均构成对身体权侵害,身体权保护对象并非物质,而是人格存在及决定范围,实体化于人的身体,即将身体作为一种人格的基础加以保护,尤其是在于尊重权利主体者的自主决定权。"[60]换言之,身体权侵害说实际上是将自我决定作为身体权的一项内容,从而医疗行为基于构成要件该当性成为侵害身体权的不法行为。

与此相对,德国司法实践通过对基本法的解释,创造性地确立了"一般人格权"的概念,作为第 823 条第 1 款中的"其他权利"。这为一般人格权侵害说提供了依据。换言之,持该说的学者认为身体权说过度扩张了身体权的概念[61],主张将自主决定权理解为"其他权利",尤其是考虑到医疗行为的社会有益性,避免直接将医疗行为定位为不法行为,未经许可的医疗行为不构成对身体权的侵害,而可能成立对患者一般人格权的侵害。

（3）争论的实践意义

身体权侵害说和一般人格权侵害说的区别主要集中在举证责任分配和损害赔偿范围上,但是经过不断的修正,两派学说的适用结果几乎并无分别。

从举证责任的角度来看,身体权侵害说通过结果不法说直接征引医疗行为的违法性,医生则举证证明已经尽到告知义务获得患者的同意,从而阻却医疗

---

[57] Vgl. Larenz/Canaris, a. a. O., S. 383; Katzenmeier, Fn. 18, Kapitel V, Rdn. 11.

[58] Vgl. Brüggemeier, Fn. 56, S. 492.

[59] 马克西米利安·福克斯:《侵权行为法》,齐晓琨译,法律出版社 2006 年版,第 12 页。Siehe auch Wagner, Fn. 19, § 823, Rdn. 173; Förster, Fn. 23, § 823, Rdn. 108.

[60] 王泽鉴:《人格权法》,北京大学出版社 2013 年版,第 103 页。

[61] Vgl. Baston-Vogt, *Der sachliche Schutzbereich des zivilrechtlichen allgemeinen Persönlichkeitsrechts*, 1997, S. 266 ff.

行为的违法性。[62] 而由于一般人格权是框架权,无法直接通过结果不法说征引违法性,故一般人格权侵害说则通过利益衡量来认定医疗行为的违法性,从一般人格权侵害的角度来看,患者本应举证证明医生未尽到应尽的告知义务[63]以及对其人格权的不法侵害,不过,持一般人格权侵害说的学者主张借鉴其他不作为侵权的举证责任倒置规则,由医生来证明尽到告知义务[64],或者主张在举证责任规则上借鉴身体权侵害说的观点,因为患者不仅难以复述告知义务的内容,而且也难以证明医生隐瞒了哪些重要信息。[65]《德国民法典》第630h条第2款即采纳了举证责任倒置规则。[66]

从损害赔偿的范围来看,身体权侵害说主张一切与身体权侵害有因果关系的损害医生都应当赔偿[67],因此对于未经患者许可采取治疗措施所造成的健康损害,医生也必须赔偿,不论该损害源于医生的医疗过失或手术本身失败风险。[68] 一般人格权说则持不同意见,因为自主决定权是一种精神性人格权,从逻辑上来看,未经患者同意实施医疗行为的赔偿最多只是精神损害赔偿[69],但是持一般人格权侵害说的学者如今也认为违反告知义务的医生应当对患者所遭受的所有损害后果负责。[70]

2. 我国告知义务的保护对象

美国法将个人自主决定作为告知后同意规则的理论基础[71],德国学界则在身体权和自我决定权之间徘徊。而在我国民法体系中,尤其在相对完善的具体人格权体系已经存在的背景下,本文主张,对身体的自主决定属于身体权的内容。

尽管立法者在《侵权责任法》第2条中忽略了独立的身体权,但是学界和司法实践一般都承认身体权的存在。与此相对,对于自我决定权的研究在我国学界尚未起步[72],立法者和司法实践也尚未明确接纳这一新生权利。实际上,对于任何权利标的,支配权人均享有自主决定的权利,因为支配权本身就是无须

---

[62] Vgl. Wagner, Fn. 18, §823, Rdn. 867.
[63] Vgl. Hager, Fn. 18, §823 I, Rdn. 126.
[64] Vgl. Larenz/Canaris, Fn. 56, S. 384.
[65] Vgl. Hager, Fn. 18, §823 I, Rdn. 126.
[66] Vgl. Wagner, Fn. 19, §630h, Rdn. 32 ff.
[67] Vgl. Wagner, Fn. 18, §823, Rdn. 838; Wagner, Fn. 19, §630e, Rdn. 66.
[68] Vgl. Wagner, Fn. 18, §823, 775; Wagner, Fn. 19, §630e, Rdn. 64.
[69] Vgl. Deutsch, *Allgemeines Haftungsrecht*, 2. Aufl., 1996, Rdn. 317.
[70] Vgl. Hager, Fn. 18, §823 I, Rdn. 118; Katzenmeier, Fn. 18, Kapitel V, Rdn. 65.
[71] 多布斯:《侵权法》(上册),马静等译,中国政法大学2014年版,第566页。我国台湾地区杨秀仪教授也采此说。参见杨秀仪:"论病人自主权",载《台大法学论丛》2007年第36卷第3期。
[72] 学界有观点认为,自主决定权并非一项独立的人格权,而是人格自由的基本内容。参见王利明:《人格权法研究》,中国人民大学出版社2012年版,第167页。

他人意思介入即可直接实现利益的权利[73];民事主体不仅可以自主决定其姓名的使用,而且可以自主决定是否公开以及公开哪些隐私,还可以自主决定如何使用自己的汽车、交给谁使用。从支配权的角度来看,他人对身体权的侵害一般都未经受害人同意。一旦承认患者的自主决定权,是否要承认患者有权选择安乐死(对生命的自主决定权)呢?是否要同时承认对财产的自主决定权呢?比如,行为人未经许可开走他人的汽车,即使事后将汽车完好无损地返还给所有人,所有人能否以自主决定权受到侵害为由主张损害赔偿?类似的,侵害他人著作权的,受害人能否主张著作权的自主决定权侵害?换言之,对自主决定的保护不可能脱离具体的民事权利来单独为之,而是通过对各个民事权利的保护实现,承认自主决定权会对我国既有的民事权利体系产生冲击。

从路径依赖的角度来看,将对身体的自主决定理解为身体权的内容,从而将告知义务的保护对象限定为身体权,更符合我国民法理论的传统:身体权作为支配权,包含法定范围内的处分权能[74],故身体权不仅是保持身体完整性的权利[75],还包括权利人对身体的处分权(自主决定,如器官捐献)[76]。因此,未经患者同意对患者实施的医疗行为构成对患者身体权的侵害。[77]

不过,由于我国并未承认违法性要件,因此患者的同意只能成为医疗机构的免责事由,而非违法阻却事由。为了行文方便,下文在涉及通说自主决定权的部分,将称之为对身体的自主决定,以区别于患者维持身体完整性的身体权内容。

(二)保障患者自主决定的具体义务类型

《侵权责任法》第 55 条第 1 款第 2 句明确了告知后同意的内容,即医疗风险和替代医疗方案。因此,在我国,以取得患者同意为目的的告知义务主要是医疗风险的告知义务和替代医疗方案的告知义务。当然,作为医疗风险的告知义务的前提,医生首先必须将手术、特殊检查、特殊治疗措施的基本情况告知患者,比如手术、特殊检查、特殊治疗措施的类型、基本内容、具体的治疗进程(各

---

[73] Vgl. Ohly, Fn. 53, S. 179 ff.

[74] 王利明:《人格权法研究》,同前注[71],第 307 页;杨立新:《人格权法》,法律出版社 2011 年版,第 396 页;程啸:《侵权责任法》,同前注[1],第 129 页。

[75] 认为身体权的客体是身体完整的观点,参见姚辉:《人格权法论》,中国人民大学出版社 2011 年版,第 174 页;周友军:《侵权法学》,同前注[1],第 111 页。

[76] 本文不反对这样的观点;如果立法者未来在制定民法典时将身体权明确限定为维护身体完整性的权利,不承认对身体的自主决定权,那么告知义务的保护对象即不再是身体权,此时,在将自主决定权规定为一般人格权或具体人格权的基础上,自主决定权就成为告知义务的理论基础。

[77] 程啸:《侵权责任法》,同前注[1],第 129 页。

个阶段)、主刀医师[78]等。此外,医生还应当将手术后的相关情况予以说明,包括患者用药、可能的预后情况等。

必须说明的是,如果医生基于患者的病情尽到应尽的注意即可以预见到在术中必须扩大手术范围或改变术式的,应当在术前或至少在术中告知患者,尊重患者的自主决定,否则成立医疗过失。因患者陷入麻醉状态而无法术中告知的,医生应当告知患者的近亲属。在扩大手术范围或改变术式无法预见且不能取得患者或近亲属同意时,医生应当考虑中断手术对患者身体健康是否具有严重不利:在不影响患者身体健康的情况下,医生可以中断手术,等待患者同意后实施二次手术;但是,在中断手术会危及患者生命,或中断手术会引发严重并发症导致患者健康权遭受严重损害时,对患者生命健康的保护应当优先于对患者自主决定的保护,从而在无法取得患者同意的情况下,应当类推适用《侵权责任法》第56条,或援引可推知的同意规则,推定患者会同意允许医生扩大手术范围或改变术式。[79]

举例来说[80],患者患乳腺导管内原位癌入院接受手术,在患者明确要求保乳的情况下,根据临床经验,医疗机构认为保乳会危及患者生命,将患者右乳全部切除。此时,认定医疗机构的损害赔偿责任,应当考虑医疗机构在术前能否预见到患者的病情并及时告知:如果医疗机构有预见可能的,那么应当认定医疗机构具有过错,从而基于医疗过失对患者的身体权侵害负损害赔偿责任;反之,如果医疗机构无法在术前预见到患者的实际病情,那么医疗机构应当在出现紧急情况时征求患者近亲属的同意,或考虑在不危及患者生命健康的情况下停止手术,征求患者的同意,否则即侵害了患者对身体的自主决定,从而对患者的身体权侵害负损害赔偿责任。故虽然医疗机构的手术行为并不构成医疗事故,但医疗机构仍应当对患者的身体权侵害负责。[81]

---

[78] "王明朝与南方医科大学珠江医院侵害患者知情同意权责任纠纷二审案",广东省广州市中级人民法院(2014)穗中法民一终字第1729号。

[79] Vgl. Nüßgens, Fn. 21, §823, Anh. II, Rdn. 147; Katzenmeier, Fn. 32, §630a, Rdn. 25; Wagner, Fn. 19, §630e, Rdn. 40.

[80] 比较极端的案例,参见"何某某与某某医院医疗服务合同纠纷上诉案",长沙市中级人民法院(2011)长中民一终字第0505号。在该案中,医疗机构拟实施右肾肿瘤摘除术,但因术中发现肿瘤符合恶性肿瘤临床特征,即在未按手术同意书约定做快速病理检查并告知患者的情况下,改行右肾癌根治性肾切除术,将患者右肾切除,后查明右肾肿瘤为良性肿瘤,无须切除右肾。但一审法院以不构成医疗事故为由驳回了原告的诉讼请求,二审认定医疗机构具有违规行为,但仅就原告的残疾赔偿金负30%的损害赔偿责任。

[81] 参见"刘某诉宜昌市第一人民医院医疗损害赔偿案",湖北省宜昌市西陵区人民法院(2010)西民初字第1461号。遗憾的是,该案判决一方面肯定患者的知情同意权受到侵害,另一方面又肯定患者基于爱美之心遭受了精神痛苦,从而仅仅肯定了患者的精神损害赔偿,驳回了患者基于身体权侵害提出的财产损害赔偿请求。

1. 医疗风险的告知义务

原则上，医生应当将与医疗措施有关的所有典型风险告知患者。风险告知应当客观，既不夸大也不低估甚至美化可能的风险。[82]

所谓的"典型风险"，是指医疗措施对患者身体状况可能产生的不利后果。这种不利后果出现的几率因该医疗措施的实施而显著升高，且不会因为医生尽到注意义务而完全排除。[83] 这种不利后果具体表现为患者身体健康权或生命权的损害，是拟采用的医疗措施特有的[84]，采用其他医疗措施不会出现，包括该治疗措施的典型副作用、并发症、不良反应等。此外，风险告知还应包括治疗措施的成功率。[85] 但是，任何手术都具有的风险，尤其是广为人知的风险，比如术后疼痛、感染、神经或血管损伤、切口疝、继发性出血、血栓等，并不属于该告知义务的范围。[86]

实践中容易引起争议的往往是告知义务的具体范围。原则上，只要某项风险会影响到患者自主决定的，医生就应当将该风险告知患者。[87] 因此，一项医疗风险是否属于告知的范围不仅取决于该风险的严重程度，即该风险对患者未来生活状况可能带来的严重负担，还取决于该风险发生的概率。[88] 如果告知与否对患者的自主决定毫无影响，尤其是当医疗措施的某些风险发生概率异乎寻常或无法预见时，医生无须就这些风险进行告知。[89] 如患者在脊髓造影之后，患上概率为五千分之一的眼外肌麻痹症，医生虽然未能尽到此项告知义务，但也无须负责。[90] 又如，患者在接受腰椎间盘突出手术后，手臂长期麻痹且双手无力，最终双手和前臂发生肌肉组织萎缩，由于这种并发症极为罕见，不属于腰椎间盘手术的典型风险，故不能因此认定医生未尽到风险告知义务。[91] 但是，即使医疗措施引起某种并发症的几率极低，但当该并发症属于该医疗措施可预见的且会造成严重后果的风险时，医生对此仍然负有告知义务。[92] 比如，在对产妇实施剖宫产时，产妇发生羊水栓塞的概率极低（1∶8000 至 1∶83000），

---

[82] Vgl. Hager, Fn. 18, §823 I, Rdn. 90；Wagner, Fn. 19, §630e, Rdn. 8.
[83] Vgl. Laufs, Fn. 18, §60, Rdn. 1.
[84] Vgl. Glatz, Fn. 23, S. 250.
[85] Vgl. Hager, Fn. 18, §823 I, Rdn. 88；Wagner, Fn. 19, §630e, Rdn. 11.
[86] Vgl. Greiner, Fn. 23, BGB §823, Rdn. 235；Greiner, Fn. 26, Kapitel C, Rdn. 47；Katzenmeier, Fn. 32, §630e, Rdn. 19；Wagner, Fn. 19, §630e, Rdn. 28.
[87] Vgl. Katzenmeier, a. a. O., §630e, Rdn. 20.
[88] Vgl. Wagner, Fn. 19, §630e, Rdn. 9.
[89] Vgl. Hager, Fn. 18, §823 I, Rdn. 89；Wagner, a. a. O., §630e, Rdn. 10.
[90] Vgl. OLG Hamm, *VersR* 1993, 1399.
[91] Vgl. OLG Düsseldorf, *VersR* 1992, 1230.
[92] Vgl. Nüßgens, Fn. 21, §823, Anh. II, Rdn. 124；Wagner, Fn. 19, §630e, Rdn. 9.

但是产妇死亡率高达61%—86%。[93] 因此,在建议产妇进行剖宫产时,医生必须将羊水栓塞的风险告知产妇,否则就违反了告知义务。

不过,医生在治疗时不知道也不应知道的风险,比如医学界尚无认识的风险、属于医生执业领域以外其他医学领域的风险,即不属于告知义务的范畴,纵使医生没有告知,医疗机构也因不具有过错而无须负责。[94] 比如,患者2001年在接种甲肝疫苗后患上多发性硬化,随后以未尽告知义务为由起诉医生的,由于接种时医学界并无研究表明甲肝疫苗接种与多发性硬化之间存在关联[95],故医生不负多发性硬化的风险告知义务。[96] 类似的,医生建议高龄肝癌患者接受肝动脉栓塞术治疗的,患者在术后三十分钟因突发脑中风去世,但经过文献查阅,全世界对肝动脉栓塞手术所致的脑中风病例只有两例报告[97],故这种脑中风风险并不属于告知义务的范畴,医生虽然未能告知,但也不具有过错。

在我国司法实践中,医疗机构未尽到医疗风险告知义务的案件并不少见。如在"许昌曙光医院与申水莲医疗损害赔偿纠纷上诉案"[98]中,原告因右肱骨骨干骨折前往被告医院接受右肱骨骨干骨折切开复位钢板加固定手术,但是被告医院并未告知原告,该手术可能会引起右桡神经损伤,原告因此出现右手抬腕及伸指功能障碍,局部感觉麻木。在该案判决中,法院认为,被告侵害了原告的知情权、选择权,且对原告产生了不利的后果,故被告应对原告遭受的部分损害负责。而在"吴某与温州某医院医疗损害责任纠纷上诉案"[99]中,原告在被告医院接受LASIK手术后患上干眼症,虽然干眼症属于该手术的典型并发症,并随时间的延续而减轻,总体发生率为30%—40%,但是被告医院并未就此告知原告,由于患者术后出现干眼症与其工作性质、生活习惯等自身因素也有一定关系,最终法院认定被告应当对原告治疗干眼症发生的费用(医疗费、误工费、交通费损失)承担70%的责任。

2. 替代医疗方案的告知义务

虽然建议患者采取何种医疗方案原则上属于医生自行决定的范围[100],但

---

[93] Jason Moore & Marie R. Baldisseri, "Amniotic fluid embolism", 33 *Critical Care Medicine* 279 (2005).

[94] Vgl. Katzenmeier, Fn. 32, §630e, Rdn. 18; Wagner, Fn. 19, §630e, Rdn. 23.

[95] 实际上,多发性硬化与乙肝疫苗接种存在关联。See M. A. Hernán (et al.), "Recombinant Hepatitis B Vaccine and the Risk of Multiple Sclerosis", 63 *Neurology* 838 (2004).

[96] Vgl. OLG Köln, VersR 2009, 1269.

[97] 该案例转引自吴俊颖:"医师告知义务急速扩张的时代",同前注[48]。

[98] 河南省许昌市中级人民法院(2013)许民一终字第092号。

[99] 浙江省温州市中级人民法院(2008)温民四终字第230号。

[100] Vgl. Nüßgens, Fn. 21, §823, Anh. II, Rdn. 130; Spickhoff, Fn. 18, §823, Anh. I, Rdn. 122; Katzenmeier, Fn. 32, §630e, Rdn. 25; Wagner, Fn. 19, §630e, Rdn. 16.

是，当针对患者的疾病客观上存在数种治疗方案，且数种治疗方案的风险、效果并不相同时，医生应当将各种方案的利弊告知患者，尤其是将自己推荐的医疗方案与替代方案进行对比，由患者自己决定采取何种医疗方案。[101] 实际上，这些医疗方案可能具有几乎相同的风险，但有效果优劣之分；它们也可能效果大体一致，但对患者的身体负担却各不相同。值得注意的是，处于临床试验阶段的治疗措施不属于替代方案告知义务的范畴。[102]

在我国实践中，违反医疗替代方案告知义务的案件并不少见，而且，当不知情的患者为了追求疗效要求使用不必要的药品或医疗措施时，医生可能会听之任之。如在"周伦与广州市第十二人民医院医疗损害赔偿纠纷案"[103]中，患者因子宫肌瘤要求医院完全切除自己的子宫，医院并未告知患者其他替代方案，如子宫肌瘤剔除术、次全子宫切除术，导致患者子宫被全部切除。对此，法院认为：

> 由于器官切除是一种不可逆转的对人体造成永久性伤害的行为，医院在行器官切除术时应本着尽量减轻机体损伤、对患者负责的态度，尽谨慎的注意义务，向患者详细解释全子宫切除术后对其身体的影响及相关并发症的情况，帮助患者进行慎重选择。被告医院未向患者充分履行告知义务，确已侵害了患者的手术知情权，对此手术行为导致的损害后果应承担相应的赔偿责任。患者在院方建议行诊刮术后再决定是否手术的情况下，仍然坚持要求全子宫切除术，对自身的损害也应当承担一部分的责任。

最终，法院认定医院对患者遭受的损害负担60%的赔偿责任。

此外，医生为了自己的经济利益给患者推荐不必要的药品或治疗措施的，在实践中更为常见。甚至还有医疗机构隐瞒医疗替代方案，诱使患者接受风险更高的医疗措施，此时医疗机构可能构成医疗过失。[104] 在这种情况下，一旦患者生命权、身体健康权受损，患者也可以依据《侵权责任法》第54条、第55条要求医院负损害赔偿责任。如在"雷某与南京市儿童医院医疗损害责任纠纷再审案"[105]中，医院为了自己的经济利益，未采用成本仅为数千元但比较成熟的心

---

[101] Vgl. Spickhoff, a. a. O., §823, Anh. I, Rdn. 122; Hager, Fn. 18, §823 I, Rdn. 92; Katzenmeier, a. a. O., §630e, Rdn. 25; Wagner, a. a. O., §630e, Rdn. 16 f.

[102] Vgl. Spickhoff, a. a. O., §823, Anh. I, Rdn. 122; Katzenmeier, a. a. O., §630e, Rdn. 28; Laufs, Fn. 18, §60, Rdn. 4.

[103] 广东省广州市中级人民法院(2013)穗中法民一终字第353号。

[104] Vgl. Hager, Fn. 18, §823 I, Rdn. 92.

[105] 南京市中级人民法院(2011)宁民再终字第31号。该案最终以调解告终。对该案的详细介绍，参见《人民司法·案例》2012年第22期。在该案中，针对介入手术这种尚处于推广阶段的新型医疗措施，如该手术是否充分必要、手术利弊、新技术的整体状况、医院施行该技术的水平和条件、手术的适应症和禁忌症、并发症的防治等情况，医院均未告知，实际上严重违反了告知义务。

脏外科手术,而是诱使2岁的患者接受高达6万元的VSD介入治疗,但该治疗只适用于3岁以上患者,患者随后因手术并发症而遭受人身损害,达到7级残疾。实际上,医院不仅未尽到风险告知义务,而且也未尽到替代方案告知义务,引诱患者接受风险更大且不适合患者的手术,此时医院已经成立医疗过失,应对患者的身体健康权损害负责。

(三)医疗机构告知义务的排除

对患者自主决定的保护并非毫无限制,在特定情况下,医疗机构无须尽到告知义务、无须等待患者的同意,即可直接对患者采取治疗措施。这首先体现在《侵权责任法》第56条,该条规定了紧急情况下告知义务的排除。除此以外,学说上还承认至少三种排除医疗机构告知义务的事由,即患者已经知晓相关信息、患者放弃知情权和医疗机构的治疗特权。

1. 紧急情况下告知义务的排除

《侵权责任法》第56条的目的在于:当履行告知义务会耗费大量时间,可能影响到患者的及时救治时,保护患者的生命、健康权益优先于保护患者对身体的自主决定。因此,在患者因重病失去意识且无法联系患者家属的情况下,医生无法尽到告知义务,如果等待患者苏醒或患者家属同意,可能会延误最佳治疗时机,对患者的生命、健康造成严重影响,故在这种情况下,医疗机构可以不经告知直接对患者进行治疗。这得到了我国司法实践的确认。[106] 不过,虽然医疗机构在紧急情况下不负担告知义务,但是仍然负担治疗上的高度注意义务,故医疗机构仍然可能基于医疗过失负责。[107] 但是,在我国司法实践中,有些法院将《侵权责任法》第56条理解为医疗机构的紧急救治义务,从而认定未能及时救治的医疗机构具有过错。[108] 实际上,《侵权责任法》第56条仅仅涉及告知义务的排除,医疗机构并不负担紧急救治义务。

就该条的适用范围而言,尽管《侵权责任法》第56条将紧急情况下告知义务的排除限定于"生命垂危"等情况,但是当存在与"生命垂危"具有相当性的情况时,即患者虽然尚未陷入生命垂危的境地,但却面临着严重的身体、健康损害的急迫危险,需要立即接受医疗的,医疗机构不用等待"生命垂危"等紧急情况出现,无须取得患者同意即可直接对患者进行救治。[109]

---

[106] "陈云喜与南京市第一医院医疗损害赔偿纠纷上诉案",江苏省南京市中级人民法院(2012)宁民终字第1279号。

[107] "刘代汉等与东莞市清溪医院医疗损害责任纠纷上诉案",广东省东莞市中级人民法院(2012)东中法民一终字第1250号。

[108] "程现飞等与荥阳市中医院等医疗损害责任纠纷案",河南省郑州市中级人民法院(2012)郑民二终字第1104号。

[109] Jessica W. Berg (et al.), *Informed Consent: Legal Theory and Clinical Practice*, 2001, Oxford University Press, pp. 77—78.

当然，该规定的适用并非没有限制：在紧急情况下，虽然无须患者同意，医疗机构的治疗仍必须以合理为限（如急救），当紧急情况消除时，如患者脱离危险后，医疗机构的后续治疗必须征得患者或其近亲属的同意。此外，"生命垂危"的患者仍处于意识清醒状态的，医疗机构应当尽到最低限度或最基本的告知义务；但是，如果患者虽然失去意识，却并不存在"生命垂危"等情况时，医疗机构应当征求其近亲属的同意。[110]

考虑到紧急情况的抽象性，本文主张借鉴推定同意规则（mutmaßliche Einwilligung，可推知的同意）来对紧急情况进行具体化。所谓推定同意，是指虽然医疗机构在采取措施之前能够尽到告知义务，但患者却在事实上无法或无法及时发出同意的意思表示的，在治疗措施有利于维护患者利益的情况下，推定医疗机构的治疗行为得到了患者的同意，医疗机构得采取治疗措施。[111] 在实践中，亟须接受手术的患者失去意识，或亟须接受手术的患者是未成年人，其法定代理人不在场的，医疗机构即可依据推定同意规则对患者进行治疗。[112] 类似的，术中发现患者患有术前不可预见[113]的其他疾病，情况紧急需要立即扩大手术范围的，医疗机构也可以主张推定同意。[114] 换言之，推定同意以治疗行为具有急迫性为必要[115]，不予治疗或中断手术在医学上并不合理[116]，且推定同意在适用上具有次位性：在医疗机构能够获得患者同意的情况下，医疗机构不得主张推定同意。[117] 在这些情况下，医疗机构需要借助真正适法的无因管理的构成要件来认定：实施治疗是否符合患者本人的利益、是否符合患者本人明知的或可推知的意思。[118] 从而，在主张推定同意时，医疗机构应当结合身体健康权遭受的危险及其程度、治疗措施对病人的负担及其效果进行综合考

---

[110] Faden, R., King (et al.), *A History and Theory of Informed Consent*, 1986, Oxford University Press, p. 36.

[111] 在德国刑法中，推定同意是习惯法承认的正当化事由。参见约翰内斯·韦塞尔斯：《德国刑法总论》，李昌珂译，法律出版社 2008 年版，第 204 页。但是，民法学界对推定同意的性质存在不同认识。Wagner 认为推定同意是正当化事由，Deutsch 则认为推定同意的基础是紧急避险。Vgl. Wagner, Fn. 18, § 823, Rdn. 773; Deutsch/Spickhoff, Fn. 39, VIII 6, Rdn. 431.

[112] Vgl. Hager, Fn. 18, § 823 I, Rdn. 117; Wagner, Fn. 19, § 630d, Rdn. 51.

[113] 医疗机构在诊疗和手术计划时尽到相当注意即可预见到需要扩大手术范围的，即不得援引推定同意来排除自己的责任。Vgl. Greiner, Fn. 26, Kapitel C, Rdn. 104.

[114] Vgl. Fischer, Die mutmaßliche Einwilligung bei ärztlichen Eingriffen, *FS-Deutsch*, 1999, S. 545, 551 ff.

[115] Vgl. Deutsch/Spickhoff, Fn. 39, VIII 6, Rdn. 432.

[116] Vgl. Greiner, Fn. 26, Kapitel C, Rdn. 103.

[117] Vgl. Krey, *Deutsches Strafrecht*, *Allgemeiner Teil*, I, 3. Aufl., 2008, Rdn. 637. 参见克劳斯·罗克辛：《德国刑法学总论》（第 1 卷），王世洲译，法律出版社 2005 年版，第 534 页；海因里希·耶赛克、托马斯·魏根特：《德国刑法教科书》，徐久生译，中国法制出版社 2001 年版，第 466 页。

[118] Vgl. Deutsch/Spickhoff, Fn. 39, VIII 6, Rdn. 431.

量:患者遭受的生命危险程度越高,治疗措施对患者的负担越小、危害越低,不采取该治疗措施患者的生命健康损害越大的,越应当推定患者会同意接受该治疗措施。[119]

2. 患者已经知晓相关信息

在患者已经知晓相关信息的情况下,医疗机构是否尽到告知义务对患者的自主决定并无影响。一般来说,患者已经知晓相关信息的渠道有很多,比如患者已经从其他医生处知道了相关信息,或者患者自行从网上查阅了相关信息,或患者本身就是相关领域的专业人士。当然,最典型的情况是,患者在特定时间段内反复多次接受某种治疗措施。[120] 如患者在一个月内因同样的疾病连续接受两次同样的手术[121],尿毒症患者每月按时去医院接受透析,癌症患者定期去医院接受化疗,患者术后定期去医院接受 CT 检查,患者因重感冒连续三天前往医院接受同样的输液等。

患者已经知晓相关信息的,除非特定的医疗措施出现了新的危险,医疗机构无须再履行告知义务并征求患者的同意。此外,在必要时,就患者对相关信息的知悉程度,医疗机构还应当予以确认。[122] 因此,当患者连续接受血液透析两年后,医疗机构临时改变透析方式,采用血液透析加血液灌流的,应当重新履行告知义务并征求患者的同意,不得以患者近亲属在两年前已经在有关血液灌流的《知情同意书》上签字来排除自己的告知义务,故患者因血液灌流的医疗风险遭受损害的,违反该告知义务的医疗机构即应对此负责。[123]

3. 患者放弃知情权

患者放弃知情权、不要求医疗机构进行告知的,医疗机构不再负担告知义务。患者的放弃体现着对患者自主决定的尊重,因此,患者放弃知情权必须以患者能够自主决定为前提。

认定患者放弃知情权,原则上须适用较为严格的标准。[124] 具体来说,患者在作出放弃的意思表示之前,必须知晓以下信息:(1)医生负有告知义务;(2)患者的自主决定系法定身体权的内容;(3)未经患者同意,医疗机构不得擅自对患者进行治疗;(4)患者有权同意或拒绝接受治疗。[125] 不过,医疗机构

---

[119] Vgl. Fischer, Fn. 114, S. 545, 549.
[120] Vgl. Katzenmeier, Fn. 32, § 630e, Rdn. 55.
[121] Vgl. Wagner, Fn. 19, § 630e, Rdn. 29.
[122] Vgl. Katzenmeier, Fn. 32, § 630e, Rdn. 55.
[123] "李银先等与邵阳市中心医院医疗损害责任纠纷上诉案",湖南省邵阳市中级人民法院(2012)邵中民一终字第 600 号。
[124] Vgl. Nüßgens, Fn. 21, § 823, Anh. II, Rdn. 140; Katzenmeier, Fn. 32, § 630e, Rdn. 54; Wagner, Fn. 19, § 630e, Rdn. 55.
[125] Jessica W. Berg (et al.), *Informed Consent: Legal Theory and Clinical Practice*, supra note [109], p. 85.

至少应告知患者治疗措施的基本情况,如术名、手术内容等,故患者放弃知情权一般限于治疗措施的风险和过程的细节。[126]

4. 医疗机构的治疗特权

作为告知后同意规则的例外,治疗特权是指医生认为告知患者会对患者产生不利影响的,可以不予告知。从这个角度来看,治疗特权意味着患者的健康优于患者的自主决定。[127]

在我国医疗行业,治疗特权的运用并不少见,尤其是为了避免患者遭受严重的心理压力,医疗机构往往不会告知患者身患绝症的事实。但是,治疗特权具有较强的随意性和模糊性:它的适用前提并不明确,而且医疗机构可能会以治疗特权的幌子追求自身利益。考虑到治疗特权与保障患者自主决定间的直接冲突[128],比较法上多主张对治疗特权的适用予以严格限制。[129] 比如美国学者认为,仅当告知会引起患者的极端负面反应,或导致患者拒绝参与治疗决策时,医疗机构才应当考虑行使治疗特权。[130] 而德国学者则认为,仅当告知会引起患者严重的精神压力,或导致患者的过激反应,不利于治疗、与治疗目的相冲突,或导致患者基于非理性的理由拒绝治疗时,才应依据治疗特权来限制告知义务。[131] 还有德国学者区分了诊断结果告知义务和风险告知义务,认为诊断结果告知义务可以通过治疗特权豁免,但风险告知义务则不得依据治疗特权免除,因为风险告知是治疗的前提,尊重患者的自主决定,意味着患者对相关风险信息的知悉是必不可少的,医疗机构不能以治疗特权为由保留相关信息,越俎代庖地替患者决定。[132]

虽然治疗特权的具体适用是一个利益衡量的过程,但为了维护患者对身体的自主决定,治疗特权在我国医疗行业中的运用应当受到严格限制。就诊断结果告知义务而言,医疗机构只能延缓告知的时间,而不能一直保留相关信息而不告知患者:当患者能够决定是否接受相关信息时,医疗机构应当将诊断结论告知患者。就风险告知义务而言,为了保障患者对身体的自主决定权,医疗机构原则上应当将相关风险告知患者,在例外的情况下,医疗机构可以将相关信

---

[126] Vgl. Katzenmeier, Fn. 32, § 630e, Rdn. 54.

[127] Vgl. Jessica W. Berg (et al.), *Informed Consent: Legal Theory and Clinical Practice*, *supra* note [109], p. 79.

[128] Faden, R., King (et al.), *A History and Theory of Informed Consent*, *supra* note [110], p. 37; id., p. 85.

[129] 王占明:"论英美法违反告知后同意过失侵权的构成要件",载《环球法律评论》2009年第9期。

[130] Jessica W. Berg (et al.), *Informed Consent: Legal Theory and Clinical Practice*, *supra* note [109], p. 83.

[131] Vgl. Katzenmeier, Fn. 32, § 630e, Rdn. 58.

[132] Vgl. Wagner, Fn. 19, § 630e, Rdn. 60.

息告知患者的近亲属,取得其书面同意。在治疗结束或取得相当进展后,医疗机构应当将相关信息告知患者。

(四)违反告知义务的损害赔偿责任

1. 损害赔偿责任的范围

原则上,医疗机构未经告知并获得患者同意即对患者采取治疗措施的,对患者遭受的所有损害后果负责。[133]

在患者健康权遭受损害的情况下,不论医疗机构的治疗行为是否构成医疗事故,医疗机构均对患者因身体健康权侵害而蒙受的所有损害负责。

在患者健康权未受损害的情况下,由于本文将告知义务的保护对象理解为身体权,故医疗机构仍应当对患者遭受的身体权损害负赔偿责任,法院无须单独认定侵害身体自主的精神损害赔偿,精神损害赔偿直接依据《侵权责任法》第22条来认定,从而,患者在遭受严重精神损害的情况下得请求精神损害赔偿。此时,就财产损害赔偿的认定而言,法院需要在个案中结合身体权侵害的具体情况来认定,如医疗机构未经患者同意为患者截肢的,应对患者的医疗费、残疾赔偿金、残疾辅助器具费以及因康复护理、继续治疗实际发生的必要的康复、护理费、后续治疗费等作出赔偿。

2. 损害赔偿责任的排除

在特定条件下,医疗机构虽然违反告知后同意规则并给患者造成了损害,但医疗机构无须负损害赔偿责任。这主要包括从因果关系路径通过义务违反关联性对医疗机构的责任予以限缩,以及允许医疗机构提出合法替代行为抗辩。

(1) 义务违反关联性

一般而言,风险告知义务仅仅针对治疗措施的典型风险,故在医疗机构尽到典型风险的告知义务的情况下,无须对患者遭受的人身损害负责。但是,若医疗机构没有履行应尽的告知义务,但患者遭受的人身损害源于通常无须告知的风险或极其罕见的非典型风险,此时医疗机构是否应对患者遭受的损害负责呢?

本文认为,在上述情况下,医疗机构的损害赔偿责任应当分开讨论:在医疗机构完全未尽到告知义务的情况下,患者完全丧失了自主决定的可能,虽然患者遭受损害的原因并非医疗措施的典型风险,但是当医疗机构尽到告知义务时,患者仍然能够拒绝该医疗方案并避免该损害,故此时医疗机构应对非典型

---

[133] Vgl. Hager, Fn. 18, §823, Rdn. I. 118; Katzenmeier, Fn. 32, §630e, Rdn. 64; Wagner, a. a. O., §630e, Rdn. 66.

风险引起的损害负全责[134];反之,医疗机构虽然尽到典型风险的告知义务但告知并不充分时,患者遭受的损害源于已经被告知的风险,或源于无须告知的非典型风险的,损害与风险告知不充分之间即并无关联,此时医疗机构无须对非典型医疗风险引发的损害负责。[135]

(2) 合法替代行为抗辩

由于告知后同意规则旨在保障患者对身体的自主决定,因此,违反告知义务的损害赔偿责任必须以患者对身体的自主决定落空为要:如果患者对身体的自主决定并未受到影响,那么,医疗机构对由此造成的损害就无须负责。换言之,虽然医疗机构的术前告知存在瑕疵,患者的同意并无效力,如果医疗机构能够证明,即使医疗机构按照《侵权责任法》第 55 条第 1 款履行了应尽的告知义务,患者本人也会同意接受该治疗措施的,那么,患者对身体的自主决定权就没有受到侵害,医疗机构即无须负损害赔偿责任。该抗辩被称为合法替代行为抗辩(rechtmäßiges Alternativverhalten),即假设的同意(hypothetische Einwilligung)。

我国学界早已承认了合法替代行为抗辩[136],进而有学者主张违反告知同意规则的医疗机构也能援引合法替代行为抗辩:如果患者遭受侵害的是生命健康权,医疗机构可以援引合法替代行为抗辩来排除因果关系;如果患者遭受侵害的是自主决定权,医疗机构不得援引合法替代行为抗辩,从而患者仍然能够就自主决定权侵害主张精神损害赔偿。[137] 由于本文认为告知义务保护的对象是包含患者对身体自主决定的身体权,故在医疗机构虽然未尽到告知义务,但是假设患者在医疗机构尽到告知义务的情况下也会接受治疗措施时,如果患者身体权并没有受到其他损害,医疗机构仍然能够援引合法替代行为抗辩来排除自己的损害赔偿责任,一旦合法替代行为抗辩成立,患者不得以自己对身体的自主决定权受损为由主张精神损害赔偿。[138] 因此,当医疗机构采取的医疗措施在客观上妥当合理,患者也欠缺合理的理由来拒绝该医疗措施时,对于是否接受该医疗措施,患者不会陷入进退两难或委决不下的,则其对身体的自主决定并未受到侵害,违反告知义务的医疗机构得通过合法替代行为抗辩免责。

---

[134] Vgl. Spickhoff, Fn. 18, §823, Anh. I, Rdn. 160; Katzenmeier, a. a. O., §630e, Rdn. 67; Wagner, a. a. O., §630e, Rdn. 67.

[135] Vgl. Spickhoff, a. a. O., §823, Anh. I, Rdn. 160; Katzenmeier, a. a. O., §630e, Rdn. 68; Wagner, a. a. O., §630e, Rdn. 66.

[136] 周友军:"论民法上的合法替代行为抗辩",载《法律科学》2013 年第 1 期。

[137] 周友军:《侵权法学》,同前注[1],第 270 页。

[138] 持自主决定权说(一般人格权说)的德国学者持这种观点:即使医生能够证明患者在被告知的情况下也会同意医生的治疗的,患者仍然得基于人格权侵害主张相当金钱赔偿(精神损害赔偿)。Vgl. Hager, Fn. 18, §823 I, Rdn. 121.

就举证责任的分配而言,应当由患者证明自己在被充分告知的情况下可能会陷入犹豫不决,甚至作出其他选择,即拒绝接受该医师的治疗措施,尤其是患者可能更愿意接受保守治疗、接受其他医疗机构相同或不同的治疗措施、咨询其他专业的相关人士,而且这种犹豫或选择是合理的[139];而医疗机构则应当证明医疗机构采用的治疗措施合理且符合规范,此外也不存在其他可行的替代医疗方案,或者与其他替代医疗方案相比,医疗机构采纳的治疗措施给患者带来的风险较小,即使尽到了充分告知的义务,患者仍然会接受医疗机构采用的医疗措施,患者不会选择其他医生或其他医疗措施。[140] 值得注意的是,为了保障患者对身体的自主决定,在认定合法替代行为抗辩时应当采纳更为严格的标准,故认定患者是否会同意接受医疗机构的治疗措施不能以理性的患者为判断标准,而应以具体的患者为判断标准,即遭受损害的患者本人在充分告知的情况下是否会同意医疗机构的治疗方案。[141]

四、结论

以告知义务是否旨在取得患者同意为标准来观察,我国《侵权责任法》第55条第1款中的告知义务大致可以分为两类,即第1句不以保障患者自主决定为目的的告知义务和第2句旨在维护患者自主决定的告知义务。《侵权责任法》第55条第1款第1句的告知义务主要是诊断结果的告知义务,违反这一义务可能成立违约责任,也可能成立侵权责任。《侵权责任法》第55条第1款第2句的告知义务保护着患者对身体的自主决定,包括医疗风险的告知义务和替代医疗方案的告知义务,该项义务是医疗机构告知义务的核心内容,医疗机构违反该告知义务即应承担侵权责任。经济上的告知义务则被分割为两个部分:涉及特殊治疗、特殊检查的经济上的告知义务,属于替代方案的告知义务的范畴;与特殊治疗、特殊检查无关的经济上的告知义务,以《合同法》第60条为请求权,但也可以解释为《侵权责任法》第55条第1款第1句中不以取得患者同意为目标的告知义务。

虽然学界将告知后同意规则的保护对象理解为自主决定权,但本文认为,考虑到我国相对完善的人格权体系,没有必要额外承认患者的自主决定权,患

---

[139] Vgl. Spickhoff, Fn. 18, §823, Anh. I, Rdn. 155; Katzenmeier, Fn. 32, §630h, Rdn. 38; Hager, Fn. 18, §823 I, Rdn. 121; Wagner, Fn. 18, §823, Rdn. 873; Greiner, Fn. 26, Kapitel C, Rdn. 138 ff.

[140] Vgl. Nüßgens, Fn. 21, §823, Anh. II, Rdn. 156; Spickhoff, a. a. O., §823, Anh. I, Rdn. 155; Wagner, Fn. 19, §630h, Rdn. 49, 51; Katzenmeier, a. a. O., §630h, Rdn. 36; Greiner, Fn. 26, Kapitel C, Rdn. 137.

[141] Vgl. Nüßgens, a. a. O., §823, Anh. II, Rdn. 159; Katzenmeier, a. a. O., §630h, Rdn. 37;周友军:《侵权法学》,同前注[1],第270页。

者对身体的自主决定也属于身体权的一部分。因此,保障患者自主决定权的告知义务以患者的身体权为保护对象,违反该告知义务的,构成对患者身体权而非一般人格权的侵害,故法院无须脱离患者的身体权单独认定自主决定侵害的精神损害赔偿。进而,在医疗机构违反该项自主决定告知义务且存在医疗过失或医疗事故时,法院也无须纠结于患者自主决定权是否仍须单独赔偿的难题,而应就患者的身体权损害赔偿进行一体认定。原则上,医疗机构对违反自主决定告知义务给患者造成的所有损害负责,患者同时蒙受健康权损害的,不论医疗机构的医疗行为是否构成医疗事故,医疗机构都应对患者遭受的损失负责。但是,当医疗机构的告知虽然并不充分,但是损害源于医疗机构已经告知的风险,或源于无须告知的非典型风险时,医疗机构对患者所受损害无须负责;若医疗机构虽然违反自主决定告知义务,但如其能证明患者在被充分告知的情况下仍然会接受治疗的,亦无须负责。

(初审编辑　邵博文)

民法传统中的诚实信用与权利行使
——以一般诈欺抗辩为中心

〔德〕菲利普·拉涅利[*]

徐铁英[**] 译

Bona Fides and Exercise of Right in the Civil Law Tradition:
Focused on the *Exceptio Doli Generalis*

Filippo Ranieri

Translated by Xu Tieying

内容摘要:立法与司法之间的辩证关系是大陆法系民法理论的核心关注,罗马法运用一般诈欺抗辩的诉讼工具赋予法官否定性裁量权力以矫正立法可能造成的不公。德意志地区共同法袭之,并在法典化后借助《德国民法典》第242条的诚信条款在禁止权利滥用理论下继续运作,发展出权利失效等衡平法制度。上述传统表面上在法、意等拉丁法族民法典中消失,然而在其司法实践中却借助默示的弃权表示、缄默等解释工具达到了同样的衡平结果。矫正严法满足实体正义的需求长存,在法典法中尤甚,正在编纂民法典的我国尤应借鉴

---

[*] 德国萨尔布吕肯大学法学院教授。
[**] 四川大学法学院罗马法与意大利法研究所副研究员。

诚信原则的矫正功能在大陆法系的发展历程。

关键词：诚实信用　一般诈欺抗辩　法典法　权利失效

一、导言

本文对一般诈欺抗辩法律制度的介绍将从其在罗马法和罗马共同法中的起源说起。众所周知，在罗马法中，一般诈欺抗辩不是指被告在缔结法律行为——诉讼请求正是以之为依据——时犯下的本意上的诈欺，而是一个非真正意义上的诈欺，并且正是因为它，原告提出的判罚请求受挫，尽管此等要求符合制定法（*jus strictum*），然而考虑到当事人之间的种种联系和信赖，这些要求的实现将产生不公。目前，民法学界常就该制度是否仍然存在于法典化的当代法之中具有疑问。其实，只要看看德国法即可发现，在1900年完成的法典化之外，在德意志地区的罗马共同法实践对诈欺抗辩的古老适用，同权利滥用与诚实信用的当代立场之间，恰恰存在连续性和相互依存的关系。

若干欧洲国家的法律实践追随了德国司法裁判提供的模板，近来，意大利理论界也是如此。意大利法官——除了近期的一些例外——恰恰相反，似乎对明确适用该制度持反对态度。此等差异指向一个更加深邃的问题。对学说史的分析将显示，在法国及其他以其为模板的拉丁法族国家中，由于直接延续了《拿破仑法典》（还有《奥地利普通民法典》）的自然法思想，自足且具有规范作用的诚信标准依然付之阙如，它被理解为另一套参照系，法官可据之矫正法律或合同规范的不公平后果，因而可以将其作为对法典化的严法予以持续矫正，从而满足实体正义需求的工具。这样看来，一般诈欺抗辩制度似乎在拉丁法族——尤其是法国——的学者和法官的词库中消失了。然而，对决疑式司法判决（*casistico*）的比较分析将表明，德国法官通过诈欺抗辩和权利滥用的观念证成的衡平解决方案，在拉丁法族中仅仅是表面上未获认可。罗马共同法中的诈欺抗辩所具有的古老的矫正和衡平功能则作为不言明的裁断理由（*ratio decidendi*）留存于多项裁判方针中。由此可见，拉丁法族的解释者通过其他司法解释技术铸造了适当的工具——通常是拟制的权利人的默示放弃或者默认——来使某项权利的行使停滞，只要此等行使罔顾对方当事人的信赖，即被认为是不忠实的。

二、问题的源流：一般诈欺抗辩从罗马法到共同法

一般或现在诈欺抗辩（*exceptio doli generalis seu praesentis*）这一术语是指一项产生于罗马法的诉权维度之中的法律制度。

在程式诉讼中，它在如下情况中"被授予，一旦权利人对其诉权的行使——

考虑到当事人间的种种联系和默契——表现为明显的不公"[1]。在这样的情况下,它可以对抗,比如罔顾不起诉的约定(pactum de non petendo)而主张债权者、对此前未遵从市民法的形式要求而转让的物提起返还诉之人。可见,该法律制度最初的含义不仅与"罗马法的诉权结构,还与其宪制结构——今天已大体被超越——市民法与荣誉法之间的二元制"[2]紧密联系在一起。通过在程式中加入诈欺抗辩"如果在此事中原告未曾欺诈,将来也不欺诈"(si in ea re nihil dolo malo Auli Agerii factum sit nque fiat),裁判官的创造功能在诉讼中得以施展,旨在于诚信与公平准则的具体化过程中,矫正市民法之形式适用的结果。这里暂且不讨论古典程式诉讼在历史上的细节,只需记住,被告原则上应当在诉讼中明示地提出这一抗辩,以及它在荣誉法中已逐步具体化为一系列典型的抗辩,如基于约定的抗辩(exceptio pacti)或物已出卖并交付的抗辩(exceptio rei venditae et traditae)。在诚信审判中则并非如此,诈欺抗辩被认为内含于此等诉讼中[3],其结果是在合意合同中不必明示地提出,例如,简约抗辩或诈欺抗辩。

随着古典罗马法程式诉讼的消亡,法的二元制亦随之式微。诈欺抗辩缩减为一项保护被告的诉讼工具,古典法标志性的实体解决方案与程序解决方案之间的对立也消失了。裁判官法留下的不过是些程序术语,实体解决方案在里面仍然作为"依抗辩"(ope exceptionis)而呈现出来。因此在优士丁尼的法典编纂中,最终呈现的便是"追求可以被某一抗辩挫败的事情,就是以诈欺行事"(dolo facit, quicumque id, quod quaqua exceptione elidi potest petit)的一般原则(D.44,4,2,5),于是,所有古典法时期的抗辩都导向了诈欺抗辩。可见其"一般"的界定实际上应溯至优士丁尼时期[4]。

---

[1] Così V. Anangio Ruiz, *Istituzioni di diritto romano*, 14 ed., Napoli 1978, 104.

[2] Così Pellizzi, voce Exceptio doli, in NN. D. I., III, Torino 1960, 1075.

[3] Cfr. V. Anangio Ruiz, *Istituzioni*, cit., 299.

[4] 关于优士丁尼时期的发展见 Ranieri, Dolo petit qui contra pactum petat. Bona fides und stillschweigende Willenserklärung in der Judikatur des 19, Jahrhunderts, Ius Commune, 1972, S. 160—161,其中有更多阐释。罗马法中的诈欺抗辩参阅 Burdese, voce *Exceptio Doli* (Dir. Rom.), in Nn. D. I., Vi, Torino 1960, 1072 ss.; Luzzatto, voce Dolo (dir. rom.), in Enc. dir., XIII, Milano 1964, 715; M. Kaser, *Das römische Privatrecht*, I. Abschnitt, 2. Aufl., 642 ff.; II. Abschnitt, 202 ff.; D. Liebes, *römisches Recht*, 2. Aufl., 1982, 224 (258);更早的文献见 Milone, *La exceptio doli* (generalis), Napoli 1882, in part. 151 ss.; Costa, *L'exceptio doli*, Bologna 1897, in part. 146 ss.; Palermo, *Studi sul'exceptio nel diritto classico*, Milano 1956, 131 ss.; Collinet, *La nature des actions, des interdits et des exceptions dans l'oeuvre de Justinien*, Paris 1947, 504 ss.; S. Riccobono, Dal diritto romano classico al diritto moderno (Annali Palermo 1917), 591 ss.; A. Beck, *Zu den Grundprinzipien der bona fides im römischen Vertragsrecht*, FS-Simonius, 1955, S. 24.; da ultimo P. D. SENN, voce Buona fede nel diritto romano, in *Questo Digesto delle discipline privat.*, sez. civ., II, Torino, 1988, 129—133.

前述关于优士丁尼法的描述也决定了这一制度在罗马法原始文献具有实际效力的第二个阶段中的经历。诈欺抗辩制度作为凝集在《国法大全》中的传统制度之一，构成了共同法法学家持有的知识观念与技术用语之一份子。事实上，考虑到中世纪尤其是中世纪晚期解释者在处理《国法大全》片段时表现出来的反历史姿态，他们无法理解罗马法文献中的"抗辩式解决方案"的真正历史意义也就是再正常不过的了[5]。一般诈欺抗辩在罗马共同法的学说和裁判传统中，作为诉讼救济工具，被被告用来反对恶意地和违背诚信地行使一项形式上的法律地位，依然具有效力。应注意，在罗马共同法的学说与实践中，其适用并不限于《国法大全》所载案型（例如，物已出卖并交付的抗辩、简约抗辩、留置的抗辩等形式），此外还有新的情形。德国潘德克吞的当代运用和19世纪德国共同法的实践亦然[6]。

三、自然法典编纂对诈欺抗辩的沉默：法国法和奥地利法

早在自然法典编纂运动之前，罗马共同法传统在这个问题上在不同的地区间便有差异。在德意志地区的潘德克吞的当代运用（*usu modernus pandectarum*）中，植根于罗马法原始文献的对诚信合同与严法合同的区分依旧存在，与后者相联系的一般诈欺抗辩制度——至少在抗辩式解决的形式下——持续运作，直至潘德克吞时代[7]。法国的"旧法"则呈现出一幅不同的景象。自16、17世纪始，"一切合同均为诚信合同"的格言便盛行于法兰西[8]。彼时，人

---

[5] 关于中世纪法学家与诈欺抗辩，参见 Ranieri, *Alienatio convalescit. Contributo alla storia ed alla dottrina della convalida nel diritto nell'Europa continentale*, Milan 1974, 11—17.

[6] 罗马共同法资料中关于这一主题的片段不可计数，如 D. Gothofredus, *Dissertatio de exceptionibus*, Argentorati 1603, 11 n.63 有基于罗马法原始文献的定义（D. 44.4.2.5）"doli exceptionem proposuit praetor, ne cui dolus suus per occasionem juris civilis prodesset contra aequitatem naturalem; doli exceptio generalis est competens si qui petit id quod qualibet exceptione elidi potest; sic debitor creditoris sui creditori solvens, adversus creditorem doli mali exceptione munitus est."（诈欺抗辩由裁判官提出，如果他认为这一诈欺虽以市民法为借口，但违背了自然正义；一般诈欺抗辩也同时适用，如果有人追求可被某一抗辩所挫败的东西，此时债务人从债权人处解脱，并且因诈欺抗辩而免于债权人的诉讼）。关于罗马共同法文献对该制度的运用，cfr. Ranieri, Dolo petit, cit., 162—168, 大量引用了原始文献，尤其是德国潘德克吞的当代运用的实践情况，见前引, 168, n. 20—22. 关于共同法实践中的创造性因素，在这里仅记载了在缺乏债因的情况下使用诈欺抗辩来补救的情况；深度溯源研究见 P. Spada, Cautio quae indiscrete loquitur. Lineamenti funzionali e strutturali della promessa di pagamento, in *RDC*, 1978, I, 673—757.

[7] Cfr. Hoetink, De beperkende werking van de goede trouw bij overeenkomsten, in *Tijdschrift voor rechtsgeschiedenis* (1928), 417—438, 尤见 430; Ranieri, Dolo petit, cit., 165 n. 16 对起源有进一步阐释。

[8] Cfr. Hoetink, De beperkende werking, cit., 417 ss. 亦可见广泛牵涉"旧法"文献的 Ranieri, *Dolo petit*, cit., 164—165; da ultimo G. P. Massetto, voce Buona fede nel diritto medievale e moderno, in *Questo Digesto delle discipline privat.*, sez. civ., II, Torino, 1988, 147—151.

们宣称所有合同都是诚信的,公平激起了法的整体,于是诚信(bona fides)在整个法的体系中获得接纳。自然而然地,在这样的理解下,像一般诈欺抗辩这样的制度——它们至少在形式上表现为程序救济工具,在罗马共同法的范畴中维系着在严法之外(jus scriptum)实现公平的理念——便不再有意义[9]。在这个背景下,诈欺抗辩失去了其在法国"旧法"中的作用与需要。此外,许多在罗马共同法中通过诈欺抗辩获得证成的衡平结果,已在16—17世纪的王室立法中得以规定。还有一点是至关重要的:在法国旧法中,罗马法渊源仅作为"成文理性"(ratio scripta)而被接受,尤其是充斥其中的决疑法和程序性范畴仅被看做"细枝末节"。诈欺抗辩构成了所谓"诉权思维"(aktionrechtlisches Denken)的典证,此等思维在17—18世纪的旧法中消失了,与这一时期德国潘德克吞的当代运用不同,在法国可以看到一个从程序体系到对罗马法资料进行实体化重构的过程。[10]

在这幅图景之中,又加入了启蒙主义法典编纂的经验以及自然法学派的意志理论的影响。启蒙思想贬低法官的工作并颂扬在成文法典中实现法的确定性,拒绝罗马共同法实践中的衡平工具。与其他流传下来的衡平格言(如 contra non valentem agere no currit praescriptio,对于无法起诉者消灭时效不开始起算)一道,一般诈欺抗辩与诚信(bona fides)被掩埋在近代民法典之下。[11]

---

[9] Cfr. J. Esser, Wandlungen von Billigkeit und Billigkeitsrechtsprechung im modernen Privatrecht, in *Summum jus summa iniuria*, Tübingen 1963, 22 ff., specie 28 ff.; Los Mozos, El tratamiento de la equidad en los diversos sistemas juridicos. La equidad en el derecho civil espanol, in *Relazioni spagnole all' VIII Congresso intern. di diritto comparato*. Pescara 1970, 26 estratto. 亦可见 S. Pugliatti 的精辟见解, voce Eccezione (teoria generale), in Enc. dir., XIV, Milano 1965, 尤见 170—171:"... le eccezioni ex fide bona, dunque, hanno la loro fonte, almeno mediata, nello stesso ordinamento giuridico, che ha recepito il principio di buona fede."(因此,基于诚信的抗辩各有其来源,但至少都在统一的法秩序中得到调整,而这已经改变了诚信原则的原有意义。)早在罗马法中,诈欺抗辩便被认为是内含于诚信审判(Bonae fidei judicia)之中。

[10] Cfr. Ranieri, *Dolo petit*, cit., 166—167, n. 9; Ranieri, in *Tijdschrift voor rechtsgeschiedenis* 40 (1972), 322 n. 5. 值得一提的是,这一视角在19世纪对《法国民法典》的评注中即已出现:cfr. Toullier, Le droit civil francais suivant l'ordre du code, 5 ed., Bruxelles 1824, III, §89, 57 "... cette raison subtile était imaginée pour procurer au défendeur l'exception de dolo, sans laquelle il n'eut pas repoussée la demande; mais, dans notre jurisprudence, toutes les actions sont de bonne foi, et nous n'avons pas besoin de cette subtilité."(人们认为,有一个微妙的原因是,被告使用了诈欺抗辩,没有这一抗辩他就不能拒绝原告的诉请,但在我们的案例中,所有的行动都是善意的,因而我们不需要这种微妙。)类似的还有 J. C. F. Demolombe, *Cours de Code Napoleon*, XXXI. Traité des engagements qui se forment sans convention, 3 ed., Paris 1882, 75.

[11] Corradini, *Il criterio della buona fede e la scienza del diritto privato*, Milano 1970, 主张(12 ss.;27)诚实信用与公平在自然法学家的思想中十分重要。在我看来,这个观点无法接受,它曲解了18世纪的法律思想。作为"自然律法"的诚实信用与罗马法原始文献中的诚信(bona fides)是如此不同,我们切勿为常见的当代学者关于原则的若干表述所误导。事实上,自然法时期的法律思想从根本上否定在法典之外还存在另一套规范系统(诚信、公平),法官可借之矫正法律或合同规范的不公平效果。参见拙文,载于 *Tijdschrift voor rechtsgeschiedenis* 40 (1972), 318—326, 尤见323, 以及 *Dolo petit*, cit., 170, n. 26 是关于普鲁士与奥地利法典化运动中的诚信。我认为 G. P. Massetto, voce Buona fede, cit., 151 ss. 未触及这一问题。

这一立场的典型是《普鲁士普通邦法》(ALR)和《奥地利普通民法典》(ABGB)于其 1811 年的初版中均未提及合同诚信。值得一提的是 Zeiller 及其同时代的人针对"罗马法官的衡平"所发起的极为激烈的批判。[12] 于是,19 世纪《奥地利普通民法典》的评注者完全无视一般诈欺抗辩制度也就不足称奇了。该抗辩以德国裁判为典范,进入奥地利的学说与司法中只是近几十年的事情。[13] 同一时期,在自然法学派的意志理论的影响下,合同诚信观念本身亦经受了深刻转变。

如前所述[14],在自然法学派的私法观念系统中,一切法律关系都以主体的意志行为为轴心:或是法律行为,或是侵权行为。在此等意志主义的视角之下,并无安置私法其他动态因素的空间,例如罗马法的诚信规则。相反,根据意志主义的等式"凡是所愿的便是正当与公平的;而正当与公平的不过就是所愿的",诚信本身被吸纳到意志因素之中。在这样的背景下,《法国民法典》第 1134 条第 3 款规定的"协议应当依据诚信执行"被解释为合同应当依据双方的意志执行,而第 1135 条的解释规则被理解为根据双方当事人的确切意志解释也就毫不奇怪。[15] 事实上,将诚信吸收进意志因素之内,使得诚信规则在法国实际适用的法中转变成一条解释与执行意志的规则。如果考虑到一条法典规范仅仅在解释与调节的背景下存在,在实际适用的法之中进行,那么也就可以理解《法国民法典》第 1134 条第 3 款中(以及其他以法国为范本的国家的民法典中的相应条文,如 1837 年

---

[12] Cfr. Zeiller, *Kommentar über das allgemeine bürgerliche Gesetzbuch*, Wien-Triest, 1811, I, 72; Zeiller, *Das natürliche Privatrecht*, 1808, § 117, S. 150. Come Osserva Schuster, *Theoretisch-praktischer Kommentar über das ABGB für die gesamten deutschen Erbländer der österreichischen Monarchie*, Prag 1818, 158 il legislatore austriaco non ha, "... gleich dem römischen Rechte, den Richter auf die natürliche Billigkeit, sondern auf das Naturrecht angewiesen";请见 § 7 ABGB 之内容。

[13] Il § 914.《奥地利普通民法典》第 914 条最初的文本(1811)为"... ein zweifelhafter Vertrag so erklärt werden (soll), daß es keinen Widerspruch enthalte und von Wirkung sei";关于其在 1916 年《新律》中的文本,见 infra, n. 55. 19 世纪的奥地利法完全无视诈欺抗辩制度;Cfr. H. Coing, *Form und Billigkeit in modernen Privatrecht*, Deutscher Notartag, 42 (1960). Cfr. J. Unger, *System des österreichischen allgemeinen Privatrechts*, 5. Aufl., 1892, II, § 125, S. 509, n. 37, 尽管它大规模接受了德国的潘德克吞学说,却拒绝了该制度;同样的有 Krainz, *System des österreichischen allgemeinen Privatrechts*, 2. Aufl. PFAFF (Hrsg.), 1894, § 157, 405ff. 关于奥地利法在这个世纪的发展, vedi infra.

[14] Vedi H. Coing, Bemerkungen zum überkommenen Zivilrechtssystem, in *Vom deutschen zum europäischen Recht. FS- Dölle*, 1963, I, S. 25; Coing, Das Verhältnis der positiven Rechtswissenschaft zur Ethik im 19. Jahrhundert, in Blühorn/Ritter (Hrsg.), *Recht und Ethik. Zum Problem ihrer Beziehung im 19. Jahrhundert*, 1970, 11 ff.

[15] Cfr. Toullier, Le droit civil, cit., n. 338 "... on ne doit pas violer les conventions en cherchant une équité purement imaginaire... quand elles (les conventions) sont claires, il ne faut pas en éluder la lettre, sous prétexte d'en revenir à l'équité et à la bonne foi"; Demolombe, Cours, cit., XXIV. Traité des contrats ou des obligations conventionelles en général, I. partie, 376, osserva sul contenuto dell'art. 1134, 3 code civil "... c'est toujours le devoir du juge... d'interpréter la convention et d'en ordonner l'exécution conformément à l'intention des parties".

《荷兰民法典》第1374条第3款,1865年《意大利民法典》第1124条,1889年《西班牙民法典》第1258条,1942年《意大利民法典》第1375条)的诚信(bonne foi)与罗马共同法中的诚信(bona fides)完全是两码事。[16]

《法国民法典》的解释者所持的自然法学派立场决定了我们在此研究的制度在一切以法国立法、学说和司法裁判为样板的国家中的命运。因而在这些国家,作为"另一套参照系"——法官可援引它来矫正一条法律或合同规范的不公平效果——的具有独立规范意义之诚信的观念,在实际适用的法中从未出现过便不足为奇了[17]。于是也就可以理解为何一般诈欺抗辩的观念完全不见于法国的法典评注者和法官的词库。

四、该问题在德国法:从潘德克吞到当今司法实践

与潘德克吞的当代运用前的传统一脉相承,一般诈欺抗辩留存在19世纪德国的法和裁判实践中。其实,潘德克吞学派的法学家与当时法学的实证主义和形式主义潮流一致,并不青睐这一制度。潘德克吞学派在18世纪前期的多数派观点是,将其适用情形仅限于《国法大全》中特定的决疑式情形之中。[18]

---

[16] 因此在我看来,问题在于将《法国民法典》第1134条第3款与一般诈欺抗辩联系在一起的错误理解,正如 Beck 所为, *Zu den Grundprinzipien*, cit., in part. 26. 在这样的情况下,我们得意识到这些研究的局限性,它们虽然从文义检验了《法国民法典》第1134条第3款,却未考虑形成该规范的历史前提,我们要问:为何在拉丁法族各国法的实践中没有出现像德国那样的发展(cfr. per es. Corradini, Il criterio, cit., 54 ss.; Rodota, *Le fonti di integrazione del contratto*, Milano 1969, 120—121; Ziccardi, *L'integrazione del contratto*, Milano 1969, A 121 ss., 我认为他完全误解了《法国民法典》第1134条和第1135条的历史起源)? 在我看来尤为必要的是研究诚信(bona fides)与衡平(aequitas)的标准是通过哪种方式继续运转于拉丁法族之中的。

[17] 尽管有若干零星的、以德国学说为榜样而作出的尝试(Cfr. Vouin, *La bonne foi, notion et role actuels en droit privé francais*, Thèse, Bourdeaux, 1939, 141—143; Markovitch, *La théorie de l'abus des droits en droit comparé*, Thèse, Lyon 1936, 201),将《法国民法典》第1134条第3款作为整个私法的一般条款来理解的观念从未在法国获得成功,即便是近年,依旧如此。Cfr. per tutti, Planiol-Ripert, *Traité pratique de droit civil francais*, 2 ed., VI. Obligations, par Esmein, Paris 1952, 809; da ultimo A. Rieg, in *Juris Classeurs*, sub. art. 1134—1135 code civ., Paris 1965, 尤见 voce: Le principe de l'exécution de bonne foi des conventions, 18; 最后,所作的比较法上的观察,见 Murad Ferid, *Das französische Zivilrecht*, 1971, I, §2B, S. 3,(特别是关于一般诈欺抗辩, §2B, 29—30) 以及 J. Schmidt, in *Staudingers Kommentar zum BGB*, 12. Aufl., 1983, sub §242 BGB, Rdn. 88 e Rdn. S. 90—93. 西班牙法与葡萄牙法的情况类似: Cfr. J. L. De Los Mozos, *El principio de la buena fe. Sus aplicaciones prácticas en el derecho civil espanol*, Barcelona 1965, 49; 126—129; A. Menezs Cordeiro, *Da boa fé no direito portugues*, Coimbra 1980.

[18] Cfr. Hänel, Ueber das Wesen und den heutigen Gebrauch der Actio und exceptio doli, in AcP 3 (1829), 408 ff.; Heimbach, sub Exceptio doli, in *Rechtslexikon für Juristen aller teutschen Staaten*, redigiert von J. Weiske, III, 1841, 709 ff.; Albrecht, *Die Exceptionen des gemeinen teutschen Civilprozesses geschichtlich Entwickelt*, 1835, 179 ff.; sul problema cfr. Ranieri, *Dolo petit*, cit. 176.

该世纪下半叶——特别是这一时期的潘德克吞学派最终放弃了抗辩的范畴,转而以实体化的重构来取代罗马法渊源中的抗辩式解决方案[19]——许多人否认该制度在当代罗马法中的现实存在[20],尽管也有人视其为一个仍在运作的制度(如 Regelsberger)[21]。Windscheid 对该制度的态度似乎谈不上决然地反对[22]。潘德克吞时期的德国司法实践从未成为专门研究的对象。然而,对该制度特定方面的若干研究却表明,尽管学说持保留态度,19 世纪的德国法官在罗马共同法的运用中系统地应用了这一制度[23],不仅发生在罗马法原始文献已规定的抗辩式解决方案中——例如,物已出卖并交付的抗辩、简约抗辩、留置的抗辩等,还出现在新的、《国法大全》并未规定的情形[24]。至于这些抗辩式方案是如何生根的,途径之一是德国法院在适用《法国民法典》时,常求助于一般诈欺抗辩这一工具[25];对于《普鲁士普通邦法》的解释者亦是如此,他们同样受

---

[19] 关于潘德克吞学派对 *exceptio* 与 Einrede 概念的讨论概况,Cfr. V. Colesanti, voce Eccezione (diritto processuale civile) in *Enc. dir.*, XIV, Milano 1965, 172 ss., in part. 174 ss.; Ranieri, *Alienatio convalescit*, cit., 47—50 con cit. Dalle fonti.

[20] Cfr. per es. Rmer, Die exceptio doli, insbesondere im Wechselrecht, in *Zeit. für das gesamte Handelsrecht* (1875), 54 ff.; Brinz, *Lehrbuch der Pandekten*, 2. Aufl., 1873, I, § 111, S. 381.

[21] Cfr. Regelsberger, Pandekten, 1893, S. 686;持类似观点的还有 Hartmann, Bechmann, Jhering, Dernburg. 相关分析亦见 O. Behrends, Geschichte Politik und Jurisprudenz in F. C. v. Savignys System des heutigen römischen Rechts, in Behrends/Diesselhorst/Eckart (Hrsg.), *Römisches Recht in der europäischen Tradition*, 1985, 257 ff., in part. 293 ff.,宣称"... insoweit ist das ganze savignysche Vermögensrecht der ex. doli unterordnet, ... Savigny schöpft hier aus dem römischen Recht, aus dem Dualismus zwischen formaler Zuständigkeit und materialer Gerechtigkeit"(萨维尼的整个财产法都服从欺诈规则……萨维尼的灵感源于罗马法,源于形式裁判与实质正义间的二元论)。

[22] Cfr. Windscheid/ Kipp, *Lehrbuch des Pandektenrechts*, 9. Aufl., 1906, § 47, S. 179 n. 7; "... in der Praxis ist die ex. doli häufig nichts als der Ausdruck für die Geltendmachung des Prinzips der bona fides von Seiten des Beklagten, was dem römischen Grundsatz der exceptio ganz entspricht"(在实践中,诈欺抗辩完全就是经被告之口表述出来的善意原则,这也完全符合罗马法上抗辩的原则);Windscheid 对这个问题的态度的细致分析见 U. Falk, *Ein Gelehrter wie Windscheid. Erkundungen auf den Feldern der sogenannten Begriffsjurisprudenz*, 1989, 72 ff.; 196.

[23] 对判例的深入分析见 Ranieri, *Dolo petit*, cit., 177—181; Ranieri, *Alienatio convalescit*, cit., 39—43; Ranieri, Exceptio temporis e replicatio doli nel diritto dell'Europa continentale, in *Riv. dir. civ.*, 1971, I, 256; U. Falk, *Ein Gelehrter*, cit., 72;亦参见 M. Näf-Hofmann, Zur obiektiven Ausweitung der actio de dolo im römischen und gemeinen Recht (Diss. Bern), 1962, 55 ff.; 69 ff.; BECK, *Zu den Grundprinzipien*, cit., S. 26—27. 在其论战性质的作品,J. W. Hedemann, *Die Flucht in die Generalklauseln*, 1933, S. 4 宣称一般诈欺抗辩首次出现在帝国法院裁判中的时间是 1886 年,误解了此前各地区法院的司法实践。

[24] 例子见 Ranieri, *Alienatio convalescit*, cit., 42—43.

[25] Cfr. Ranieri, *Dolo petit*, cit., 182 n. 52a;同样谈到这一问题但持否定意见的有 Crome, *Allgemeiner Theil der modernen französischen Privatrechtswissenschaft*, 1892 (trad. it., S. 398—399).

到了潘德克吞学派范畴的影响[26]，尽管这一法律工具其实与这些自然法典全无关联[27]。

于是毫不奇怪地，在 1900 年《德国民法典》这个休止符之后，诈欺抗辩制度继续存在于德国法院的司法裁判以及同时代的学说之中。对这部法典的第一批评注均论及该制度，Wendt 于 1906 年出版的专著对它在新法典中的实效性做了广泛研究[28]；Riezler 在 1912 年将其定位在禁止自相矛盾（venire contra factum prorpium）的规则中，并将其导向《德国民法典》第 242 条和第 157 条[29]。

20 世纪 20 年代尤其是 30 年代以来，以恶意或违反对方产生的信赖的方式来行使权利，可被诈欺抗辩或诈欺答辩制度停滞的理念，在德国司法界获得了广泛的运用。

这方面的典范为权利失效（Verwirkung）司法制度的发展。依该制度，怠于行使权利并由此使对方当事人产生了合理信赖的人，不能再行使该权利，它被认为已经为该人丧失，尽管消灭时效期间尚未经过。最开始时，德国法院对这一裁判官式的权利排除的证成是多样化的：既求诸禁止以违背善良风俗之方式加损害于他人（《德国民法典》第 826 条）[30]，又与该法典第 242 条的排除联系起来[31]。最终在 Siebert 作于 1934 年的对决疑式司法裁判进行体系化的专

---

[26] Cfr. Ranieri, *Alienatio convalescit*, cit., 44, n.90.

[27] Cfr. sopra n.13.

[28] Cfr. Wendt, Die exceptio doli generalis im heutigen Recht oder Treu und Glauben im Recht der Schuldverhältnisse, *AcP* 100 (1906), in part. 259 ff.; Si Vedano Pure Schneider, *Treu und Glauben im Rechte der Schuldverhältnisse des bürgerlichen Gesetzbuches*, 1902, 175 ff.; Danz, *Die Auslegung der Rechtsgeschäfte*, 3. Aufl., 1911, 160 ff.; Gadow, Die Einrede der Arglist, Jherings Jahrbücher 84 (1934), 193 ff.

[29] Cfr. Riezler, *Venire contra factum proprium. Studien im römischen, englischen und deutschen Civilrecht*, 1912; Riezler 在其著作中将普通法传统中的禁反言与罗马共同法中的诚信重新联系起来（Riezler, op. cit., 44; LIEBS, in *Juristenzeitung* (1981), 161）；这部作品对于本文的研究主题所具有的重要意义参见 Dette, Venire contra factum proprium nulli conceditur (Schriften zur Rechtstheorie 115), 1985, E Wieling, rec. *AcP* 187 (1987), 95—102; Patti 在写到司法概况的时候，误解了这部作品以及罗马共同法传统，Profili, cit., 115, 认为它"很可能是在《德国民法典》的诚信原则提出之前亦即在 1900 年以前曾经承担了这项角色"; Nanni 的论点亦不成立，L'uso giurisprudenziale dell'exceptio doli generalis, in *Contratto e Impresa*, 1986, 200 n.8, 他认为是 Wendt 及其作品 *Die exceptio doli*, cit., 首次将该制度与诚信联系起来。

[30] Cfr. per es., Reichsgericht, 29.2.1916, in *RGZ* vol. 88, 143（关于它还有 Ranieri, Rinuncia tacita e Verwirkung. Tutela dell'affidamento e decadenza da un diritto, Padova 1971, 15）; Reichsgericht, 27.1.1925, in *RGZ* vol. 110, 133 (Ranieri, op. cit., 17); Reichsgericht, 19.6.1925, in *RGZ* vol. 111, 192 (Ranieri, op. cit., 18).

[31] 例证 cfr. Ranieri, op. cit., 21 n.11.

著中[32]——至今仍无争议——决定性地放弃了抗辩或排除的理念，将此等方案定位在了禁止权利滥用原则中，这是从对《德国民法典》第242条的极为宽泛的解释中推导出来的。[33] 权利失效学说毫无疑问构成最为显著的发展之一，是德国法院基于对第242条之诚信规则的自由运用而达成的，它被理解为全部私法的一般条款。事实上，认可基于公平的理由而宣布债权人被排除于对其权利的行使，即使法定的时效期间尚未届至，这实际上意味着对他适用一个特殊的事实上的消灭时效。

权利失效理论并非孤证，相反，它是一个更深远的司法立场的一部分。请想一想，在此仅限于最显著的发展，这些适用——起初是诈欺抗辩制度，随后是禁止权利滥用——于合同由于欠缺要求的基本形式（ad substantiam）而无效的情形，此时，主张此等无效之人的恶意行为——他在令对方产生自己今后不会主张这一点的期待——使得无效请求被排除[34]。此外还需记得另外一个方向，它与权利失效理论逆向而行，认为：若某人以自己的先前行为令对方确信自己不会提出抗辩，使得对方放弃去完成可阻止消灭时效完成的行为，一旦他后来再主张时效已完成，便构成滥用。[35]

---

[32] Cfr. W. Siebert, *Verwirkung und Unzulässigkeit der Rechtsausübung*, 1934; 关于这部作品、其先驱以及其时为德国学说接纳的情况, cfr. Ranieri, op. cit., 27.

[33] 关于权利失效的学说, 请允许我引用拙著 Ranieri, Rinuncia, cit., in part. 14—41, 全面地列举了在这个问题上重要的德国学说与判例; cfr. Pure Ranieri, *Verwirkung et renonciation tacite*; 例如近期的判例 cfr. Bundesgerichtshof, 7.7.1965, in *Juristenzeitung* (1965), 682 (这方面亦见 Ranieri, Rinuncia, cit., 39); Bundesgerichtshof, 29.2.1984, in *Juristenzeitung*, 1984, 585. 裁判案例情况请见多部评注关于§242 BGB 的部分, 尤其是 Weber, in *Staudingers Kommentar zum BGB*, 11. Aufl., 1961, sub §242 (请注意, 这一版本的下一版即该评注的第12版, J. Schmidt 主编, 大规模地删减了较老的文献资料). 我认为 Patti 对该制度所作的重构是片面的 Patti, *Profili della tolleranza nel diritto privato*, Napoli 1978, 101 ss.

[34] Si Vedano per es. H. Coing, *Form und Billigkeit*, cit., passim; Boehmer, *Grundlagen der bürgerlichen Rechtsordnung*, II, 2, 1950, 95 ff.; Gernhuber, Formnichtigkeit und Treu und Glauben, in *FS- Schmidt/Rimpler*, 1957, 152 ff.; Reinicke, *Rechtsfolgen formwidrig abgeschlossener Verträge*, 1969, 69 ff.; Bhm, Das Abgehen von rechtsgeschäftlichen Formgeboten, *AcP* 179 (1979), 448 ff.; 关于该主题的判例, 参见§242 BGB 在各部评注中的相关章节, 特别是 Weber, op. cit., 整理了本世纪德国全部的判决。这里应当指出, 在帝国法院极为自由主义的立场之后, 近年来联邦最高法院退回到了愈加严格的立场上, 仅在例外情形下承认权利滥用的抗辩; Cfr. per es. Bundesgerichtshof, 22.6.1973, in *Neue juristische Wochenschrift*, 1973, 1455; 对近来案例的深刻分析见 C. W. Canaris, *Die Vertrauenshaftung im deutschen Privatrecht*, 1971, 274 ff.

[35] 详细说明见 Boehmer, *Grundlagen*, II, 2, S. 118; 关于该立场在德国判例中的发展, 深入分析见 Ranieri, Sospensione convenzionale della presceizione ed exceptio pacti sive doli, in *RDC*, 1971, II, in part. 16—21; Ranieri, *Exceptio temporis*, cit., 256—287; 以及 Weber, op. cit; da ultimo H. Hübner, *Allgemeiner Teil des BGB*, 1985, §52, III, 2, Rdn. S. 731; D. Medicus, *Allgemeiner Teil des BGB*, 2. Aufl., 1985, Rdn. S. 124—125, S. 53; 司法裁判方面见 per es. Bundesgerichtshof, 20.1.1976, in *Neue juristische Wochenschrift*, 1976, S. 2344—2345.

更一般地说,这样的一条规则盛行于德国司法界:以违背与对方的种种联系以及他产生的信赖的方式主张一个表面上的法律地位,构成"自相矛盾"(*venire contra factum proprium*),因而也就是权利滥用。

这并不是说衡平的倾向——由德国法院在禁止权利滥用的掩护之下发展起来——在前述领域获得了一个特别的发展,为数量庞大的判决所证实。关于消灭时效、除斥期间和法律行为形式的规则是当代欧陆法典中"严法"的典型表现。这一司法立场并不是突然流行起来的,而是分为多个发展阶段。[36] 德国法院在一开始尝试将对形式上权利的排除导向"以违背善良风俗之方式加损害于他人"的规范文本,即《德国民法典》第 826 条,在之后的发展中,自 20 年代末开始,又转向了诚信的一般标准,它被赋予了自足的规范意义,通过第 242 条获得了立法上的认可。以这种方式,诚信原则如今成为对一系列衡平解决方案予以形式证成的渠道;一个形式的掩体,在它的掩护下法官可以如立法者般行事,在缺乏规范之处创造规范,或变更既存法律/合同规范的不公平效果。

在此需记住,在《德国民法典》编纂者的意图中,第 826 条其实是诈欺之诉和诈欺抗辩制度的法典化。[37] 事实上,看看对这条规范最初的重要的适用——在前面提到的情形中,即可表明德国法院在多数案件中继续遵循着之前的历史延续。尤其是通过禁止以违背善良风俗之方式加损害于他人,以及以特定方式赔偿损害的债务(《德国民法典》第 249 条),与大量在罗马共同法的实践中运用一般诈欺抗辩的决疑法关联起来。[38]

将这些解决方案定位为对第 242 条诚信标准之适用的做法盛行于更晚近时,受到理论多数的强烈抵制。[39] 事实上,在《德国民法典》编纂者的意图以及生效之初若干年的解释中,对第 242 条的评价与法国实际适用的法对《法国民法典》第 1134 条第 3 款的解释并无本质不同。若分析帝国法院 20 世纪最初几十年的判例,将第 242 条作为诈欺抗辩或答辩之依据的做法仅限于形成权之行

---

〔36〕 对帝国法院判例的各阶段发展的全面复原,见 J. Schmidt, in *Staudingers Kommentar*, 12. Aufl., sub. § 242, Rdn. 49 ff.

〔37〕 Cfr. le precise osservazioni di Kipp in nota a Windscheid, *Lehrbuch der Pandekten*, 9. Aufl., I, § 40, ff. 214—216.

〔38〕 1900 年之前的司法实践案例见 cfr. Ranieri, *Exceptio temporis*, cit., 256 n. 3; Ranieri, *Dolo petit*, cit., 184, n. 55;关于此等连贯性见 Lange, *BGB. Allgemeiner Teil*, 12. Aufl., 1969, S. 100.

〔39〕 Vedi Ranieri, *Exceptio temporis*, cit., 259 in n. e in Ranieri, *Rinuncia*, cit., 63 in n.; 至少有 Hedemann, *Die Flucht in die Generalklauseln*, 1933; Boehmer, *Grundlagen*, II, 2, cit.; Flume 及其他人。最后,拒绝权利失效制度,理由是它有违消灭时效的法律规定,今日已是绝对少数派观点。E. Wolf, *Allgemeiner Teil des BGB*, 2. Aufl., 1976, S. 89.

使或合同条款规定了期限的情形中。[40] 通过以第 242 条为基础的裁判官法的排除来停滞权利之行使的理念，在这些案件类型中相对简单，以至于可以与依诚信解释合同的理念调和。只是在 20 年代末尤其是 30 年代，帝国法院才开始在第 242 条中发掘出一条极为一般的原则，也可以将其具体化为适用法律规范的界限。[41] 以上提到的在消灭时效和因形式瑕疵而无效的问题中的解决方案实际上可溯至这个十年。[42] 将这些衡平式解决方案定位在禁止权利滥用理论之中的做法也可以追溯至这个年代。对在德国实际适用的法的现实主义评估表明，德国法官并未走出在那些年里发展出来的决疑类型。正如之前已经说过的那样[43]，近几十年的德国司法裁判延续了之前的传统，基本上没有增加或扩张已知的排除权利行使的情形。裁判界的决疑类型已经稳固——尤其是以维亚克尔提出的分类为榜样[44]——表现为一系列的典型情形（Fallgruppen），是货真价实的法律之外的规范群。正是以这些典型案情为样板——在此只能提及最为显著、最为重要的[45]——目前对第 242 条的评注正在整理那些数目众多、正处于形成过程之中的决疑式裁判。

---

[40] 例如，之前引的判决 *RGZ* vol. 88, 143；在消灭时效问题上，参见 Ranieri, *Exceptio temporis*, cit., 256—257. 关于对《德国民法典》第 242 条最开始的解释，参见 J. Rückert, *Autonomie des Rechts in rechtshistorischer Perspektive* (Juristische Studiengesellschaft Hannover. Heft 19)，1988, S. 45—49; 49 ff., in part. n.159；最后是该条文的历史，参见 J. Schmidt, op. loc. cit., in part. Rdn. 49 ff.

[41] 因此，当一些意大利研究者在评价 1900 年制订的《德国民法典》的优点时，将其对第 242 条"一般条款"的规定列为其一，实为误解。实际上，是解释者们，尤其是帝国法院，将上述规范转变成了一项将反法典的解决方案在形式上予以合法化的工具。当代意大利学者的较佳解释，参见 Torrente, In tema di exceptio doli generalis, in *Giurisprudenza comparata di diritto civile*, 1940, 265 in nota a Reichsgericht, 12.11.1936, ivi; Ascarelli, Certezza ed equità nella giurisprudenza germanica, in *ADCSL*, 1930, III, 571 ss.

[42] 例如，在消灭时效问题上，见 Reichsgericht, 27.10.1934, in *RGZ* vol. 145, 239, in part. 244—245（该问题见 Ranieri, *Exceptio temporis*, cit., 286）；在由于形式瑕疵而无效问题上（§125 BGB），参见 Reichsgericht, 12.9.1935, in *Juristische Wochenschrift*, 1936, 97 e la nota di H. Lohr, Ueber die Anwendung des Grundsatzes von Treu und Glauben bei Formmangeln, in *Giurisprudenza comparata di diritto civile*, III, Roma 1939, 215 ss.

[43] Cfr. J. Schmidt, op. loc. cit.

[44] Cfr. F. Wieacker, *Zur rechtstheoretischen Präzisierung des §242 (BGB)* (Recht und Staat 193/194), 1956, ristampa in Kleine juristische Schriften, 1988；该文在德国判例的体系化上的重要性见 J. Schmidt, op. loc. cit.

[45] 德国法院在这一问题上的判例数目令人望而生畏，此处只能提请参阅关于§242 BGB 的诸部评注。就近来的重要使用情况而言，见联邦最高法院排除了否决一项公司决议的权利的案件 Bundesgerichtshof, 22.5.1989, in *Zeit für Wirtschafts- und Insolvenzrecht*, 1989, 980 (in modifica di OLG Hamm, 20.6.1988, in *Wertpapier Mitteilungen*, 1988, 1164). 此处要指出的是，意大利学界已经提出了一个与之类似的方案：cfr. Portale, Impugnativa di bilancio ed exceptio doli, in GCo, 1982, I, 407—425, 该文在深刻严谨的分析中(416)援引了奥地利最高法院 1955 年 10 月 26 日的相同判决，in *Juristische Blätter*, 1956, 72 ff.；最后是意大利司法判决的情况 cfr. in materia Trib. Milano, 7.5.1987, in GCo, 1987, II, con nota di Rimini.

对这些司法程式在今日德国实际适用的法中的真实面貌的分析表明,它们对于在《德国民法典》的条文中被法典化了的法律规则而言具有重大的修改作用。一旦伦理规则的实质规范性质获得承认(先是第826条,然后是第242条),解释者便能够将法典规范的形式解决方案解释为具有约束力的道德观念的标志。然而这样一来,便发生了对现代法典之特征性构造的致命超越。事实上,德国法院——在此仅提及那些前已述及的——通过权利滥用的程式,革命性地修改了因形式瑕疵而无效的法律规定(《德国民法典》第125条和第313条);不适用消灭时效的法定期间,通过裁判官法的"权利失效"制度创造出一整套丧失权利的法律以外的情形,作为消灭时效和除斥期间制度以外的第三类;德国法院限缩了《德国民法典》关于消灭时效额中止与中断的规则(第202条及以下,第208条及以下),并且使得第225条实际上归于消灭,该条文针对的是变更消灭时效法定规则的协议——近乎取代法定的系统——的无效性,其对对方当事人之期待和信赖的保护胜过了确定性。

上述司法解决方案构成当代德国实际适用的法中无可争辩的一面,然而必须指出,将它们放置在传统的禁止权利滥用程式之下的做法如今已不再是毫无争议的了。近来在德国民法学界出现了一些质疑,认为在这些案件中诉诸违反诚信原则之传统程式的做法,过于宽泛、不够具体,因此提供的不过是一个纯粹形式意义上的依据。

于是,有人就此提出明确质疑:从诚信原则中能否推导出实质意义上具体的解决方案,抑或是,它仅仅是在形式意义上证成这一套引用第242条的法官法,强调的是将这些已经在实际适用的法中出现的解决方案置于相互冲突之利益的精准分析之中。这一趋向的典范是 Staudinger 的新版评注[46],前述对基于形式瑕疵或者消灭时效期间经过而主张无效的排除的方案,不再被放在传统的"自相矛盾"之禁止或权利滥用的程式下,而是借由对第125条和第225条的目的论的限缩解释,将这些在司法裁判中发展出来的法律外规则重新安置在民法典规范的系统当中。[47]

---

[46] 激烈批评参见 J. Schmidt, in *Staudingers Kommentar*, cit., in part. Rdn. 74 ff.; Rdn. 127 ff.; Rdn. S. 155—159,批评禁止自相矛盾的传统程式。其相较于传统的根本的、革命性的观点为:"§ 242 BGB ist keine subsumptionsfähige Norm";"notwendig wäre die jeweilige Sachnormen, die aus § 242 gewonnen wurden, in der Systematik des BGB zu bringen und nicht mehr formal sondern auch materiell zu begründen"(《德国民法典》第242条不是一个完全法条……把对应的,由第242条引出的实体规则引入民法典体系,不论在形式上还是实质上都是正当的)。

[47] Cfr. J. Schmidt, op. cit, Rdn. 221 ss.; sul § 225 BGB, cfr. op. cit., Rdn. 523 ss.; Rdn. 533; Rdn. 541 ss.; 类似立场见 Teichmann, in *Soergels Kommentar zum BGB*, 11. Aufl., 1986, sub § 242, in part. Rdn. S. 312; H. Honsell, Der Verzicht auf die Einrede der Verjährung, *VersR*, 1975, S. 104—105. 无法评判这一立场将产生何等后果;这方面 cfr. infra n 64. 少数观点的还有 Wieling, Venire contra factum proprium und Verschulden gegen sich selbst, *AcP* 176 (1976), 334 ff., 他建议将这类个案重新纳入权利人之处分行为的概念之下。

尽管如此,这些解决方案之正当化程式的多样性却不应令人上当受骗。审慎的分析表明,正如在违背善良风俗的程式、禁止权利滥用的程式以及对法典规范进行目的论限缩解释之下,诚信(*bona fides*)的创造及矫正功能的理念的生命力在德国实际适用的法中仍得以维持并保持运转[48],因此,就算在形式上并不确定其不言明的裁断理由的本质,一般诈欺抗辩制度所表现的创造性工作在法典法之下的司法实践中依旧如故。[49]

五、作为大陆法系模板的德国司法裁判

德国法院在禁止权利滥用的形式依据上发展出来的上述衡平式解决方案成为——尤其是近几十年来——其他欧洲国家司法的样板。这一判断首先适用于瑞士法院的实践。《瑞士民法典》(ZGB)第 2 条——其位置在体系上相较于《德国民法典》第 242 条更具普遍性——明确规定了禁止权利的滥用及其行使应依据诚信为之。这部 1911 年法典的制定者必然注意到了同时代德国帝国法院对《德国民法典》第 242 条的应用。瑞士的解释者尤其是联邦法院在接下来的几十年里系统地接受了同时期德国法院发展出来的衡平式解决方案[50]。

因此,瑞士司法界的立场大致与其德国同行相同,这里可以看到之前提到

---

[48] 关于围绕§242 BGB 的司法实践所承担的爆发式的作用,J. Esser,§242 und die Privatautonomie,*Juristenzeitung*,1956,S. 356—357.

[49] 事实上,用继承自罗马共同法的一般诈欺抗辩所能确定的不过是一个实践层面上的类同,也就是说,一方当事人在诉讼程序层面上指出对方行事不忠是最自然不过的了。在技术层面上,我们面对的是一个完全不同的工具。尽管依然不时地继续使用这一古老的法庭程式,然而德国法院之所以允许排除权利的行使,其理由不再是像在罗马法中一样基于纯粹程序上的辩解,而是基于一项客观法规则:《德国民法典》第 242 条规定的诚信准则,它使得法官得以依职权完成这样的评价(参见 F. Wieacker 的清晰论述,Zur rechtstheoretischen Präzisierung,cit.,S. 26;Esser,Schuldrecht,3. Aufl.,I,1968,S. 33)。因此,德国的评注书作者毫无争议地认为法官能够而且应该依职权适用之前所说的衡平法上的排除权利行使。然而需要注意的是,不要为其构成标准所欺骗:在德国的实践中,提出权利的行使有违诚信,乃是一项令法典规则相对化的工具,它在功能和历史上均与罗马共同法传统中的一般诈欺抗辩曾经承担的角色相似。最近,在谈到一般诈欺抗辩时,意大利法学界也提出它并非是指一个技术意义上的抗辩,而是对法官可依职权审查的客观法的违反;诚信准则之不可放弃且不可废弃的特征,见 Vedi Natoli,*L'attuazione del rapporto*,cit.,37;Cattaneo,Buona fede obbiettivo e abuso del diritto,in *Riv. trim. dir. proc. civ.*,1971,638 n. 83;明确指出依职权审查的,见 F. Venosta,Note sull'exceptio doli generalis,in *BBTC*,1989,II,n. 29 ss,他从《意大利民法典》第 1460 条第 2 款的原则开始论证,并且正确地指出了我们今天所说的抗辩的概念与罗马法中的"抗辩"(*exceptio*)相去甚远。

[50] 关于该规范的起源见 cfr. M. Stähelin,Zu Art. 3,I des Zivilgesetzentwurfs,in *Zeit. für schweizerisches Recht*,1907,355 ff.,in part. 362—368 批判了 Wendt,*Die exceptio doli*,cit.;整体描述见 MERZ,Die Generalklausel von Treu und Glauben als Quelle der Rechtsschöpfung,in *Zeit. für schweizerisches Recht*,1961,335 ff.;Merz,in *Berner Kommentar zum schweizerischen Zivilrecht*,1962,I,sub art. 2,nr. 400 ff.

的裁判官法制度,从权利失效[51],到排除使对方产生信赖其不会提出主张而后却主张时效期间已经过之人的请求[52],从除斥期间的诸种情形,再到权利人之权利因为自相矛盾而不被认可。瑞士法院似乎在这条衡平之路上走得没有德国裁判界那么远,虽然一些大胆的方案,如主张因为形式瑕疵而无效(比如不动产转让的公证形式,见《瑞士债法典》第 216 条,《瑞士民法典》第 657 条第 1 款)的权利滥用之抗辩已经获得瑞士法院的认可[53]。其对德国解决方案的接受是如此自觉而全面,以至于可以说,在瑞士实际适用的法与德国并无本质不同。

近几十年来,德国模式以完全不同的方式在奥地利法中得到接受。《奥地利普通民法典》最初并不承认——之前我们已有所知闻[54]——诈欺抗辩和答辩制度。表达奥地利解释者所持立场的一个范例是,即使是在 1916 年重修法典,重新拟定第 863 和第 814 条时,修订者仍刻意地放弃在这两条规范的新文本中提及诚信的标准,尽管此时他们已经对《德国民法典》和德国法院的实践有所了解。[55] 与此相应,奥地利的学说[56]和实践在几十年中顽固地抗拒接纳诈欺抗辩或答辩的观念,这在比如说以不忠实的方式主张消灭时效完成的情形中尤甚。[57]

---

[51] Cfr. Merz, *Die Generalklausel*, cit., S. 360—361; Merz, in *Berner Kommentar*, cit., nr. S. 512—529 对案例有更详尽的介绍;亦见 Ranieri, *Rinuncia*, cit., 40—41.

[52] Cfr. Merz, *Die Generalklausel*, cit., 359 ff.; Ranieri, *Exceptio temporis*, cit., 270—272 con ulteriori indicazioni; da ultimo K. Spiro, *Die Begrenzung privater Rechte durch Verjährungs-, Verwirkungs-, und Fatalfristen*, 1975, in part. § 108, S. 248—249; § 349, S. 848—849.

[53] Cfr. A. Meier-Hayoz, Über geschriebenes und ungeschriebenes Recht, in *Relazioni svizzere all'VIII Congresso intern. di diritto comparato* (Pescara 1970), Basel 1970, 1 ss., in part. 19 ss. 对案例有更详尽的介绍;Merz, *Die Generalklausel*, op. loc. cit.; Merz, in *Berner Kommentar*, cit., n. 461 ff.; in *Giurisprudenza* cfr. per es. Bundesgericht, 1. 11. 1966, in *BGE* vol. 92 (1966), II, 323 ff.

[54] Cfr. *supra* n. 13

[55] Cfr. G. Kramer, Verwirkung und Anspruchsverlust durch stillschweigenden Verzicht, in *Juristische Blätter*, 1962, 540 ff.; B. Dlemeyer, Die Revision des ABGB durch die drei Teilnovellen von 1914, 1915 und 1916, *Ius Commune*, 6 (1977), 274 ff., in part. 295—296. 请注意,作为修订者之一的 Schey, 已在其著作 *Die Obligationsverhältnisse des österreichischen allgemeinen Privatrechts*, I, 1890, S. 547 中表达了对明确援用诚信之适当性的强烈质疑,他宣称"die Korrektur oder Beseitigung unbequemer Vertrags- oder Gesetzesbestimmungen durch freie Rechtsfindung des Richters."

[56] Cfr. per es., Gschnitzer, *Kommentar zum ABGB*, 2. Aufl., 1968, sub §914, 399 ff., 413; Gschnitzer, *Schuldrecht. Allgemeiner Teil*, 1966, §7, n. VI.

[57] Cfr. Oberster Gerichtshof, 20. 3. 1930, in *SZ* vol. 12 (1930) 328 ff.; Oberster Gerichtshof, 28. 8. 1929, in *SZ* vol. 11 (1929) 534 ff.; 关于这一时期的判例,见之前有关德国模式的批评, Ehrenzweig, *System des österreichischen allgemeinen Privatrechts*, I, 2. Aufl., 1951, S. 338; Klang, in *Kommentar zum ABGB*, 2. Aufl., 1951, sub §1478 ABGB, S. 604;(几点观察 cfr Ranieri, *Exceptio temporis*, cit., 327). 类似的严苛性亦见于因形式瑕疵而无效的问题中,Oberster Gerichtshof, 3. 3. 1926, *SZ* 8 (1926) 184 ff., e su di essa Coing, Form und Billigkeit, cit., S. 43; Gschnitzer, *Kommentar*, cit., sub §883 ABGB, S. 255.

只是在大概 70 年代的时候,奥地利法院才开始系统接受同时期德国法实践中的衡平式解决方案。于是,今天的奥地利司法裁判已承认"权利失效"制度[58],依据该规则,使合理信赖,即他不会主张消灭时效期间——比如在善意协商解决问题的交涉期间——得以发生之人,尽管时效期间尚未完成,他依旧不能主张时效[59];或者更一般地说,因为不忠实或矛盾行为而丧失权利的观念。毫无疑问,这些解决方案实际上以德国判例为指针。然而应注意,奥地利解释者在为这些解决方案寻找依据的努力是在一个与德国学说和裁判完全不同的框架下完成的。比如,在一些判决中,对时效抗辩提出诈欺答辩的证成所援引的是法的至高原则(第 7 条)。[60] 通常,奥地利法官在其《民法典》第 863 条和第 914 条[61]——无视二者之历史——中发现诈欺抗辩的依据。奥地利学界也避免在这些情形中援引禁止权利滥用这一一般性的正当化程式。"权利失效"制度于是被导向这一观念:权利人的弃权行为,其约束力的基础在于对方身上产生的信赖[62]。前述在消灭时效期间这一问题上的解决方案在奥地利的理论界并不是通过自相矛盾之禁止来正当化的,而是通过对《奥地利普通民法典》第 1502 条(对应于《德国民法典》第 225 条)规定之禁令进行目的论限缩解释而实现的。前面提到过的正在德国民法学界中发生的"转向"在多大程度上影响了奥地利学界[63],不在此处讨论[64]。

在这方面,荷兰裁判界近年来也接受了德国模式。荷兰法官过去忠于《法

---

[58] 对司法裁判的广泛说明 cfr. H. Koziol/ R. Welser, *Grundriß des bürgerlichen Rechts*, 4. Aufl., I, 1976; Rummel, *Kommentar zum ABGB*, I, 1983, sub § 863 ABGB, 832, 845 ff.; cfr. i richiami in Ranieri, *Rinuncia*, cit., 77 in n.; critico Bockle, Ist die Verwirkung eine brauchbare oder gar notwendige Rechtsfigur im österreichischen Rechtsbereich?, in *Juristische Blätter*, 1984, 301 ff.

[59] Cfr. Oberster Gerichtshof, 29.4.1965, in *Juristische Blätter*, 1967, 144—147 e su di essa F. Bydlinski, Vergleichsverhandlungen und Verjährung, ivi, 130—135; Koziol/ Welser, *Grundriß*, cit., 152—153; Schubert, in Rummel, *Kommentar zum ABGB*, cit., II, sub §§ 1501—1502 ABGB, 2896—2898. Da ultimo sul tema P. Mader, Verjährung und außergerichtliche Auseinandersetzung, in *Juristische Blätter*, 1986, 1—9,其中有更多观点。

[60] Cfr. i richiami in Mader, Verjährung, cit., 2, n. 10—11.

[61] Cfr. Oberster Gerichtshof, 29.4.1965, cit., in part. S. 146.

[62] Cfr. G. Kramer, Verwirkung, cit., 540 ff.; F. Bydlinski, Privatautonomie und objektive Grundlagen des verpflichtenden Rechtsgeschäftes, 1967, 184 ff.

[63] Cfr. *supra* n. 46 e 47.

[64] Cfr. Bydlinski, Vergleichsverhandlungen, cit., S. 134; Mader, Verjährung, cit.,4 ff. e 7 ff., 明确谈到了德国学界近期的类似立场。我认为在这里可以发现 Larenz 学派的影响;关于目的论限缩解释的问题,尤其是"Ordnungsvorschriften"的情形,参见 C. W. Canaris, *Die Feststellung von Lücken im Gesetz. Eine methodologische Studie über Voraussetzungen und Grenzen der richterlichen Rechtsfortbildung praeter legem*, 2. Aufl., 1983, 192 ff.

国民法典》的历史传统,不承认因违背诚信原则而排除权利的制度[65]。然而近年来,学说和裁判似乎都对德国法院提出的模板呈开放态度;举例来说,裁判官法的"权利失效"制度已在当前荷兰实际适用的法中获得运用[66]。

六、意大利学界关于该制度是否依然存在的争论

意大利学者在 20 世纪初才开始对这问题感兴趣。1865 年《意大利民法典》的解释者遵循法国学说和裁判,与后者一样无视该问题。第一批研究成果来自 20 世纪初关注德国潘德克吞学派和德国民法学的那一批学者。然而在这个主题上,他们接受的却不是共同法时期德意志地区的司法裁判传统,而是在潘德克吞学派中逐渐成长的不欢迎该制度的多数派观点。于是,Windscheid《潘德克吞教科书》的译注者断然宣称该制度并无实效[67]。这一立场的典型体现是 Osti 对 Wendt 关于一般诈欺抗辩的文章的批判,在这里,他将诚实信用称为"对于一些不能科学地表达的法律观念的摘录"[68]。与之相应的,还有在这些年里由 Coviello、Rotondi 以及其他人[69]对权利滥用的拒绝。在之后十余年里,除了极少数例外[70],1865 年民法典之下的学理界坚定地拒绝在现行法中认可一般诈欺抗辩的存在[71]。值得注意的是,尽管当时的意大利学界接受了德国民法的学理范畴,却对其帝国法院的判例兴趣寥寥[72],对当时在德国发生

---

[65] Cfr. J. C. Van Oven, Overeenkomst en goede trouw, in *Nederlandsch juristenblad*,1926,337 ss. e 353 ss. 批判了当前荷兰最高法院(Hooge Raad)司法判例的立场,并直接援引罗马法中的一般诈欺抗辩制度。

[66] Cfr. J. P. Verheul, Over Rechtsverwerking, in *Uit het Recht*, Deventer 1971,75 ss.; H. A. M. Aaftink, Rechtsverwerking en afstand van recht, in *Tijdschrift voor privaatrecht*, 17 (1980) 793—830; P. Van Ommeslaghe, Rechtsverwerking en afstand van recht (Rechtsverwerking et rénonciation tacite en droit), in *Tijdschrift voor Privaatrecht*, ivi, 735—791; 对之前学界情况的介绍 cfr. Ranieri, *Rinuncia*, cit., 77 in n.

[67] Cfr. Fadda e Bensa, 关于意大利法的注解, in B. Windscheid, *Diritto delle Pandette* (trad. it.), IV, Torino 1926,225.

[68] Cfr. Osti, Appunti per una teoria della sopravvenienza, in *RDC*, 1913, in part. 666; vedi sul punto Furgiuele, La "Rivista di diritto civile" dal 1909 al 1931, in *QF*, 1987, 519 ss., in part. 554 ss.

[69] Cfr. Coviello, *Manuale di diritto civile italiano. Parte generale*, Milano 1924, §153, 484 ss.; sul lavoro di Rotondi, L'abuso del diritto, in *RDC*, 1923, I, 105 ss.; 历史角度的观察见 Furgiuele, op. cit., 608 ss.

[70] Cfr. Cogliolo, La exceptio doli nel diritto commerciale, in *DC*, 1922, 1—2; Cangini, Opponibilità di eccezione al delegatario di male fede, in *RDC*, 1939, II, 238 ss.

[71] Cfr. La Lumia, La personalità delle eccezioni derivanti dal rapporto fondamentale come limite alla loro opponibilità nei processi cambiari, in *RDC*, 1920, I, 373 ss.; Trabucchi, *Il dolo nella teoria dei vizi del volere*, Padova 1937, 340 ss.; Verga, Le controdichiarazioni per atto pubblico, in *Riv. di diritto privato*, 1937, I, in part. 36 in n.; Bigiavi, L'exceptio doli nel diritto cambiario, in *FI*, 1938, IV, 203 ss.; Bigiavi, *La delegazione*, Padova 1940, 342—347.

[72] Cfr. i richiami *supra* in n. 41.

的在违背诚信原则的程式之下发展起来的衡平式方案亦是如此。

即便在1942年新民法典颁布之后,法典解释者的立场在此后若干年内亦未发生本质变化。人们认为在现行法中,对损及他方的信赖和期待的诈欺或不忠实行为的制裁只在民法典的若干具体规范中发生。[73] 实际上,新民法典在这方面规定了多个条文以制裁自相矛盾的行为或者恶的意图,如某人为谋求从自己的不忠实行为中得利而起诉,此等规定实际上体现的是对一般诈欺抗辩制度所承载的法律理念的具体化。1942年《意大利民法典》中有如下例子:第1260条第2款,可对明知当事人之间缔结有不得转让之债权的协议的受让人提起;第1993条第2款,将以人身关系为基础的抗辩扩展至为了提起诉讼或明知对债务人有害(《票据法》第21条以及《银行支票法》第25条第1款25)而故意(《意大利民法典》第1993条第2款)取得票据的占有者;第1359条,当合同的条件因对其不成就具有利益的一方之原因而未成就时,视该条件已成就[74];第1426条,未成年人缔结合同之可撤销性被取消,如果该未成年人以欺骗方式隐瞒了自己的未成年状态;第2941条第8款,故意隐瞒债务存在的债务人,消灭时效在他与债权人之间保持中止,只要此等故意未被发现;《意大利民事诉讼法典》第157条,诉讼行为之无效不得为使得此等无效产生之人所主张;最后还有民法典第1460条第2款,它排除了提起未履行抗辩之可能,如果在审视此时的情况后可知,拒绝履行有违诚信。尽管如此,当时的学说却拒绝从这些规范中摘取出一条可适用于实证法的一般原则。"对诈欺和欺诈予以法律打击的具体例证,既非如此持续,亦不一致,以至于可使此等原则具有合法地位;或者说,只要人们看到它是一个独特的原则,一直发生作用且一直针对主观权利的行使,逐次地为法秩序所认可;这几乎就是侵蚀体系之安定的特洛伊木马"[75],类似评价还有"即便假定上面提到的规定可以广义上被解释为以一般诈欺抗辩为根据的衡平观念的适用,一旦此等规定进入规范体系之中,便产生了具体的命令与禁止。那么,不仅从技术角度来说,而且在其精神上,一般诈欺抗辩的内容就此消亡"[76]。甚至在近年我们也可以观察到,在调整《意大利公司法》与

---

[73] Così, pare, Carraro, Valore attuale della massima "fraus omnia corrumpit", in *Riv. trim. dir. proc. civ.*, 1949, 782 ss; Pugliatti, voce Eccezione (teoria generale), cit., 170—171; Galgano, in *RDC*, 1962, II; Bigiavi, Dolo e "sorpresa" nell'imputazione dei pagamenti, in *RDC*, 1970, I, 81 ss., in part. 87 ss.; un'eccezione è costituita da Barassi, Teoria generale delle obbligazioni, cit., III, 10 ss.

[74] 将这条规范与诚信原则联系起来,见 Bruscuglia, *Pendenza della condizione e comportamento secondo buona fede*, Milano.

[75] Così Pellizzi, voce Exceptio doli (dir. civ.), cit., 1075;然而《意大利民法典》第2384条第2款的新文本促使Pellizzi部分地反思其观点;cfr. Personalità giuridica ed infrazioni valutarie, in *BBTC*, 1978, I, 257 ss.

[76] Così Torrente, voce Eccezione di dolo, cit., 220.

1968年欧盟委员会第158号指令的过程中,《意大利民法典》第2384条(归功于它,对董事代理权之限制的不可提出异议被废除,只要证明了第三方有意提起诉讼之目的是给公司造成损害)应当加上"正是由于这一规定,不能找到一个我们的法秩序未予认可的一般诈欺抗辩"[77]。这些年来,在一般诈欺抗辩问题上,可以发现学界坚定地转向新的立场。在这方面可以觉察到意大利学理界的全新立场,诚信原则和权利滥用的实际效力这几十年来在学者当中引起了极大关注。

诚信原则构成权利行使之一般限制的观点受到许多学者的欢迎。很容易理解上述新立场为何将其依据建立在接受德国学者发展出的程式之上。因此,在意大利法中,经常提到诚信原则在德国法中所承担的功能,强调意大利法规范相对于《德国民法典》第242条而言更加宽敞。人们观察到,意大利的立法体系不仅同意而且进行了一些适当的展开。似乎可以从提到了诚信与端正的1942年《民法典》的诸多规范中(第1175条、第1375条、第1337条、第2598条等)找到一个法律关系中的诚实信用一般原则。考虑到对损人不利己(*atti emulativi*)行为的禁止(第833条),有人认为这一原则适用于财产法的全部领域,并宣称立法者默示地在意大利法中引入了一个诚信的一般条款以强化其观点。许多研究者都强调诚信原则是如何作用于合同发展过程的各个阶段的,不仅统领债之履行,还涉及一般意义上的权利行使。如此这般,诉诸客观诚信的观念,将诚信原则作为能够确定法律关系内容之范围及债权之界限的标准。于是,从德国法及其生机勃勃的适用中——借由诚信原则而达成,它在债与合同领域中作为证成新的司法解决方式的运作渠道——近来已激发出一系列学术成果。

与此相应的,是对意大利裁判界怠于适用诚信原则以及意大利法官不愿视诚信为一般的、可直接运用的——除非通过具体化了的特殊规则——规范之倾向的批判。[78]

基于这一新立场,近些年来主流学术界承认了一般诈欺抗辩在意大利现行

---

[77] Cfr. Nanni, L'uso giurisprudenziale, cit., 209 sull'orma di Galgano, Le società per azioni, in *Tratt. di diritto comm. e di diritto pubblico dell'econom.*, VII, Padova 1984, 258; si veda sul punto Cass., 5.6.1985, n. 3360, in *FI*, 1985, I, 2231.

[78] 近年来相关文献已呈海量,此处只是记录了若干指引。综合的评判以及整理见 Bigliazzi-Geri, voce Buona fede nel diritto civile, in *questo Digesto delle discipline privatistiche*. sez. civ., II, 154—189, in part. 169 ss.; Di Majo, Delle obbligazioni in generale, in *Commentario al cod. civ. di. Scialoja e Branca*, Bologna 1988, 305 ss., in part. 334 ss., 完好复原了该问题在德国法及其司法实践中的发展历程。

法中的存在，并认为其法律依据是民法典的诚信规范。[79] 尽管如此，如果我们从一般的表述转向具体的应用，仍会发现对这一制度的利用相对来说要少得多。兹举例说明：鉴于在一揽子银行保证（*fideiussione bancaria omnibus*）的领域中可以提起诈欺抗辩，担保人能够对银行提出的付款请求——此等请求以违背法律的条款为基础——提起抗辩，只要银行的行动客观上表现为不端正的[80]；在保理中也可以看到相同情况，可对债务人提起诈欺抗辩，若此人在通知了受让人自己对于所接受的财产和服务并无异议后，在收回贷款之时却提起相关抗辩，如货物的瑕疵或者交付迟延[81]；诈欺抗辩还在独立担保合同中被提起，在学界与裁判界皆是如此，为的是救济见索即付请求权的滥用，尤其是在可确定主债务关系的履行将实现的情况下[82]。最后还要提到诈欺抗辩在公司法中的适用，比如在否决报表的情形中，例如申请人参与其编制的情形[83]。

从判例数据库的清单中也可以发现这一制度的适用还是相对较少[84]。在

---

[79] 关于一般诈欺抗辩之现实效力，见 Natoli, L'attuazione del rapporto obbligatorio, cit., BBCT, 1961, in part. 169 ss.; Natoli, La regola della correttezza, cit., 170; Salvestroni, Falso testamento, cit., in part. 228 ss.; Gambaro, in *RCP*, 1983, 121—123; Rescigno, L'abuso del diritto, in *Riv. dir. civ.* 1965, I, 275 s. e 287 ss; Di Majo, *Delle obbligazioni*, cit., 334 ss.; Benatti, Sulla deroga all'art. 1957 cod. civ. it. nella fideiussione bancaria, in *Banca borsa e tit. cred.*, 1987, II, 216; Benatti, Le dichiarazioni del debitore ceduto nel contratto di factoring, in *Quadrimestre*, 1986, 702; Portale, *Impugnative di bilancio*, 407—425; Portale, Le garanzie bancarie internazionali. Questioni, in *Banca borsa e tit. cred.*, 1988, I, 19—30; Alpa, Pretese del credito e normativa di correttezza, in *RDC*, 1971, II, 275; Gambaro, voce Abuso del diritto. Diritto comparato, in *Questo Digesto*, I; Patti, voce Abuso del diritto. Diritto civile, in *Questo Digesto*, I; Bigliazzi-Geri, voce Buona fede nel diritto civile, cit., in part. 169—173; Gabrielli, in *RDC*, 1988, I, 457 n. 89; Castrovinci, Il problema della inesigibilità della prestazione, in *GC*, 1988, II, in part. 353; Venosta, Note, cit. 完全相反的是 Pietrobon, *Il dovere generale di buona fede*, Padova 1969, in part. 61 ss.; 143 ss., 他否认——以与法典法特征相一致的传统视角——诚信规则对效力规则的优越地位；与此相一致的，是对一般诈欺抗辩制度的完全排斥（op. cit., 138—140）。

[80] Cfr. Benatti, *Sulla deroga*, cit.; 这方面 cfr. infra n. 89 su Cass., 22.6.1988, n. 3362, 它适用了诈欺抗辩。

[81] Cfr. Benatti, *Le dichiarazioni*, cit., 702 ss.

[82] 将外国司法裁判已经采纳的方案引入意大利的是 Portale, *Le garanzie bancarie*, cit., 19—30, ristampato in Portale, *Le garanzie bancarie internazionali*, Milano 1989, 78—91. 司法裁判方面见 Pret. Milano, 28.6.1982, in *BBTC*, 1983, II, 110—115 con nota di Angelici; Pret. Milano, 31.3.1983, in *BBTC*, 1985, II, 95; Trib. Milano, 12.6.1985, in *BBTC*, 1986, II, 430 con nota di Lojacono, ivi (obiter); Pret. Milano, 27.5.1986, in *BBTC*, 1987, II, 58; Pret. Roma, 11.5.1987, in *FP*, 1987, I, 380; Trib. Milano, 30.4.1987, ivi. in Materia Si Veda Portale, Nuovi sviluppi del contratto autonomo di garanzia, in *BBTC*, 1985, II, 95; Nanni, L'uso, cit., 215—216; Mastropaolo, *I contratti autonomi di garanzia*, Torino 1989, 312—314 有进一步论述。

[83] Cfr. Portale, Impugnative di bilancio, cit., 407—425; si veda sul punto Nanni, *L'uso*, cit., 216—217, 进一步论述见 *supra* in n. 47.

[84] 精辟的综述请见 Nanni, *L'uso*, cit.

新法典之下的旧裁判界中,唯一的结果只有帕尔马法院的判决,其情形是虚伪诉讼(为的是获得一个判罚,使得被租出去的房子得以发还,从而满足承租人获取公房的必备要件即被房东驱逐),该案中出租人逐走房客的请求有违其承担的义务,因而为诈欺抗辩所驳。[85] 然而,不乏判决在出现明显的不忠实行为的案件中否认诈欺抗辩的适用。[86] 这些年来,与学界的新立场相应,裁判界的材料也愈发密集。几年前,意大利最高法院找到机会确立了(适用第1901条第2款,其原则来自第1460条第2款)保险公司中止承保的行为有违诚信,只要该公司在规定的失效期届满后,长期通过代办人收取保费,这样的做法令被保险人产生了信赖。[87] 近年来,多项保护性措施已认可了诈欺抗辩在独立担保合同中发挥作用,只要受益人的付款请求的欺诈意图是如此的显而易见。[88] 近几年,最高法院有机会处理一揽子银行保证案件:担保人不认可与特定操作相关的担保对自己具有约束力,此等操作是以非常规方式完成的——实际上是非法方式——而银行相关负责人知晓主债务人变动后已丧失清偿能力的财产状况。最高法院作出了一项意义深刻的判决,承认了一揽子保证的效力,它被认为在一般诈欺抗辩的司法发展中具有根本性的重要地位,同时还确立了"银行违背保护合同缔约人的法律规定而向主债务人支付的预支款,不由担保人承担,原因在于未遵守诚实信用之规定"(《意大利民法典》第1375条)。最高法院在判决理由中强调诚信之义务"不仅在一方当事人故意以造成损害的意图起诉的情况下被违背,还包括此等行为未以诚挚、谨慎的端正方式为之……它们补充诚信的内容。因此,对于担保人,风险范围的界限体现为债权受制于依诚信

---

[85] Cfr. Pret. Parma, 3.3.1950, in *FC*, 1950, 336 con nota di Arnone, ivi; 类似的有 Trib. Parma, 3.3.1953, in *GC*, 1953, I, 676 ed in *FP*, 1954, I, 330. 在该案,禁制令未获批准,因为债权人利用了债务人的疏忽(他忘记在支票上签字), Trib. Bologna, 21.7.1970, in *GI*, 1971, I, 2, 211; in *RDCo*, 1971, II, 277 con nota di Alpa, *Pretese del creditore*, cit., 275. 最后,在一类似案件中,一项禁制令仅仅晚于到期支付期限三天, Pret. Sondrio, 18.6.1988, in *BBTC*, 1989, II, con nota di Venosta, Note, cit.; 然而,我并不认为可以在这里说一般诈欺抗辩,判决并未提到它,因为在该案的情况下,禁制令获得了批准,但基于诚信的理由免除了女债务人支付费用的义务(cfr. le osservazioni in n.91; contro Venosta, op. loc. cit.)。

[86] Cfr. per es. App. Bologna, 5.9.1955, in *FP*, 1956, I, 982 con nota di Moschella; sul punto Nanni, *L'uso giurisprudenziale*, cit., 215. Si veda pure App. Napoli, 25.1.1952, in *FP*, 1952, I, 1089, 针对丈夫对转让嫁资提起的无效之诉,被告们主张诈欺抗辩以应对,声称丈夫是故意不予同意,以令转让无效。诈欺抗辩在该案被驳回。事实上,1865年民法典之下的司法裁判(cfr. nota red., ivi)在类似情况下允许诈欺抗辩;类似的还有法国以及意大利统一之前的判例,cfr. sul punto Gabba, nota a App. Napoli, 1.7.1878, in *GI*, 1879, I, 2, 568—570. 诈欺抗辩在这种情况下的适用在罗马法中是不可辩驳的, cfr. Riezler, Venire contra factum proprium, cit., S. 24—25; A. Brinz, *Lehrbuch der Pandekten*, cit., 2. Aufl., III, S. 697.

[87] Cfr. Cass., 8.11.1984, n. 5639 in *GI*, 1985, I, 1, 436; in *FI*, 1985, I, 2050 con nota di Paganelli; in *RCP*, 1985, 376.

[88] 论述 cfr. n. 82.

行为的义务。这回应的是保护合同缔约人的需求,因而实质上是一条法典复制自罗马法一般诈欺抗辩的规则"。[89]

即便考虑到最高法院的上述判决,尽管它是关于恶意串通损害担保人的情形,我们依然可以总结说,意大利的法解释者在对一般诈欺抗辩的运用中格外钟爱某些类型,主要是故意地以恶意方式行使权利的情形。[90] 在欧洲大陆其他国家的历史传统与现实中,该制度事实上不仅仅涵盖故意地恶意行使一项权利的情形,而主要是这样的一些情况,即无关乎对行为人主观状态的考察,一项权利的行使有违信赖与期待,它们是诚信——考虑到行为以及当事人之间的种种联系——使对方当事人产生的。[91] 在这第二种更广泛的意义上,诈欺抗辩得到适用,正如在历史上那样,乃是一项保护对方当事人的信赖与期待的工具,跳出了民法典规范的形式约束力之外,而意大利解释者似乎还没有走到这一步。至此可以说,意大利对德国模式的接受是矛盾的。值得一提的是,即使是那些更为精准地参照德国经验的学者,当他们分析——尽管并非总是如此[92]——德国法院所实际适用的法时,还是一致地对德国法院发展起来的一些衡平式解决方案说不,如因形式瑕疵的无效、消灭时效的期间和除斥期间。[93] 另一方面,事实上正是在这些情形中,在权利滥用(Rechtsmissbrauch)问题上,德国司法界在实际适用的法中获得了最广阔的衡平法发展,在这一领

---

[89] Cfr. Cass., 22.6.1988, n. 3362, in *BBTC*, 1989, II, ed in *FI*, 1989, I, con note di Di Majo e di Pardolesi, ivi. 类似方案的提出见 Benatti, *Sulla deroga*, cit.; cfr. *supra* n. 80.

[90] 典型的例子是意大利司法界在解释《票据法》第 1993 条第 2 款以及《银行支票法》第 25 条等条文时,要求第三人占有者的具体的故意。类似的还有对《意大利民法典》第 2941 条第 8 项的适用,认为消灭时效的中止只有在债务人具体的诈欺行为使得债权人客观上不能主张其权利时方可发生,cfr. per es., Cass., 11.6.1984, n. 2910.

[91] Portale 已经很好地说明了这一点, *Impugnative di bilancio*, cit., 420 ss. 并在判决中被重申 Cass., 22.6.1988, n. 3362 cit. 另一个问题是这项制度与禁止权利滥用之间的关系,意大利解释者常常将它们等同视之(cfr. Portale, op. loc. cit.; Pellizzi, voce Exceptio doli, cit., 1077; Nanni, *L'uso giurisprudenziale*, cit., 212—213; Venosta, Note, cit.). 将它们各自的术语和要件问题放在一旁,要记住的是,在当前法典法之中的一般诈欺抗辩反驳的已经是客观法层面上的请求,尽管是作为诉讼防卫之手段而实现的(cfr. *supra* n. 49),而禁止权利滥用依旧在相关请求的司法行使层面之外发生(cfr. per es. Trib. Torino, 13.6.1983, *RCP*. 1983, 121 ss. con nota di Gambaro, ivi)。因此,诈欺抗辩注定是在权利以诉讼方式主张的情况下发挥作用,其结果只能是拒绝此等请求(cfr., Pellizzi, voce cit., 1076).

[92] 对德国司法裁判进行了精准分析的有 Cattaneo, *Buona fede*, cit.; Di Majo, *Delle obbligazioni*, cit., 334 ss.; Nanni, *L'uso giurisprudenziale*, cit.; Portale 的多篇文章。

[93] 于是在看到自相矛盾之禁止被用在了法律行为的形式瑕疵之中时,尖锐地宣称"意大利学者深感惊讶",Di Majo, *Delle obbligazioni*, cit., 338;以及"德国裁判界在形式问题上走过头了",Mengoni, Spunti per una teoria delle clausole generali, in *RCDP*, 1986, 8;与此相似,认为根据诚信的矫正行动在关于公共秩序的问题上应有所限制,比如法律行为的形式、消灭时效的期间 Bigliazzi-Geri, voce, cit. 173;在消灭时效问题上,见 Nanni, *L'uso giurisprudenziale*, cit., 224—226;强硬的批评见 Pietrobon, *Il dovere generale*, cit., 141—142,他完全否认诈欺抗辩。

域中真正创造出了"法律之外的规范群"。

此处显然与在意大利法中提出采纳外国的衡平解决方案无关。然而不能否认的是,今天在对意大利法作解读之后得到的印象就像过去几十年一样,意大利学界对德国法接受的只不过是一套定义和范畴。在这幅图景后面,很容易注意到其过于抽象和关心要件问题的态度。正确应用比较法方法并以之作为解释工具,应拒绝机械复制外国理论[94],而应澄清它与本国法之差异所在的原因,这方面的探索却时常流于表面。若非如此,就要承担在一般性规则中迷失、缺乏具体内容的风险,对外国法律制度的接受发生致命的模棱两可,不了解它之所以产生的历史背景。事实上,不是没有研究者敏锐地强调了这方面的问题。"总之,我认为这是显而易见的:为了理解诚实信用一般条款在今天的意义,对具体问题的分析显得更加重要,而非诉诸一个宽泛且不确定的程式……它们在根本上是模棱两可的,缺乏真正的实践价值"。[95] 类似的还有最近对诚信标准的评价:"毫无疑义……就其内容的定义提出无解的问题。与此有干系的毋宁是其运作的具体情形。"[96]一项对大陆法系尤其是罗马法系的司法实践的比较法和功能性的分析可为此提供丰富的参照。

七、作为不言明裁判理由的一般诈欺抗辩,依据诚信对成文法规范进行司法纠偏的普遍性

那些在其他地方通过使用一般诈欺抗辩而在法国(及受其影响的国家)得以采用的正当化的方案到底是怎样做的?这个问题促使我们思考近来发生在欧洲大陆的演进的最具启发性的一面。我们因而也可自问:一般诈欺抗辩这个问题是否真的代表了一个真切的、发生在日耳曼法律传统与拉丁法族之间的偏离?易言之,罗马共同法传统中的诚信在拉丁法族国家的命运如何?这些国家通过何种方式实现了诚信标准的持续贯彻,诚信在德国的学理和实践中则具有历史延续性,从潘德克吞的当代运用到今天德国联邦最高法院的判例,最初表现为一般诈欺抗辩的救济措施,而今则是禁止权利滥用的程式。

正确认知该问题的前提,是跳出各种名号之外,弄清楚不同解释者所使用的不同概念和定义程式的内容,以及诉诸排除权利的行使或者诈欺抗辩从而获

---

[94] 在这一领域几乎全盘接受德国解决方案的一个例证是 Patti, *Profili della tolleranza*, cit.,他逐字逐句地观察权利失效理论(101),"比较法上的观察表明,前文中的构建与一个同我们邻近的法秩序中已经发生的相对应,也是在明确的法规范之外";还是在权利失效问题上,更为审慎的是 Cian, Tutela della controparte di fronte all'annullamento o alla ratifica del negozio, in *RDC*, 1973, I, in part. 565—567.

[95] Così Cattaneo, *Buona fede*, cit., 659;拙著也从这一观点获得启发 *Rinuncia tacita*, cit.;持类似立场的有 Nanni, *L'uso giurisprudenziale*, cit., 尽管他没有清晰地阐明这一点。

[96] Così Di Majo, *Delle obbligazioni in generale*, cit., 304.

得解决的实质问题是什么。面对这一问题,只是盯着表达诚信或禁止权利滥用之理念的各种程式,实在过于抽象,并不符合实际适用的法的具体现实。只有围绕着就该问题的具体化而发生的典型范例性案件中使用的一般程式,对外国法制度的观察才有价值。在这方面,德国法学家从 Ernst Rabel 和 Josef Esser 开始,便不断谈到"案例群"和"功能性的比较法"。核心问题在于:在各自的体系框架和法律依据中看似完全不同的法律制度和定义,在法的适用的实践中是如何展现出相似功能的,即解决类似的利益冲突所提出的相同需求。只有在不同的法典法中,在学理的上层建筑之外进行研究,"活法"的具体规则才可能在对单个冲突的解决方案中、在解释者所采用的程式的表面差异之外寻获共识。当面对一项由司法裁判通过决疑方法发展出来的法律制度时,必须通过具体问题而非抽象程式来分析。根据以上所述,那些研究的局限性便一目了然,如德国学界自认为对"权利滥用"(Rechtsmissbrauch)的运用在法国法中找到了其对应物——权利滥用(abus des droits)理论。

此等结论是抽象地从事研究的结果,仅仅对照了它们不同学理性质的程式,却没有挑明它们由之而来的历史及教义学前提。举例来说,其实德国的"权利滥用"在适用中的具体问题,并未在法国判例发展出来的权利滥用案型中找到任何回应。[97] 为了回答上面提出的问题,必须认真地观察司法裁判的现实,尤其是与德国法官基于违背诚信的理由而排除权利行使之理念相似的那些。一系列研究诈欺抗辩具体问题的调查事实上凸显了这一点:在法国和其他拉丁法族所实际适用的法里面找到了功能上类似于德国解释者通过诈欺抗辩或权利滥用而实现的解决方案,因而可以合乎情理地问:诈欺抗辩在法国法中的消失,到底是实际发生的,还是说流于表象?[98]

在这些情形中,法国解释者自然绝口不提违背诚信。事实上,对这些衡平解决方案的证成渠道次次不同。

为了令其权利失去效力而诉诸权利人的默示放弃意思表示和默认的理念

---

[97] 关于这一点的说明见 cfr. Ranieri, *Rinuncia*, cit., 76 ss; Ranieri, Norma scritta e prassi giudiziale nell'evoluzione tedesca del Rechtsmißbrauch, in M. Rotondi, *Inchieste di diritto comparato*, vol. VII, Padova 1979, 382—383; un cenno in Nanni, *L'uso*, cit., 203. 实际上是 Patti 的误解,voce Abuso del diritto. dir. civile, in *Questo Digesto*, I, §2, 他说德国立法者在权利滥用(abus des droits)上"确定受到了法国司法实践的影响",因此"不顾反对一般条款的声音而接纳了这一原则"(§226 BGB)。此外,值得一提的还有,正如时常发生在其他外国模型上的那样,为了迎合本国方案的构建需求而曲解了它;Siebert, *Verwirkung*, cit., 为了论证将权利失效制度放在权利滥用理论之下,提到了法国权利滥用理论;cfr. la critica di O. De Boor, Methodisches zur Dogmatik und Rechtsvergleichung, AcP 141 (1935), 262 ff.

[98] 请参阅拙作 Ranieri, *Exceptio temporis*, cit.; Ranieri, *Rinuncia tacita*, cit.; Ranieri, *Alienatio convalescit*, cit.; 此后以部分相同的立场面对这一问题的还有 Cattaneo, *Buona fede*, cit.; Nanni, *L'uso giurisprudenziale*, cit.

所扮演的角色尤其重要。这一类情况可以在，例如，合同解除的案件中出现。此前对不履行的容忍足以阻却合同解除权或未履行的抗辩。在继续性合同中尤其如此。债权人也可以"放弃"履行给付的权利，例如在等待了多年后才提起诉讼；类似的还有在劳动关系中，未预先告知的解雇是不正当的，只要雇主在宣布解雇前等待了一段时间，而这段时间超过了查清违规行为之所需；类似还有对较低职位的默认，这将阻止劳动者对此等职务变更的不法提起诉求。[99] 法国法官——还有意大利及其他国家的——尽管抽象地坚持对"权利的放弃应通过意思表示完成"原则的忠诚，因此，弃权不能以推定为之，然而实际上却时不时大尺度地采用权利人默示放弃权利的理论，有经验的评论者在这里看到的不是意志因素，而是借由弃权来保护期待或信赖的需求。抛开所使用的定义程式，在本质上这恰恰就是那个曾启发了德国裁判界从而发展出权利失效理论的裁断理由。[100]

类似的还有默示承认消灭时效期间中断，债务人反悔后再行主张，它实际

---

[99] Benatti, *Le dichiarazioni*, cit., 703 宣称："不可能对我们的法官的态度进行全面的分析，原因是缺乏对过往判例的认真（对此我并不赞同）检验"；"但是"，该作者继续说，"它很可能同样达成了诈欺抗辩通过缄默、容忍、默示放弃与拟制所达成的目的"。对法国与意大利司法裁判的广泛分析见 Ranieri, *Rinuncia*, cit., 83 ss.；特别是在劳动法问题上，84 ss.；对不完全给付的缄默，91 ss.；排除请求给付债务的权利，101 ss.；深刻分析亦可见于 Cattaneo, *Buona fede*, cit., 638 ss.；最后是 Nanni, *L'uso*, cit., 219—224. 还有 Di Majo, *Delle obbligazioni*, cit., 341 他证实，然而是批判地说："关于法律行为缔结的规则同样能够为回应主体行为鉴别的相关问题提供一项有益的工具。"

[100] 这里提及的观点及其论证见拙著 *Rinuncia tacita*, cit., 它在德国学术界获得认同（cfr. Luther, *RabelsZ*, 1973, 828—829; Will, Die Verwirkung im internationalen Privatrecht, *RabelsZ* 42, (1978), 211—226, in part. 211—212) 却在意大利遭遇了彻底的否认（cfr. PATTI, Profili, 120 122, 他作出了错误的观察，即认为求诸于默示放弃的做法甚至在我们的司法裁判中正在变得零星分散; Castronovo, Obblighi di protezione e tutela del terzo, in *J*, 1976, in part. 143—144；最后是 Di Majo, *Delle obbligazioni in generale*, cit., 339, 其中关于当事人意图的客观数据被忽视了，从而强调了对当事人主观意图的主观描绘）。首先，在前引作品中从未说过权利失效的依据存在于一项法律行为中，该作品毋宁说是另有目标：依据法的实际适用情况来评价定义程式与具体解决方案间的距离，其所欲展现的是一些衡平的解决方案是如何在论证模式中获得其正当化的，这些模式在形式上极为不同，然而实际上却是互通的。值得一提的是，为数不少的学者（德国学界的 Flume，Wieling 以及奥地利学界的 Bydlinski 及其他人）时至今日依然在为这样的理念辩护：排除一项权利的行使，其依据乃是权利人的一项法律行为，是在对方身上产生的信赖的结果（cfr. *supra* n. 47 e n. 62）。在教科书的定义之外，德国司法判例也突显出权利滥用和默示放弃这两种视角，二者在许多判决书中实际完全可以互换（cfr. gli esempi in Ranieri, *Dolo petit*, cit., 185, n. 57）。最后，算数的不仅是对权利失效制度的学理"建构"，而且还有这些衡平解决方案的真实面貌：权利滥用的程式与默示放弃程式之间的距离变得很小，只要人们了解到，无论教科书式的定义如何，其实德国法院从未将权利失效适用于那些不能处分的权利（即不可放弃的权利）；Patti, *Profili*, loc. cit., 不过是重复那些评注书中的泛泛而谈，在批评我的时候否认这一点；对此处分析结果的最新确认，见 Bundesgerichtshof, 7. 4. 1983, in *Neue juristische Wochenschrift*, 1983, 2073 ff. con nota di Giesen; 该案关乎丈夫对亲子关系之否认（§ 1594 BGB），他之前作了同意，后来又因为妻子接受异体受精而苦恼不已；法院尽管附带地在假定情况下承认了有可能提出权利滥用之抗辩，最终拒绝引用权利失效来驳回前述否定之诉，原因就在于此等否定权的不可让渡性质；类似情况下采用权利失效的判决仅有 Amtsgericht Dieburg, 14. 10. 1986, in *Neue juristische Wochenschrift*, 1987, 713.

上使得法国法官得以回避就已经完成的消灭时效提起的抗辩,而德国解释者在这里适用的是诈欺答辩。[101] 在对法国实际适用的法进行现实主义评价后——一定程度上也包括意大利——可得出以下结论:禁止自相矛盾之理念,并未为拉丁法族的解释者们所忽视,在许多案件中至少是作为不言明的裁判理由的。

对于法国及其他拉丁法族的解释者而言,形式上,在这些疑难案件中所存在的承认、默许、默示地表达放弃不过是权利人的真实意思。对它们的查证依旧是事实判断,因而避开了最高法院的合法性审查,以至于经常在这个法律判断与事实判断的辩证关系中——这其实是一切以法国法为榜样的拉丁法族国家的特征——为法官提供广泛的空间去考虑公平以及对权利人的行为在第三人身上产生的信赖的保护需求。[102] 于是拉丁法族的解释者们依然不自觉地与它们自身的历史传统保持一致。在法国法以及依赖它的那些法体系中,随着自然法学派的意志论占据优势,遂对自治且具有规范效力的诚信失去了认识。尽管如此,从诚信中得到启发的、关于合同以及法律规范适用的矫正机制的需求却从未消失。常常是在典型的噶斯特式现象中,传统设定在诚信和公平标准上的解决方案也大有作为。在形式上,解释者们常常通过一个默示意思来证成它,然而这实际上是一种拟制。因而可以说,在拉丁法族,这样对意志的拟制往往成为一条通道,通过它,那些在法律或合同规范的适用中基于依诚信进行矫正的解决方案得以发挥作用,而它们在罗马共同法的传统以及在德国潘德克吞学派乃至当前德国的司法实践中,过去和现在都是在诈欺抗辩和合同诚信的规则中表达自己。[103]

---

[101] Cfr. Ranieri, *Exceptio temporis*, cit., 312—315.

[102] 显然,这种个案式的且时常隐藏在初审法官之事实判断中的定位,导致了法的适用的不连续乃至断裂;其例见 Ranieri, *Rinuncia*, cit., 105—107; da ultimo Cass. comm., 18.1.1984, in *Semaine juridique*, 1984, IV, 93(在交付到期陷入迟延后等候两年)e su di essa Mestre, in *Revue trim*. de droit civil, 1985, 161 ss.; cfr. Nanni, *L'uso*, cit., 203—204.

[103] 这个意义上的权威意见参见 Esser, *Wert und Bedeutung der Rechtsfiktionen*, 2. Aufl., 1969 以及 Meijers, Goede trouw en stilzwijgende wilsverklaring, in *Verzamelde privaatrechtelijke opstellen*, III, Leiden 1955, 255—300; cfr. pure van Leeuwen, Normas morales y reglas de interpretación en el derecho de contratos, in *Rev. del Instituto de derecho comparado*, Barcelona 1954, II, 117—139; E. Van Dievoet, *Le droit civil en Belgique et en Hollande de 1808 à 1940. Les sources du droit*, Bruxelles 1948, 297 ss.; Marty, Role du juge dans l'interpretation du contrat, in Travaux De l'Ass. H. Capitant, V, Paris 1950, 80 ss., in part. 96; Perreau, *Technique de la jurisprudence*, II, Paris 1923, 35 ss.; Ehrlich, *Die stillschweigende Willenserklärung*, 1893 (ristampa Aalen 1970), in part. 288 ff. 诈欺抗辩与意思表示的拟制在罗马法中的相互关系,cfr. Ranieri, *Dolo petit*, cit., 175 n. 36; U. Falk, *Ein Gelehrter wie Windscheid*, cit., 44; A. Wacke, Zur Lehre vom pactum tacitum und zur Aushilfsfunktion der exceptio doli. Stillschweigender Verzicht und Verwirkung nach klassischem Recht, *Sav. Zeit.*, *Rom. Abtl.*, 90 (1973), 220 ff. 意思表示上的严格的概念主义很可能正是以此种模式来论证,这也是其(意思表示的严格概念)在德国学理和裁判界威风不再的原因(cfr. Ranieri, *Rinuncia*, cit., 52—62).

通过其他视角同样可以证明,如同法国实际适用的法,以及一定程度上在其他拉丁法族国家,已经发生的对法典化的严法的逐渐侵蚀,同样表现在以德国法院为模板的司法解决方案中。

例如,对消灭时效的严格法定期间的侵蚀,法国判例通过援用古老的衡平法格言"对于无法起诉者消灭时效不开始起算"达到这一效果。[104] 该问题无关时效的中止,于是法国法官便避开了关于期间中止的典型法定原因的异议;这是一项优惠,使得法院越过以下障碍:它们得以免于根据不可抗力的概念和无人应当为不可能之事负责的观念来审理案件。这样的判例建立在"对于无法起诉者消灭时效不开始起算"的原则之上,正如判决本身也是如此宣称的,然而该原则时常也同欺诈和不忠实的动机交织起来,而受骗的对方当事人正是其受害者。这一点意义非凡,即法国法院时常仅仅强调,由于债务人的欺诈或不忠行为,不可能提起诉讼。确实,对于最仔细的解释者——尽管绝大部分学者并未意识到法国法院的这一实用主义和衡平立场从而获得启发的理由——并未脱出指引着这一传统格言的那项理念。正如某人精准地评述:"阅读一些判决,更重要的似乎并非权利人处于绝对不能起诉的状态下,而是他因为欺诈而处在不能起诉的状态"。[105] 事实上,在那些一成不变的程式之外,我们还看到了具体的裁判理由,法国解释者从中受到启发。可以说,对于援引消灭时效或除斥期间完成的抗辩的排除——法国法院以此惩戒不忠实之人——所对应的是同一个原则,它在德国裁判界促生了允许以诈欺答辩对抗消灭时效或除斥期间完成的抗辩。[106] 在1865年《意大利民法典》的审判实践中,也可以找到若干与之前提到的法国模式类似的判决。[107] 现行《意大利民法典》第2941条第8款表面上已经彻底解决了这个问题,尽管对它的更为自由主义的解释能够给予意大利的解释者更大的空间去缓和消灭时效期间的严苛性与诚信及保护债权人信赖之需求间的矛盾。[108]

---

[104] 此处对司法裁判的分析见 Ranieri,*Exceptio temporis*,cit.,289—298。

[105] Così Carbonnier,La règle "contra non valentem agere non currit praescriptio",in *Revue critique de législation et de jurisprudence*,1937,169;类似地,同一作者对除斥期间的评论见 in *Revue trim. de droit civil*,1952,171;Droit civil,6 ed.,IV,Paris 1969,510 ss.;最后,同一主题还有 Dabin,Sur l'adage "contra non valentem agere...",in *Revue critique de jurisprudence belge*,1969,93 ss.;A. Weill/ F. Terre,*Droit civil. Les obligations*,3 ed.,Paris 1980,1135。

[106] Cfr. Ranieri,*Exceptio temporis*,cit.,296—297;così pure Spiro,Zur neueren Geschichte des Satzes "contra non valentem agere non currit praescriptio",*FS-Lewald*,1953,S. 585—682,in part. S. 600—601。

[107] Cfr. i richiami in Ranieri,*Exceptio temporis*,cit.,299—307;Ranieri,*Sospensione convenzionale*,cit.,in part. 27—29。

[108] Cfr. Ranieri,*Exceptio temporis*,cit.,305—307;与此相似的对《意大利民法典》第2941条第8项的类推解释见 Cattaneo,*Buona fede*,cit.,641;cfr. sul punto pure Nanni,*L'uso*,cit.,224—226。

为了完整描绘这副图景，再举法国裁判界在转让他人之物问题上的例子。众所周知，《法国民法典》第 1599 条、第 1238 条、第 893 条和第 943 条就此规定的是绝对无效。可以说，自《拿破仑法典》生效后的最初几年开始，在法国法院便出现了一个限制上述条文规定之无效的显著趋势。体现这一趋势的司法判决，最开始是此等无效乃是由出卖人自己所主张的案件，此人在出卖之后获得了已转让之物的所有权，遂主张合同无效，并基于新取得的所有权要求物的返还[109]。这类情形在德国潘德克吞的当代运用以及 19 世纪的法学家那里，是通过物已出卖并交付或诈欺的抗辩（exceptio rei venditae et traditae seu doli）来停滞这一不诚信的返还之诉的[110]；在此情形，没有——例如，瑞士法的规定——明确规定对转让的实质追认（《德国民法典》第 185 条第 2 款）的规则，时至今日，人们说的依然是诈欺抗辩或权利滥用。[111] 法国最高法院一开始便毫不迟疑地确信于此等情形中，不能认可返还之诉；延续着"旧法"的传统，在这里回到了法言"应当提供瑕疵担保者不能主张追夺"（quem de eviction tenet action eundem agentem repellit exceptio），卖家的诉权为"担保的抗辩"（exception de garantie）所停滞。解释者在这些情形中所说的是由卖家承担的追夺责任；对这个问题的一项就法国实际适用的法之实情的详细分析表明——我们之前已有耳闻[112]——法国解释者在这里只是表面上转向了追夺责任，然而实际上是从——作为不言明的裁判理由——制裁并停滞后来成为物之所有人的转让人的自相矛盾以及违背诚信的理念中获得的启发，正如同一时期的德国法学家在此等情形中说的是诈欺抗辩。从这幅景象中，我们看到了司法实践的一致性：因此，比方说，尽管赠与人通常不负担追夺责任，然而毫无疑问，可停滞以他人之物赠人的赠与人之后提起的返还之诉，此人在后来获得了该物的所有权，后又提出此等主张。[113]

八、依据诚信的司法解决方案与法典解决方案

基于以上比较法观察，可对这个问题形成若干结论。我们可以确认，将排除一项形式上的法律地位的行使作为对违反诚信或违反因自己的行为令对方产生的信赖而主张其权利的人的惩罚的理念普遍存在于欧陆国家。[114] 从历史

---

[109] 这方面见 Ranieri, *Alienatio convalescit*, 59 ss.
[110] Cfr. Ranieri, op. ult. cit., 37—46.
[111] Cfr. Bundesgericht, 16.1.1915, in *BGE*, 41 (1915), II, 37—51; Merz, in *Berner Kommentar zum schweizerischen Zivilrecht*, 1962, sub Art. 2, Rdn. S. 444, S. 342.
[112] 对司法裁判的分析，见 Ranieri, op. ult. cit., 63 ss.
[113] Cfr. Ranieri, op. ult. cit., 65—67.
[114] 观察其历史背景之后，我认为在普通法传统之下去谈论诚信与诈欺抗辩是很有问题的（così, pare, Nanni, *L'uso*, cit., 204—206）。法的实际适用情况则是另一个问题，它凸显的是类似的解决方案（想想"默示所生之禁反言"制度就够了）；cfr. Ranieri, *Rinuncia*, cit., 72 提供了更多比较法上的观察；Nanni, *L'uso*, cit., 205—206）。

维度看，在罗马共同法的传统中，这是一项借由一般诈欺抗辩而得以具体化的原则。该制度在德国的延续——从共同法时代到如今以《德国民法典》第242条为基础的"权利滥用"理论——表明当代德国法在整个大陆法系中，依然是最靠近罗马法传统的那一个。在其他地方，在法国法及与其关联的法秩序中，诚信之矫正功能的古老观念也得以幸存，但却隐藏在各式各样的论证工具身后，例如，拟制存在权利人默示的放弃的意思，以及前面提及的其他衡平准则。诈欺抗辩的古老功能得以延续，并作为不言明的裁判理由移驻于各种司法解决方案之中。

如前所言[115]，必须承认，意大利法官还未做好准备以援用诚信原则解决上述问题。"这并非恶意的表现，而常常是由于在他们看来，这类问题可以在制定法或者其他的在我们的法秩序中根基更加深厚的制度中，找到更直接和更中肯的解决方案"[116]。"这些解释方法表明……对赔偿之外的救济方式缺乏好感，例如通过具有停滞作用的抗辩来运作的……并阻止了我们的法官以明晰而意蕴深远的方式去利用（诚信）原则"[117]。它们说明，在意大利实际适用的法——尽管意大利的德国法研究者对此予以否认——依然紧紧地附在《法国民法典》的历史传统中。因此，提出一般诈欺抗辩是否可为意大利法接受这个问题或许是过于简单化了。意大利主流学界受到德国模式的启发，在德国，法官被授权以诚信之名发挥矫正功能，在法典规范由于其严苛性质而力所不及之处，采取措施确保伦理原则的实现。这些学者拒绝了拟制或其他"不言明"的论证形式，理由是"方法不当"[118]。近来的一些司法判决可能是[119]——明显受到这一学说立场的影响——意大利法官转变论证风格的明证，一如在奥地利和荷兰，一般诈欺抗辩制度在意大利实际适用的法中获得了明确适用。于是，直接适用诚信标准及其矫正功能的观念就在这一刻进入意大利的司法实践，而此时，最新的德国民法学说正在与此等论证分离。

然而这不过是一个幻象，表现的是过于相信法典化规范的执念，即认为从一条作为权利行使界限的诚实信用一般条款中，可以直接推导出具体案件的解决方案。正是历史—比较分析告诉我们，那些为了达到相同或大致类似的衡平式解决方案（通过《德国民法典》第242条的一般诈欺抗辩或权利滥用、默认放弃之意思的拟制、《奥地利普通民法典》第7条援引的自然法原则，对法典规范

---

[115] Così Di Majo, *Delle obbligazioni in generale*, cit., 340.

[116] op. loc. cit.

[117] op. cit., 342.

[118] op. cit., 343. 在此可见 Giuliani 的精准意见，*L'applicazione della legge*, Rimini 1983 ed in *Tratt. Rescigno*, I, Torino 1984, 57 ss., 关于意大利法官的解释自由，他们"避免宣示自己的衡平权力，尽力符合形式主义和拟制方法的一切手段，真正的判决理由并未从中显露出来"。

[119] Cfr. i richiami *supra* nelle note [82], [87] e [89].

进行目的论限缩解释)的不同论证之间是可以互换的。而这经典地诠释了某人的评语:诚信原则一直在与若干相互间矛盾的规则相生相克,立法者在自然法原则中择一作为其首要且一时的选项,诚信原则针对一般诈欺抗辩则作为第二选项发挥作用;获胜的那个则"渴求表达自己作为诚信唯一且不易之标准的正当名号"。[120] 解释者的注意力因此应当重新转向具体的解决方案。立法者不大可能总是有能力针对这样的演进过程规定其证成途径。以上分析显示,实践是如何选择最适宜自己的道路的。同样可能的是,在对特定的不忠实行为的打击被吸收进具体法规范之中的情况下,一般性规范便能够穷尽其功能。可以思考抵销和留置权制度,它们在法典化之前是诈欺抗辩的应用领域。还有其他例子。解决方案依旧是19世纪德国司法实践中的那些,其达成是通过一项物已出卖并交付或诈欺的抗辩,如今它们被法律具体规定在了《德国民法典》第185条第2款及第986条中。[121]

　　法官的创造与矫正权力与司法解决方案在法典法背景下的具体化之间的辩证关系,从第一批自然法典开始,持续至今。最新的例子是1977年才被规定在《德国民法典》之中的第852条第2款。它规定了一个新的消灭时效期间中止的法定情形,将基于第242条发展出来的衡平法实践予以法典化,根据该规定,在协商中放弃善意协调问题的债务人,在放弃之后又以消灭时效已过来抗辩的,将为权利滥用的答辩所驳回。[122] 立法者的原意是使消灭时效期间的中止仅发生在阿奎流斯法损害的赔偿领域中(针对短期时效)。然而不过几年之后,德国法官便将这条规范与前面提及的衡平式解决方案联系起来,并将其扩张至——这并非1977年立法者的原始意图——所有的损害赔偿之诉当中。[123]

---

[120] Così Sacco, Cos' è la buona fede oggettiva, in *Il principio della buona fede* (n. 1), 48—49. 认为诚信的一般条款将法官以一项明确指令约束起来且意图区分诚信审判与衡平审判的人,自然不能接受这里所主张的观点(cfr. Mengoni, *Spunti per una teoria delle clausole generali*, cit., 8; Castronovo, L'avventura delle clausole generali, in *Riv. critica di diritto privato* (1986), 23 ss.).这里的分析在 Esser 的权威论述中获得了支持, *Grundsatz und Norm in der richterlichen Fortbildung des Privatrechts*, 2. Aufl., 1964, 63 ff.; 220 ff.

[121] 关于 §185, II BGB, cfr. Ranieri, *Alienatio convalescit*, cit., 51—55;关于 §986 BGB,关于罗马共同法实践的连续性,见 Reichsgericht, 10.6.1922, in *RGZ*, vol. 105, 20 ff.;关于其起源,见 F. Baur, *Lehrbuch des Sachenrechts*, 2. Aufl., 1963, §11, A. II, S. 75.

[122] Sul §852, II BGB si veda da ultimo Mertens, in *Münchener Kommentar. BGB Schuldrecht besonderer Teil*, 1982, zu §852, Rdn. S. 63—65; Zenner, in *Soergels Kommentar zum BGB*, 11. Aufl., 1986, sub §852, Rdn. S. 22—27.

[123] Cfr. Bundesgerichtshof, 28.11.1984, in *Juristenzeitung*, 1985, 386 ff. con un'ampia nota di F. Peters, ivi, S. 388—390; cfr. pure sul punto F. Peters, Vergleichsverhandlungen und Verjährung, in *Neue juristische Wochenschrift*, 1982, 1857—1858.

对欧陆法的综合观察[124]确认了以下观点：现代的法典法事实上同样是如此继续着，正如一位研究本文主题的学者所言，制定法规范与一般诈欺抗辩之间，或者更确切地说，与解释者的创造性权力之间的[125]"永恒而鲜活的辩证关系"[126]。

（初审编辑　张瀚天）

---

[124] 关于将技术—理论的反思与民法的整体视角联系起来的必要性，见 H. Coing, Die Bedeutung der europäischen Rechtsgeschichte für die Rechtsvergleichung, *RabelsZ* (1968), 1 ff., 尤其是第 18—19 页，这里明确强调有对一般诈欺抗辩在欧洲大陆法典法之中的持续与功能开展历史与比较的研究；该思路亦见于 G. Impallomeni, La validità di un metodo storico comparativo nell'interpretazione del diritto codificato, in *RDC*, 1971, I, 369 ss., in part. 375 in nota sulla ex. doli. 在我看来可商榷的是 Benatti, *Contributo allo studio delle clausole di esonero da responsabilità*, Milano 1971, 122 ss., 他似乎否认历史—比较方法在诚信规范的研究中具有价值。

[125] 因此 Gambaro, voce Abuso del diritto. Diritto comparato, in *Questo Digesto*, I, §6, 正确地将权利滥用问题引向了法官法(*diritto giurisprudenziale*)的历史以及在一个法典化了的法之中的法源问题上。

[126] Così Torrente, voce Eccezione di dolo, cit., 220.

法社会学理论范式的拓展：
从"冲突/共识"模式到"议论的法社会学"

杨 帆[*]

Paradigm Advances of Sociology of Law:
From "Conflict/Consensus" Model to "Legal Sociology of Argumentation"

Yang Fan

内容摘要：法社会学的理论范式大体可以分为"冲突范式"与"共识范式"两种。前者认为法律在功能上是社会冲突与斗争的工具，而后者则把社会视作是功能性的有机体，强调法律的作用是维持社会整合性的架构。两种范式在观念

---

[*] 杨帆，吉林大学法学院/理论法学研究中心讲师、国家"2011计划"司法文明协同创新中心成员；上海交通大学法社会学研究中心研究员；法国巴黎萨克雷高等师范学校（E. N. S. Paris-Saclay）社会科学博士，华东师范大学哲学博士，法学硕士，法学学士；研究方向为法社会学、法哲学、比较法。

本成果系国家"2011计划"司法文明协同创新中心研究成果、教育部重点研究基地重大项目"权利视野下法治政府建设的理论与实践研究"（16JJD820005）、吉林大学基本科研业务费项目"话语分析方法在法社会学中的应用研究"（451160302157）的阶段性成果。本文在写作过程中得到了季卫东教授、程金华教授等学者的帮助。本文初稿曾于2016年7月在上海举行的"中国首届法社会学年会"上宣读，感谢葛洪义教授、朱景文教授、李瑜青教授、齐海滨教授、马剑银副教授等学者的点评与建议。

上彼此对立,都有各自的哲学基础和实证传统。前者的代表性学者包括福柯、弗里德曼等;后者则被包括哈贝马斯、庞德等在内的学者所主张。我国学界近年来出现的"议论的法社会学"理论范式强调法律的本质是话语实践,主张法社会学研究应该立足于话语交往与权力博弈,如此才能深入规范的内部进行价值内涵分析。议论的法社会学一定程度上整合了福柯与哈贝马斯的话语理论,从权力冲突的现状出发,导向法律共识的生产,是一种更具包容性的法社会学研究新范式,在中国语境下也有其特殊的意义。

关键词:法社会学 冲突范式 共识范式 议论的法社会学

导言

对于社会科学来说,所谓的"理论范式"或者"研究范式"主要是指一套结构自洽的关于本学科的方法论体系。每一种社会科学的理论范式都有自己的哲学认识论基础。它处在"哲学的底层",又与具体的经验研究相联系。所以每一种重要的社会科学理论范式或者研究范式的出现,都会与一个学术传统或者"学派"的发展相伴而生。例如在西方法学历史上,自然法学与实证主义法学曾是历时最为久远、影响力最为巨大的理论范式。近代以来,法社会学[1]兴起,成为法学研究的重要范式。在一个大的范式内部还存在诸种子理论范式。法社会学在整体上看是一种从外部看待法律现象的方法论视角,但是其内部也因为认识论的基础不同而划分为多种不同的范式类型。

对于法社会学的诸种理论范式如何划分归类,学界也有不同的解读。何姗君等根据不同的社会学理论派别与流变在法社会学中的反射,详细地把法社会学范式列举为:功能主义、结构主义、解构主义、行为主义、现象学、系统论、冲突论、进化论与符号论、博弈论等。[2] 这种归类方法与社会学的诸种理论学说相对应,但并没有注意到各种理论范式在看待法律现象时的共通性。刘思达在对美国"法与社会运动"近百年学术历史梳理的基础上,总结出美国法社会学研究的两种主流范式——前期的"差距研究"范式和后期的"权力/不平等"范式。[3] 这种划分方式主要立足于美国法社会学研究的历史实践,归纳出两种被使用最多的"提问题的方式",但却未必适合美国以外的法社会学研究。

与前述划分标准不同,北美学界的主流分类方法之一就是将法社会学的理

---

[1] 广义的法社会学也有"法与社会"或者"社科法学"等不同称谓。
[2] 何姗君、朱作德:"法社会学研究范式的系统性梳理与各自特征的研究",载《河海大学学报(哲学社会科学版)》2014年第2期。
[3] 刘思达:"美国'法律与社会运动'的兴起与批判——兼议中国社科法学的未来走向",载《交大法学》2016年第1期。

论范式按照功能主义的标准分为冲突模式与共识模式。比如,在新近由美国学者瓦茨(John Harrison Watts)和罗伯森(Cliff Roberson)撰写的《法与社会导论》教科书中,法社会学的研究进路被整理为"冲突范式"(Conflict Paradigm)与"共识范式"(Consensus Paradigm)两种对立的类型。事实上,很早就有学者曾经专门从这种归类视角出发对法社会学的研究进行过归纳,尤其是冲突模式的法社会学研究更是经历过多阶段的学术演进。[4] 在李普曼(Matthew Lippman)所著的《法与社会》教科书中,这两种范式也被称为"冲突视角"(Conflict Perspective)与"共识视角"(Consensus Perspective)[5];而在著名的罗杰·科特威尔(Roger Cotterrell)的《法社会学导论》中,这两种理论范式则对应了"作为整合机制的法律"与"法律、权力与意识形态"两种分类视角。[6] 这两种范式都被定义为一种功能主义的理想类型(ideal types),在概念上相互对立,但在实践中并不是非此即彼的存在关系。"冲突范式"认为法律在功能上是统治阶层维护自身身份地位的武器,是社会冲突与斗争的工具;与此相反,"共识范式"则把社会视作是功能性的有机体,强调法律的作用是维持社会整合性的中立性架构。[7] 某种程度上说,前者代表了一种"实然"的经验解读,而后者则体现了"应然"的规范取向。我们认为,这种划分方法相对比较具有普遍性,与后续将要讨论的"议论的法社会学"范式也具有比较多的对话的基础。

近年来,以季卫东教授为代表的中国学者提出了一种新的法社会学理论范式——"议论的法社会学"[8]。这种理论范式首先梳理和批判了传统的法教义学与法社会学进路对于"法律不确定性问题"的不同回应,并灵活运用了"法律的本质就是话语实践的核心命题",提出了立足于话语交往与权力博弈的"议论的法社会学"研究范式,主张以此为进路把法社会学的重心从结构功能解释转移到价值内涵分析,"以便真正深入到规范的领域进行实证分析"[9],进而促进法社会学研究范式的革新。[10]

笔者认为,这一主张对于我国法学研究理论范式的延展和开拓具有重要意义。而如果把"议论的法社会学"这一命题放置于法社会学的诸种理论范式中

---

〔4〕 Hutchinson, Allan C. "Book Review: The Sociology of Law: A Conflict Perspective, by Charles E. Reason and Robert M. Rich." *Canadian Bar Review* 57.2 (1979), pp. 399—402.

〔5〕 Matthew Lippman, *Law and Society*, SAGE Publications, 2014, pp. 19—21.

〔6〕 罗杰·科特威尔:《法社会学导论》,潘大松等译,华夏出版社1989年版,第三、四章,第78—159页。

〔7〕 John Harrison Watts & Cliff Roberson, *Law and Society: An Introduction*, CRC Press, 2014, pp. 18—20.

〔8〕 季卫东:"法律议论的社会科学研究新范式",载《中国法学》2015年第6期。

〔9〕 同上注。

〔10〕 除了前述季卫东教授的文章以外,在此主题下的研究还包括:曹勉之:"走向法律议论的美国法研究:以对法律确定性的寻求为线索",载《人大法律评论》2016年第2辑等。

去比较分析,我们则会更为清晰地发现其价值。以下,我们希望通过对"冲突范式"与"共识范式"两种模式及其代表理论的梳理来突显"议论的法社会学"的范式定位,进而在比较中廓清其理论价值。所以本文也可以被视为"议论的法社会学"这一命题的进一步阐发。与以往对于法社会学研究范式的梳理有所不同,本文不仅聚焦于法社会学意义上的经验研究(主要在美国的传统下),对于法社会学的理论研究和哲学基础(主要在欧陆的学术传统下)更将着重阐释,同时也将着眼于这一理论范式与中国传统法律文化中某些要素的联结。

一、法社会学的冲突范式

法社会学的"冲突范式"强调"特殊社会利益集团"的存在,认为社会制度(法律)的建立最先是为了满足人们基本的生存需要,但是随着制度体系的不断发展,它逐渐被精英阶层所控制,目的是维护自己在财富和权力上的优势地位。关于这一范式的法社会学思想,我们最早可以在马克思的理论中找到痕迹。马克思认为法是阶级统治的工具,作为上层建筑的法律体现的正是作为经济主宰人群的利益。[11] 美国学者昆尼(Richard Quinney)也曾对法律的功能做过如下定义:"法律是由代表特定利益群体的人制定的,他们可以把他们的利益转化成公共政策。不同于关于政治(politics)概念的多元化理解,法律并不能代表社会中分化利益群体的共同底线,而是在消耗其他群体的基础上支持特定的利益群体。"[12] 这段话不但清晰地说出了法律的"冲突功能",更凸显了它与"共识整合"功能的不同。除了昆尼之外,这一种理论范式在当代的代表性学者还包括钱伯里斯(William Chambliss)、弗里德曼(Lawrence M. Friedman)以及思想大师福柯(Michel Foucault)等。其中前两位属于美国法社会学界的代表,也更倾向于实证社会学的研究。

(一) 美国学者的实证研究

钱伯里斯的研究领域主要是犯罪学和法社会学,他习惯于用法社会学的外部经验视角来审视犯罪问题。早在20世纪60年代他就对英国历史上的"流浪者法案"(vagrancy laws)进行了历史社会学的考察,并在《社会问题》期刊上发表了"流浪者法案的社会学分析"一文。他的研究引用了马克思对于14到16世纪英国各种流浪者相关法案的描述,这些法案的规制对象主要是那些因为失去土地而成为城市流浪者的农民。钱伯里斯的研究表明:在英国历史的各个阶段,"流浪者法案"的制定过程中,经济与商业利益团体都扮演了决定性的作用。每当英国的地主和企业主们需要廉价劳动力时,也正是各种"流浪者法案"被制

---

[11] 关于马克思学说对法社会学的影响,可参见 Stephen Spitzer, "Marxist Perspectives in the Sociology of Law", 9 *Annual Review of Sociology* 103 (1983).

[12] Richard Quinney, *The Social Reality of Crime*, Little Brown, 1970, p. 35.

定之时。这些法案通常把在城市流浪乞讨的行为定义为一种犯罪,其目的正是强迫那些有劳动能力的失业者去参加劳动。钱伯里斯进而主张:在阶级对立的社会中,阶级的统治正是通过立法把对立阶级的行为定义为违法而实现的,这种现象广泛存在于包括英国、美国等在内的社会中。[13] 他的这篇开创性文章在后世引用率极高,也使得他成为法社会学冲突理论的代表人物。

与钱伯里斯类似,另一位美国法社会学的代表人物弗里德曼教授也在其著名的《美国法律史》一书中对美国历史上各种"流浪者法案"进行了社会学分析。他举例道:虽然美国的黑人在南北战争之后通过《美国宪法》的第13、14及15修正案获得了形式上的平等选举权,但是在很长一段时间内,相关法案的制定权仍然操纵在那些南方的白人农场主手中。比如,在19世纪70年代,美国的密西西比州就制定了自己的"流浪者法案",其目的是使那些在形式上被解放的黑人重新获得一个实质的农奴身份(virtual serfdom),并重新返回农场劳动。该法案还规定,通过提供更好的工作机会等方式挖角黑人工人的行为是非法的。由此,在实践中,该法案也确保了这个巨大的黑人农场工人产业链是被控制在白人雇主手中的。于是,弗里德曼得出了一个与钱伯里斯类似的结论:在种族以及阶级问题上,法律更多地发挥着服务一部分人而压迫另一部分人的作用。[14]

某种程度上说,"冲突范式"是近几十年来美国法社会学研究相对主流的范式。它甚至也是"法律批判运动""差距研究""权力/不平等研究""女性主义法学"等研究路径所共享的一种假设前提。除了上述经典研究以外,还有很多类似的研究,由于篇幅的限制,在此不能详述。[15] 它们的共同点都是针对法律实践中存在的权力不平等现象,通过经验研究进行揭示与批判。

(二)福柯的权力话语法社会学理论

在法国,以及德国、意大利等传统欧陆国家,人文社会科学的发展与以美国为代表的英语世界有着很大的差别。简单来说就是前者没有经历特别强烈的"分科化"与"科学化"的洗礼,比较强调综合式的、问题导向的思维与研究路径;而后者则更强调分科精细化与研究方法的科学化。[16] 因此,相比之下,欧陆的法社会学更强调经验研究背后的理论关怀,在经验研究的方法上也没有特别强

---

[13] William Chambliss, "A Sociological Analysis of the Law of Vagrancy", 12 *Social Problems* 67 (1964).

[14] Lawrence M. Friedman, *A History of American Law*, Simon and Schuster, 1973, pp. 504—505.

[15] 关于英语世界在法社会学"冲突范式"下的研究总结,可以参见 Charles E. Reasons & Robert M. Rich (ed.), *The Sociology of Law: A Conflict Perspective*, supra note [4].

[16] "Science"一词只有在英语语境中才有严格的"自然科学"的含义,而在法语、德语的语境中,它专指一种"学问",因此法语等语言中才有"Science Humaine"(人文学科)这样的说法。

调量化特征,而是更重视对于经验材料的诠释。从涂尔干、韦伯、马克思等经典作家开始,直到今天我们所熟知的卢曼、布迪厄、哈贝马斯等欧陆学者都是在这种路径下开展研究。而福柯的作品更是这种风格的典型代表。[17] 福柯并不是一个严格意义上的法社会学家(他甚至也不是一个严格意义上的哲学家或者历史学家),但是作为20世纪西方世界最有影响力的思想家之一,他的思想,尤其是其中的权力关系理论,对于法社会学研究却有着非常重要的价值。[18]

福柯的理论发端于他对于主体哲学的批判。他继承并发展了尼采的"上帝已死"的命题。他主张,自启蒙时代开始的理性主体(Subject)的地位是非常值得怀疑的,主体吸收和继承了上帝的超验角色,但这实际上也是被权力所构建出来的。既然上帝已经死了,相应地,人的主体性光辉也必将退却。在《事物的秩序》(中译本《词与物》)一书的结尾,他形容人(human being)的形象就像是画在沙滩上的一张脸,会随着海水的冲刷而逝去。[19] 他说:"我的目标就是揭示这样一种历史——在我们的文化中,人都是被塑造为主体的。"[20] 所以福柯的批判理论反对近代以来任何以"人"作为主体形象出现的社会哲学构建,认为无处不在的微观权力才是形塑现代社会各种架构的源泉。在此基础上,福柯的社会理论和对于各种政治社会现象(如话语、知识、法律、民主、历史、自由)的判断就都与他的权力视角紧密相连。

在福柯的社会理论中,话语(Discourse)是一个核心词,也是一个意思宽广的概念。在《知识考古学》中,他把话语定义为"各种陈述的普遍集合,有时是私性化的陈述群,有时又是变现为数个陈述群的规则性实践"[21]。综合来看,福柯的话语概念既可以指单个主体的话语行为(如命令、演讲等),也可以指一个成体系的陈述群(group of statements)或者一系列的知识及意识形态。[22] 他主张,话语是权力的载体,现代社会的话语体现的是权力的运作轨迹以及不同事物(包括人)之间的权力关系。没有权力支配关系的话语模式只能是一

---

[17] 关于欧陆法社会学的此种特征,详细论述参见 Pierre Guibentif, *Foucault, Luhmann, Habermas, Bourdieu: Une génération repense le droit*, L. G. D. J., 2010, p. 19, 303.

[18] 关于福柯思想对法社会学的影响,详细论述参见 Alan Hunt & Gary Wickham, *Foucault and Law: Towards a Sociology of Law as Governance*, Pluto Press, 1994 等文献,本文在此只是简略论述。

[19] Lisa Downing, *The Cambridge Introduction to Michel Foucault*, Cambridge University Press, 2008, p. 13.

[20] Michel Foucault, "The Subject and Power", in Hubert Drefus & Paul Rabinow (eds.), *Michel Foucault: Beyond Structuralism and Hermeneutics*, University of Chicago Press, 1983, p. 208.

[21] Michel Foucault, *The Archaeology of Knowledge and The Discourse on Language*, A. M. Sheridan Smith (trans.), Vintage, 1982, p. 80.

[22] 朱迪特·勒薇尔:《福柯思想词典》,潘培庆译,重庆大学出版社2015年版,第40—41页。

种抽象。[23] 而制定法与法律实践活动在他看来都仅仅是话语的实践,其背后隐含的是各种权力的运行和权力关系的作用。为了支撑自己的主张,福柯有很多以"知识考古学"或者"谱系学"方法进行实证研究的例子,比如对监狱制度、医院、精神疾病、性行为等现象的历史研究。在著名的《规训与惩罚》中,福柯对惩罚制度的历史进行了谱系学意义上的话语分析。根据他的分析,在中世纪末和"旧制度"时期,惩罚制度主要表现为作为王权武器的酷刑;18 世纪末及法国大革命时期,出现了人道主义式的"再现"式惩罚;而从 19 世纪开始,具有普遍监视功能的监狱制度逐渐普及,成为惩罚的主要形式。[24] 无论是哪一时期,作为一种话语形式的惩罚制度所体现的都是某种权力关系,而这种权力关系又反过来形塑着法律制度和社会结构。

福柯的权力话语理论对后世欧陆的法社会学研究产生了很大影响。首先,他对法律背后各种权力关系的揭示,让研究者们追随他的路径展开了各种法社会学意义上的权力批判研究,一些重要的研究成果也呼应了福柯的权力关系学说。[25] 其次,依照福柯的谱系学和话语分析方法,后世欧陆学者发展出了非常丰富的批判性话语分析(Critical Discourse Analysis)方法,并应用到包括法社会学在内的各个学科领域。他们将英美式的微观语料分析与福柯的权力分析问题意识相结合,发展出以话语实践为研究对象,进而揭示权力运行轨迹的实证研究方法。[26] 这一方法目前被广泛应用于包括法社会学与法人类学在内的社会科学实践中。[27] 在本文语境下,我们认为,福柯的权力话语理论带给法社会学理论范式创新如下两点启示:第一,法社会学可以且有必要聚焦于围绕法律现象的话语实践;第二,法社会学应该把揭示法律背后的权力关系(冲突)作为重要目标。而这两者都是"议论的法社会学"所要处理的核心问题。

二、法社会学的共识范式

法社会学的"共识范式"缘起于涂尔干(Émile Durkheim)的社会有机体理

---

[23] Michel Foucault, "The Subject and Power", in Hubert Drefus & Paul Rabinow (eds.), *Michel Foucault: Beyond Structuralism and Hermeneutics*, *supra* note [20], p. 223. 英文表述为:"A society without power-relations can only be an abstraction."

[24] 米歇尔·福柯:《规训与惩罚》,刘北成、杨远缨译,生活·读书·新知三联书店 2007 年版,第 81—147 页。

[25] See John Gledhill, *Power and its Disguises: Anthropological Perspectives on Politics*, Pluto Press, 2000, pp. 4—7;彼得·布劳:《社会生活中的交换与权力》,孙非、张黎勤译,华夏出版社 1988 年版,第 258—291 页。

[26] See Ruth Wodak & Michael Meyer (eds.), *Methods of Critical Discourse Analysis*, SAGE Publications, 2009, pp. 34—61.

[27] John M. Conley & William M. O'Barr: *Just Words: Law, Language and Power*, The University of Chicago Press, 1998, p. 7.

论。在《社会分工论》一书中,涂尔干把社会团结的模式分为"有机团结"与"无机团结",二者各自对应传统社会学的刑法治理体系与现代社会的民法治理体系。[28] 这种理论传统把社会视作一个有机整体,在一些基本价值上的共识可以把作为整体的社会系统相对稳定地捏合在一起。在社会秩序相对稳定的情况下,人们可以通过合作实现其自身利益。此种范式强调凝聚力、团结、合作、整体性以及社会的稳定性等概念。对于一些人们共享的文化以及一些对根本价值与规范的认同,共识范式主张这两者是团结并整合社会的关键。而只有当不同的个人或群体不能充分理解他们彼此间的共同利益及相互依赖性的情况下,社会冲突才会发生。法律被视作是可以维持这种社会整合性的中立的架构。篇幅所限,笔者在此只能将这一理论范式进行简要的梳理与评述。其代表人物,在美国是法社会学的早期开创者庞德(Roscoe Pound)与帕森斯(Talcott Parsons)等,而在欧洲大陆则包括大名鼎鼎的哈贝马斯(Jurgen Habermas)等。

(一) 庞德与帕森斯的法社会学理论

庞德是美国的法社会学从萌芽走向兴盛的开创式人物,他提出的"社会学法理学"(Sociological Jurisprudence)概念影响甚巨。庞德对于法律功能的理解区别于"冲突范式""工具主义"的经验描述,他更倾向于从规范性的角度将法律视作是一种社会功能的理想型。他认为,在一个高度异质性(heterogenous)的社会中(比如在美国),法律最恰当的位置就是被理解为社会秩序与社会和谐的共同底线,并且在功能上法律要极力维护这一底线;法律是社会变革的一种形式,其目的正是获取和保障社会和谐;法律的目标应该是保障那些可以维持社会秩序的价值的实现;其首要任务是调控各方利益并维持社会和谐与社会整合;为达此目的,法律并不是把一个团体的意志强加给另外的团体,而是调控、修复与调节社会中不同主体间的利益冲突。同时,庞德还强调,法律的历史发展也表明:法律已经成为一种可以提供公共的善(common good)以及满足社会需求的路径。[29]

帕森斯是与庞德同时代的美国社会学巨擘,他深受韦伯的影响,是社会学"结构功能主义"理论的重要代表。他把人类社会划分为若干系统(系统论),如价值系统、政治系统、规范系统、司法系统等。他认为制度化是普遍价值合法化并获得权威的途径(系统交换),而在此过程中法律(主要指美国语境下的司法活动)的首要功能是维持整合性(integrity),并消除或减缓那些潜在的冲突因素。对于这个整合的过程,他论述道:"制度在社会系统中有整合功能。不过它们作为规范的模式,不是自动运转的——不应把它们归结为一种泛灵的魔术。

---

[28] 埃米尔·涂尔干:《社会分工论》,渠东译,生活·读书·新知三联书店2000年版,第11—186页。

[29] 参见倪正茂:"庞德的法律社会学思想",载《政治与法律》1994年第5期。

它们必须得到有关更一般合法准则的权威解释,以达到合法化。……在先进的社会里,法律过程与这些功能有特别的关系。"[30] 由此我们可以看出,在帕森斯的观念中,法律是界定和实施制度规范的机制,而司法通过具体地解释和应用制度规范,将合法性与政治机构的运行联结起来,以此来消弭社会冲突、实现整合。

以帕森斯和庞德为代表的美国早期法社会学家显然在思想上受到了欧洲学派的影响,尤其是以涂尔干、韦伯、埃尔利希(Eugen Ehrlich)、古尔维奇(Georges Gurvitch)等人为代表的早期法社会学理论。正是帕森斯和庞德等学者将这些欧陆法社会学的概念在"二战"后引入到美国。他们的主张带有一定的规范性(normativity),强调法律应当为某种社会功能的规范目标服务。这显然区别于"冲突范式"下的纯粹经验事实描述。两种法社会学范式在美国的对立,某种程度上也体现了社会科学在"二战"后北美学界的转折性发展。在帕森斯和庞德时代的美国社会科学界,一些宏大的理论关怀还比较流行,社会科学跟政治哲学之间的关系也没有那么泾渭分明。20世纪50年代以后,伴随着实用主义哲学的蔓延,以莫顿(Robert K. Merton)为代表的美国学者开始倡导"中程理论"(Middle-range Theory)的社会科学范式。他们认为社会科学并没有发展到物理学或者哲学的高度,不可能提出宏观的包容性理论去解释所有问题。社会科学首先要发展出能接受经验验证的具体假设,然后才可以形成综合的概念框架。[31] 在此之后的美国社会科学研究也逐渐向对具体问题的经验性解释过渡,而较少关注理想型的规范问题。因此,侧重经验描述的法社会学"冲突范式"也逐渐代替规范理想型的"共识范式"成为美国法社会学的主流路径。

(二)哈贝马斯的法律商谈理论

美国法社会学领域逐渐消失的规范理想型在欧洲却一直保持下来。尤其是在以哈贝马斯为代表的新一代批判学派的理论中表现尤为明显。哈贝马斯反对以霍克海默为代表的批判理论第一代过于注重经验而忽略规范的研究路径,进而发展出一套宏大的社会规范理论。带有一定理想主义色彩的法社会学"共识范式"就在他的法学思想中体现得淋漓尽致。哈贝马斯是一位与福柯具有同等量级影响力的大师,他们同为批判理论的代表人物[32],但是具体到法律思想上,两者的主张却大相径庭。福柯的权力关系话语理论把权力的不平等作为分析和构建法律关系的基础,强调作为意识形态的法律话语是权力的载体,

---

[30] 帕森斯:《现代社会的结构和过程》,梁向阳译,光明日报出版社1988年版,第155页。

[31] Robert K. Merton, *On Theoretical Sociology: Five Essays, Old and New*, The Free Press, 1967, pp. 46—48.

[32] 法兰克福学派第三代的核心学者霍奈特(Axel Honneth)把福柯与哈贝马斯的理论作为批判理论的不同发展阶段来看待。See Axel Honneth, *The Critique of Power: Reflective Stages in a Critical Social Theory*, Kenneth Baynes (trans.), MIT Press, 1993, pp. 99—303.

代表了权力关系在实践中的运行模态;而在哈贝马斯的规范性(normative)理论看来,人们话语交往中蕴含的理性才是构建法之正当性(legitimacy)的唯一源泉。前者强调法律在现实中的权力冲突功能,后者则更多地呼应了一种规范意义上的共识主义的法律范式。[33]

哈贝马斯在《在事实与规范之间》一书中首先批判了自然法与法社会学两种法学范式。他认为,一方面,由于现代社会科学的兴起,法律在传统社会中所具有的"自然正义"属性正在逐渐崩塌;但是另一方面,机械的社会学实证方法又由于缺乏价值的向度而不具备规范的感召力。他运用了"社会科学对于法律的祛魅"以及"理性法的回归和'应当'的软弱"这样的词汇来描述两种不同的法律范式所遇到的困境。同时他对帕森斯所论述的法律的整合功能也持正面的态度。[34] 在哈贝马斯看来,"具有合法的有效性的只是这样一些法律,他们在各自以法律形式构成的商谈性立法过程中是能够得到所有法律同伴的同意的。"[35]于是,他尝试以其"交往理性观"来重新建构一种法律范式。哈贝马斯深受 20 世纪思想界"语言转向"(The Linguistic Turn)的影响,并且对以韦伯的"工具理性"概念为代表的理性理论非常不满。他认为语言在社会秩序的构建过程中发挥着更为重要的作用。而除了工具理性的认知维度以外,在人类语言中还包含着另外一种以"彼此理解基础上达成共识"为取向的理性维度,他称之为"交往理性"。以交往理性为基础,他主张,现代社会的法律只有建立在协商民主而达成的理性共识的基础之上,才是具有正当性(legitimacy)的法律。哈贝马斯的这种法哲学观点通常被称为"法律商谈理论"。[36]

法律商谈理论主张以"理性商谈基础上的共识"作为法之正当性的基础,这种论断显然与法社会学的"共识范式"有着极大的关联性,甚至可以说为"共识

---

[33] 在一些政治哲学或者社会理论的教科书中,哈贝马斯有时是作为"共和主义"的代表人物出现的,而福柯的理论则往往被归类为"后现代解构主义",参见姚大志:《当代西方政治哲学》,北京大学出版社 2011 年版,第六章第一节、第八章第三节;杨善华、谢立中主编:《西方社会学理论》(下),北京大学出版社 2005 年版,第 56—84 页、第 232—278 页。

[34] 尤尔根·哈贝马斯:《在事实与规范之间:关于法律和民主法治国的商谈理论》,童世骏译,生活·读书·新知三联书店出版社 2003 年版,第二章。

[35] 同上注,第 141 页。

[36] 这一称谓来自于《在事实与规范之间》一书的英文副标题"A Discourse Theory of Law and Democracy",字面翻译为"关于法律与民主的话语理论"。其中 discourse 一词译自德语词根 Diskus,该术语在德文和英文中都有比较广泛的意思,包含话语、对话等多层含义。而该术语在该书的法文版中就被翻译为 Discussion,意为讨论和商谈,因为在此处哈贝马斯显然是在"商谈"和"讨论"的意义上使用 Discourse 或者 Diskus 的。因此,童世骏教授将该书的中文版副标题翻译为"关于法律与民主的商谈理论",这是一个非常恰当的翻译。在法学界,阿列克西(Alexy)首次以"法律商谈理论"(Theory of Legal Discourse)来标识哈贝马斯的这一理论,*See* Robert Alexy, "Jurgen Habermas's Theory of Legal Discourse" in Michel Rosenfeld & Andrew Arato (eds.), *Habermas on Law and Democracy: Critical Exchanges*, University of California Press, 1998, pp. 226—233.

范式"提供了哲学规范性的基础。同时人们也注意到,哈贝马斯是在一个比较理想的层面上提出自己的法哲学主张的,这是否意味着这种理论没法跟法律实践或者法社会学的研究相对接呢?答案当然是否定的。事实上,晚近以来非常多的政治、法律实证研究都与哈贝马斯的理论进行着对话。这些实证研究所针对的问题主要是:在法律商谈的过程中(主要是立法和司法的话语实践中),有多少哈贝马斯所主张的交往理性因素在发挥作用,又有多少非理性的因素阻碍着理想型共识的达成。这些实证研究既包括以参与式观察为方法的定性研究,也包括以稳定量表(index)为工具的定量研究。[37] 哈贝马斯本人也对自己的理论有着很强的实践性主张,他说:"只有当对法律的社会科学分析把外在把握和内在重构结合起来的时候,规范理论才不必以一种没有中介的方式,也就是通过公民公众集体的政治意识,而寻求同现实挂钩。"[38] 甚至在他本人的著作中也曾引用别人实证研究的例子来说明在法律话语实践中如何发掘和提升理性的因素——他举例道:"埃尔斯特对费城(1776)和巴黎(1789—1791)的制宪会议上进行的讨论进行了经验分析。在这种分析中,他的出发点是对'bargaining'(讨价还价)和'arguing'(论辩)之间所做的理论性区分";话语中arguing的比率越高,说明理性的程度越高。[39] 以上这些都说明哈贝马斯的理论对于以话语实践为核心的法社会学研究有着引领作用,尤其是在"共识范式"的法社会学研究方面,它的角色几乎是无法忽视的。

三、议论的法社会学:迈向冲突与共识相容的法律话语分析

通过以上的梳理和分析,我们至少可以得出以下两点阶段性结论和主张:第一,无论是法社会学的"冲突范式"还是"共识范式",其实质都是研究者对于法与社会关系的一种功能性解读或者主张。两者虽然在立场上截然相反,但在现实的法律实践中,往往是这两种功能属性兼具且交错并存。一定程度上,前者是对现实中部分法律实践功能的揭示,而后者是对法律的社会功能的规范性设定。作为以正义规范性研究为核心目标的法学学科,不能仅仅停留在对于社会法律现象"是什么""为什么"的事实研究层面,更需要走向"怎么办"的应然层面。于是,将这两种范式的视角衔接起来的问题意识就变得尤为突出。第二,"冲突范式"与"共识范式"的法社会学研究都可以聚焦于法律话语实践。因为

---

[37] 对于以哈贝马斯法律商谈理论为基础的法社会学实证研究的系统梳理,参见杨帆:"从商谈法哲学到协商民主实践——哈贝马斯法律商谈论的社会科学实证化研究",载《法哲学与法社会学论丛》第19卷,法律出版社2015年1月版。

[38] 尤尔根·哈贝马斯:《在事实与规范之间:关于法律和民主法治国的商谈理论》,同前注[34],第80页。

[39] 尤尔根·哈贝马斯:《在事实与规范之间:关于法律和民主法治国的商谈理论》,同前注[34],第421—422页。

无论是以社会法律现象为目标的经验研究,还是相对抽象的法哲学理论,都注意到了话语在承载法律功能方面的作用。话语既可能是冲突的载体(如福柯所揭示的),也可能是共识得以达成的媒介(如哈贝马斯所主张的)。因此,将法律话语实践作为法社会学研究的重要课题就成为拓展法社会学研究范式的应有之义。

事实上,在法社会学和法人类学领域,以话语实践为核心的研究近年来越来越受到重视。比如,菲什金(James Fishkin)[40]、桑斯坦(Cass Sunstein)[41]、苏尔金(Sulkin)[42]等学者以社会实验的方式来判断法律商谈中理性的实现程度;斯特内(Jürg Steiner)等人则根据哈贝马斯理想言谈情境的标准制定了相对稳定的量表,对议会立法的讨论进行了定量的话语分析。[43] 而康利与欧巴尔(Conley & O'Barr)等人则聚焦于法庭话语的微观语料,他们试图"从谈话者对话语策略的使用中、从谈话者对一般性原则和规律性特征的刻意遵守或违反中,去发现权力的运行轨迹"[44]。这些研究都给法社会学理论范式的进一步拓展带来极大的启发。

遗憾的是,在过往的法社会学研究中,包括聚焦于法律话语的实证研究中,"冲突范式"与"共识范式"下的研究几乎是各自为政,更少有相互整合的努力。由此,一个重要的问题就出现了:既然"共识"与"冲突"两种法律的功能属性在现实中是并存的,在价值上也有接续的必要,那么是否有可能出现一种新的法社会学范式,既立足于法律话语实践,又能整合这两种范式的视角呢?在笔者看来,"议论的法社会学"的重要价值显然就在于此——它整合了前述福柯与哈贝马斯两种不同的法律话语理论,也即整合了法社会学的"冲突范式"与"共识范式",并在一定程度上克服了前两种理论范式各自的缺陷,非常值得学界重视。我们将从以下几个方面对"议论的法社会学"的含义与外延进行概要说明。

---

[40] See James S. Fishkin, *The Voice of the People*, Yale University Press, 1997; James S. Fishkin & Peter Laslett, "Introduction to the Special Issue: Debating Deliberative Democracy," 10 *Journal of Political Philosophy* 125 (2002).

[41] See Cass R. Sunstein, *Republic.com*, Princeton University Press, 2002; Cass R. Sunstein, *Infotopia: How Many Minds Produce Knowledge*, Oxford University Press, 2008.

[42] See Tracy Sulkin & Adam F. Simon, "Habermas in the Lab: A Study of Deliberation in an Experimental Setting", 22 *Political Psychology* 809 (2001).

[43] See Jürg Steiner, André Bächtiger, Markus Spörndli & Marco R. Steenbergen, *Deliberative Politics in Action: Analyzing Parliamentary Discourse*, Cambridge University Press, 2004.

[44] 程朝阳:"法律权力运动的语言面相——《法律、语言与权力》导读",载约翰·康利、威廉·欧巴尔:《法律、语言与权力》(第二版),程朝阳译,法律出版社2007年版,第14页。近年来,在权力视角下对法律话语进行实证分析的研究逐渐增多,中文学界的研究成果主要包括:施光:《中国法庭审判话语的批评性分析》,科学出版社2014年版;吕万英:《法庭话语权力分析》,中国社会科学出版社2011年版;杨敏:《法律语篇权力意志研究》,中国人民大学出版社2007年版等。

（一）议论的法社会学立足于"法律的本质是话语实践"这一核心命题

受 20 世纪遍布人文社科各领域的"语言转向"的影响，几乎人文社会科学领域所有的学科都倾向于从语言的逻辑或实践中去寻找自己的本源，法学自然也不例外。20 世纪早期，在前期维特根斯坦的影响下，哈特（H. L. A. Hart）等人发起了"法学的语义学转向"，创立了"新分析法学"，侧重于从逻辑的角度对法律概念进行分析和解释；80 年代以后，随着后期维特根斯坦的日常语言哲学、哈贝马斯理性商谈论、福柯的权力话语理论等理论的兴起，法学研究又一定程度上发生了"语用学转向"，关注于日常生活中作为话语实践的法律。比如美国法社会学中的"安赫斯特学派"就把研究重心放在"日常生活中的法律"（law in everyday life）上，通过研究非正式的纠纷解决方式（ADR）、律师与民众沟通中所使用的语言等现象，来发掘日常法律实践所承载的意识形态、权力关系以及系统沟通等意义。以上这些研究范式在 20 世纪的法学研究中不断占据重要地位，有学者甚至由此断言"法学其实不过是一门法律语言学""语言是法律之所以存在的载体"等。[45] 而"议论的法社会学"主张："实践中的法律主要表现为话语，主要通过立论和相应的议论来达成合意或共识的沟通活动，来呈现出一定的过程和结构并具有制度的前提条件。"[46]这实际上是直接呼应了 20 世纪以来的法学的语言转向，具有本质意义。

（二）议论的法社会学发端于对各种法律范式的批判

季卫东教授认为，对于法律的不确定性有两种应对的模式——法教义学的和社科法学的。一方面，法教义学"把规则逐一嵌入正当化连锁结构之中的推理体系"，以"环环相扣的法律之网"来框定政治与社会实践。法教义学强调二分与精确，但即便如此，实证法的有限在面对政治社会的无限复杂时，也时常显得捉襟见肘，似乎存在永恒的"阴影地带"。现实主义法学以及批判法学正是在法教义学的这一截面上展开了批判之旅。另一方面，社科法学则"试图以事实验证的确定性来弥补规范的不确定性"。但是，科学主义的路径却一直无法与社会政治的实践完整对应；"社会物理学"只是一种理想化的设想，它无法完全代替经验法则在法律推理中的地位，更无法给出足够的价值判断。[47]

以上批判其实与哈贝马斯在提出法律商谈理论时对既有法律范式的批判有异曲同工之妙。哈贝马斯所批判的是作为政治哲学的"自然法"与科学主义的法社会学两种范式。他也认为法律没法回避价值判断的问题，只是在现代社

---

[45] 参见廖美珍："主编的话"，载约翰·康利、威廉·欧巴尔：《法律、语言与权力》（第二版），程朝阳译，法律出版社 2007 年版，第 5—6 页；舒国滢："战后德国法哲学的发展路向"，载《比较法研究》1995 年第 4 期。

[46] 季卫东："法律议论的社会科学研究新范式"，同前注〔8〕。

[47] 同上注。

会法律所具有的自然正义属性越来越多地受到世俗化的挑战，要重新找到这种"应当"属性就必须回到语言的交往实践中去。在笔者看来，法社会学作为一种法学范式的应有之义应该是不断游走于"自然法"与"实证法"之间，不单是对二者之间的差异给出解释，更应该在弥合这一差异上扮演重要的角色。但如前文所述，社会学这一学科在美国逐渐壮大和发展之后，经历了显著的"实用主义转向"。其规范性的一面（如马克思、涂尔干、韦伯时代的社会学所表现出的那样）在帕森斯和庞德时代还很明显，但在经历了"中程理论"的洗礼之后，已经越来越微弱。如今的美国社会学更多的是对社会现象提出"是什么"和"为什么"的解释，而很难给出"怎么办"的回答。这也使得现代法社会学无法在提供价值规范性的层面有所作为。这是哈贝马斯的法律商谈理论试图去修补的，同时也是"议论的法社会学"的重要出发点。事实上，季卫东教授在谈到两者关系时也曾做过这样的说明："哈贝马斯在价值与事实之间的商谈理论与'议论的法社会学'的宗旨非常接近，只是前者更侧重社会的理性—德性沟通过程，后者更强调法律的内部—外部沟通过程而已。"[48]

（三）议论的法社会学承认权力冲突的现实状态，并导向法律共识的规范状态

对于"议论的法社会学"以何种现状为出发点的问题，季卫东教授也提到了"权力博弈"这样一个概念，因为"社会结构来自话语；话语里面也隐藏权力，至少是关于权力的预期"。[49] 正如前述福柯以及"冲突范式"法社会学实证研究所揭示的那样，现实中的法律实践（尤其是法律话语实践），总是表现为一种竞争性的权力关系：立法是不同利益主体间的话语权争夺战；司法行为也同样体现为一种语言竞合的过程。权力的宰制看似无处不在。批判法学往往以此为着眼点，试图揭示法律规范与法律实践背后的权力关系。但是仅仅做到这一步是不够的，这样的法社会学没法深入到规范内部进行价值分析。如前所述，在承认现实中的法律冲突状态的情况下，法学研究还应该以导向一种共识的规范状态为目标。因此，在批判法学、法律现实主义等范式驻足的地方，"议论的法社会学"找到了可以开拓的空间。

如何消弭法律话语实践中的权力对抗关系，也即消灭法律的不确定状态，进而导向可供各方接受的确定性共识？"议论的法社会学"注意到了"抗辩清单"在法律沟通过程中的重要性。借用哈特的理论工具，季卫东教授主张语言博弈（或者说语言游戏）是法律实践的本质，法律规范的确定性只能是话语技术不断竞赛的结果。撤销共识的理由被称为"抗辩清单"。"在不断反驳和论证的

---

[48] 季卫东："法律议论的社会科学研究新范式"，同前注[8]。
[49] 同上注。

话语技术竞争过程中,解决方案的多样性会逐步淘汰减少,直到最后找出一个大家都承认或者接受的正解。"[50]所以,如果一个立论"经得起辩驳和反证的检验",我们就认为它经受住了抗辩清单的考验,就可以"存续于议论的过程—结构"而获得暂时的确定性。由此,论辩过程,尤其是论辩理由的运用过程、共识的达成过程,都将成为"议论的法社会学"重点关注的对象。

这种主张与哈贝马斯的法律商谈理论也存在极大的相关性。在哈贝马斯看来,商谈共识并不是一成不变的、具有正当性(legitimacy)的共识,它必须接受新的商谈程序的检验。但是正是这样一种可以说是暂时性的商谈共识,其所提供的确定性依然是正当性的不二源泉。可以看出,二者都高度重视法律沟通程序的重要性,甚至强调程序先于实体的价值判断。哈贝马斯的法律商谈理论一定程度上又被称为"程序主义法律范式"(The Proceduralist Paradigm of Law)[51],而"议论的法社会学"也是立足于法律程序论的视角[52],二者在此处形成了高度的默契。那么,法律商谈理论与"议论的法社会学"的主张在此处有什么不同?在笔者看来,其不同之处主要体现在对前提的认识上。"议论的法社会学"从权力博弈的现状出发,寻求以抗辩清单为核心的沟通共识;而法律商谈理论对于权力关系存在与否的表态一直较为含混和暧昧,仅是不断强调人类话语中所共享的理性能力是达成共识的基础。所以从这个角度讲,议论的法社会学较之法律商谈理论在功能上更显包容。

(四)议论的法社会学强调把话语分析作为法社会学的重要研究方法

法律议论使得规范的产生与适用变得可视化了,进而为话语分析科学方法的引入创造了基础。季卫东教授主张在"议论的法社会学"范式下,研究方法应该聚焦于"从哈贝马斯沟通行为学说—肯尼迪象征符号学说的社会视角与麦考密克市民议论学说—阿列克西法律论证学说的法律视角所看到的话语分析法。"[53]事实上,在当今世界的法学研究中,尤其是在法社会学与法人类学领域,话语分析(Discourse Analysis)已经是应用极广的实证方法。前面提到的美国法社会学中的"安斯赫特学派",以及从不同角度对于立法和司法实践中的法律语言行为进行分析的各种研究实例,都为"议论的法社会学"开展话语分析研究奠定了非常深厚的基础。

鉴于实践中法律话语的复杂性和多元性,未来的研究方法一定是向综合的方向发展。与以往的研究不同,我们主张,在"议论的法社会学"框架下话语分

---

[50] 季卫东:"法律议论的社会科学研究新范式",同前注[8]。

[51] 尤尔根·哈贝马斯:《在事实与规范之间:关于法律和民主法治国的商谈理论》,同前注[34],第529—549页。

[52] 季卫东:"法律程序的意义——对中国法制建设的另一种思考",载《中国社会科学》1993年第1期。

[53] 季卫东:"法律议论的社会科学研究新范式",同前注[8]。

析更应该秉持一种开放和全面的视角——既包括语用学视角的话语分析,也可以适当考虑语义学视角的逻辑分析,把分析法学的核心方法包含在内;既包括冲突视角下的权力关系分析,也要包含共识模式下的"理性程度"分析,把两种功能主义的视角统合到价值分析的进路中去。这种问题意识也得到了最新研究成果的确认。2012年6月在波兰华沙举行的关于Deliberation(商谈、审议)的重要国际学术会议上,包括菲什金在内的多名知名学者的研究都提到了综合性视角的必要性。[54]

具体到话语分析的方法,福柯式的宏观话语分析(Foucaultian Discourse Analysis)、微观话语分析(Microdiscourse Analysis)、批判性话语分析、话语质量分析(Discourse Quality Index)等都是非常值得重视和借鉴的成熟方法。而在分析过程中,更需借鉴社会语言学的成果来完善其方法。例如语言学家谢尔顿(Sheldon)和约翰森(Johnson)在对儿童语言学的研究过程中提出了"单声话语"(single-voice discourse)与"双声话语"(double-voice discourse)的概念。[55]前者主要是直接、对抗的言语行为,以控制为导向,话语行为者只顾自己的目标实现,而很少顾及对相对方的影响,这类似于哈贝马斯所说的"独白模式"(Monologue Model);而后者则更多地以寻求谈话双方的共识为目标,是以团结为导向的,类似于哈贝马斯所说的"对话模式"(Dialogue Model)。类似的语言学工具对于法律话语分析方法都有非常重要的启发意义。

(五)议论的法社会学在中国法律文化土壤中的特殊意义

相对于法社会学产生和发展的西方土壤,中国传统的儒家法律文化有一定的特殊性,尤其表现在强调和谐、轻纷争、注重通过调解商议解决问题等方面。由此,在中国语境下强调"议论的法社会学"作为法学研究的重要方法也有其独特价值。

孔子曾说:"听讼,吾犹人也,必也使无讼乎?"[56]儒家思想的这种"厌讼"特性使得正规的、制度化的诉讼程序一直受到排挤,而一些非制度化的、以儒家价值为标准的民间政治商议与法律调解,则成为主要的纠纷解决形式。比如在实践中,从元朝开始,地方政府就习惯在各地乡间设立村社。由村长、社长主持调解民间的纠纷。明初开始设立"申明亭",由德高望重的乡间长老主持,可以调解纠纷,甚至可以对有过错者施以刑罚。传统中国社会中,大多民间纠纷都要

---

[54] See Stephen Coleman, Anna Przybylska & Yves Sintomer (eds.), *Deliberation and Democracy: Innovative Processes and Institutions*, Peter Lang, 2015, pp.7—20, 99—108.

[55] Amy Sheldon & Diane Johnson, "Preschool negotiators: Gender differences in double-voice discourse as a conflict talk style in early childhood", in J. Cheshire, & P. Trudgill (Eds.), *The Sociolinguistics Reader* Vol. 2 (1998), pp. 76—99.

[56] 见《论语·颜渊》。

先经过本宗族内部的"公议"之后才可以进入官方的纠纷解决程序。[57] 这种法律文化的影响一直持续至今,使得今天中国很多的法律问题与纠纷都是通过非正式的协商、议论与调解来完成的。[58] 于是,聚焦于话语协商过程的"议论的法社会学"在这种法律文化土壤中就有了非常广阔的应用空间。它不但可以研究正式的立法、司法议论过程,也可以对法律的日常话语实践保持高度的敏感性。比如"非正式法律调解"就可以作为其重要的研究拓展领域。

另外,中国传统法律文化强调统合、协调,而不是非此即彼的二元对立视角。"议论的法社会学"理论一定程度上打破了"冲突范式"/"共识范式"的二元对立结构,将二者纳入到和谐统一的法律议论过程之中。这种理论范式一方面积极回应了国际主流法学方法论的发展趋势,另一方面又立足于中国法律文化的特殊语境,对建立中国特色的法学研究方法论体系,进而逐步完善社会主义法治体系和全面推进司法改革,都具有非常正面的意义。

结语

从法社会学领域通行的两种理论范式——"冲突范式"与"共识范式"——出发,我们逐渐形成了综合视角的问题意识:如何在法学研究中平衡并衔接这两种功能主义进路,同时还可以使法社会学深入到规范的内部去进行价值含义的实证分析,并对不同于西方的中国法律文化与实践有所回应?"议论的法社会学"为我们开辟了值得期待的研究视域。在这一范式下,冲突与共识被纳入到话语商谈的程序之中,法律话语实践成为重要的研究对象,程序问题再一次凸显,话语分析方法也成为重要的工具,中国传统法律文化对统合协调、商谈调解的重视也得到了充分体现。本文主要是对这一理论范式发展过程的进一步梳理和阐释。季卫东教授倡议"议论的法社会学",并期待在此基础上"形成一个在规范和价值含义领域长驱直入、具有中国风格的法社会学新流派"[59]。结合笔者以上的论述,我们认为,这一学派无论是被冠以何种名称——"程序本位""议论法学"或者"话语法理学"等,都将在中国法学研究中扮演鲜明而重要的角色。

(初审编辑 刘思艺)

---

[57] 郭建:《獬豸的投影:中国的法文化》,上海三联书店2006年版,第211页。
[58] 关于调解在中国法治生活中的地位,详细论述参见强世功主编:《调解、法制与现代性:中国调解制度研究》导言部分,中国法制出版社2001年版,第1—19页。
[59] 季卫东:"法律议论的社会科学研究新范式",同前注[8]。

社会法范畴的界定

——从历史研究和词义分析的视角

刘冬梅[*]

Definition of Social Law's Category:
The Perspective of Historical Research and Semantic Analysis

Liu Dongmei

内容摘要:"社会法"概念产生于19世纪的德国,是指对市场经济弊端起制约作用的社会政策机制的法律化表现。这个概念在德国经历了从"第三法域"到"法律部门"的长期讨论,最终落实在"社会福利法",也即我们所称的社会保障法。在受德国法影响较深的东亚地区,"社会法"也是一个普遍使用的概念,但对其存在多种理解。伴随着市场经济制度的引入,中国的"社会法"讨论也开始了,且亦有逐渐缩小范畴的迹象。分析"社会法"在德语中的原始含义,并与我国的概念演变过程进行比较,有助于澄清当前的一些错误理解,少走学术弯路。

关键词:社会法 法律范畴 历史研究 词义分析

---

[*] 德国慕尼黑大学法学博士,中南大学法学院副教授,德国马普社会法与社会政策研究所客座研究员,研究领域为社会法与社会政策。

随着与市场经济制度相配合的社会政策在中国的出现与逐步法律化,"社会法"这个源自德国的法律概念被中国法学界越来越频繁地采用。自21世纪初以来,"社会法的范畴"成为法学界讨论的一个热点问题,且并未因官方将社会法界定为"调整劳动关系、社会保障、社会福利和特殊群体权益保障等方面的法律"[1]而就此息分止争。较早开始社会法研究,持"广义社会法"观点的董保华,近年仍在发文与持较狭义社会法观点的学者们"商榷"。[2] 回顾十几年来国内法学界对社会法范畴的讨论可以发现,虽然观点迄今尚未统一,但是有从"广义"向"中义"和"狭义"靠拢的趋势。把中国社会法概念的演变与德国社会法概念发展史进行比较,也会发现二者虽然产生的背景不同,但在认识过程上是有一定相似之处的。那么,中国的社会法概念有无可能像在德国一样,最终落实在"社会福利法"或"社会保障法"这种实体法概念上呢?本文尝试以历史研究和词义分析的视角切入到这一问题的讨论中。

一、社会法概念在中国的使用

"社会法"概念在中国的最早使用,目前能够确认的是1993年社科院发表的论文"建立社会主义市场经济法律体系的理论思考和对策建议"。[3] 其主要观点是:社会主义市场经济法律体系主要由民商法、经济法和社会法构成。"社会法"是调整因维护劳动权利、救助待业者而产生的各种社会关系的法律规范的总称,包括劳动法、社会保障法等,法律性质介于公法与私法之间。之后,社科院的这一观点被国家立法机构采纳,"社会法"被界定为我国社会主义法律体系"七大法律部门"中的一个部门。[4] 然而学术界并未自此就遵循这一界定,而是发展出了各种各样的观点。

(一)"广义社会法""中义社会法"与"狭义社会法"之争

1. "广义社会法"说

21世纪初,董保华在"社会法——对第三法域的探索"[5]等一系列文章中,把社会法定义为以社会本位为特征的,由于"私人利益受到普遍的公共利益的限制而形成社会利益"而出现的兼具公法、私法特征的第三法域,是国家为保

---

[1] 国务院新闻办公室:《中国特色社会主义法律体系》白皮书,2011年10月发布。
[2] 详见董保华:"'广义社会法'与'中义社会法'——兼与郑尚元、谢增毅先生商榷",载《东方法学》2013年第3期;董保华:"社会法研究中的法律部门与'法律理念'的关系——兼与冯彦君先生商榷",载《法学》2014年第2期。
[3] 中国社会科学院法学所课题组:"建立社会主义市场经济法律体系的理论思考和对策建议",载《法学研究》1993年第6期。
[4] 同上注。
[5] 详见董保华、郑少华:"社会法——对第三法域的探索",载《华东政法学院学报》1999年第1期;董保华:"试析社会法的调整模式——对第三法域的探索",载《西南政法大学学报》2000年第1期。

障社会福利和国民经济正常发展,通过加强对社会生活的干预而产生的一种立法。按照他的定义,劳动法、环境保护法、社会保险法、消费者权益保护法、反垄断法、反倾销法、公用事业法、教育法、中小企业振兴法、妇女权益保障法、未成年人保护法、老年人权益保障法等都属于社会法的组成部分。但是他也承认,公法、私法的互相渗透是否会导致一个公法、私法传统二元划分之外的"第三法域",学术界的认识并不统一。

实际上,在讨论的初期,把社会法等同于"第三法域"的观点是较为普遍的。如王全兴、管斌2003年在"经济法与社会法关系初探"一文中,把社会法定义为"伴随着国家力图通过干预私人经济以解决市场化和工业化所带来的社会问题,应对经济、社会和生态可持续发展的需求,而在私法公法化和公法私法化进程中产生和发展起来的第三法域"。[6] 他们认为社会法的发展过程经历了工厂法、社会保障法、经济法和环境法四个阶段,对社会法持广义的理解。在研究了各国法学界对社会法的界定后,他们也并未局限于广义的"第三法域说",而是提出了"广义社会法""中义社会法"和"狭义社会法"的划分,其中广义社会法指的即是"第三法域",包括劳动法、社会保障法、卫生法、住宅法、农业法等,狭义社会法指劳动法和社会保障法,中义社会法则包括劳动法、社会保障法和经济法。此后,王全兴又进一步把社会法概念归纳为几个层次:(1)作为独立法律部门的社会法,即劳动法和社会保障法,或是其中之一;(2)作为法律群体的社会法,即"第三法域"中除经济法之外的其他法律部门;(3)作为法域的社会法,即整个"第三法域";(4)作为法律观念的社会法,即法律的社会化现象。他仍然持广义社会法的观点,认为社会法的研究范围宜宽不宜窄,至少应当以作为法律群体的社会法为研究对象,还有必要扩及"第三法域",甚至可以将公法和私法中的法律社会化现象也纳入进来。[7]

2. "中义社会法"说

在这一时期,也有学者虽然承认"第三法域"的存在,但对社会法持较为中义的"法律部门"观点,如林嘉2002年在"论社会保障法的社会法本质"一文中,把"广义社会法"界定为为了解决社会性问题而制定的各种有关社会法规的总称,"狭义社会法"则专指社会保障法。她认为前一种定义过于宽泛,后一种过于狭窄,应该将社会法定位于中义概念,即劳动法和社会保障法。[8] 也即是说,林嘉当时的"中义社会法"观点与王全兴的"狭义社会法"观点基本一致。但是在2007年"社会法在构建和谐社会中的使命"一文中,林嘉又把"狭义社会

---

[6] 王全兴、管斌:"经济法与社会法关系初探",载《现代法学》2003年第2期。
[7] 王全兴:"社会法学研究应当吸取经济法学研究的教训",载《浙江学刊》2004年第1期。
[8] 林嘉:"论社会保障法的社会法本质——兼论劳动法与社会保障法的关系",载《法学家》2002年第1期。

法"定义为包括劳动法和社会保障法。这说明,对于何为"中义"和"狭义"社会法,不同学者有不同的界定方式,即使是同一学者的观点,也有可能随着时间产生改变。本文把"社会法包括劳动法与社会保障法"的观点统一划入"中义社会法"之说。

"中义说"之下的社会法范畴与官方的法律体系划分一致,持"中义社会法"观点的学者呈增加的趋势,他们对于"广义社会法"亦即"第三法域社会法"观点的质疑也在增强。如冯彦君2013年在"中国特色社会主义社会法学理论研究"一文中批评"法域社会法说""扰乱了法律部门的传统法学体系认知框架和基本法学共识,使社会法成为一个极具弹性的'菜篮子'……社会法应有的确定性、相对独立性难于实现,早期经济法学研究上贪多求全的教训难免会在社会法学研究中重演"。[9]

3. "狭义社会法"说

2003年,郑尚元在"社会法的定位与未来"一文中,将自己对社会法的理解称为"中义社会法"。他认为社会法包括社会保障法、弱势群体保护法、公益事业法和教育权利保护法,劳动法则被排除在外。[10] 他所定义的"狭义社会法"则仅指社会保障法。这种界定方式,与他将社会保障法狭义地理解为原始的"社会安全法"有关,但实际上,1935年产生于美国经济萧条时期的"社会安全"(social security)概念经过各国与国际组织的不断扩展,已经不仅是指针对特定"社会风险"的措施,而是加入了许多促进社会福利的内容。在中国,"社会安全法"的另一种更普遍使用的译法为"社会保障法",其范畴也已远远超过原始的"社会安全法",弱势群体保护法和教育权保护法等内容皆可划归于社会保障法之中。因此,与其他学者的观点相较,郑尚元其实持的是一种"狭义社会法"观点,即"社会法为社会保障法"的另一种说法。

郑尚元也认为社会法是具有公、私法融合属性的法律,但是与持"中义社会法"说的学者观点一致,他也不赞成把社会法理解为法律理念。他认为,公法、私法融合的结果是公法与私法之外的"第三法域",而不是"社会法","第三法域"并不能等同于"社会法"。以国家或社会为本位、以公共利益为保护对象的法律可谓繁多,但是不同质的领域根本不能探讨广义与狭义问题。把社会法界定于公法、私法之间的几乎所有法律,极易造成理论与制度研究两张皮的现象,形成学术空转。因此,他坚持社会法应被定性为实在法,也即是一个独立的法律门类。[11]

---

[9] 冯彦君:"中国特色社会主义社会法学理论研究",载《当代法学》2013年第3期。

[10] 郑尚元:"社会法的定位与未来",载《中国法学》2003年第5期;郑尚元:"社会法的存在与社会法理论探索",载《法律科学》2003年第3期。

[11] 同上注。

（二）对"第三法域"的批判

以上三种观点的基础都是承认公法与私法之外的"第三法域"的存在,区别在于是认为社会法就是"第三法域"的代名词,还是社会法属于"第三法域"。谢增毅在对各国社会法概念进行比较后,对"第三法域"的观点提出了质疑。他认为,公法私法化或私法公法化是现代法律的普遍现象,只不过有些法律的公法性质更强烈一些,有些的私法性质更强烈。且几乎所有的法律都将社会利益作为立法价值,公法和私法都在一定程度上"社会法"化了。他的观点实际上是借鉴了德国法学界当今的主流观点。他亦举了德国劳动法为例:劳动法是典型的既有公法性规定又有私法性规定的法律领域,但是德国法学界并未把劳动法作为公、私法融合的"第三法域",而是把劳动法的内容进行划分,劳动合同法与集体合同法归于私法,劳动保护法与职工民主参与法归于公法。他认为,划分所谓的"第三法域",既没有必要也不可能。如果把社会法作为"第三法域",则社会法只能沦为一种法律理念,而无法构建自身的范畴和体系,最终将危及社会法自身的存在。

因此,谢增毅对我国立法机关将社会法定位为"规范劳动关系、社会保障、社会福利和特殊群体权益保障"的法律部门持肯定态度。他认为,传统法律部门对社会生活的关注远远不够,公民社会权利的实现需要新的法律部门加以保护。社会法作为保护弱势群体生存权和发展权的法律,应该以社会权作为其核心概念,以社会权的范畴构造社会法的体系,将涉及公民教育权、健康权等的法律纳入社会法的范围之中。[12]

（三）比较法视角

以上各种观点主要集中于社会法究竟是一种法律观念,还是一个法域,抑或是一个法律部门的辨析上。学者们对社会法概念的界定,多借鉴自大陆法系国家和日本、我国台湾地区的学说,在阐述自己观点的同时,也对各国社会法概念的使用进行了比较。其中以竺效的介绍较为详细。[13] 他考察了德、法、日、英、美等国社会法概念的使用情况后,指出英美国家并没有"social law"的用法,与"社会法"相关的法律多称为"social security law"或"welfare law",内容主要包括社会保险和社会救济。对社会法概念持多种理解方式的主要是日本学术界,有"作为部门法及法域的社会法""作为保护社会集团型的社会人的社会法"和"作为对民法的修正的社会法"等观点,但近年来已转向对具体法律领域如劳动法和社会保障法的关注。法国的社会法概念相对狭窄,最初指的是劳

---

[12] 谢增毅:"社会法的概念、本质和定位:域外经验与本土资源",载《学习与探索》2006年第9期。

[13] 竺效:"'社会法'概念考析——兼议我国学术界关于社会法语词之使用",载《法律适用》2004年第3期。

动法和雇佣劳动者社会保险法,随着社会保险逐渐扩张,目前主要包括劳动法和社会保障法。而在"社会法"和"第三法域"概念的发源地德国,社会法已由最初的"第三法域"缩小到基本等同于"社会保障法"或"社会福利法"。

(四) 本国制度渊源

由上可见,不仅各国对社会法的理解颇有不同,处于不同发展时期的社会法概念的内涵也在变化,最终皆倾向于由抽象的法律理念落实为实在法。最早"发明"社会法概念的德国,其概念已经狭义化,与"社会保障法"或"社会福利法"基本等同。我国学术界目前对社会法的讨论,接近于若干年前的日本及更早之前的德国学术争论的情形;立法机构的法律部门划分,则貌似与法国当前的社会法概念近似。这说明中国社会法研究总体上深受大陆法国家的影响,然而理论的来源是纷杂不一的。同时不容忽视的是,在法律概念的移植过程中,不少人对西方语境不加辨析地通盘接受,而缺乏对本国制度背景和制度渊源的重视。

事实上,我国社会主义性质的劳动制度和社会保障制度在计划经济时期曾是一个统一的整体,它们之间的紧密联系迄今仍然体现在现行《宪法》第 42 条至第 45 条的逻辑中:公民的劳动权、劳动者的休息权和获得物质帮助权的递进关系。这些"社会权利"条款是对苏联社会主义宪法的直接继受,自 1954 年《宪法》起,虽历经修改,从未改变其基本内容与顺序。这也从宪法角度印证了德国社会法学家察赫对"市场经济型制度"和"计划经济型制度"中社会保障不同形态的描述[14]:社会保障制度主要是针对"市场经济型制度"天然存在的不平等弊端的"外化"的制约与修正机制。而在"计划经济型制度"中,由于国家整体地规范与管理经济和生活领域,因此可以形成"经济政策和社会政策的统一",也即是可以通过"内化"的方式解决社会风险问题,在这种情形下,劳动制度和社会保障制度形成一个统一体,"劳动的权利"("就业权")成为国家首先要实现的对公民的重要政治承诺,公民通过就业保障获得满足自己和家庭成员生活需求的收入,而社会保障是在某些导致就业权不能充分实现的状况出现时由国家提供的物质帮助措施。

我国市场经济时期的劳动制度和社会保障制度是由计划经济时期的整体性制度转化和分离而成的。随着劳动力市场的出现和发展,劳动法中开始注入私法性规范(劳动合同法)并越来越强调其私法属性(也即所谓的"公法私法化"),但迄今仍然保持着较强的劳动行政法色彩。1994 年制定的《劳动法》遵循了《宪法》基本权利规定的顺序,以就业促进—劳动合同—劳动基准—劳动保护—社会保险为顺序安排分则的章节。与从属性劳动密切相关,但实际已超出

---

[14] 察赫:《福利社会的欧洲设计》,北京大学出版社 2014 年版,第 101—103 页。

"劳动者权利"的就业促进和社会保险也规定了进来。因此,立法者将劳动法和社会保障法共同划入"社会法"这一法律部门,主要是本国法律传统在新历史时期的延续和发展,就如"社会主义计划经济"向"社会主义市场经济"的转变并非历史的遽然转折,而是制度的与时俱进式修正一样。这与西方劳动法中因公法性质的劳动保护法和职工民主参与法的加入而产生的"私法公法化"现象在进路上完全不同。

但是,立法者选择用"社会法"一词来定义这个因市场经济制度的建立而在性质和形式上都出现新要素的法律领域,又确是受到西方影响,是对某些大陆法国家法律语言的直接译用。这个原产于德国的概念,在"东渐"的过程中,既对接受国认识与理解"社会法"领域产生了深刻影响,也因翻译的难以精确及其他原因,不可避免地出现了某种程度的歪曲与误读。因此,有必要追溯这个概念在德国的产生与演变历史,认清其确切含义,并与我国的情形进行比较,把握其发展趋势。

二、"社会法"概念的历史与构词研究

(一)"社会法"概念的出现及演变

1. "社会法"概念的提出

德语中的"sozial"一词来自于拉丁语"socialis",最初含义是指"社会状况"。[15]它在法语和英语中的形式是"social"。这个词自 18 世纪中期进入德语,在德语中获得了更为广泛的运用,其含义也越来越丰富。1870 年,德国法学家 Hermann Roesler 曾在《社会的法与私法》(Sociales Recht und Privatrecht)一书中感叹道:"social 这个词现在是如此流行,被使用在了如此之多的关联之上……"[16]他自己也因受当时新历史学派的社会政策(Sozialpolitik)学说[17]影响,构造出了"sociales Recht"一词。

"社会政策"(Sozialpolitik)一词最早可以追溯到黑格尔市民社会理论中对国家与市民社会的区分。19 世纪下半叶,德国新历史学派经济学家们针对资本主义工业化过程中普遍出现的"社会问题"(soziale Frage),在劳动保护、劳资斗争、税收与财政政策等方面进行了深入讨论。新历史学派继承历史学派的国家经济学理论,认为德国的社会改良应由国家主导进行,而"社会政策"是国家进行社会管理的重要手段。1872 年,新历史学派正式成立"社会政策学会",对

---

[15] Franz-Xaver Kaufmann, *Sozialpolitisches Denken—Die deutsche Tradition*, Frankfurt am Main: Suhrkamp Verlag, 2003, S. 14ff.

[16] Hermann Roesler, *Sociales Recht und Privatrecht*, in: Berliner Revue 1870, S. 9., vgl. Felix Schmid, *Sozialrecht und Recht der sozialen Sicherheit*, S. 68.

[17] Detlev Zöllner, *Landesbericht Deutschland*, in: Köhler/Zacher (Hrsg.), *Ein Jahrhundert Sozialversicherung*, Berlin: Duncker & Humblot, 1981, S. 61ff.

该领域的国家政策形成和学术研究都产生了深刻影响。[18]

作为法学家的 Roesler 也认为,为了体现并规范经济生活和市民社会的发展,有必要创制新的法律形式,建议在传统的公法与私法部门之外,设立"行政管理法"(Verwaltungsrecht),而"社会"行政管理法(soziales Verwaltungsrecht)——亦称为"社会法"(soziales Recht)——应是其中的重要组成部分,用来"解决社会中的法律发展问题,化解社会阶层中的矛盾与冲突"。[19] Roesler 把"社会法"解释为"关于社会自由的规范"[20],根据他的定义,这类规范兼具公法和私法的特征,其范围十分广泛,包括人身法、物权法、职业法等,一些既有的法律如征用法、水法和保险法被完全划入"社会法",还有一些法律领域则被认为既属于私法也属于"社会法",如家庭法和财产法等。[21]

同时期的德国法学家 Otto von Gierke 也提出了一个相似的"社会法"(Sozialrecht)概念。但 Gierke 创制这个概念并非是因为受到 Roesler 的启发,入手点也与 Roesler 并不相同。他是在对德国合作社法(Genossenschaftsrecht)的研究中,认为合作社法具有的是一种与对公法和私法的传统理解皆不完全一致的形式,因此设计了一个介于公法与私法之间的"社会法"领域,定义为"将作为个体的人类意志载体之间的关系作为公共事务加以规范的法律"[22],如家庭法、社团法、教会法、社区法等。

Roesler 和 Gierke 几乎同时提出"社会法"概念,反映出德国法学界对当时的社会结构变化和因此出现的"社会问题"也进行了思考,并试图以法律形式和内容上的创新对社会整合发挥作用。但是 Roesler 和 Gierke 的"社会法"概念并未获得法学界的普遍认可。[23] 大多数学者仍认为,法律本身就是一种社会现象,以是否具有"社会"性来进行区分,实际上并无法界定法律领域的边界;传统的公法、私法的划分方式,也并未因社会结构的变化而失去其适用性。

然而,通过立法解决当时最为突出的"社会问题"——"劳工问题",也的确

---

[18] Fn.[15].

[19] Hermann Roesler, *Volkswirtschaftstheorie*, S. 280., vgl. Felix Schmid, *Sozialrecht und Recht der sozialen Sicherheit*, S. 68.

[20] Hermann Roesler, *Über die Grundlehren der von Adam Smith begründeten Volkswirtschaftstheorie, Ein Beitrag zur Rechtsphilosophie*, 2. Aufl., 1868, S. 264., vgl. Felix Schmid, *Sozialrecht und Recht der sozialen Sicherheit*, S. 68.

[21] Hermann Roesler, *Deutsches Verwaltungsrecht*, Erlangen, 1872., vgl. Felix Schmid, *Sozialrecht und Recht der sozialen Sicherheit*, S. 68.

[22] Otto von Gierke, *Deutsches Privatrecht*, Bd. I, 1895, S. 26; *Die soziale Aufgabe des Privates Rechts*, 1889, vgl. Eberhard Eichenhofer, *Sozialrecht*, 6. Aufl., 2007, Türbingen, S. 2ff.

[23] Felix Schmid, *Sozialrecht und Recht der sozialen Sicherheit—Die Begriffsbildung in Deutschland, Frankreich und der Schwerz*, Berlin: Duncker & Humblot, 1981, S. 68ff.

是德国在当时和以后的迫切要求。新历史学派的代表人物Schäffler[24]、Wagner[25]和Schmoller[26]等人对社会政策的论述中,包括建立"劳工保险"的建议,并明确提出雇主应该承担劳工保险的缴费责任。Lorenz von Stein最早描绘了"福利国家制度"的雏形:国家既要保护私有财产和企业自主权,也必须承担改善劳工的劳动与生活条件的任务。[27] 德国现代社会法的开端——俾斯麦社会保险立法深受社会政策学说的影响,选择了一条由国家主导的实用主义改良道路。因此,"Sozialrecht"概念出现后,在社会政策学说的影响下,逐渐缩小范围,最终落实为用来解决"劳工问题"的法律部门。

2. 劳动法与社会法的混同阶段

虽然"第三法域"之说并未能动摇传统的公法、私法二分法,但在对"劳工问题"立法进行归类时,也的确一度出现了混乱状况,主要表现为"社会法"和"劳动法"概念的混同。与Roesler和Gierke的"社会法"概念相比,20世纪初期的"社会法"概念外延缩小,人们倾向于认为"社会法"与社会政策的范畴基本重合,也即是包括现代意义上的劳动法与社会保险法。公法性质的社会保险早期主要是为劳工建立的保障措施,所以被认为是劳动法的一部分,而劳动法中的劳动保护法具有的也是公法属性。因此当时较为普遍的看法是:"劳动法"或"社会法"中既有公法性质的内容,也有私法性质的内容,它们因建立在共同的客观事实要件上而不可分割,所以应被集合在同一法律部门中加以规范。[28] 至于是称为"社会法"还是"劳动法",则并无一定之规。如Kaskel将"社会法"定义为"为从属性有薪劳动者制定,以改善其经济与社会状况的特别法",分为四个部分:"社会"保险法、"社会"保护法、"社会"合同法和"社会"组织法。[29] 从这个定义可以看出,Kaskel所认为的"社会法"包含现代劳动法和社会保险法的主要内容。Sinzheimer则把劳动法定义为"整体性规范雇佣劳动者的各种关系的法律"[30],其中包括所有与雇佣劳动者相关的法律,如劳动合同法、结社法、失业救济、劳工保险、劳资协议等。总的说来,当时"劳动法"和"社会法"概

---

[24] Albert Schäffler, *Kapitalismus und Sozialismus*, 1870.

[25] Adolth Wagner, *Rede über die soziale Frage*, in: *Jahrbuch für Nationalökonomie und Statistik*, 1872, S. 219.

[26] Gustav Schmoller, *Eröffnungsrede des Vereins für Sozialpolitik*, in: *Jahrbuch für Nationalökonomie und Statistik*, 1872, S. 9.

[27] Fn. [15], S. 24——28.

[28] Walter Kaskel, *Arbeitsrecht*, Berlin, 1925, S. 3., vgl. Schmid, *Sozialrecht und Recht der sozialen Sicherheit*, S. 77.

[29] Walter Kaskel, *Begriff und Gegenstand des Sozialrechts als Rechtsdisziplin und Lehrfach*, in: *Deutsche Juristen-Zeitung*, 1918, S. 541ff., vgl. Schmid, *Sozialrecht und Recht der sozialen Sicherheit*, S. 77.

[30] Hugo Sinzheimer, *Grundzüge des Arbeitsrechts*, 1927, S. 3ff., vgl. Hans F. Zacher, *Was ist Sozialrecht*, in: *Abhandlungen zum Sozialrecht*, S. 249ff.

念之间并无清晰的边界,常被作为近义词使用,但"劳动法"被采用得更多,如 Kaskel 后期更常用"劳动法"指称这一领域。

3. 劳动法与社会法的分离

在德国,劳动法与社会法的分离,很大程度上并非是学术讨论的结果,而是由"二战"后的立法发展所决定的。1949 年,《联邦德国基本法》第 74 条第 12 项仍然将社会保险视为劳动法的一部分:"劳动法,包括企业宪章、劳动保护、劳动中介及包含失业保险的社会保险。"然而在第 96 条关于审判权的规定中开始有所区分:"联邦应设立一般审判权、行政审判权、财税审判权、劳动与社会审判权。""劳动与社会审判权"是形成一个共同的审判体系还是两个独立的审判体系,在本条中的表述并不清晰。但随着 1953 年《劳动法院法》和《社会法院法》的制定,劳动法院与社会法院成为各自独立的审判机构,劳动法与社会法也正式分离。自 20 世纪 60 年代开始,社会法被定位为公法性质的"特殊行政法",社会法院属于特殊行政法院。

20 世纪 50 年代德国法学界仍有观点认为,劳动法与社会保险法的密切结合是势所必然[31],然而在之后的讨论中,主流观点逐渐倾向于不再强调劳动法与社会保险法的整体性,而是开始着重讨论"广义社会法"与"狭义社会法"的区分。自 20 世纪 60 年代末起,意见逐渐趋向于统一。Wertenbruch 认为,广义社会法是指介于公法与私法之间的法律,既包括私法性质的机制如劳动法,也包括行政法性质的国家福利措施;狭义社会法则专指"通过社会福利待遇提供公共服务",因此亦被称为"社会福利行政法"(Soziales Verwaltungsrecht)。[32] Bogs 把社会法定义为"规范公共福利待遇及其机构的法律"。[33] Wannagat 则认为社会法是一种新的公法形式,其核心领域是社会保险法、社会救济法、公共福利法等。[34]

20 世纪 70 年代开始的社会法典编纂工作使得实用主义的社会法概念完全占据了上风。1973 年,Wannagat 主张将"社会法"理解为"社会法典中规定的法律"。他认为社会法典所规范的应是公法性质的社会福利待遇制度,其目的是平衡社会利益冲突,为所有人尤其是弱势者创造平等机会和有人类尊严的

---

[31] Viktor Weidner, *Zur Rechtssprechung des Bundessozialgerichts*, in: *Juristen-Zeitung*, 1959, S. 700ff.

[32] Wilhelm Wertenbruch, *Begriff und Bedeutung des Sozialrechts*, in: *Zeitschrift für Sozialreform*, 1968, S. 385ff.; *Sozialrecht und allgemeines Verwaltungsrecht*, in: *Die öffentliche Verwaltung*, 1969, S. 593ff.

[33] Walter Bogs, *Sozialenquete, Soziale Sicherung in der Bundesrepublik Deutschland*, Stuttgart, 1966.

[34] Georg Wannagat, *Sozialrecht im sozialen Rechtsstaat*, in: *Sozialrecht und Sozialpolitik, Festschrift für Kurt Jantz*, Stuttgart, 1968, S. 55ff.

生活条件。Wertenbruch 持相似的观点,他把社会法定义为"立法者认为是社会法及考虑作为社会法的法律",并将这个概念称之为"形式的社会法概念"。[35] 这种观点获得了大多数人的支持,但也有学者试图从社会法的功能和类型入手定义社会法。如 Zacher 认为,既然社会法概念具有无法消除的多重性,那么就有必要理解与接受这种多重性。他把对"社会法"概念的各种理解划分为四个层次。第一个层次也即最普遍的理解是"实用主义的社会法",即德国社会法典中所规定的内容;第二个层次是"社会政策的社会法",在这一层次上,社会法被认为是由国家社会政策所决定的法律,因此劳动法也是社会法的组成部分;第三个层次是"实证主义的社会法",是指对经济与服务保障、通过集体满足个人生存和平等发展的期望以及如何实现这些期望的整体性规定;最后一个层次更为抽象,它是指社会法概念的持续深化,是对法律所遇到的新挑战的持续回应,是用以应对挑战的原则与实质领域。[36]

目前德国法学界通常采用的是实用主义社会法概念。作为为执行宪法规定的福利社会目标而建立起来的特殊行政法部门,社会法完全属于公法领域,对此早已不存争议。社会法的特殊任务在于实现有人类尊严的生活、满足社会参与及对一般性社会风险的防御。[37] 社会法通过其所承担的特殊任务,把自己与一般行政法和私法都明显区别开来。劳动法虽然也深受国家社会政策影响,但因其在德国具有深厚的民法渊源,其核心部分仍属于私法范畴。[38] 如今普遍的观点是:公法性内容的加入并不会导致私法属性的法律成为"第三法域"。实际上,公法性规范侵入私法领域的情况并非只发生在劳动法,"社会主义小油滴"浸透了德国民法的许多领域已是公认的事实,然而这并不会导致其基本性质的改变。[39]

(二)"社会法"词义辨析

与德国社会法概念的多重性相对应的是"sozial"一词在词义上的丰富性。"sozial"这个形容词通常如英语中的"social"一样,在汉语中被译为"社会的",但是,"sozial"并不完全等同于英语的"social",同样也不完全等同于汉语中的"社会的"。它在德语中已分化出多个层次,具有更为丰富的含义,因此在对

---

[35] Wilhelm Wertenbruch, *Sozialverwaltungsrecht*, in: *Besonderes Verwaltungsrecht*, München, 1976, S. 333ff.

[36] Hans F. Zacher, *Was ist Sozialrecht*, in: *Sozialrecht in Wissenschaft und Praxis*, 1978.

[37] Hans F. Zacher, in: Isensee/Kirchhof (Hrsg.), *Handbuch des Staatsrechts* (HStR) Bd. 2, 3. Aufl. 2004, S. 659, 678 (Rdnr. 2); Atkinson, *Poverty and Social Security*, 1989, S. 100.

[38] Ulrich Becker, *Sozialrecht und Sozialrechtswissenschaft*, in: *Zeitschrift für öffentliches Recht*, Vol. 65, 12/2010.

[39] Fn. [38].

"Sozialrecht"进行讨论时,必须首先解释它的确切含义,否则很容易产生误解。[40]

"social"和"sozial"皆来自于拉丁语"socialis","socialis"的名词形式是"societas",表达的是许多人共同行动或共同生活的状况。它们在法语和英语中分别发展成了"social/societé"和"social/society"。这个词从法语进入德语后,与德语中的"gesellschaftlich/Gesellschaft"(社会的/社会)出现重叠:名词保持了原有的德语形式"Gesellschaft",形容词则同时接纳了拉丁语形式"sozial"。"sozial"的一般性含义等同于"gesellschaftlich",但它逐渐在德语中发展出了批判性和规范性的内涵,与当时的主要"社会问题"(soziale Frage)之间产生了紧密的关联。[41]

20世纪80年代以来,为了阐明"Sozialrecht"的确切含义,Zacher多次对"sozial"的词义进行分析与解释:它的第一层含义是"与社会普遍相关的";第二层含义是"集体的一般性义务";第三层含义是"对不合理的生活水平差距的批判"。[42] 2013年,Zacher特意为中国读者再次阐释了他对"sozial"概念的深化认识[43]:它在第一个意义层面上服务于对现象的描述与理解,也即等同于一般性的形容词"gesellschaftlich"(社会的)。在第二个层面上服务于价值判断和规范,用来区分社会领域中的"正确的""错误的""好的"和"坏的"事物。"正确的"和"好的"社会就被称为"sozial"社会。第三个层面则是指对不合理的、不平等的生活条件的批判,以及将这种不平等向着"更多平等"方向修正的要求。在社会政策与社会法领域,采用的是它的第三层意义,并常与其他相关名词组合在一起使用,如"soziale Frage""Sozialstaat""Sozialpolitik"等。

我国大陆及台湾地区的一些学者常将上述名词译为"社会问题""社会国""社会政策",但这样的译法其实是不确切的。这里适用的皆为狭义的、批判性和政治性的第三层含义,因此确切的译法应该是"福利社会问题""福利社会国家""福利社会政策"。例如,"Sozialstaat"与英语中的"welfare state"(福利国家)基本同义。"社会法"也属于这种情况。此外,德语中还经常采用一个与狭义"Sozialrecht"等义的概念"Sozialleistungsrecht",常译为"社会福利法"或"社

---

[40] Franz-Xaver Kaufmann, *Sozialpolitisches Denken—Die deutsche Tradition*; Felix Schmid, *Sozialrecht und Recht der sozialen Sicherheit*; Zacher, *Das „Soziale" als Begriff des deutschen und europäischen*, in: *Das Soziale in der Alterssicherung:Jahrestagung 2005 des Forschungsnetzwerkes Alterssicherung*(FNA), 2005.

[41] Fn.[15], S. 22.

[42] Hans F. Zacher, *Grundtypen des Sozialrechts*, in: *Fünst//Herzog/Umbach/Dieter* (Hrsg.), „Festschrift für Wolfgang Zeidler", Bd. 1, Verlag Walter de Gruyter, 1987; *Juridification in the field of social law*, in: *Gunther Teubner* (Hrsg.), "*Juridification of social spheres*", Berlin, 1987; *Entwicklung einer Dogmatik des Sozialrechtes*, in: *Fiat iustitia, Recht als Aufgabe der Vernunft*, „Festschrift für Peter Krause zum 70. Geburtstag", Beilin, 2006.

[43] 察赫:《福利社会的欧洲设计》,同前注[14],第14—17页

会福利待遇法",其内涵基本等同于我们所说的"社会保障法"。这也说明,德国现代"社会法"概念并非是广义的"与社会相关的法",而是狭义的"与社会福利状况相关的法律"。

国内在社会法范畴研究中出现的争论,与"社会法"这一译法的不确切应有一定关系,因此对"社会法"的理解普遍存在着望文生义而偏离其真实含义的问题。相似的情况还有"社会保障"等概念。由于中文译义与原始含义不能完全对应,导致了理解上的歧义,甚而影响到研究的正确方向。从词语的来处寻找正确的解答,对这些关键性词语作出清楚的辨析,应是当前我国社会法学科建设基础工作的重要部分。

三、"社会法"的中国定位

(一)劳动法与社会保障法的发展趋势

社会法概念使用的混乱状况,并非只发生在当前的中国。实际上,在许多国家,社会法与劳动法的关系都显得混淆不清,有的把社会法认为是劳动法的组成部分,也有把劳动法视为社会法一部分的,或者认为社会法与劳动法共同组成一个法律部门。[44] 这主要是由于"劳工问题"与"福利社会问题"在历史上的紧密联系造成的:社会法的重要发端之———社会保险——最初是国家为缓解劳工生存困境采取的干预手段。雇佣劳动者就业是强制性社会保险缴费的前提条件,社会保险法与劳动法之间的联系主要表现在:一是适用同样的事实构成要件;二是存在功能上和机制上的紧密衔接。社会保险迄今仍是雇佣劳动者生活保障的重要措施,但在社会保障制度获得充分发展的国家,社会保险扩张至雇佣劳动者之外的全体社会成员,其他福利制度如社会促进、社会救助也迅速发展,使得社会保障与劳动关系的联系日益弱化,社会法的独立内核日益凸显,同时,法律的实用性要求使得同质度较弱的边缘性规范逐渐被剥离出去,直至社会法和劳动法各自形成独立的法律部门。

劳动制度与社会保障制度分离的情况在我国也正在发生。这种变化首先体现在《宪法》的修改上:1982年《宪法》与之前历部《宪法》在社会保障规定上的主要区别,是将"获得物质帮助权"的权利主体由"劳动者"改为"公民"。20世纪80年代以来,国家启动经济制度转型,劳动合同制度确立,劳动用工因"市场经济"而获得私法性质,劳动法也因此被许多人认为应归于民法一类;社会保险制度最早是为了配合企业制度改革,以城镇企业职工强制性社会保险的形式出现,因而成为劳动法的一部分。但是,随着社会保障制度的扩张,职工社会保

---

[44] Bernd Baron von Maydell, *Das Sozialrecht und seine Stellung im Gesamtsystem*, in: ders./Ruland/Becker (Hrsg.), *Sozialrechtshandbuch* (SRH), 4. Aufl. 2008, §1, Rdnr. 4.

险之外出现了覆盖范围更为广泛的城乡居民社会保险,使得与劳动关系相关的社会保险在整个社会保险制度中的比重降低。目前,虽然还存在法律规定上的重叠,但劳动法和社会保障法的分界已经较为清晰,作为社会保障法主要组成部分的社会保险法实际上已经从劳动法中分离出去。

对比他国的社会法概念发展史,不禁产生以下疑问:从目前的趋势来看,我们移植而来的"社会法"概念,是否会像它在其起源地德国的经历一样,最终与劳动法分道扬镳,而与"社会保障法"划上等号? 或者另一种可能性:如果我国劳动法能继续保持其较强的行政法色彩,那么目前这个官方界定的、包含劳动法与社会保障法、具有较多行政法内容的"社会法"概念是否就可以稳定延续下去? 还有一种可能性也在出现:近些年,中国的社会政策出现明显调整,开始大力鼓励商业保险和私人资本参与社会保障事务,并有降低劳动保护和社会保护、给予企业更大的用工灵活权的趋势。如果这种政策倾向得以长期持续,那么商业保险、慈善事业等私法行为是否会正式成为中国社会保障法的组成部分,且劳动法的私法属性进一步增强,最终形成一个因含有更多私法性的内容,从而性质更为驳杂的"社会法"部门?

(二) 社会经济制度的决定作用

以上问题皆不是"社会法"本身能够回答的问题,也并不完全由国家的中长期社会政策决定,而是最终取决于国家选择怎样的社会经济制度。对于当前的中国来说,最大的框架性条件问题是"社会主义"和"市场经济"如何结合、能否稳定结合的问题。如今,旧有的"社会主义福利国家"模式已不再适用,新的建立于"社会主义市场经济"基础上的福利国家模式尚未形成,学术界对"社会法"概念与范畴的争论,正是制度未定型期的表现。鉴于中国的伟大制度试验仍处于进行时,下结论或许为时尚早。但是,在这样的历史背景下讨论中国"社会法"的范畴,显然不能仅囿于"第三法域"和"法律部门"之争,而应放宽视野,对我国福利国家制度的整体发展趋势予以更多关注。

社会法在西方的经历也许可以作为镜鉴:资本主义世界中的各国,对自由与平等这对基本价值观的关系的理解也是各有侧重的,因而产生了不同的福利国家类型。在自由主义更为强势的国家,如美国,由于过分强调市场自由而导致对社会平等的忽视,因而产生了"残缺"[45]的社会政策与社会法,其发展程度尚不足以形成独立的法律部门。在既重视国家干预又重视自由市场的国家,如德国,"市场经济"所代表的自由价值观和"福利社会"所代表的平等价值观的相互制约与平衡,催生出"福利社会市场经济"制度,而劳动市场和社会福利领域的各自充分发展,也使得劳动法和社会法承担的任务与实现方式的特性越来

---

[45] 察赫:《福利社会的欧洲设计》,同前注[14],第40页。

边界分明,最终各成体系。

我国的情况是:"社会主义市场经济"理应比"福利社会市场经济"包含更强烈的平等价值取向,因为社会主义制度本身即是"sozial"的最大化发展[46]。"社会主义"的内在属性,要求国家必须为人民提供全面的(即便因经济发展水平的制约不能达到十分充分的)福利保障,社会保障必然是"人人享有"的全覆盖制度而非残缺型制度。因此,我国的社会保障法虽然尚未完善,但是已经以社会权利为基础,搭建了保障类型基本完整的大福利体系框架,具备形成独立法律部门的初步条件。将劳动法和社会保障法集合在一个存在诸多解读方式的"社会法"概念之下,对于官方性质的法律部门划分来说,由于历史的原因,并无不可。然而对于学术研究和学科建设来说,这种定位虽然已经比"作为法律理念的社会法"要实在很多,但由于这两个法律领域在基本权利取向、调整对象、承担任务乃至法律属性上的差异越来越清晰,并无法搭建出一个统一的整体性法律体系框架。

四、结语

比较新中国成立以来历部《宪法》对劳动权和社会保障权的表述,1982 年《宪法》第 45 条将之前的"劳动者""有获得物质帮助的权利"修改为"公民""有从国家和社会获得物质帮助的权利",似乎已经预示了劳动法与社会保障法的分离趋势。将劳动法与社会保障法整合于一个"社会法"概念下的意图,也因其各自承担任务的差异而缺乏高度认同。至于把"社会法"等同于公法、私法之外或者跨越公法、私法的"第三法域"的观点,则是一种被证明并不必要的设想,已被最早提出这种设想的德国法学所放弃。中国的"社会法"研究,由于既对本国法律传统立足不深,也对概念的来龙去脉研究不透,而使自己陷入了困境。

笔者的观点是,对这个本身存在太多误解与歧义的"社会法"概念,既然它已得到广泛使用,就不仅要尊重其内涵的多样性,同时也要尽量使其在法律实践中落在实处。至少在学术研究领域,可以将其落实在"社会法"的狭义理解上,即专指社会保障法。这并非是对德国社会法学说的简单借鉴,而是基于现阶段本国市场经济制度和福利国家制度的辩证关系,判断出劳动法和社会保障法的各自完整和日益分离是不可逆转的趋势。如前所述,一个跨越公法和私法的庞大"社会法"领域,在理论基础和体系建设上都存在难以克服的困难,在市场经济条件下也不具备形成一个统一司法权的可能性,因而难以稳定存在。这一点,已被德国劳动法院和社会法院的分离及社会法典的制定历史所证实。

(初审编辑　陈陌阡)

---

[46] 察赫:《福利社会的欧洲设计》,同前注[14],第 17 页。

中国易辙普通法系的一曲挽歌
——庞德操刀国民政府法制改革之陈仓暗度

陈范宏[*]

Roscoe Pound and Chinese Legal Reform (1946—1948):
A Lost Attempt to Legal System Transform

Chen Fanhong

内容摘要：在美国国内法学界的挫败与国民党当局外交关系危机的双向作用下，庞德满怀嫁接普通法于中国之雄心出任中国法律顾问。然将庞德改革作为孤立事件研究，无法准确把握庞德改革举措与其法学理论的内在逻辑同构性，且对改革文本的解读或与庞德本意相悖。因为，庞德在美国法卓异、普通法技术中立、法律进化理论、共济会信仰等理念引导下，试图将其认为的法律发展之最后阶段——普通法——移植到中国，实现对中国法的重塑。为实现转舵普通法的目标，庞德对中国法律体系的诸多公开评价为策略性曲解。通过对其法学理论的梳理、改革举措的剖析，可知其改革并非在欧陆法系框架内的闪转腾挪，而是通过把注法律重述、司法制度、法学教育等美国法之要素，使法律改革后的中国成为一个普通法色彩日臻浓厚而欧陆法余韵渐稀的法域。

---

[*] 暨南大学知识产权研究院讲师，法学博士。本文系国家社科基金一般项目"罗马法与中国民法法典化研究（15BFX104）"的阶段性研究成果。

关键词：庞德　法律改革　普通法卓异　大陆法系　司法中心主义

一、序说

迄至晚清，中国遭遇亘古未有之变局，经社实践的深刻变革倒逼了中国法制的形变与质变。在清廷日薄崦嵫的岁月里，列强武威铄于外，革命蜂拥兴于内，无奈之下延聘外籍人士参与立法革新事业，开启了中国法制近代化的新纪元。外人来华，因应时势之不同，其在中国法制近代化过程中的任务与作为各有侧重。大体而言，可分为三个阶段[1]：第一阶段，为庚子国难之前的法制冲击期。主要从事译介西学、协助外事与变法建议等活动，如赫德、丁韪良等。第二阶段，为清末修律至北洋政府的法制蜕变期。主要致力法典编纂、引进西法理论学说、襄助司法体制改革等活动，其中清廷礼聘之日人冈田朝太郎、松冈义正、志田钾太郎等乃个中翘楚。第三阶段，为南京国民政府成立后的法制整建期。此时期除完善立法外，主要戮力法律操作层面的法律解释、司法适用、法律教育等具体问题。

庞德（Roscoe Pound，1870—1964）正是在法制整建期，应国民政府之邀来华襄助。此时，清季变法修律以来的西方法律文化的冲击余波仍荡漾其间，庞德顶着社会学法学大师的光环，满怀抱负来到中国为民国法律鼎新把脉。然而，他却是以"整建期"之心，行"蜕变期"之事，名为既有法律体系内的修补作业，实为逆欧陆法系而动的根本易辙。虽然，庞德标榜对不同民族多元文化的尊重，但在中国却是以其笃信的"美国法卓异主义"（American Legal Exceptionalism）[2]为坐标，向中国输出其认为最理想之普通法[3]，进而实践美国人

---

[1] 当然需要指出的是，此为一初略的分类，主要是从我国法制近代化各阶段历程的侧重点来分析，三阶段并非截然分立。其实，在继受西法的过程中，分属三阶段之不同外人也不乏担纲其他阶段的任务与行为的。

[2] 该思潮的理念即美国法乃世界最先进之法律，而且超然独立于世界法学发展的进程之外。关于此论，争议核心在于如何处理美国法与域外法的关系，有论者主张对外国法应欣然汲取甚至运用于判决：VicKi C. Jackson, "Constitutional Comparisons: Convergence, Resistance, Engagement", 119 *Harvard Law Review* 109 (2005)；Harold Hongju Koh, "International Law as Part of Our Law", 98 *American Journal of International Law* 43 (2004)。有论者否认美国法院适用域外法之合理性：Steven G. Calabresi, "A Shining City on A Hill: American Exceptionalism and the Supreme Court's Practice of Relying on Foreign Law", 86 *Boston University Law Review* 1335 (2006)；Seymour Martin Lipset, *American Exceptionalism: A Double-Edged Sword*, W. W. Norton & Company, Inc., 1996, p. 18.

[3] 美国法与域外法的关系经历了从"进口"到"出口"的过程，美国对包括中国法在内的域外法的态度也经历了一个渐变的过程——由尊崇到批判。美国建国之初，国父们一度折冲域外法制来构筑美国的法律架构，此过程中，中国法曾作为域外资源被考察。A. Owen Aldridge, *The Dragon and the Eagle: The Presence of China in the American Enlightenment*, Wayne State University Press, 1993, pp. 264—268.

一直憧憬的蓝图:中国的美国化(China's Americanization)。[4] 尽管庞德自己从未正视过这一挫败[5],但无论从宏观的中国美国化的角度,还是从微观的法律制度层面来看,庞德的计划均告落空。有关庞德与国民政府时期的法制改革,在中国有不少研究成果。然而,同样曾引起轰动的美国,学者们却对此着墨不多[6],很大程度上也是由于其失败的结局所致。国内学者对于庞德主持南京国民政府时期法律改革之结局,多冠以因1949年政权鼎革,六法被废,而"化为泡影"等失败论调[7],最多肯认其建言对当下尚有参考意义。[8] 反向的解释便是,倘没有鼎革之事,结局或未可知,甚至成功。然而,果真如此乎?为何当时仍为国民党统治之台湾,庞德的大陆下种,亦未因地果还生呢?庞德为何又在美国人面前"罔顾事实"地将其在中国的法律改革描绘为一幅成功的图景呢?

国内现有的研究,多将庞德的中国之行作为孤立的事件来分析,往往是从法制史或社会学法理学视角切入,这样的路径或许在制度史的分析上能获窥一些镜鉴的经验,但是也容易滑向"盲人摸象"式的误解。如,立基于检视庞德向国民党当局提交之改革报告与部分论述的基础上,梳理国民政府法律改革之具体内容[9],得出庞德对我国继受欧陆法系并与时俱进之溢美[10],更有甚者,以当时文本之分析作为批判其理论盲点之依据[11],甚至将庞德返美后对国民党当局与中国法之论述晒之为"吃人嘴短"之结果[12],然庞德的恭维之词背后有怎样的策略性安排?其对欧陆特质之中国法的过去、现状及未来的真实心态又如何?关于庞德角色之定位,论者多从官方礼聘切入,视之为法律改革家。然

---

[4] Michael H. Hunt, *The Making of A Special Relationship: The United States and China to 1914*, Columbia University Press, 1983, p. 270.

[5] Jedidah J. Kroncke, "Roscoe Pound in China: A Lost Precedent for the Liability of American Legal Exceptionalism", 38 *Brooklyn Journal of International Law* 77 (2012).

[6] John Fabian Witt, *Patriots and Cosmopolitans: Hidden Histories of American Law*, Harvard University Press, 2007, p. 211.

[7] 王健:"庞德与中国近代的法律改革",载《现代法学》2001年第5期。

[8] 刘正中:"庞德与中国之法制——1943年与1948年之中国法制历史",载《法学》2000年第12期。

[9] 杨振山:"中国法学教育沿革之研究",载《政法论坛》2000年第4期;刘正中:"庞德与中国之法制——1943年与1948年之中国法制历史",同前注[8];王健:"庞德与中国近代的法律改革",同前注[7];张忠利:"论庞德的社会学法学思想",载《吉林大学社会科学学报》2000年第6期;郝耀武:"论庞德的法社会控制理论及其法治精神",载《大连大学学报》2001年第1期;王健主编:《西法东渐——外国人与中国法的近代变革》,中国政法大学出版社2001年版;何勤华:"中国近代法律教育与中国近代法学",载《法学》2003年第12期;翟志勇主编:《罗斯科·庞德:法律与社会——生平、著述及思想》,广西师范大学出版社2004年版;张丽清:"20世纪西方社会学在中国本土的变革",载《华东师范大学学报(哲学社会科学版)》2005年第4期;王婧:"庞德论中国法律:社会学法理学思想的一次应用",载《华东政法大学学报》2010年第4期。

[10] 参见王伯琦:《近代法律思潮与中国固有文化》,清华大学出版社2005年版,第77页。

[11] 王婧:"庞德论中国法律:社会学法理学思想的一次应用",同前注[9]。

[12] 参见王健:"庞德与中国近代的法律改革",同前注[7]。

而,无论是国民党当局之初衷,还是庞德自我之认知以及由此导出的行为,皆昭示法律改革家不过是其不那么成功的身份之一,其更为卓绝的成就及身份,或许是宣传家——宣传美国普通法之卓异性及移植于世界之可行性(主要指中国),宣传国民党当局自由主义政府坚守之面影及立宪政体之可成。这也是国内现有研究着墨不多的地方。

综览庞德的中国之行,其仅仅是将中国之行作为移植最理想之普通法理论的实验场,为达臻好的实验结果,作出很多策略性的安排。而国内目前鲜有从庞德在美国法卓异主义的驱动下,试图移植其认为最优之普通法于中国的视角来分析的,因而未能发掘庞德的改革举措与其生平的理论储备、返美后的一系列社会活动及其对中国法的关切等的内在逻辑同构性。或许更清晰地审视庞德操刀的国民政府时期的法律改革,将镜头拉得更长是一个不错的选择,即将庞德的改革置于其普通法卓异主义、比较法理论、社会学法理学等宏观的视角下,探究其理论预备、改革举措背后的目的预设、迫于局势离中赴美后对中国局势及法律改革的继续关切,这才是庞德完整的中国故事。此外,国内论者关于庞德中国之行对美国国内比较法学、美国法卓异主义思潮、美国法律文化与其他法律传统之间的关系、普通法移植域外可能性观念之影响等皆鲜有齿及。

因此,重新发现和理解庞德力推中国法制易辙英美法系的中国之行,不仅能提供以上问题的答案,而且将为我国在法律全球化的进程中少走弯路提供镜鉴。本文拟先素描庞德学术生涯,盖不明此番经历,无以知悉前后传承及庞德在国民政府法律改革中言之内质;次而论列庞德操刀国民政府法律改革之举措及内质,而最主要者,将针对庞德把脉中国法现状而开出的"药方"及其效用详加着墨,以月旦其中国之行的得失与影响;进而检讨其1948年离华返美后置身中国事务的实际,以管窥庞德在"后法律顾问时期"因应局势而做的转向及对中国法律改革的关切;本文旨在发掘庞德的中国故事被忽略的情节及由此导出的"庞德雄心"——国民政府时期法律改革实为其导演的一出"明修栈道,暗度陈仓",重塑中国法(Reshape Chinese Law)的大戏。

二、罗斯科·庞德的学术生平:植物学家入法门

庞德试图移植普通法于中国,源于其社会学法理学思想。其中,法律进化学说、法律发展之最终阶段论等支撑了普通法移植的可行与必然。兹分述各时期庞德法学理论发展与其法律改革关切之论述,开示一代大师的学术生平。一探其植田异乡的理论预备;二窥其因应时势的折冲樽俎。

(一)莺啼初试,头角峥嵘(1870—1906):改革理念的启蒙及植物学方法的法学运用

从早年学术生涯来看,植物学乃庞德第一爱好。甚至屈于父命而前往哈佛

学法,怀揣的也是植物学的梦想。[13] 然而,哈佛一年的法律学习奠定了其未来投身法学的人生格局。[14] 其间,庞德开始接触罗马法,同时窥获了普通法的奥秘,与其法律改革理论关切者,约述有以下诸端:首先,庞德基于对财产法的兴趣,开始研习罗马法[15],其关于欧陆法梗概的了解来自 Sohm 的德文版《罗马法律制度》一书,其罗马法的最初知识来自德国人的转手,这或许也是之后其比较两大法系时,以德、法等现代罗马法为基础的原因。这也成为其研究比较法,进而思考两大法系关系之嚆矢。随着罗马法司法实践的进化以及 Gray 关于"法院是铺设整个社会权利义务关系的基础"的功能定位,庞德憬悟了司法之创造性以及司法乃整个法律有机体核心的地位。[16] 罗马法与普通法在"法官造法"上的同源性以及司法中心主义的司法革新理念在这里便有了雏形。其次,Thayer 教授有关立法与司法分支之关系及司法谦抑的理论[17]给庞德烙下了深刻心影。其主持中国司法改革时,弱化立法而加持司法的举措即为此一理论的实际运用。最后,Keener 教授运用案例法模式来分析法律问题,直接激发了萦绕庞德一生的课题,即寻找一种体系化的方法,来整合作为有机体的所有法律。其建议编纂体系性"中国法典"以整合法律适用的改革举措也即这一理想的尝试。总之,哈佛法学院老师们的言传身教与对现行法律体系、司法体制及法理学的批判使庞德萌生了挑战现行法律体系的志趣并成为其之后法律改革理念的基本来源。

庞德植物学的研究可谓硕果颇丰,但对其法律发展与移植理论影响卓著者主要在分析模式。其博士论文"The Phytogeography of Nebraska"中论断环境与植物生活习性之间的交互作用推动进化过程的持续,且在一个成熟的生物生态群落形成后,其进化会最终落脚于一稳定状态。此分析模式在法学上的运用直接导出了庞德关于普通法移植于其他法域之必然性和可行性。[18] 一方面,他认为法律原理源于环境且被时代所形塑,处于持续进化之过程。因此,任何

---

[13] Arthur E. Sutherland, Jr., "One Man in His Time", 78 *Harvard Law Review* 7 (1964).

[14] Arthur E. Sutherland, Jr., *The Law at Harvard: A History of Ideas and Men, 1817—1967*, Belknap Press of Harvard University Press, 1967, pp. 199—200.

[15] David Wigdor, *Roscoe Pound: Philosopher of Law*, Greenwood Publishing Group, Inc., 1974, p. 39.

[16] John Chipman Gray, *The Nature and Sources of the Law*, New York: Columbia University Press, 1909, p. 82; Roscoe Pound, *An Introduction to the Philosophy of Law*, New Haven: Yale University Press, 1959, p. 50.

[17] James Parker Hall, "James Bradley Thayer," in William D. Lewis (ed.), *Great American Lawyer* (vol. 8), The J. C. Winston Co., 1909, p. 345; James Bradley Thayer, *John Mashall*, Houghton Mifflin, 1901, p. 110.

[18] David Wigdor, *Roscoe Pound: Philosopher of Law*, supra note [15], p. 57.

法律体系不可能万古不易。[19] 另一方面,这种进化的内在目的性是日臻稳定达致最终形态。因此,可以通过符合这一目的性的法律改革加速稳定阶段的形成。庞德有关普通法乃法律发展之最后阶段及其自认为完美的普通法体系之论述皆可在其生态系统进化理论上找到影子。总之,哈佛的法学思维洗礼与植物学研究的默化,使庞德司法改革的基本轮廓日渐清晰。其投身中国的改革,即试图通过对法律环境的改变来加速法律进化的历程。

(二) 声名鹊起,主政哈佛(1907—1936):社会学法理学体系构建完竣

此时期为庞德深耕法学,从头角峥嵘的"法学新星"成长为一代法学硕彦的时期。其社会学法理学体系的成熟及运用,为其之后主持的中国法律改革奠定了理论与实践基础。自1907年始,庞德笃力批判当时概念法学、机械法学之弊病[20],积极鼓吹社会学法理学的概念及价值。[21] 其核心论点为:美国法已经僵化为一封闭的体系,将短暂的时代特质奉为永久的根本原则,而完全无视法律所服务的社会情势之发展[22],这悖于普通法精神及进化规律。这一理念的经典分析在其名篇"契约自由"(Liberty of Contract)中亦有体现,该文批判了Adair v. United States[23]等有关契约自由之案件无视工业化、技术革命、城市发展等社会情势变迁导致缔约双方地位实际不平等的事实,机械而僵硬地适用契约自由的理论。[24] 因此,他主张将法律作为社会科学来研究,从而形成持续且连贯的规范体系,以这些不断更新的规范群取代传统的原则。[25] 而普通法具备此类规范群更新与传统保持的天然特质,为人类法律发展史的顶峰。[26] 他系统梳理普通法历史及传统的《普通法的精神》(The Spirit of the Common Law),奠定了其有关普通法卓异论述的基本理论格局。《法律史解释》(Interpretation of Legal History)甚至将植物进化的目的性有机体理论运用于对所有法律体系发展历史的分析,即法律的发展有一个内在的动力推进其最终目标。

那么对于尚未进化到普通法阶段的法律,如欧陆法,及虽已是普通法但纰缪仍存的美国法,如何发展到最高阶段呢?庞德的方案是,前者法律移植,后者

---

[19] David Wigdor, Roscoe Pound: *Philosopher of Law*, supra note [15], p. 62.

[20] Roscoe Pound, "Mechanical Jurisprudence", 8 *Columbia Law Review* 605 (1908).

[21] Roscoe Pound, "The Need of a Sociological Jurisprudence", 19 *Green Bag* 607 (1907).

[22] Roscoe Pound, "Liberty of Contract", 18 *Yale Law Journal* 454 (1909); Roscoe Pound, "Mechanical Jurisprudence", supra note [20].

[23] *Adair v. United States*, 208 U. S. 161 (U. S. 1908).

[24] Roscoe Pound, "Do We Need a Philosophy of Law?", 5 *Columbia Law Review* 339 (1905); Roscoe Pound, "Liberty of Contract", supra note [22].

[25] Roscoe Pound, "Common Law and Legislation", 21 *Harvard Law Review* 383 (1908).

[26] Generally Roscoe Pound, *The History and System of the Common Law* (Vol. 1), Collier & Son., 1939.

法律改革。他认为，虽然传统的法律思维的习惯及实践很难轻易改变，但法律的发展并非总是渐进、缓慢而与目的无涉的。[27] 因此，有目的性的法律改革或移植可以加速进化过程并达臻完美普通法之境。来华之前，庞德着力于法律改革，甫任教哈佛，即将批判的矛头直指美国现行司法体制，并提出法律改革的必要，旨在建立一个"持续高效的社会工程（social engineering）"。[28] 社会学法理学不仅是美国法改进的良方，而且对法律移植所遭受的传统窒碍也有解决之道。如他提出将法理学与其他社会科学结合（team-work），来革新法律思维模式与法律裁判方法。[29]

总之，庞德在声名鹊起的最初十年，基本完成了社会学法理学的体系建构。其普通法卓异与法律进化史观的挂钩接榫使得将盎格鲁美国法移植域外的念想在庞德的观念里滋长，而其理论在革新传统思维上的功效又使得其对非普通法国家的嫁接事业充满信心。

（三）客卿异乡，桑榆余晖（1937—1964）：普通法稳固民主制度之理念

随着法律现实主义、行政法的兴起以及罗斯福新政等对行政权力扩充的热衷，社会学法理学遭到了越来越强势的挑战[30]，颠覆了其所主张的"司法分支才是政府的核心，法律与司法制度是其运转的中枢"。庞德在其"不安分的退休生涯"（restless retirement）[31]中，工作重心在总结一生学术基础、回应新挑战，以及通过社会学法理学指导改革的实践来寻求事实论据。当时中国处于国民党威权统治之下，法律体系师承欧陆法且掺注了不少苏联法制，在庞德看来这无疑是宪政民主政府建立的制度性障碍。而普通法作为实现社会控制，确保个人自由及私有财产免受来自公权等他者侵犯的最优选项[32]，其对民主的推进及对专制的抑制具有得天独厚的能力。因此，倘能在中国运作成功将为社会学法理学提供基本论据，进而再次与法律现实主义分庭抗礼。此时美国法卓异的信念也进一步扩张，以致其法学理念中出现了"排外"（xenophobia）倾向，与其早年强调"比较法研究裨益美国法之改进""美国不能自外于世界法律发展之外"的思想背驰。[33] 鉴于盎格鲁美国法的优越地位，庞德认为美国应成为法律

---

[27] David Wigdor, Roscoe Pound: *Philosopher of Law*, supra note [15], p. 171.

[28] Roscoe Pound, *An Introduction to the Philosophy of Law*, supra note [16], p. 99.

[29] Roscoe Pound, "The Scope and Purpose of Sociological Jurisprudence", 25 *Harvard Law Review* 140 (1911).

[30] 关于美国法学思想上社会学法理学与法律现实主义的大论战及过程参见 N. E. H. Hull, *Roscoe Pound & Karl Llewellyn: Searching for An American Jurisprudence*, Chicago: University of Chicago Press, 1997。

[31] David Wigdor, *Roscoe Pound: Philosophy of Law*, supra note [15], p. 255.

[32] Roscoe Pound, "The Case for Law", 1 *Valparaiso University Law Review* 201 (1967).

[33] Roscoe Pound, *The Judicial Process Today*, transcript from the Connolly, Whitman & Howse, reproduced and distributed by the Detroit League for the Handicapped (1947).

的"净出口"国。在庞德看来,中国政府憧憬建立宪政制度,而现行法律体系窒碍之,普通法又具培育、贮存民主制度的特质,那么终南捷径莫过于移植普通法于中国。

综上以观,学术研究与改革实践伴随庞德一生。植物学的诱惑可以说乃庞德人生第一爱好,移情法学更多的来自家父的安排。但植物学的涵养却为其法学生涯提供了别样的分析方法,启迪了其法律进化理论、目的性法律改革等理念。论作品数量,庞德可谓高产。[34] 论著作质量,庞德无愧大师。或可说,庞德之学术生涯,以作为深具天赋的业余植物学家始,以多产深邃的专业法学家终。

三、罗斯科·庞德的中国情结:改革理想与政治衡酌

如果说清廷在内生的革命与外铄的强敌双重压力下,别无选择,而礼聘外籍法学家襄助法制改革盛举;那么民国时期,无论游学归来还是本土培养,都可谓人才济济。[35] 国民政府时期仍如此热心礼聘来自于与固有继受法律体系异质的英美法系的法学硕彦庞德,是徒具形骸,还是有内在诉求?是当局的政治考量,还是戮力法制鼎新之决心?客卿远涉重洋、不辞辛劳,甘愿来到百废待举、法律文化与其母国落差显著的中国,而且其担纲顾问之成效几何,尚在未定之天,是怎样的双向努力促成了中国法制近代化过程中这一道凄婉而亮丽的风景?

(一)客卿志业:庞德来华雄心

1. 普通法与基督教的联姻

基督教是庞德试图移植英美法于中国的关键因素。其一,庞德认为作为法律进化最高阶段之美国普通法根植于深厚的基督教传统,因此他既乐于促进基督教在中国的传播,同时也根据宗教在中国的传播现状来评估普通法移植中国的时机。[36] 其二,中国法政精英如蒋介石、吴经熊等的基督徒身份,使得庞德有理由相信普通法移植中国具有政治上的可行性。[37] 过往关于庞德受聘来华之研究,忽略了其基督徒的身份。而从其与东吴大学的结缘中可窥获:宗教因素在普通法移植中国的实践中角色吃重。1932 年,卫理公会教派秘书长 Cram 说服庞德出任东吴大学受托人(trustee)时所仰仗的即该校之办学宗旨:通过法

---

[34] 1960 年,庞德出版之著作编目已达到 204 页。Franklyn C. Setaro, *A Bibliography of the Writings of Roscoe Pound*, Harvard University Press, 1942;George A. Strait, *A Bibliography of the Writings of Roscoe Pound*, 1940—1960, Harvard Law School Library, 1960.

[35] 参见许章润:"书生事业 无限江山——关于近世中国五代法学家及其志业的一个学术史研究",载《清华法学》2004 年第 4 期。

[36] 有关美国传教士在中国的影响及其推进中国法律美国化的分析,参见 Kenneth Scott Latourette, *A History of Christian Missions in China*, The Macmillan Company, 1932, p. 744。

[37] Roscoe Pound Papers, Part 3, Reel 68, 112 (Harvard Law School Archive 601559).

律的变革来加持基督教在中国之影响。[38] 这也成为庞德于20世纪30年代两次来华访学的先声。[39] 以目前所存资料论,很难说这两次私人学术访问与国民政府礼聘之间的直接因果关系。但可以肯定的是,这使庞德对中国法学界、对中国法律实态有个初浅的窥获。而且,庞德关于普通法与基督教精神之间关系的思想也与东吴大学的宗旨不谋而合。在庞德的观念中,基督教作为现代社会进步的核心助力,在法律的进化中举足轻重。[40] 庞德甚至主张在美国法中复兴基督教的道德观念。[41] 在其庞大的社会工程中,宗教的向心力更是评价社会秩序的决定性标准。[42] 东吴大学以法律切入实现基督教传播的理想,庞德以法律改革移植普通法于他国。二者一拍即合,也让庞德看到了以宗教信仰辅弼法律改革,以法律改革落实宗教信仰的可能性。所以,庞德从1930年代开始便通过传教士来获知有关中国及中国法的讯息,并且逐步加入到美国法嫁接于中国的推动中。

2. 罗斯科·庞德的个人抱负

诚如前述,庞德认为法律的演进为各时期的环境所形塑,但其发展有内在目的性并导向普通法这一最终阶段。这一目的性使得法学与法学家的功能在法律进化的历程上有了着落点。哈佛时期,庞德关于法学使命的立场从以前的分析路径转向功效立场正是这一观念的体现。具体而言,即对于一个法学家(律师、法官、法学教授)而言,应该是致力发现和思考法律制度与法律原则之实际社会效果,而不是去比较抽象的法律规范。[43] 他并不认为法律能自我更新进化进而满足人类的完美理想,而主张杰出人物的努力将极大地推进这一目标的实现。[44] 他甚至认为,法学家(lawyers)是整个社会精英中的顶层。法学家的一些特质使得他们必须接受社会变革与推动的天然义务。[45] 在提交给中国当局的改革报告中,其反复强调法学家,尤其是法学教授的权重;认为他们所从事的法律适用与发展工作甚至是宪政制度得以运行的前提。[46] 因此,庞德极力主张重视法学教授之作用,教授不仅是法律整合机构"中国法学中心"的核心

---

[38] Roscoe Pound Papers, Part 3, Reel 22, 880, *supra* note [37].

[39] Anna Ginsbourg, "Roscoe Pound—An Appreciation and a Tribute", *China Weekly Review*, April 24, 1937.

[40] Roscoe Pound, "Law and Religion", 27 *Rice Institute Pamphlet* 109 (1940).

[41] Id.

[42] Roscoe Pound, *Social Control through Law*, Transaction Publishers, 1942, p. 34.

[43] Roscoe Pound, "Anachronisms in Law", 3 *Journal of the American Judicature Society* 142 (1919—1920).

[44] Id.

[45] Roscoe Pound, *Taught Law*, *Report of American Bar Association*, 1912, p. 995.

[46] 参见庞德:"法律与法学家——法律与法学家在现代宪政政府中的地位",载王健编:《西法东渐——外国人与中国法的近代变革》,同前注[9],第420—422页。

成员,而且是现代罗马的传述人。鉴于法学家在立法、司法乃至法律解释与传承中的独特地位及其所秉赋的"硕彦特质",对于一个全新法律体系的构建,法学家当仁不让。

此外,根据庞德的社会学法理学,外在环境不断演进,旧秩序难以涵摄新冲突之际,一种新的正义形式"社会正义"(social justice)因应此时势而成为必然。[47] 而法律为社会而存在,其所以产生和服务之社会变迁,必然导致法律的革新。[48] 因此,在庞德的构想中,社会学法理学是解决"规范有限,实践无穷"这一法学难题,从而构建全新法律体系以适应变化靡常的社会之不二法门。换言之,庞德将法律视为重构社会秩序的高效工具,这种法律工具主义(instrumentalism)也是庞德不断为其社会学法理学找试验场的内在助力之一,因为中性的工具可以超越文化的藩篱而嫁接于其他国家和地区。既然世界各法律体系之演进皆有其内在目的,而且最终的形态即"社会法",且社会法的最完备形态是美国普通法;那么在杰出法学家的操刀下,法律发展之最终形态——美国普通法——能否作为工具成功移植于法制后进国家,从而实现通过法律的社会控制呢? 庞德做了肯定回答,这也成为其开启中国之行以宣传并实践其理想普通法的内在支撑。

总之,庞德的基督教信仰、法学家在宪政结构中的定位、社会学法理学的法律进化观,尤其是普通法进化过程中基督教的核心助力及其在中国的传播,使得庞德有理由相信,不仅普通法有移植中国的可能,甚至这是一位基督徒法学家的使命。

(二) 主人盛情:朝野各有盘算

1. 法政精英与庞德的共谋

中国精英关于庞德之学术引介及彼此的甚笃私交,在庞德来华过程中主要服务于一个目的,即移植美国法于中国。庞德的"谋",在前文"学术生平"与"客卿志业"中已从不同视角剖析。法律精英的"共"则在其论说及与庞德过从中流露。其中卓绝者当推吴经熊、杨兆龙二君。

吴氏在与另一位普通法大家霍姆斯的交流中,即透露了自己以美国法重塑中国法的雄心。[49] 这与庞德志业同一,其自 1923 年哈佛访学后便与庞德保持了数十年的书信往来以探讨法律与生活。[50] 首先,在法律改革的宗旨上,因反感 19 世纪以来的机械法理学、概念法学而钦崇庞德的社会学法理学,吴氏矢志

---

[47] 关于社会正义作为庞德利益理论诉求的论述,参见杨晓畅:"社会正义抑或个人自由?——庞德利益理论根本诉求的探究",载《法制与社会发展》2010 年第 1 期。

[48] Roscoe Pound, "Interests of Personality", 28 *Harvard Law Review* 343, p. 347 (1915).

[49] 参见吴经熊:《超越东西方》,周伟驰译,社会科学文献出版社 2002 年版,第 128 页。

[50] Roscoe Pound Papers, Part 3, Reel 46, 417, *supra* note [37].

力推该学说在中国的发展,将之赞誉为哥白尼式的革命,其社会学法理学不仅是满足人类欲求的工具,还是助推文明的有力杠杆。[51] 吴氏认为庞德学说是破局中国法制困境的钥匙,其在去信庞德中表露无遗:有一批中国年轻学者昌言,中国不欢迎个人主义,也不需要共产主义,我们需要的是社会学法理学。[52] 而以普通法稳固民主之特质"狙击共产主义"正是庞德参与中国事务的意图之一。其次,在具体改革路径上,与庞德一样,吴氏对法学家寄予厚望,认为"法学家的本分就在一面革除那种'死'法,一面创造'活'法出来,以扶助文化事业"[53]。这种实用主义导向的活法从何而来?吴氏与庞德共同寄望"彻底而统一的法律教育"以产出训练有素的法学家。前者在东吴大学推行比较法教学、案例教学并注重职业道德训练,后者主张通才法律教育、案例教导等模式。[54] 这种共鸣在庞德提交给中国当局的法学教育改革报告中得到落实。以法学院的设立模式为例,主张法学院不应单独设立,而需作为大学的一个院,以免法科生浸淫于纯粹职业性环境,而孤立于其他社会科学,最终陷于狭隘而败坏职业精神传统。[55] 此外,吴氏深谙庞德学说中普通法传统与基督教精神之关系,及基督教为普通法移植助推条件的预设,因此去信中鲜有开示中国的司法现状,而是着力强调基督教在中国的影响[56],以此让庞德相信中国已具备普通法移植的宗教条件。

筹划庞德来华的另一关键人物是司法行政部刑事司司长杨兆龙。东吴大学的英美法学教育及哈佛受教庞德的经历,使得杨氏与庞德的法学理论及由此而导出的改革举措共谋性昭然。在哈佛,杨氏对美国司法制度之历史、现状及未来等做了比较全面的研究,毕业后在庞德建议下旋即访学欧洲诸国考察司法。在对欧陆及英美两大法系的司法制度比较鉴别后,其在战后国民政府司法复原筹划中建议当局邀请庞德辅弼法律改革。其与庞德的往来信件显示,礼聘庞德已成为朝野共识并恭维庞德为完成立法与司法体系的重建与合理化的最佳人选。

首先,杨氏关于两大法系的论述深受庞德的影响,决意在二者质的区别上

---

[51] John C. H. Wu,"The Juristic Philosophy of Roscoe Pound", 18 *Illinois Law Review* 285 (1924).

[52] Roscoe Pound Papers, Part 3, Reel 46, 432, *supra* note [37].

[53] 吴经熊:《法律哲学研究》,清华大学出版社 2005 年版,第 10 页。

[54] 参见庞德:"法律与法学家——法律与法学家在现代宪政政府中的地位",载王健编:《西法东渐——外国人与中国法的近代变革》,同前注[9],第 419—433 页。

[55] 参见庞德:"关于中国法律教育问题的初步报告",载王健编:《西法东渐——外国人与中国法的近代变革》,同前注[9],第 525—526 页。

[56] William P. Alford & Shen Yuanyuan,"'Law Is My Idol': John C. H. Wu and the Role of Legality and Spirituality in the Effort to 'Modernize' China", in Ronald St. John Macdonald (ed.), *Essays in Honour of Wang Tieya*, Martinus Nijhoff, 1994, pp. 43—44.

进行调和。庞德认为,现代罗马法与英美法内容轩轾之处不多,主要在形式与技术的分野。杨氏则进一步将质的区别细化为"司法制度"与"法律技术"。[57] 杨氏推动的建立巡回法庭、统一法律适用技术等努力皆以美国司法制度为标杆,甚至关于宪政建设的中心工作即"宪法生命素"的培养,亦以英美为参照。[58] 而且其对司法机关的定位,更是庞德社会学法理学的移译。其谓"司法为亲民之政,乃国人生命财产之所系,颇受社会之重视,政治之良窳,每于此觇之。"[59] 将司法置于宪政架构的核心地位,显系庞德的司法中心主义的翻版。而庞德以盎格鲁美国法为法律最终发展阶段导出法治后起国家移植普通法为"取法乎上"的最优选项。在移植美国司法制度过程中,师生二人也有保留,如陪审团制度。杨氏承袭庞德关于法律需因地制宜,不可全然照搬之论,坚决抵制引进论调[60],而在来往信件中,师徒二人甚至要携手对中国立法院主张陪审团制度者予以"沉重打击"[61],而这一保留源于庞德对陪审团濒临灭绝、日趋衰落、终成历史的判断。[62] 因此,可以说师徒二人在移植英美法的战略上继受与创新并举。

其次,杨氏在改革理念、司法中心、法学教育等上或转译于庞德,或直接与庞德共同谋划。兹以法学教育之举措为例。庞德尝谓,作为社会制度的法律,理性与经验在其形成过程中相辅相成,而杰出人物可以加速其完善。杨氏深以为然,并力推法律英杰的培养。法学教育成为支撑整个改革得以完竣的核心步骤,杨氏将之作为整个法律改革的前驱:"是以吾国目前改良司法之要图,与其谓制度之革新,毋宁为人才之选择。"[63] 庞德亦孜孜于为中国设计一整套美式的法学教育体系。二者在课程设计、图书馆建设、职业伦理培养等方面在在同步。如课程设计方面,重视法制史、比较法、司法伦理之讲授;采用案例教学法及注重实务操作的培训;杨氏指出,"国民经济的不景气、社会组织的趋于复杂以及宗教观念的变为薄弱,道德的标准格外容易降低。我们对于学法律的学生,倘再不顾到他们道德的修养,那无异替国家社会造就一班饿虎"[64],倡议法学院职业伦理课程,以培养法科生健全人格。因为在庞德的理论体系下,唯有

---

[57] 参见艾永明、陆锦璧编:《杨兆龙法学文集》,法律出版社 2005 年版,第 573 页。
[58] 参见上官丕亮:"杨兆龙先生'活宪法'思想探析",载《法学》2014 年第 2 期。
[59] 杨兆龙:"司法改革声中应注意之基本问题",载《经世》1938 年第 1 卷第 2 期。
[60] 参见杨兆龙:"欧美司法制度的新趋势及我国今后应有的觉悟",载《经世》1937 年第 1 卷第 1 期。
[61] 参见艾永明、陆锦璧编:《杨兆龙法学文集》,同前注[57],第 470—472 页。
[62] Roscoe Pound, "What is the Common Law", 4 *University of Chicago Law Review* 176 (1937).
[63] 杨兆龙:"美国司法现状之一瞥",载《现代司法》1935 年第 1 卷第 3 期。
[64] 杨兆龙:"中国法律教育之弱点及其补救之方略",载《东吴法学杂志》1934 年第 7 卷第 2 期。

一批批训练有素的律师、法官、教授的产出,方能通过司法人才的美国化最终成功将普通法嫁接到中国。

此外,从改革过程中师生的默契配合亦不难发现二人移植美国法制的努力。自1946年庞德提出"肯认现行法,笃力解释法典著述"的初步意见后,其在杨氏协助下完成的"中国法学中心"计划、编纂中国法通典的倡议以及法学教育等易辙英美法的革新方案即是从法源、法律技术、司法等向英美法的全面转向。以两人名义共同提出议案、主持教科书编纂、着手司法调查在在昭示庞杨师徒二人的齐心协力。庞德抵达中国后,杨兆龙几乎全程陪同并出任翻译,协助庞德对中国法制的介绍与研究,称庞德操刀的此次国民政府法律改革为师徒二人转亦不为过。或是由于杨兆龙在礼聘庞德及法律改革中的核心作用,有学者称杨兆龙为庞德中国之行的"灵魂人物"。[65]

2. 国民党当局的政治盘算

内忧外患,戎马倥偬之际,当时国民党当局的最高领袖蒋介石1946年三次接见庞德,接待规格之高,诚清末冈田朝太郎之辈所无法企及之殊遇。当局如此礼遇庞德,管见以为,是在政治目的驱动下移植美国法制的急切心态使然。

(1) 内外交困的政治局势

抗日战争甫一结束,国民政府之腐败令人触目。军阀之间的矛盾也让国内局势不容乐观。更为致命的是,战时盟友美国及其民众已日渐丧失了对国民党当局的信任,美国本土对国民党的批判潮流日益上涨,甚至政府部门人员批判蒋介石及其国民党根本不是自由主义者,更未获得广大民众支持,以中共为沟通对象的外交政策才是上乘选择。[66] 国民政府为了营造师法美国的氛围,在庞德抵华前邀请了诸多美国学者及官方人士来华旅游考察,强化自己实现美国化的形象。[67] 此时,倘能礼聘在美国具有广泛影响的法学家主持法律改革,无疑将是修复中美同盟,向世界宣示自己自由主义特质的高效方式之一。甚至可以借助美国硕彦的影响,重新获得美国社会的信任,从而扭转不利于自己的政治局势。是故,庞德因其在英美法系国家,尤其是在美国的权威学术地位而入于国民党当局思虑彀中。

(2) 国民政府师法美国之决心

近代中国镜鉴域外之际,无论是宪政设计还是私法体系,法政先贤总是力图"取法乎上"。美国在"二战"中所展示的强大,尤其是中美合作抗日过程中美

---

[65] 参见刘正中:"庞德与中国之法制——1943年至1948年之中国法制历史",同前注[8]。

[66] Jedidah J. Kroncke, "Roscoe Pound in China: A Lost Precedent for the Liability of American Legal Exceptionalism", *supra* note [5]。

[67] 关于美国前驻华法院法官密尔顿·海尔密克受国务卿委派应邀访华之介绍。Tsao Hwa Loh, "Judicial Appointive System in China and How It Operates", *The Panel*, 1945, p. 6.

国制度在中国的传播,使得抗战后百废待举的国民政府在法治复建领域决意踵效美国。随着战后美国法在日本、德国移植的巨大成功,美国法更为他国瞩目。[68] 这坚定了国民政府师法美国的决心。1943年国民政府司法行政部即着手司法复原工作并拟订了具体计划。[69] 从人员、法院、监所等皆精心部署,并成立实验地方法院、邀请美国专家学者、派员出访考察美国法制等皆为革新法律体系计。

时任司法行政部部长谢冠生去信庞德有言,国民政府意欲聘请良久,因日本侵略而迁延至今[70],彰显中国政府师学美国法制非一时权宜,而是既有之方针。从官媒社论中亦可窥获此一端倪。首先,肯认"有绝对的必要"以庞德之意见改造固有之实体法与程序法。其次,明言庞德学说将改变目前中国法学家、实务家的基本观念(主要系欧陆法观念),且经由庞德之影响,现行法将进入新纪元。最后,申言庞德将协助刷新司法制度,通过革命与创造建立中国新法学。由此可知官方笃力以庞德学说来重塑中国法、重构法学的态度显而易见。从当局之施政来看,易辙美国法制度之倾向亦颇为明显。"二战"尚未结束即于1944年邀请美国在华法官Milton Helmick考察了国民政府司法改革之成果,并与国民政府高层孙科等长谈,就司法体制提出淡化欧陆法色彩而转型英美之建议。[71] 事后,美国司法部邀中方回访,倪征燠衔命赴美并亲往哈佛大学盛邀庞德担任法律顾问。可见,聘请庞德是当局试图继受美国法制度的重要一环。

最能体现国民政府易辙美国法意图者,恳请庞德提出中国宪政设计之意见。国民政府一直宣称要建立美国式的宪政民主政府,而宪法的起草美国也介入甚深。庞德关于中国宪法的美国宪政模式的解读在后文将有详述,此处仅以庞德对司法体制改革之建议立论,庞德与当局共谋美国联邦最高法院的模式。是时,宪法关于司法院之定位模糊,未展现美国联邦最高法院的清晰痕迹,然而在庞德主持改革期间,1947年3月颁行的《司法院组织法》开设大法官会议,以大法官9人组织之,行使解释宪法并统一解释法律命令之职权。美国式最高法院模式从人员组成到职权全盘继受过来。后因法界人士掣肘而作罢[72],但美式大法官释宪的模式仍予保留。

综上分析,诚邀庞德,虽然有国民党当局因应内外局势而权宜的动机考量,符合国民党当局提高政府知名度、扭转国民政府形象的预期,但当局复建战后司法、继受美国法之用心不可不察。庞德因个人志业契合国民政府法律改革之

---

[68] See Jedidah J. Kroncke, "Roscoe Pound in China: A Lost Precedent for the Liability of American Legal Exceptionalism", supra note [5].

[69] 参见刘正中:"庞德与中国之法制——1943年至1948年之中国法制历史",同前注[8]。

[70] Roscoe Pound Papers, Part 3, Reel 68, 247, supra note [37].

[71] 参见刘正中:"庞德与中国之法制——1943年至1948年之中国法制历史",同前注[8]。

[72] 参见翁岳生:《法治国家之行政与司法》,台湾元照出版公司1994年版,第416页。

方向,及与吴经熊、杨兆龙等移植英美法制之共鸣而欣然受聘。或可以说,庞德的中国之行,是在学者下种、政府培植、客卿志业下合力生成的果实。

四、庞德重塑中国法之改革:易辙英美的标鹄预设

谢冠生去信诚邀庞德时使用了顾问(adviser)一词,具体的职责描述模糊:"司法行政部顾问,主要是为司法改革提供建议与材料以及对司法院的其他事项提供指导。"[73]从文本中可见,庞德主要是对现行法进行修补作业,而且局限于司法。这与庞德及美国同仁的来华预期——实现中国法的美国化——相去甚远。由此,也开启了庞德颇具策略的"暗度陈仓"式法律改革。庞德在中国之言,与其向来所持之理论相悖;在大陆法系与英美法系之论述上与其法律进化学说有违。而庞德在中国之行,又重回自己理论之正轨。这种"言"与"行"的对立显然非无心之过,而是另有筹划。管见以为,认真检讨庞德在华改革之实践及其相关论说,扒梳庞德"暗度陈仓"之筹划方能收拨云见日之效。

(一)庞德关于大陆法与英美法的研判

庞德视域内比较法之研究仅限于其认为的成熟法系:大陆法与英美法。[74]推进中国法转轨英美法是基于庞德对两大法系的研判及益格鲁美国法为法律进化终极稳定状态的论断。欧洲大陆诸国在12世纪罗马法复兴的润泽下逐步以罗马法为基础建立起特色各异的法律体系,并因具有共同的罗马法烙印而被称为罗马法系或大陆法系。英美法则以英国普通法为基础,随着殖民扩张移植到世界各地,其成效卓越者为美国,俗称为英美法系或普通法系。大陆法诸国在继受罗马法之际,往往因应环境而有所创制,是以,有论者主张欧陆各国法制之间不同之程度,并不亚于其中任何一国法制与英国或美国法制不同之程度[75],甚至囿于大陆各国法制内容之殊分,有学者质疑其为与英美法相对的独立体系。而英美法系之中坚美国法与英国法区别綦大,英美法现代化过程中成文法大量增加也是事实,因此以英美法系统合判例法国家似乎越来越牵强。此外,17世纪以来两大法系渐进融合,互相借鉴,二者不再那么泾渭分明,区别日蹙。是时,司法制度与法律技术是当时大陆法与英美法分野的主要表征。师承庞德的杨兆龙尝谓,大陆法与英美法内容相同的部分远超过其不同的部分,且不同部分之比重并不大于大陆法系各国法律彼此之差别,唯在司法组织与司法程序上有质的分野。[76]进而断言,"法律技术的不同是大陆法与英美法的主要

---

[73] Roscoe Pound Papers, Part 3, Reel 68, 247, *supra* note [37].

[74] Roscoe Pound, "The Study of Roman Law", *Nebraska Legal News*, July 25, 1896.

[75] Francis Deak, "The Place of the 'Case' in the Common and the Civil Law", 8 *Tulane Law Review* 377 (1934).

[76] 参见艾永明、陆锦璧编:《杨兆龙法学文集》,同前注[57],第212页。

区别"。[77] 庞德亦谓:"近代罗马法与普通或英美法的区别属于形式及技术者多,属于内容者少。"[78] 在庞德的比较法理论中,技术又构成一种法律制度的极大成分,是必须借着法学著作及法律教育而流传、发展的东西,因此庞德在中国一再呼吁构建统一的法律教育是当务之急。

此为国民政府改革时期大陆法与英美法异同之实况,也是庞德师徒在法律改革中移植英美法举措设计的依据,即就法律内容立论,中国固有之欧陆法与普通法汇通之处不大,无须对成文法体系做伤筋动骨式革新,只需在其质的区别——司法组织与司法程序——上下工夫即可转轨普通法;就法律技术立论,则须大刀阔斧推进英美法之法律形式、法律分类、法律解释及适用程序等内容之移植。此外,庞德认为法学教育传统也是将两大法系区隔的决定性因素之一。[79] 其所主导的中国法律改革的一切举措的落脚点皆以美国法学教育制度的全面植入为宗。庞德在探讨世界法律秩序构建时,再次论证在规范内容与法律技术上,普通法较欧陆法优越。[80] 他以人权宣言为例,指出《世界人权宣言》取法欧陆法用抽象的说教、宽泛的保证来捍卫人权,而非如普通法那样开列具体的规范内容、救济程序以及通过司法适用而进一步落到实处的范例。欧陆法这种说教式的权利宣言仅仅是告知政府不应为何种行为,却未提供一个独立司法体制来追诉违法、救济权利,最终,抽象规范沦为具文而无法成为"活法"(law in action)。但是普通法很好地解决了这一难题,在形塑世界一体的观念、彼此休戚与共的氛围及通过一套司法系统切实保障个人权利落到实处上,普通法具有大陆法难以企及的功效,庞德以英美法制在日本、中国的长足发展预言了世界性普通法司法体制重建世界秩序的光明前景。[81]

庞德认为,欧陆法与英美法之同质性在于二者均悬自然法为鹄的[82],其不断进化发展的方向即臻于自然法。在自然法观念中,每个法律问题,都总有最优的普遍规则存在[83],比较法研究的使命就是从不同法律体系中去找寻或发现这一最优选项。至于源生于不同文化背景的"最优选项"能否移植于异质的环境,庞德则以事实反驳了历史法学派所谓的法律来自民族精神与习惯的不可移植论:很多美国法的形式与内容是由英美法系学者取法 18 世纪民法学者或

---

[77] 同上注,第 215 页。

[78] 转引自艾永明、陆锦璧编:《杨兆龙法学文集》,同前注[57],第 215 页。

[79] Roscoe Pound, "Philosophy of Law and Comparative Law", 100 *University of Pennsylvania Law Review* 1 (1951).

[80] Roscoe Pound, "Possibilities of Law for World Stability", 1 *Syracuse Law Review* 337 (1949).

[81] Id.

[82] Roscoe Pound, "What May We Expect from Comparative Law?", 22 *American Bar Association Journal* 56 (1936).

[83] Id.

19世纪潘德克吞学派而来。法国、德国的法律体系在世界各地的传播也反驳了历史法学派的论断。[84] 因此，无论是英美法的扩散实践，还是欧陆法的传播成功，均证明了异质法律移植解决本土问题的成功。正是欧陆法与英美法在内容上皆以自然法为准绳，且彼此借鉴，尤其是美国法形成时期欧陆法影响功不可没，所以在主持中国法律改革时，庞德并未汲汲于推倒国民政府时期既有之成文法体系，而是寄望于司法分支在解释与适用过程中通过自然法这一美容术将制度做美国化解读，其对中国宪政设计的解读即为著例。两大法系内容趋同、本质同一，遵循着不断进化的规律，但皆倒向稳定的有机体（organicism）。关于两大法系的博弈，随着比较法研究的深入，庞德成为美国普通法卓异主义的忠实拥趸。他认为，普通法之韧性与活力使得它在与其他法律传统碰撞的过程中不落下风。如美国立国之初普通法战胜罗马法成为继受对象[85]；盎格鲁美国法形成时期，普通法赢得对法国法、西班牙法等欧陆法的竞争等[86]。此外，从移植历史看，继受法国民法典的路易斯安那州、传承罗马法的苏格兰皆不断汲取普通法的养分，甚至从法典、概念术语到法律思维训练皆采用欧陆法系的南非最终不得不宣告：唯有盎格鲁美国法才是最优选择。[87]

庞德对法律发展史的研究，强化了其普通法卓异立场。关于法律进化的历史，言人人殊，如理想主义解释、宗教解释、政治解释、经济解释等，庞德质疑将法律的发展作为某一种观念进化副产品的做法，认为各种观念在法律进化过程中扮演的角色皆不可小觑。因此，庞德用生物学上的"多源发生说"（polyphylesis）来解释法律的发展历史：法律体系经历不同形态的进化，在最后阶段上稳定下来。[88] 庞德将其植物进化的目的性有机体理论（teleological organicism）运用于对所有法律体系发展历史的分析，他认为法律的发展有一个内在的动力推进其最终目标。它们依次是古代法（archaic law）、严格法（strict law）、衡平法（equity）、成熟法（maturity of law）、社会法（socialization of law）[89]，进化链条最顶端的社会法在经历一系列演进后实现最终的有机统合。[90] 在这个有机体里，法律问题不过是其中的一部分，通过综合的社会工程，能找到法律问题的

---

[84] Id.

[85] Roscoe Pound, "The Future of the Common Law", 7 *University of Cincinnati Law Review* 343 (1933).

[86] Roscoe Pound, "What Is the Common Law?", *supra* note [62].

[87] Roscoe Pound, "Puritanism and the Common Law", 45 *American Law Review* 811 (1911).

[88] Id.

[89] Roscoe Pound, "The End of Law as Developed of Sociological Jurisprudence", 27 *Harvard Law Review* 195 (1914).

[90] Roscoe Pound, "The Scope and Purpose of Sociological Jurisprudence", *supra* note [29].

最优解。而有机体最核心的部件,即庞德在作品中反复强调的普通法传统(common law tradition)。诚如他指出,普通法提供了解决现代社会秩序构建的充分方案,工业社会的新兴问题也不例外。[91] 因此,普通法预设了解决所有社会具体问题的涵养,是有机体发展的最终阶段,是所有法律体系的进化终点。换言之,通过普通法来实现的社会控制(social control)可以解决实践中所面临的问题。[92] 庞德关于两大法系的自然法本质的认知及导向有机体的法律进化理念,加上"普通法是最至高无上之法律"的论断[93]及在世界上的成功实践,使其得出了普通法卓异及移植可能性的命题。此外,其美国促进世界进步及法学家责任之使命感[94],催生了"老骥伏枥,志在千里"的庞德远涉重洋来华实践普通法移植的使命。

(二)中国法的庞德表述:明修栈道

为了将其认为的法律发展的制高点——美国普通法移植于中国,庞德对中国法现状的解读非常微妙。一方面,申言虽落后,亟须改进者多,但通过其社会学法理学,实现美国化大有希望;另一方面,彰显国民政府对美国文化的认同及开放态度,但需要知识精英的推进来加速实现之。庞德以此论证其参与中国法律改革的必要性。一言以蔽之,其论述中国法的目的是为其革新大计铺路。

1. 对中国法律传统的评述

在庞德的理念中,"法律乃文明之产物,反过来法律又推进文明之进步。"[95]以时间刻度来理解法律应为:回首过去是文明产物,立足现在是贮存文明之方式,至于将来是推进文明之动力。[96] 因此,文明秩序的延续与进化皆仰赖法律体系的运作。没有良好的法律秩序,经济的秩序亦无从谈起。[97] 尤其是,关于文明与法律的互动关系,庞德认为法律在文明演进与文化认同上具有核心作用。[98] 所以对中国法律传统之阐述成为庞德推进改革首先要解决的理论问题。

---

[91] Bruce Wyman, "Book Reviews: The Special Law Governing Public Service Corporations and All Others Engaged in Public Employment", 25 *Harvard Law Review* 97 (1911).

[92] 有论者将之作为功利主义的诠释,参见丁南:"从自由意志到社会利益——民法制度变迁的法哲学解读",载《法制与社会发展》2004年第2期。

[93] Roscoe Pound, "Justice According to Law", 14 *Columbia Law Review* 1 (1914).

[94] Roscoe Pound, *Contemporary Juristic Theory*, Littleton, Colo.: F. B. Rothman, 1940, pp. 2—3.

[95] Roscoe Pound, *Interpretations of Legal History*, New York: Macmillan, 1923, p. 143.

[96] Id.

[97] Roscoe Pound, *Some Problems of the Administration of Justice in China*, National Chengchi University, 1948, p. 65.

[98] Edward B. Mclean, *Law and Civilization: The Legal Thought of Roscoe Pound*, University Press of America, 1992, pp. 1—4.

公开的论说中,庞德对中国法律传统持审慎的肯定态度,甚至对"中国法律传统无益于当下改革"的论调提出反驳。[99] 在演讲中,庞德对中国继受欧陆法而形成的法律传统极为推崇,探讨殊为详尽,分别从罗马法之规范性与系统性、英美法镜鉴的复杂性等正反两面加以论证。[100] 而且,庞德还一再宣称,中国的传统道德习俗与法律传统要予以考虑。[101] 甚至认为,如果可能,中国现代法律体系的大厦架构在固有的法律、政治、伦理等制度传统之上,将是更为可行且妥适的选择。[102] 他在评价作为比较法产物的中国宪法时,直言其中有不少是根植中国人耳熟能详的历史、制度及传统观念中的[103],甚至强调研习中国的经史子集对司法人员解释及适用法律至关重要[104]。虽然庞德本人未必研读过国学经典,但这无疑折射出其法律继受只有实现本土化才能延续生命的社会学法理学论点。因为,司法对法律的阐释唯有匹配"民情""传统"等文化基因方能落实到个体的法律意识而将"异质排斥"的程度降到最低。

然而,在庞德的话语中,抽离英国传统法律文化的背景,几乎无法衍生出美国法。中国传统法制及伦理习惯决定了其进化出美国法律模式的惘然。因此,移植英美普通法只能通过理性选择和模仿,传统法制中无经验可汲取,甚至有抵触。[105] 中美之间的文化冲突可以说随处可见,再加上中国法文化中摄入了不少苏联法制的元素,文化的调和难度更不容小觑。但庞德法律进化理论中的有机体假设使得他依然对法律移植乐观,而且,日本移植欧陆近代法律体系的成功使他坚信法律可以跨过文化的鸿沟。[106]

因此,庞德虽然多次强调法律的中国特色,公开演讲中也多有褒扬,但对于中国法律传统的观察,庞德的真实评价并不高,甚至不认为中国历史上有西方话语下的真正法律体系。自唐迄清,中国法是一些关于个人关系、个人与家庭

---

[99] Roscoe Pound, "Comparative Law and History as Bases for Chinese Law", 61 *Harvard Law Review* 749 (1948).

[100] 参见庞德:"法律与法学家——法律与法学家在现代宪政政府中的地位",载王健编:《西法东渐——外国人与中国法的近代变革》,同前注〔9〕,第419—433页;庞德:"近代司法的问题",载王健编:《西法东渐——外国人与中国法的近代变革》,同前注〔9〕,第461—483页。

[101] Roscoe Pound, *Some Problems of the Administration of Justice in China*, *supra* note 〔97〕, p. 11.

[102] Roscoe Pound, "Comparative Law and History as Bases for Chinese Law", *supra* note 〔99〕.

[103] Id.

[104] 参见庞德:"关于中国法律教育问题的初步报告",载王健编:《西法东渐——外国人与中国法的近代变革》,同前注〔9〕,第532—533页。

[105] Roscoe Pound, "Comparative Law and History as Bases for Chinese Law", *supra* note 〔99〕.

[106] Roscoe Pound, "The Chinese Civil Code in Action", 29 *Tulane Law Review* 277 (1955).

关系及政府关系等伦理观念的汇总，其并非致力于矫正私人关系，规制私人行为，而是以维持社会普遍的和谐为宗旨。[107] 因此，庞德追溯中国法律传统起于清季修律，主要是 1930 年后的民国法制，而之前不过是伦理规则与观念的集合。

2. 对中国法律体系的观察

庞德在公开的演讲与报告中，不乏对中国法的溢美。对我国继受之欧陆法系，称誉尤多。在同中方要员商谈时表示："（自己）虽为美人，但对大陆法系造诣甚深，今后决不拟强以英美法系精神加诸今日实施大陆法系之中国。"[108] 庞德深信中国仿行罗马法之制定法"为一明智的抉择"，此时易辙英美，变更已走很远的罗马法路子，当慎重。[109] 对于中国选择以法国为蓝本设计司法组织，亦颂为"明智"。[110] 在论证中国法问题前，总是策略性地宣示"中国已有很优良之新式法典，今后不应该再详细模仿别的国家了"。[111] 甚至在比较鉴别后论断，中国法典很完美，优点繁多，可与任何现代法典相媲美。如论述《中华民国宪法》时，中国宪法起草者制度设计"殊属可嘉""殊属妥适"等褒扬常凝于笔端。[112] 考察《中华民国民法典》时，甚至认为其已跻身现代法典之最优行列。[113] 中国抄袭模仿域外制度的时代已经一去不复返，为今之计，是思忖如何架构中国法自己的大厦。[114]

与之对应，对于其赋予崇高位阶的普通法，庞德在中国公开的演讲中综括阐释为，囿于普通法的独特，不适于在短期内重建法制的中国，罗马法无疑是目前妥适之选择。[115] 庞德在与中国法律精英及官员们交谈时，反复否认其将普通法植入中国的事实。其言继受现代罗马法的民法典在适用上并无窒碍[116]，

---

[107] Id.

[108] 官方媒体对庞德来华的报道，庞德席间所做承诺。参见庞德："改进中国法律的初步意见"，载王健编：《西法东渐：外国人与中国法的近代变革》，同前注〔9〕，第 74 页。

[109] Roscoe Pound, "The Chinese Civil Code in Action", *supra* note〔106〕.

[110] 参见庞德："法院组织与法律秩序"，载王健编：《西法东渐——外国人与中国法的近代变革》，同前注〔9〕，第 443 页。

[111] 参见庞德："近代司法的问题"，载王健编：《西法东渐——外国人与中国法的近代变革》，同前注〔9〕，第 477 页。

[112] Roscoe Pound, "The Chinese Constitution", 22 *New York University Law Quarterly Review* 194 (1947).

[113] 参见庞德："改进中国法律的初步意见"，载王健编：《西法东渐——外国人与中国法的近代变革》，同前注〔9〕，第 62 页。

[114] 参见庞德："近代司法的问题"，载王健编：《西法东渐——外国人与中国法的近代变革》，同前注〔9〕，第 482—483 页。

[115] Roscoe Pound, *Roman Law in China*, (s. l.): (s. n.), 1953, p. 444; Roscoe Pound, *The Law in China as Seen by Roscoe Pound*, in Tsao Wen-yen (ed.), *The Law in China as Seen by Roscoe Pound*, China Culture Publishing Foundation, 1953, pp. 10—11.

[116] Roscoe Pound, "The Chinese Civil Code in Action", *supra* note〔106〕.

这无疑为中国法律现代化的佐证。强调中国法律在实践及构想上的现代性,因为此特性为历史终点之普通法落脚提供了制度空间。但他同时指出中国现有的欧陆法律体系落后,需要美国法的洗礼。[117]

然而,面对美国听众,庞德则以另一幅面貌呈现。鉴于中国具有浓厚专制主义色彩的欧陆法,如果庞德改革旨在推动欧陆法系理论在中国的完善,那么就与其初衷——将中国之行看成一场对专制主义的战斗——相悖。其一贯秉持的"普通法不仅与欧陆法分庭抗礼,而且影响将进一步扩大"的论调也将不攻自破。[118] 所以,庞德尽可能地避免在美国国内以推进欧陆法为其中国改革的底色。面对欧陆法色彩浓厚的中国法典,强说普通法的影响,显然难有说服力,因此,庞德不得不承认中国的欧陆法系传统。但是,这样的表态后,庞德往往倾力论述美国法核心制度之重要性,如司法独立、司法审查、法官造法、法学教育等,并申言,这些都将成为中国法律改革的目标。[119]

因此,在一番对中国法律的恭维之后,庞德往往话锋斗转,认为法典初备之后,比较法的任务不再是在引进域外制度与规则上下工夫,而是着手适用与解释的技术。[120] 庞德的公开演讲中透露了这样的讯息:明智的法律改革方案,并非移植几个国家的具体实践或基于假定情形的抽象方法,而是解决中国的具体问题。然而,在具体操作上,庞德无时无刻不将具体举措揉进其普通法卓异、法律进化的理论中。

3. 对中国法表述的"口是心非"

从庞德关于中国法律传统及现存法律体系的论断来看,与其理论相对照,难逃"口是心非"的嫌疑。那么,是不是因为对中国法的研究及实证考察导致庞德矫正了其法学理论呢?检讨其中国法研究的脉络,不难发现并非如此。

从庞德的学术生涯来看,其对中国的关注或可总结为以下三段:(1)间接的关注,开始于罗马法。庞德将中国法制历史缩短为清末继受欧陆法系以来的时间。(2)哈佛期间,作为校长对东方学的重视。(3)来华实地考察其间,从中国学者、传教士的介绍处得知。

庞德在中国的演讲中,经常提到对大陆法的研究,尤其是罗马法,申言罗马法的规范与技术更适应当下中国。然纵观庞德的学术生涯,其对大陆法的研究几乎皆通过德、法学者论著所获致的罗马法知识。诚如前文所述,庞德认为相

---

[117] See Jedidah J. Kroncke, "Roscoe Pound in China: A Lost Precedent for the Liability of American Legal Exceptionalism", *supra* note [5].

[118] Roscoe Pound, "What Is the Common Law", *supra* note [62].

[119] Roscoe Pound, *Law and the Administration of Justice*, Sino-American Cultural Service, 1947, pp. 43—74.

[120] Roscoe Pound, "Comparative Law and History as Bases for Chinese Law", *supra* note [99].

较于其耕耘一生的普通法,罗马法及其现代化成果欧陆法皆"不足为训"。而民国法律,以民法典为例,兼采德、法、日、瑞、暹罗等法典之长,庞德以德国为范本之罗马法研究套用于中国法典的论述或许有容商榷之处。而且,在论述中国法典完善时,庞德很少着力考证具体制度,而是笼统地从体系结构等模糊的宏观面阐释[121],以此佐证对中国法的系统研究或更牵强。

庞德执教哈佛时,时任校长 Charles Eliot 教授,大力推动对中国的研究[122]。或许20世纪早期的美国社会与学界对中国的了解及印象皆是中国给庞德初刻心影的素材,但该期间亦未有证据表明其对中国有何特别的关注。庞德一直宣称对中国法史与中国法的细致研究是其改革方案的基础,而且这些论述都建立在扎实的实证调查基础之上。然而事实是,庞德发表有关中国法的文章最早在1947年[123],由此可推断其对中国法制的研究应早于此时。而其对中国司法机关的实证考察始于1948年,且未完成调研即向国民政府提交了其庞大的法律改革计划。所以,如果说庞德关于中国改革的广阔蓝图非其早年研究的重整汇编而是考察中国实际后因地制宜的方略,似乎很难令人信服。

总之,庞德对中国法及其传统的描述总是在褒扬与缺陷间寻找平衡,对固有法律体系有节制地肯认,一来营造对欧陆体系亲善、不会尽弃的表象,尽可能减少改革阻力;二来突出中国法继受欧陆法之现代性,这是普通法得以移植的前提。因此,庞德既要明示中国法的现代性,又要婉转地表达仍需改进的必要,否则普通法植入的可能性与正当性将受到质疑。对庞德这一权宜策略表现得最淋漓尽致者,或许是其关于中国新民法典之论述:"以后中国的法律不必再一意追求外国的最新学理,中国的法律已极完美,往后的问题,应当是如何阐发其精义,使之能适应中国的社会,而成为真正的中国法律。"[124]其盛赞民法典将各国最新立法例几已收罗殆尽。将立法的完美褒于前,对解释和适用法典的忠告于后,切中肯綮,抑扬之间,落脚到革新的急切。

(三)中国法的庞德鼎革:暗度陈仓

庞德在公开的演讲及论著中不乏对中国特色的强调,看似与其移植普通法的用心相悖,其实不然,因为庞德将其社会学法理学视为中立的法律科学,非专属于美国法的理论阐述。特色并不拒斥普适方法。诚如前述,庞德认为司法制度、法律技术、法学教育传统之分野是大陆法与英美法在当代最本质之区别,欲使中国从欧陆法易辙英美法无疑需从这些方面下工夫。具体而言,司法制度非

---

[121] Roscoe Pound,"The Chinese Civil Code in Action",*supra* note [106]。

[122] Charles W. Eliot,*Some Roads Towards Peace: A Report to the Trustees of the Endowment on Observations Made in China and Japan in 1912*,The Endowment,1914.

[123] Roscoe Pound,"Comparative Law and History as Bases for Chinese Law",*supra* note [99]。

[124] 参见王伯琦:《近代法律思潮与中国固有文化》,同前注[10]。

汲汲于解构现有的法国组织模式,而是强调引进"法官的独立性"与"律师的善为运用"等英美法元素实现渐进变革。法律技术则从法律形式、法律解释与适用程序等全面导向英美法。改革措施虽驳杂,但仍是围绕立法、行政、司法三个面向打转,囿于当时的政治局势,庞德小心翼翼地聚焦于立法、司法体制循序渐进之变,以最终实现美国式宪政民主体制在中国的确立。

1. 立法体制的釜底抽薪:法源重构

庞德对立法体制的思考,因1930年与法律现实主义拥趸们的论争而转变,其将立法机关作为法律之始的信念产生了动摇。[125] 这一改变也直接反映到了中国的法律改革上,即以民间机构与法官、法学家的法律解释等作为法律之始,变相弱化立法机关的职能。

(1) 司法裁判的法源化

在普通法国家中,立法与司法判决为主要法源。维持成文法不易的前提下,庞德致力于判决的法源化,即"法官造法"。与大陆法系不同,根据普通法的传统,司法官对先例判决的解释及适用并非对既有法律的解释,而是一个发现新规则或原则的造法过程。[126] 质言之,即司法裁判非简单法律的严格适用,而是法律的发展。而且庞德根据对法律史的追索,认为"法官先于法律,法律的草创始于法庭"[127],指出中国民法典的起草从司法裁判中汲取经验即为明证。[128] 因此,司法裁判的法源化不乏理论与现实的资源,法官造法具有在中国嫁接的可行性。庞德在提交给中国立法改革的建议中,力推"法条广作弹性之规定,留有解释余地"即意在立法尽可能疏阔,留给法官造法以广阔空间。在对中国司法裁判法源化的推进中,庞德除了在理论和法史上的论证外,还以对既有法典的适用实践来补强之。规则有限,而人事无穷,法律空白的情形不可避免。"规范饥渴"的处理,庞德否认等待迟延的立法来弥隙。[129] 其以《中华民国民法典》第1条有关法源的种类及其适用顺序为例,无论是"习惯"还是"法理"皆需要在适用中加以解释,而这一任务的承担者为法官。法律的发展离不开立法、判例、学说三者的互动,而立法的滞后性与司法裁判(尤其最高院裁判)的说服性权威

---

[125] Roscoe Pound, *The Formative Era of American Law*, Little, Brown, 1938, pp. 69—70.

[126] Roscoe Pound, "The Political and Social Factor in Legal Interpretation: An Introduction", 45 *Michigan Law Review* 599 (1947).

[127] 参见庞德:"法院组织与法律秩序",载王健编:《西法东渐——外国人与中国法的近代变革》,同前注[9],第434页。

[128] Roscoe Pound, "The Chinese Civil Code in Action", *supra* note [106].

[129] Roscoe Pound, "The Political and Social Factor in Legal Interpretation: An Introduction", *supra* note [126].

(persuasive authority)[130],使得法官事实上肩负更重的找法任务。[131] 因此,司法裁判的法源化是庞德在中国确立"法官造法"制度的实践。诚如前述,当时两大法系融合,成文法在普通法中日渐增多,而判例的作用在欧陆法也日臻重要,但是在欧陆法国家将判决普遍地视为具有与成文法同等位阶的法源,肯认法官造法角色的做法放在当下亦不失为法源体系的颠覆性变革。其向当局所提之"加强法律教育,储备司法人才"的改革建议即为这一颠覆性变革提供了基本条件。

(2)中国法学中心的"影子立法"

尽管庞德肯认逊清法制近代化的立法成果,并声称其改革之主要目的在于落实固有法典契合中国之实际,然从具体举措观之,其视角非仅局限于法典司法适用与解释,而是颠覆立法体制。"中国法学中心"(The Juristic Center)是实现颠覆的工具,笔者称之为"影子立法"。庞德向美国同行介绍"中国法学中心"的任务即明白无误地宣告了其企图:统合法律原则以助益法典的解释与适用,通过司法裁判推进其发展。[132]

首先,该中心之急务即构建现代中国法,由资深法官、实务法律人、教授等组成的组织尽速完成法典解释与适用方法的统一以整合参差不齐的司法适用现状。中心整编之法律论著直接具有为法官引用之效力。[133] 其次,为统合各部门法的适用,庞德将美国法律重述的经验引介到中国。此即中心的另一任务:中国法典编纂。且这一编纂并非各部门法简单拼凑的汇编,而是将现代中国法以一个有机整体呈现——中国法通典(Institute of Chinese Law)。[134] 庞德毕生推崇普通法,但是对其缺乏体系性方法深为忧虑,一直试图寻找一种将侵权法、合同法、财产法等其他普通法的具体分支统合的路径[135],然而直到去世,憾未完成。中国法通典的实践,可以说是其小试牛刀。最后,也是该中心能否践行使命之关键,即机构必须为私人团体,其所编纂之通典、所出版之专著皆无须经由立法程序而因其说服性权威而得作为法官裁判之依据。[136]

如果说"统一法典之解释与适用"还在围绕欧陆法典传统打转,那么,从其

---

[130] 庞德将立法视为法定权威,而司法裁判为说服性权威。后者同样为正当性法源之一。Roscoe Pound, "The Chinese Civil Code in Action", *supra* note [106]。

[131] Roscoe Pound, "The Chinese Civil Code in Action", *supra* note [106]。

[132] Roscoe Pound, "Law and Courts in China: Progress in the Administration of Justice", 34 *American Bar Association Journal* 273 (1948).

[133] Roscoe Pound, "The Chinese Civil Code in Action", *supra* note [106]。

[134] 庞德关于编纂委员会之组成、法典各章内容之安排等详述,参见庞德:"创设中国法学中心刍议",载王健编:《西法东渐——外国人与中国法的近代变革》,同前注[9],第500—503页。

[135] Roscoe Pound, "Pound's Remarks at the Annual Meeting of the Association of American Law Schools", *Report of the American Bar Association*, 1912, p. 933.

[136] Roscoe Pound, "The Chinese Civil Code in Action", *supra* note [106]。

对"中国法学中心"之定位及其法典汇编之效力来看,已经彻底滑向了普通法的轨道。从长远来看,立法机关之立法因其僵化、滞后而日益边缘化,甚至诸多立法的动议亦以中心汇编之作品为依归。通过中国法学中心的立法职能定位、统一著述与统一法律之解释与适用等动作,两大法系之主要区别——法律技术——已完全以普通法要素置换了欧陆法成分。庞德还鼓励"中国法律专家(教授、法官、教师),注释中国法典",并通过中国法学中心纳入法律渊源的范畴以实现判例法中学说功能的植入。综上可知,面对继受欧陆法系的立法体制及已成型之法典,庞德并无短期革新的兴趣,与立法程序的变革相比,其更寄望于司法裁判来挹注普通法于中国的长期过程。以法律人为核心的中国法学中心在造法、释法、统一法律适用等方面的工作,使得这一民间机构取得"影子立法"之地位。无论是司法裁判还是影子立法皆是一个长期的过程,所以,庞德一再于美国人面前阐明,短期内普通法规范采纳的多少,并不是衡量中国法美国化程度的指标。[137]

2. 宪政体制的明奉暗革:司法中心(jurisdiction centralism)

以往论者,关注的重心多集中在庞德应国民政府司法行政部门及教育部之聘而对相关领域的改革,鲜有着力论述庞德对民国宪政设计的意见的。这或是其来华主持司法改革的"弦外之音",但却是其将中国法导向英美法的重要步骤。当局寄望庞德对民国宪法草案建言献策,面对如何将美国宪政原理挹注于颇具欧陆法性格之中国宪法这一难题[138],其解决方案即构建以司法为中心的司法审查权。

首先,经由一番比较法的研讨,庞德赞誉中国宪法草案的完美。然庞德亦直抒对宪法解释和适用上的隐忧:如何调和比较法与中国历史传统及思维模式的平衡,尤其是如何将镜鉴美国法的规范调试于肇基欧陆法的宪法,颇为棘手。[139] 解决的方案还是适用,即法官及法律教授们熟稔欧陆与英美两大法系之解释与适用方法,进而日渐权重美国法传统之特色。申言之,庞德解读中国宪法接续美国法传统,强调宪法的司法化,不仅详细开列了公民具体权利,而且配置了强势的美国式司法审查权。[140] 其次,通过对孙中山"三民主义"的庞德

---

[137] See *Pound Discusses Legal Reform in China After Visit*, at http://www.thecrimson.com/article/1946/9/27/pound-discusses-legal-reform-in-china/, last visited on Nov. 11. 23, 2017.

[138] Roscoe Pound, "Law and Courts in China: Progress in the Administration of Justice", *supra* note [132].

[139] Roscoe Pound, "Progress of Law in China", 23 *Washington Law Review & State Bar Journal* 345 (1948).

[140] 关于庞德以美国宪制为蓝本解读中国宪法,并创造性解读出强势且独立的司法权的详细论述,参见陈范宏:"民国宪制设计的庞德方案:安全与自由的衡平",载《比较法研究》2017年第2期。

式解读,为中国宪法司法审查制度寻找理论支撑,并且断言,美国式的自由资本主义是孙中山三民主义的最终归宿。[141] 因此,孙中山思想指导下订立的宪法,不仅是如美国式的联邦主义,而且是中国国情所生之宪法。[142] 衡诸当时之国情,庞德不无遗憾地表示,囿于中国遵循法国法的法院体系及警察权的设置,中国宪法中有关权利保护的某些条款仅仅具有宣示价值。[143] 这些欧陆特色的问题均将由美国模式的宪法司法化来解决。司法中心的宪政架构是庞德社会学法理学的重要内容,其在中国的确立,将使得法律技术层面的法官造法、法律解释与适用程序等普通法内容逐步稀释欧陆法,最后完成取代。由此也导出了其对中国既有的法国式司法组织的突破:"大法官会议"释宪及统一法律解释即仿效美国最高院模式——九人模式。

综上以观,庞德从中国宪法条款中解读出司法审查权;通过对孙中山思想的策略性"曲解",将中国宪法解读为美国式政治哲学的产物。《大公报》等斥庞德关于中国宪法之意见为"外毒",其实未曾察觉庞德通过对宪法理论基础——三民主义——美国化的解读及司法审查权的点金,解决了中国宪法美国化与本土化的双向质疑,而这一置换将使得中国宪法司法化的特质与符合国情并行不悖。时评人可谓批判庞德的"明栈",却不知庞德"暗度"的苦心。

3. 司法体制的渐进鼎革:以法律人为中心

社会学法理学中,普通法的卓异性与可移植性需要一个完备的司法体制来维持。所以庞德一直呼吁对司法制度的革新及对法院功能的再认识。虽然经社实践的变迁使得立法日益庞杂,但这些成文法最终的走向仍然掌握在司法部门手中,他称之为真正"活的法律"(living law)。[144] 因此,庞德将司法制度视为比立法、行政体制等更为核心的改革内容。在司法组织的革新上,除"大法官会议"的设置稍有变动,庞德主要将司法体制的庞大改革计划通过法律人的重塑来实现。优良的法典固然重要,但"徒法不足以自行"——法典并不能自行解释和适用,因此在中国法典已备的情况下,法律人的角色至关重要。可以说庞德关于法律人的定位及由此对法律教育的强调是其主持改革的核心,也是其对中国司法体制改革的釜底抽薪之举。无论是司法裁判法源化,还是中国法学中心

---

[141] Roscoe Pound, "Development of A Chinese Constitutional Law", 23 *New York University Law Quarterly Review* 375 (1948); Roscoe Pound, "The Chinese Constitution", *supra* note [112].

[142] Roscoe Pound, "Law and Courts in China: Progress in the Administration of Justice", *supra* note [132].

[143] Roscoe Pound, "Progress of Law in China", *supra* note [139]; Roscoe Pound, "Development of A Chinese Constitutional Law", *supra* note [141].

[144] Roscoe Pound, "The Place of Procedure in Modern Law", 1 *Southwestern Law Review* 59 (1917).

的影子立法,抑或是以司法审查权为核心的宪法司法化等皆需法官、学者、律师等法律人素养的支撑,舍此,改革举措几无从落脚。因此,庞德将法学教育作为改革之始,反复强调"教育部明智地确认一个健全的法律教育制度,对中国有无限的价值"。[145]

首先,诚如前述,庞德将法官、法学家视为普通法进化的核心动力。在华的报告中其多次强调二者的重要性。庞德将宪法基本原则的阐释重任寄望于法学家,而且申言相较于民法领域,法学家在宪法领域的作用更加突出,没有法学理论辅弼的司法裁判将大大折损其说服力。[146]此外,中国法学中心的核心组成阵容之一即法学家,而作为法源的"学理"及司法官引证说理之依据也主要来自法学教员们。如,在关于中国宪法司法化的论述中,庞德将提炼宪法基本原理的责任托付给法学教授。他认为从体系化的司法裁判萃取基本原则和学理作为以后判决之基础,法学教授们责无旁贷。[147] 同时,他也敏锐地察觉到,法学家的专业性、传统主义等特质使其成为社会进步的天然领导者,但是也是其行动与思维局限性的来源。[148] 对这一事实的清醒认识,也导出了庞德有关司法变革的基本态度:在强力推进变革之时,采取渐进而谨慎的方式。这一思维模式在其担任法学院院长、主持中国法律改革时都得到了淋漓尽致的诠释,庞德将此"内急外缓"的改革心态称之为"保守的激进主义"(conservative radicalism)。[149]

至于具体适用的问题,则由法官担其责,法官在英美法系国家是普通法的口述者,而庞德改革中的宪法司法化、裁判法源化即将法官"口述者"的身份加持于中国的法官。而且,他将法官造法看成是法律持续进化的内在动力之一。[150] 作为中国法学中心人员构成中的要角,中心更是为"法官造法"提供了一个裁判以外的平台。而中心所编纂之法典也好,汇总的习惯、学理也罢,对于此类有说服力的权威性解释,最终认可权(persuasive authority)仍属于法官,究其实,乃法官认可中国法学中心之法学成果,并通过裁判使其具有了法源之效力。普通法发展另一不可或缺的配置即律师,所以庞德在改革中提出"法官

---

[145] 参见庞德:"法院组织与法律秩序",载王健编:《西法东渐——外国人与中国法的近代变革》,同前注[9],第445页。

[146] Roscoe Pound, "Development of A Chinese Constitutional Law", *supra* note [141].

[147] Id.

[148] Roscoe Pound, "Society and the Individual", *Proceedings of the National Conference of Social Work*, Rogers & Hall, 1920, p. 104.

[149] Roscoe Pound, "Reform in Court Organization", *Proceedings of the Texas Bar Association*, 1916, p. 211.

[150] David Wigdor, *Roscoe Pound-Philosophy of Law*, *supra* note [31], pp. 231—232.

之独立"与"律师之善为运用"[151]。教育体制改革即悬造就美国式"法官""律师"为鹄的。或可说,庞德将中国欧陆法体系彻底解构的希望寄托在法官的训练上。根据其司法在普通法发展中的核心作用理论,法官将成为普通法司法技术移植中国的先驱,改革计划的成败以法官再造工程之输赢为依归。无论法律的性格如何,解释和适用将是一个重新立法的过程,而结合其"法源重构"的举措,一个美国普通法性格日浓而欧陆特性渐黯的中国法将重生。

其次,庞德笃信固有法典经由法律人的适用与解释,将重塑中国的各项制度、伦理习惯以及中国关于权利等的观念。[152] 这与我国学者王伯琦先生提出的"法教"理念不谋而合。[153] 所以庞德在改革中并不热衷于中国法律现制的变革,而是通过对操作制度之"人"的重造"曲线救国",庞德开出的药方即美国法学教育体制的全面植入。诚如前述,作为两大法系分野的决定性因素之一,法学教育体制的变革也是易辙英美法所必不可缺的一环。其认为要实现普通法传统的维持,需要不断培养一代又一代的法律精英。学生成长为教授,教授进而成为法官,可以确保司法制度的有序运转;而法学家接受立法的训练更有防止滑向行政专制主义的宪政价值。庞德法学教育的核心观点在于,构建法学院与法学社群的紧密联系及与社会的良性互动。[154] 为实现此目的,庞德法律改革中最倾心之处即在于对法律教育体制的全盘设计,具体举措主要有以下诸端:否决独立法学院设立、保障学习年限、严格入学条件等措施意在实现专业与通才教育以及法律职业伦理的训练;开办法律夜校、学生数量不设限,以使大量熟稔普通法技术之法律人充实立法、行政、司法等机关;法律图书馆的建立,为法律学术与论著产出之宝库,是传承法律的重要依凭;法律教授地位之设定及法学院案例教学法与美国案例法教材之采用,直接展露了庞德意图通过法律教育培养精通普通法法律技术之人的用心,进而以普通法法律人担纲立法、行政、司法等的运作来实现向英美法的转舵。总之,法律教育改革具体到课时设计、图书馆书目的安排等巨细靡遗的规定,足见庞德对之寄望殷切,易辙成败也系于此。

此外,观念的改变亦是庞德投射给法学教育的职责之一。法律实务家、律师等法律人的作用亦为庞德所看重。作为法律人共同体的一员,律师、实务家与法官、法学家等皆是整个司法体系运作不可或缺的一环,也是一切制度革新

---

[151] 参见庞德:"法院组织与法律秩序",载王健编:《西法东渐——外国人与中国法的近代变革》,同前注[9],第 443—445 页。

[152] Roscoe Pound, "Comparative Law and History as Bases for Chinese Law", *supra* note [99].

[153] 参见王伯琦:《近代法律思潮与中国固有文化》,同前注[10]。

[154] See Roscoe Pound, "What Is a Good Legal Education", 19 *American Bar Association Journal* 627 (1933).

与改革举措落实的实际操作者。其提出对法律人为特别法学训练之目的,除了掌握法律解释与适用之技术,而且需培育公共职业伦理,其所从事之职业更多的是责任与担当,而非谋生。[155] 庞德赋予法律教育的另一重大使命即完成对行政人员一般的法学训练,旨在明群己界限、私权与公权的分野。其建议"法律学校,训练普通文官及外交官"即为这一理念的折射。至于民众对律师之口碑,如对诉讼代理人、辩护人等之偏见、不信任;政府对诉讼之矫饰,如以提高诉讼费达阻却诉讼之目的等观念的革新皆需要良好的法学教育体系做支撑。因此,与其说庞德是对法律教育进行改革,不如说庞德意图将法律的意识植入整个官僚阶层,为走向法治而对中国社会观念进行脱胎换骨式的革新。

综上以观,庞德"暗度陈仓"之法律改革并非其表面宣扬的在大陆法系的框架内的闪转腾挪,而是伤筋动骨的鼎革。从司法制度、法律技术到法律人的培养,均以英美法元素稀释并最终取代欧陆法色彩为诉求。

五、从改革家向宣传家的身份置换:易辙挽歌的余音

1948年底,大陆局势丕变,国民政府土崩瓦解,庞德倾注心力使中国易辙普通法的尝试顿失其实践的土壤,身份也从改革家向宣传家置换,但庞德仍承诺继续为中国司法改革效劳。[156] 宣传家庞德返美后为国民政府的辩护及对极权主义的抵制,从侧面佐证了其试图以普通法涤荡专制独裁法制的用心。宣传家庞德最主要的工作是将国民党当局描绘成自由主义的面影,为国民政府当局及精英阶层实现中国美国化的形象彰目;当然也表明其意图使中国易辙普通法的努力。

诚如前述,国民党在内忧外患之际诚邀庞德来华,其盘算之一即借庞德在美国之声望,表明中国当局实现美国化、建立自由民主政府之决心,扭转美国朝野对国民党之批判态度。而将国民政府描绘成实现中国美国化的中坚也是庞德将中国法脱胎换骨式改革的阻力降到最低之策略。[157] 庞德总是称赞中国法律体系对美国法移植的重要作用,申言国民政府的法律体系在人权保障、经济建设等方面皆取得长足进展,以驳斥那些关于国民党当局贪污、受贿、丧失民心的指责。[158] 在美国,庞德庶几扮演国民政府"新闻发言人"的角色,经常受托回

---

[155] 参见庞德:"法院组织与法律秩序",载王健编:《西法东渐——外国人与中国法的近代变革》,同前注[9],第445页。

[156] 参见谢冠生:"关于庞德访华的日记",载翟志勇编:《罗斯科·庞德:法律与社会》,同前注[9],第348页。

[157] Jedidah J. Kroncke, "Roscoe Pound in China: A Lost Precedent for the Liability of American Legal Exceptionalism", *supra* note [5].

[158] Roscoe Pound Papers, Part 3, Reel 68, 112, *supra* note [37].

应媒体针对中国政府的尖锐批判。[159] 普通法作为极权主义的克星,是侵蚀国民政府法律体系中欧陆及苏联专制色彩的武器。而普通法的移植,舍自由宪政的政府无法成功。因此,国民政府美国化自由主义政府的定性是移植得以展开的前提条件。这也是返美后庞德矢志不渝支持台湾当局,而极力贬责共产党之原因,如其否认中国精英与商业精英对国民党背离的现实,斥此类论调为令人震惊的荒谬之论。[160]

此外,对国民党高层及知识精英的信任及肯认更是庞德坚信普通法移植成功的关键。诚如前述,中美文化个性的差异及国民政府的独裁体制其实与普通法的内质格格不入。然而庞德颇为乐观,他认为美国化与中国体制及文化之间的排斥反应皆可因法政精英的个人品格来治愈。[161] 在论述中,他尤其表达了对蒋介石的推崇,经过交谈及施政考察,庞德笃信蒋介石建立宪政民主政府的决心。[162] 对于当时饱受外界诟病的威权体制,庞德亦以"安全""特殊时期"等为其开脱。[163] 而这些正是国民政府如此盛情礼聘的题中之义,甚至可以说,正是庞德的宣传家身份的成功,使得国民政府当局忽略了其改革举措对其自身威权体制的冲击。庞德坚信中国高层及知识精英的美国化诚意,断言自由民主的中国将成为普通法移植的天然契机,所以,其返美后仍为"台湾当局"抵御苏联法制的侵蚀而辩护。[164] 国民党败退台湾后,庞德利用自己的声望,在国会听证会上作证,并推进美国继续加强对国民党的支持。[165] 回国后的庞德,继续撰写有关中国法研究的文章,而且发表了不少有关中国局势的言论:主要申言,普通法的自由主义内核将是对苏联等极权势力的有效抵制,而法律和法学家是极权主义的劲敌,中国法律精英及高层自由主义导向的伦理品格能确保普通法的落地生根。[166]

庞德一生追求革新,改变世界,但对无所不能的"超人统治者"(superman leader)保持警醒,而是致力于以司法为中轴的普通法改革来落实宪政的使命。[167] 其对罗斯福新政之抵制、对苏联法制之批判等皆为此一理念的自然延

---

[159] Roscoe Pound Papers, Part 3, Reel 68, 301, 304, *supra* note [37].
[160] Roscoe Pound Papers, Part 3, Reel 68, 304, *supra* note [37].
[161] Roscoe Pound Papers, Part 3, Reel 68, 112, *supra* note [37].
[162] Roscoe Pound Papers, Part 3, Reel 168, 174, *supra* note [37].
[163] 庞德将国民政府当时的处境与 1788 年美国立宪时类比,强调一个稳定、强大、统一的中央政府的必要性。Roscoe Pound, "The Chinese Constitution", *supra* note [112].
[164] Roscoe Pound, "The Chinese Civil Code in Action", *supra* note [106].
[165] See, e.g., *Statement of Roscoe Pound*, 95 Cong. Rec. 3765—3767 (1949).
[166] William F. Homer, Jr., "Ex-Law Dean Says U. S. Policy 'Messed up China Dreadfully'", *Boston Sunday Herald*, April 10, 1949.
[167] See N. E. H. Hull, *Roscoe Pound & Karl Llewellyn: Searching for An American Jurisprudence*, *supra* note [30], pp. 282—283.

伸。返美后，其对国民政府当局、知识精英美国化形象之笃信及宣传是进一步为普通法移植于中国的可能性辩护。

六、结语：圣保罗的炽热火焰[168]

纵观庞德一生，可谓"改革惯犯"。其早年作为植物学家为美国植物学革新的标志性法典 Rochester Code 辩护，反对盲从权威。[169] 后来作为法学家在圣保罗以一篇《对美国司法普遍不满的原因》的演讲点燃了美国司法改革之火。庞德在美国国内法学界遭遇挫败与国民政府当局外交关系危机的交织下，又将火焰延烧至中国。囿于国民政府在大陆的溃败，庞德中国之行的影响被忽视，国内论者多以"化为泡影"论之。通过实践美国人希望中国美国化的愿景，使得其法学理论重拾说服力，庞德将中国作为社会学法理学的一块实验帆布，在美国法卓异、普通法技术中立、法律进化理论等理念的引导下，试图将其笃信的法律发展终端——普通法移植到中国，实践其重塑中国法（reshape Chinese law）的雄心。中国从继受已久的欧陆法转舵普通法，庞德策略性解读中国法及其传统等来辅弼改革。因此，将庞德的中国故事限于受聘国民政府的期间，以孤立事件来解读改革文本，无法透彻理解庞德关于中国法之论述与其固有理论储备相悖的事实，也遮蔽了庞德改革所预设的标鹄——中国法的美国化，甚至会误读其返美后对中国局势及中国法律改革的关注。

根据庞德对两大法系的研判及法律进化理论，在两大法系彼此借鉴、日臻融合的背景下，法律技术与司法制度以及传承这些特质的法学教育传统是欧陆法与英美法的根本区别。而且各法律体系最终都将进化到一个相对稳定的状态，即普通法，欧陆法系亦不例外。然进化历程并非亦步亦趋，在法学家、教授、法官等法律人的干预下可以加速最终形态的形成。其认为法律进化终端的普通法需完备的司法体制做支撑，司法体制作为普通法演进发展的核心机制，对普通法传统的贮藏、对行政权扩张的抑制、对极权主义渗透的反制、通过法律的社会控制秩序的实现等均与之休戚相关。将立法机构的立法职权消减后，庞德将司法制度作为推进中国法加速进化的高效社会工程。而且，他以司法中心主义为导向的对中国宪政设计的解读及改革，承载着美国政治哲学及宪政理念在中国生根的使命。而司法体制运作的成功，离不开训练有素的法学家、法官、律师等职业共同体的加持，同时也需要一般文官、外交官等具有基本法治常识。

---

[168] 1906年庞德以《对美国司法普遍不满的原因》为题，在圣保罗市发表演说。该演讲使得庞德声名鹊起，掀起了改进司法机构的兴趣和热情在全国的高涨。1964年6月，为纪念庞德该演说而制作的铜匾在明尼苏达议会大厦揭幕。See Arthur E. Sutherland, Jr., "One Man in His Time", *supra* note [13].

[169] Roscoe Pound, "Messrs. Rand and Redfield on Nomenclature", 28 *American Naturalist* 1036 (1894).

而这一切仰赖于统一、完备的法律教育,因此,庞德司法改革的所有举措最终都落脚到法律教育对人的重塑上,进而实现对制度的易辙。从法源重构将学说、判例、习惯等纳入裁判依据与立法等量齐观,到中国法学中心对立法、法律解释与适用等方面的更化,从突出司法分支职权的宪政设计意见,到改革法学教育以培养熟稔普通法技术操作的教授、法官、律师及一般公职人员法观念的革新等举措,在在指向法律技术、司法制度的普通法转向。管见以为,回眸国民政府法律改革以裨益当下经社实践,应在法制史知识性梳理的基础上,再走一里路。不必讦訾庞德法学理论前后之扞格及改革中诸多策略性言行,忽视其为推进法律变革的苦心孤诣,更不应汲汲于庞德权宜下所修"栈道",而应探究其预设的中国法律改革所要"暗度"之"陈仓",以及由此导出的步骤、方法、可行的路径。毕竟,这才是一代法学宗师把脉我固有法律体系以实现法治国所开出的"药方"。回溯改革家庞德之行,梳理宣传家庞德之言,检视法学家庞德之理论及雄心,再结合庞德的改革刀锋指向两大法系根本区别——司法制度、法律技术及法学教育传统——的改弦易辙,庞德的国民政府法制改革已远超出既有法制内的闪转腾挪。因此,庞德中国之行或可形象地描绘为:大刀阔斧的法律改革(legal reform)面影遮蔽下润物无声的法律革命(legal revolution)。

(初审编辑 邓伟)

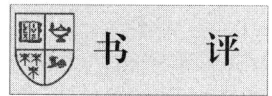

在碎片化与系统化之间
——格兰维尔《论英格兰王国的法律和习惯》中的普通法生成路径

康 宁*

Between the Fragmentization and Systematization:
The Generation of Common Law in Ranulfo de Glanvill's
The Treatise on the Laws and Customs of the Kingdom England

Kang Ning

> 全部的研究路径都将指向格兰维尔,因为他奠定了普通法发展的天然根基。他的学说对普通法首个最富创造力的时代进行了归总。
>
> ——R·C·范·卡内刚[1]

---

* 法学博士,中国人民公安大学法学院讲师。本文受中央高校基本科研项目(2016JKF01302)、中国人民公安大学 2016 年教学改革项目"'经典阅读'课程建设"经费支持。特别感谢山东师范大学程汉大教授对本文的建议和帮助,文责本人自负。

[1] R. C. Van Caenegem, *Royal Writs in England from the Conquest to Glanvill: Studies in the Early History of the Common Law*, Selden Society, Vol. 77, Quaritch, 1959, p. 10.

一、普通法历史起点的"碎片化"元素

在社会发展的时间向度中,法律通过自我定义和整合的方式与他者作出区分。现代意义上的普通法,已至少在三个方面呈现出这种区分的完成形态:一是适用效力的排他性,普通法区别于地方性、权宜性的政策文件,法律权威在全国范围内得到认可;二是法律渊源的自洽性,普通法的判例和习惯形成独特的法律体系,有别于欧洲大陆的制定法传统;三是司法活动中的法官中心地位,尽管在理论上,普通法法官的司法活动并不创造和增加法律,但在实践中却发挥着积极的主导作用。这种普通法系统化的图景,在英格兰国家的建立之初并不清晰,普通法一词甚至无法成为法律的代名词,英格兰王国的法律和习惯也体现出与诸种社会要素相交织的"碎片化"形态。但是,纵观11世纪到13世纪英格兰法律的发展,已经不难发现统一中央集权式的司法组织以及法官主导的经验理性的法律发展模式。可以说,一部普通法的发展演进史,就是一部整合碎片化元素,同时增强法律系统化程度的历史。

探索这一进程,应当回到普通法生成的历史起点,也就是英格兰早期法律职业者的时代。时任英格兰王座法院首席法官拉努尔夫·德·格兰维尔(Ranulf de Glanvill)可以为我们提供基本的线索。格兰维尔生活的年代,正是英国法律制度由分散走向统一的历史大变革时期。格兰维尔出生的1130年,是诺曼公爵威廉征服后的第62年,格兰维尔的父亲还在刚刚结束的史蒂芬乱政中身居要职。1154年继承王位的亨利二世为了尽快结束内战造成的混乱局面,进行了一场自上而下的司法改革,格兰维尔有幸参与了这场划时代的改革。1164年,年轻的格兰维尔担任约克郡郡长,此后历任里士满城堡长官、兰开斯特郡郡长、威斯特摩兰郡郡长,并在1174年抵抗苏格兰入侵的战役中戎马上阵,活捉苏格兰国王威廉一世,深得亨利二世的信任。1176年,格兰维尔被任命为王座法庭(curia regis)的法官,4年后荣升首席法官。纵观其30年的职业生涯,格兰维尔在内政参议、司法审判、外交访问、平定叛乱等方面均有建树。只是,亨利二世的继任者狮心王理查德醉心十字军东征,格兰维尔也在十字军东征的途中染疾身亡。

建立初期的英格兰王国的行政体系与其他社会力量分庭抗礼,多种法律元素同时存在。经历了贵族叛乱以及宫廷内部的夺嫡之争,英格兰的政治环境终于在亨利一世时期平稳下来,只不过各种社会力量之间仍是暗流涌动。享有军功的贵族领受了封赏,回到各自的庄园专理内务,开始得心应手地驾驭本地的社会生活。领主法院、市镇法院、郡法院和百户法院构成了英格兰地方缤纷多样的法律单元,且尚无严格的管辖权规则来决定每一个纠纷必须诉诸哪一个法院。至少要到1150年以后,稳定的国内环境才使国王统一法律、财务和行政的

能力同时强大起来。1164年,亨利二世颁布《克拉伦敦宪章》(Constitutions of Clarendon),力图通过财务署、巡回审以及王座法院的建立抗衡地方贵族的力量。[2]与此同时,英格兰本土的法律元素还要面对罗马法、教会法的强大解释力和适应性。12世纪还是西欧古典文化的复兴伊始,商业生活的兴起,《国法大全》在博洛尼亚的重现使人们的思想和行动活跃起来。罗马法的研究与应用成为知识群体的风尚,欧洲各地的年轻人蜂拥至意大利,写得漂亮的拉丁文,将所学的内容带回自己的国度。英国虽有海峡之隔,却没有在这次法律洗礼中置身事外,返回英格兰的智识精英开始运用所学言传身教。[3]汲取罗马法精髓的教会法律制度也统辖着英格兰的婚姻、继承等领域,通过教会学校的基础教育、教会组织对社区生活的影响,教会的审判受到普通民众的认可。职是之故,英格兰还没有形成统一适用于全国的法律体系,司法权分散在各地公共法院和贵族领主的封建法院中,审判方法采用的是原始的神判法和决斗法。摆在格兰维尔和王座法院面前的现实问题,就是"碎片化"的法律元素怎样进行整合的难题。

二、法官主导下的法律系统化工程

格兰维尔出任法官之日,正值亨利二世司法改革的晚期和普通法初步成形之时。亨利二世已经从改革司法审判方式入手,启用了司法令状制度和理性的陪审制,逐步将司法权集中于王座法院手中,试图推动司法专业化、职业化以及法律统一的过程。但是,面对多元且变动的社会力量,持有"王座法官"这一名分的格兰维尔仍旧面临现实的冲突——如何在满足"国王所好"的同时,妥善处理各地自持的既有法律和习惯?一方面,他爱戴国王又深受赏识,认为亨利二世不仅是宽厚仁和的君主,还是最高正义主持者;另一方面,他是虔诚的基督徒,受过良好的古典学训练以及法学教育,出身地方领主且熟知地方习惯。本来,始建于亨利二世时期的王室法院就是个新组织,虽然意指"君主面前、国王面前的法院",却并未拥有更加广泛的诉讼管辖权,不可避免地需要领主、市镇、教会等势力的协作。[4]好在格兰维尔具备一名优秀法官的基本素质:首先,毫无偏私、刚正不阿的职业道德,使他将司法裁判的一致性和公正性作为解决诉讼纷争的基础,不因贫富和地位差距而枉法裁判;其次,他在"自我节制、智慧和

---

[2] 参见程汉大、李培锋:《英国司法制度史》,清华大学出版社2007年版,第29页。巡回法庭起源于中世纪早期的法兰克王国,11世纪随诺曼人传入英国。从威廉一世到亨利二世,英国君王都派遣了亲信执行行政、财税以及司法等管理事务,避免因路途遥远无法获得权利救济的情形。由于格兰维尔的论述集中于王座法院的职能,几乎没有涉及巡回法院,故本文不作展开。

[3] Neal W. Allen, "Book Review: The Treatise on the Laws and Customs of the Realm of England", 10 *The American Journal of Legal History* 182 (1966).

[4] 参见程汉大:《西方宪政史论》,中国政法大学出版社2015年版,第210页。

口才方面过于常人",熟知教会法、罗马法以及英格兰的社会习惯,具备圆融无碍的政治成熟和法律素养。[5] 很快,格兰维尔开始白手起家地梳理属于英格兰王国的法律。

法律系统化的工程,借此转化为法官们现实导向的法律操作。在个案审理、分析、归纳和总结的过程中,格兰维尔首先为管辖权的并存和冲突寻找方案。可以肯定的是,诉讼的每一方当事人,都愿意选择一个可能获得有利和效力恒定的判决的法院。[6] 为了使王座法院的法律在众多地方性的法律与习惯中脱颖而出,王座法院的管辖权限、诉讼方式以及裁判结果必须在实践中取得优势,进而争取诉讼参与人的选择。但是,作为差不多首批的王座法官,格兰维尔和同事们几无现成的依据可以遵循,只能凭借丰富的生活履历和敏锐的观察视角自行总结。面对教会和领主的司法权限,王座法官无法迅速、直接地招揽案源,而只能如巧匠一般,在解决实际纠纷的过程中定下成例。筛选和积累法律习惯的过程开始了,"亨利二世的法院每天都像是学校"[7],"老师"就是司法实践本身。格兰维尔与同事们签发一封又一封规范的令状,处理一桩又一桩具体的案件,缓缓推介王座法院司法的影响力。当这样的做法遇到困难,他又借用罗马法、教会法的知识进行论证。近二十年的法律实践和切身体会使他对普通法的技艺理性特点了如指掌,从而成就了他《论英格兰王国的法律和习惯》这部不朽名著。[8] 该书成为一本优秀的法官从业教材,又被作者谦和、温婉的文风赋予了可读性。从此,任职英格兰的法律工作者有了可资查阅的工作指南,格兰维尔一代法官们所秉持的实用性法律思维和技巧也确立起来。

格兰维尔以"国王安宁"(King's Peace)确立起王座法院对部分案件的排他性管辖权,又以"领主无法主持公道"的标准进一步加以拓展。格兰维尔采用清

---

[5] Ralph V. Turner, "Who Was the Author of Glanvill? Reflections on the Education of Henry II's Common Lawyers", 8 *Law and History Review* 97 102 (1990).

[6] 参见泮伟江:《一个普通法的故事:英格兰政体的奥秘》,广西师范大学出版社 2015 年版,第 34—35 页。

[7] 约翰·哈德森:《英国普通法的形成——从诺曼征服到大宪章时期英格兰的法律与社会》,刘四新译,商务印书馆 2006 年版,第 167 页。

[8] Ralph V. Turner, "Who Was the Author of Glanvill? Reflections on the Education of Henry II's Common Lawyers", 8 *Law and History Review* 97 (1990). 有学者对《论英格兰王国的法律和习惯》一书的作者提出过异议。英国历史学家约瑟夫·亨特(Joseph Hunter,1783—1861)认为可能是格兰维尔的儿子威廉·德·格兰维尔,普通法学家梅特兰(Frederic William Maitland)则认为是格兰维尔的侄子休伯特·瓦尔特。本书问世后不断被传抄、再版、注解,并被翻译成多种文字。主要版本有 Ranulfo de Glanvilla, Tractatus de Legibus et Consuetudinibus regni Angliæ, Londini, 1780; John Beames, *A Translation of Glanville*: *To Which Are Added Notes*, A. J. Valpy, 1812; G. D. G. HALL(ed.), *The Treatise on the Laws and Customs of the Realm of England*, *Commonly Called Glanvill*, Nelson, Selden Society, 1965; Ranulfo de Glanville, John Beames & Joseph H. Beale, *A Translation of Glanville*, John Byrne & CO., 1900; 拉努尔夫·德·格兰维尔:《论英格兰王国的法律和习惯》,吴训祥译,中国政法大学出版社 2015 年版。

单式的列举方式,主张王座法院管辖弑君、叛乱、煽动、欺诈、杀人、纵火、抢劫、强奸犯罪以及其他危害"国王安宁"的行为,同时受理"领主无法主持公道"的案件。其中,"安宁"的观念早在盎格鲁-撒克逊的时代已经深入人心,凡英格兰自由人皆享有"安宁","国王安宁"则包括国王的身心、王室成员、王的居所和道路等内容。扰乱社会秩序就是侵害"国王安宁",也就构成启动"国王之诉"的理由,当然也就应由王座法院审理。实际上,是否真的危害了"国王安宁",以及危害"国王安宁"的具体程度皆不重要,只要存在危害的可能性,就都构成王座法院管辖和受理的事由。至于"领主无法主持公道"的标准,则为主张权利的当事人寻找另外的救济途径提供了口实,本应属于领主管辖的案件同样可以诉诸国王的法院。"国王安宁"和"领主无法主持公道"像是王座管辖权的"双重保险",把本属于地方管辖的过错和犯罪行为并入了国王的法院。这样,管辖权的模糊界限逐渐变得明朗,王座法院总能通过灵活的解释而取得胜利。对诉讼参与人而言,只需声称"国王安宁"的秩序遭到破坏,就能把被告送上王座法院的法庭。与地方性的法律和习惯相比,王座法院逐步取得终极性的权威,为法律在全国范围内的统一适用奠定了基础。

当然,限于彼时财力、人力资源的局限,这种管辖权的统一不得不作出让渡。毋庸置疑,领主、市镇和教会能够承担维持地方秩序的重要职能,王座法院仍需在实践中承认不同法院管辖权的范围及差异。在《论英格兰王国的法律和习惯》的写作过程中,格兰维尔对领主和市镇法院审理市民户籍、农奴身份的权限加以认可,也在涉及继承、婚姻、遗嘱等问题的案件中承认了教会法院的公信力。领主及于封臣的管辖具有更大的独立性,凡领地内的财产、税款和继承争议,王座法院也大都置身事外。只要各地的习惯法不与王室法令相抵触,市镇、领主法院的裁决仍然具有效力,领主可以在"没有令状和指令"($sine\ breui\ et\ sine\ precepto$)的情况下,受理附属民的各种请求并开庭审案。[9]

管辖权让渡的遗憾,以法院体系的完善而获得弥补。对此,格兰维尔积极支持王座法院建立地方体系,同时扩大巡回法院和郡法院的判决影响力,强化了对地方领主法院的监督。首先是巡回法院崛起成为王座法院系统的第一审级。巡回法院来自诺曼人传统行政管理的习惯,真正司法意义上的巡回法院确立于亨利二世时期。1175年的英格兰被划分为四个巡回区,1176年《北安普顿法令》将巡回区调整为六个,同时成立巡回法院巡回审理本区的案件。[10] 根据格兰维尔的描述,这些巡回法院被国王称为"我的法院",且在当事人证明领主法院"拒绝"或者"无力"主持正义的情况下,巡回法院即可受理并作出裁判,还

---

[9] S. F. C. Milsom, *The Legal Framework of English Feudalism: The Maitland Lectures Given in 1972*, Cambridge University Press, 1976, p. 26.

[10] 参见程汉大:《英国法制史》,齐鲁书社2001年版,第64页。

可以呈送案件至王座法院。[11] 其次是对郡法院进行改造,地方司法单元正式向王室体系靠拢。格兰维尔尤其利用了郡长制度的微妙变化。12世纪以后,曾经由领主亲信世袭的郡长职位,已逐步由国王宠臣垄断,格兰维尔自己也曾因此做过郡长。[12] 经过改造之后的郡法院成为王室的地方代言者,不仅如此,王室法院系统的高效率和稳定性,令其他诸如教会法院、市镇法院等地方审判机构"门前冷落"。根据格兰维尔的记载,大量涉及教会法院职权的僧俗之争案件、圣职推荐权纠纷案件以及涉及侵害地产、道路或者城市和乡村安全的案件等开始并入国王法院系统的审判实践。[13] 这是一种悄无声息的"蚕食",地方法院失去了抵制中央管辖的力量,王的法院内部分化为层级式的诉讼体系,同时成为其他诉讼的复议渠道和上诉审级。地方的司法活动受到调查,中央集权的司法体系则应运而生。

令状制度帮助格兰维尔巩固了王座法院的既有改革成果。普通法学者密尔松有言,"对格兰维尔来说,令状就是法律仪器上的实用配件"。[14] 的确,令状原是国王针对具体案件发出的信件式行政命令或通知,诺曼时期开始用于司法工作,正是自格兰维尔的时代起,司法令状成为诉讼的常规状态。《论英格兰王国的法律与习惯》一书共有十四个章节,每章收录了数量不等的经典司法令状,涉及地产占有、返还新侵占地、圣职推荐、追偿债务、结算财产、纠正错案、指令出庭等各类事项。当事人可以向国王申请司法令状,需要支付若干的申请费用,可以增加王座法院的收入。[15] 单就外观而言,令状是一张狭窄的呈条形的羊皮纸,开篇会有国王的问候语,如"国王问候郡长""国王问候主教"等——名为"问候",实则发挥诉讼指向性的功能。末尾都有主办法官的落款签名,也就是"副署人"(Witness)。内容采取国王的口吻,列举法庭的命令、诉讼争点、令状执行人、具体义务的履行人和权利享有人、执行的时限和地点等。由于加盖了国王的印玺,司法令状具有强制执行的效力,一经发出,必须"立即不得拖延"地执行完毕。当事人只能遵照令状的指示完成任务——比如应采取什么方式向国王法庭起诉,如何传唤被告出庭,遵循什么程序进行案件审理等。无视或者违抗国王的令状将以"藐视王权罪"论处。[16] 例如格兰维尔引用的下面这一

---

[11] 拉努尔夫·德·格兰维尔:《论英格兰王国的法律和习惯》,吴训祥译,中国政法大学出版社2015年版,第68页。

[12] 参见于明:《司法治国——英国法庭的政治史(1154—1701)》,法律出版社2015年版,第96页。

[13] 拉努尔夫·德·格兰维尔:《论英格兰王国的法律和习惯》,同前注[11],第55页。

[14] S. F. C. Milsom, *The Legal Framework of English Feudalism: The Maitland Lectures Given in 1972*, supra note [9], p. 2.

[15] 参见程汉大:《英国法制史》,齐鲁书社2001年版,第69页。

[16] 参见高鸿钧、李红海主编:《新编外国法制史》(下册),清华大学出版社2015年版,第81页。

则令状：

> 国王问候郡长健康。我命令你指令 A 不迟延地将位于某村的一海德土地(one Hyde of Land)归还于 B，因为 B 诉称该土地系由 A 自他处非法强占而得。除非他听从你的指令，否则派精干的传讯官将他传唤至我或我的法官面前，于复活节后第八日，于某处，说明他不听从指令的理由。我命令你派遣传讯官并执行此令状。副署人拉努尔夫·德·格兰维尔，于克拉伦敦。[17]

令状的内容固然具有个别性，但是经过王座法院的备案和整理，其所涉及的事项也有了一般性的指导意义。[18] 当然，令状名义上出自国王，国王却不会亲自书写或发出令状，只将司法的事务委托给自己的王座法院，王座法院的法官就成了实际的撰写者和发出人，令状也成为终结诉讼的权威指示。不难发现，格兰维尔会根据司法过程中的不同情境和争点，从诉讼的细枝末节中提炼出精炼的语言，最终写成规范化、简约化的令状，使之成为鲜活的法律示范。在《论英格兰王国的法律与习惯》中，格兰维尔还对每则令状的签发、适用做了详尽的说明。令状还必须指定被告应诉的法院，起到管辖权确定书的作用。[19] 凡遇国王相关的事项，地方法院必须得到令状的授权，否则不能受理。1180年前后，官方注册令状的活动开始了，法官和当事人已经可以按图索骥，参照现有的令状进行起诉。当时，经常参与诉讼的当事人或者拥有大量财产的教堂，都会有一册《令状汇编录》，即一种令状格式的汇集。法律通过令状的适用慢慢积累。[20] 不可否认，各种法院就这样有效地协调起来了。

与此同时，大陪审制(the Grand Assize，一译大咨审团)的推广适用，使王室法院的理性的证据制度战胜了地方领主法院的神明裁判和决斗，并最终赢得了民心。大陪审制确立于1166年的《克拉伦敦法令》，形式是召集本地12名骑士或自由人到庭宣誓，以确定被告罪名能否成立，其适用范围仅限于王座法院和郡法院。这是一种理性的证据认定，同时兼具审判制度的特点。起初，大陪审制不比早已有之的神判法和决斗法更受公众欢迎，王座法院也没有贸然废止神判和决斗，而是将三种审判方式交由当事人自由选择：或者选择沿用神判或决斗的领主法院，或者选择适用大陪审制的王座法院。为了推广自己法院的审判方式，吸引更多前来申诉的当事人，格兰维尔不乏大段赞

---

[17] 拉努尔夫·德·格兰维尔：《论英格兰王国的法律和习惯》，同前注[11]，第5页。
[18] 参见 R·C·范·卡内刚：《英国普通法的诞生》，李红海译，中国政法大学出版社2003年版，第39页。
[19] 参见 S·F·C·密尔松：《普通法的历史基础》，李显冬、高翔等译，中国大百科全书出版社1999年版，第25页。
[20] 同上注，第32页。

美的言辞:

> 大咨审团是国王赐给人民的恩惠,它源于陛下的仁慈和臣子们的建言。这种诉讼方式对于保全人民的生命和生活状况是如此的富于功效,以至于每个人如今都能安全地维护自己的权利,同时也能免除决斗所带来的始终存疑的结果。……作为惩罚而降临的令人始料不及的早逝得以避免;至少能使恶人们免于毁损名誉的耻辱,以及加诸战败者身上的肮脏下流的词汇。……恰恰是正义,在我们经历了决斗裁判中那漫漫无期的拖延之后,倘若还残存着一丝半点的话,已是那么难以获得。藉此,人们的劳动与穷人的开支得以节省。同时,凭借诸多可靠见证者的证词,这种制度远远胜过决斗中的一面之词,能比后来者带来多得多的衡平。[21]

诚哉斯言! 大陪审制诉讼彻底胜出。大陪审制采用"同侪审理"(Trial per Pares)原则,即由当事人同一社会等级的人组团认定证据并进行裁断。陪审员意见一致即可定案;如果不一致,则须另选陪审员,直至 12 名陪审员意见完全一致为止。为此,陪审员须是德行优良、没有犯罪记录的当地合法居民,还须是自由土地保有者(有能力为他们的错误裁决赔付罚金)。[22] 陪审员不可以是任何一方的亲属或好友,以免亲亲相护。显而易见,大陪审制比之神判和决斗更为理性和公正,因而吸引了越来越多的当事人将案件投诉于王座法院。地方法院的审判方式相形见绌,开始了在形式上主动模仿王座法院诉讼方式的进程。[23]

在梳理英格兰本土法律和习惯的过程中,格兰维尔没有忽视罗马法、教会法的碰撞和补充。在格兰维尔的字里行间,罗马法和教会法终究是外来之法。教会法和罗马法的内容固然权威,可是总结并适用本土的习惯更加紧要。所以在大多数情况下,本土的习惯与外来的法理会同时在格兰维尔的脑中浮现,并最终倾向于前者。比如《论英格兰王国的法律和习惯》第七卷中,格兰维尔思考"非婚生子继承父亲财产"的问题并认为,即便教会法和罗马法承认当事人的继承资格,根据英格兰王国的法律和习惯也不予认可。[24] 不过,如果本土法律和习惯偶遇适用不能的窘境,格兰维尔也会主动寻求罗马法或者教会法。[25] 他对优士丁尼的《学说汇纂》了然于心,诸如契约、地役、留置、抵押、占有、合伙等

---

[21] 拉努尔夫·德·格兰维尔:《论英格兰王国的法律和习惯》,同前注[11],第 32 页。
[22] 参见程汉大:《英国法制史》,同前注[15],第 82 页。
[23] Norman F. Cantor, *Imaging the Law: Common Law and the Foundation of the American Legal System*, Harper Collins Publishers, 1997, p. 62.
[24] 拉努尔夫·德·格兰维尔:《论英格兰王国的法律和习惯》,同前注[11],第 101 页。
[25] Thomas Edward Scrutton, "Roman Law in Glanvil", in *The Influence of the Roman Law on the Law of England*, Cambridge University Press, 1885, p. 75.

术语直接引自罗马法。正如普通法学者约翰·安德森所言:"在格兰维尔(指《论英格兰王国的法律和习惯》)中……辩论的组织和某些术语以及修辞艺术显示出了罗马法所产生的影响。"[26] 这种融通与论证的过程,将实务中的点滴梳理凝结成有力的理论体系。

诉讼审判的体系化、令状程序和陪审制度,对审判活动参与人提出了更高的要求,专司法律的人士应运而生。理论上讲,领主们不仅要主持本地法院,还要在陌生的王座法院频频应诉。为了保护自己的利益,各地的贵族领主需要尽量熟悉诉讼制度下的各个环节,这显然是一项沉重的负担。久而久之,各领主开始抽调专门人员代其出席法庭并参与诉讼,他们每次派一名代表,例如管家去出席审判。[27] 在格兰维尔看来,这种代言人与当事人实现了法律上的"共同进退"(put in his place to gain or lose)。无论在王室法庭还是在其他的法庭,人们都可以委托他人与自己"共同进退"甚至代替自己,"共同进退"的人就是"辩护士"(Attorney/Pleader),即律师。[28] 职业律师在法庭上表现突出——他们成为法律的专家,为法律事务疲于奔命,并以此谋生。技能的习得有多种渠道,其中旁观法庭本就是免费学习的机会。最初作为当事人、陪审员或者旁听者的参与人,后来成为职业律师,甚至最终成为法官。格兰维尔的父亲曾以骑士身份连续50年参加郡法庭和百户法庭,格兰维尔初识法律的时候还是一名毛头小子。有的当事人还十分青睐诉讼活动的戏剧化表现,将其视作日常的消遣。[29]

同时期的法庭文书业务也越发复杂。从王座法院、巡回法院到地方法院,都有大量的文件需要签署、令状需要记录、判决需要拟定、契约需要公证、诉讼主张需要写明,已经认可的封建习惯要有备案,移送的案件要有卷宗。地方领主的法院也负责制作大多数相关的诉讼文件,尽管不愿记录自己败诉的案件。总之,文书记载的重要性引起了人们的重视,文书的内容也如同商业簿册一般明晰,并在当事人和各类法庭之间流转。王座法院的努力,带动常规化的法庭事务融入了英格兰的社会生活,也正是在格兰维尔之后不久的13世纪,英格兰闻名遐迩的会馆式法务培训成型了。[30]

---

[26] 约翰·哈德森:《英国普通法的形成——从诺曼征服到大宪章时期英格兰的法律与社会》,同前注[7],第161页。

[27] S·F·C·密尔松:《普通法的历史基础》,同前注[19],第6页。

[28] 拉努尔夫·德·格兰维尔:《论英格兰王国的法律和习惯》,同前注[11],第157页。

[29] Ralph V. Turner, "Who Was the Author of Glanvill? Reflections on the Education of Henry II's Common Lawyers", *supra* note[5], p.110.

[30] Phyllis Allen Richmond, "Early English Law Schools: The Inns of Court", 48 *American Bar Association Journal* 254 (1962), p.254.

三、在碎片化与系统化之间:普通法的分化

12世纪的英国法律制度开始发生系统性的变化。作为英格兰几乎第一代的法律职业人士,王座法官格兰维尔参与这一进程并起到关键性的推动作用,《论英格兰王国的法律和习惯》也成为英国普通法理论的开山之作。尽管我们难以掌握这个久远时代的司法档案,但"我们有了格兰维尔的著作也就不需要其他的证据了"[31]。13世纪中叶,王座法院适用的、效力高于地方习惯的英格兰常用法律正式得名"普通法"(ius commune)。从此,普通法从繁芜庞杂的地方习惯中"分化"出来,英格兰的法律体系与传统走上了独立发展的道路,也与其他的国家分道扬镳。

碎片式法律要素的框限,构成普通法分化之前的英格兰先在法秩序。我们看到,由于英格兰特殊的历史背景,格兰维尔之前的王座法律和习惯只是众多社会法律习惯的一种,实际效力也不存在较大的悬殊。从《论英格兰王国的法律和习惯》的记载来看,这种局面令身居王座法院的格兰维尔绞尽脑汁,但是除了采取制度创新和效率竞争的手段,似乎别无他途。根据书中的记载,格兰维尔对"国王安宁"的扩张解释是谨慎的,他签往地方的令状是恭敬的,隐藏其中的实为格兰维尔对英格兰王国最早的法律和习惯的梳理,体现为王座法院更加持久、稳定和终局的判决,这帮助陪审制诉讼取得了排除神明裁判和决斗司法的胜利——这也就是法律体系逐步清晰的过程。在整合地方法律和习惯的过程中,曾经碎片化的先在法律秩序渐渐衰落。至少从格兰维尔开始,英格兰的法律便与这个王国的整体性规则有了直接的关联。

普通法分化的进程受到外部环境的干扰,进而保留了体系上的开放性特征。即便有格兰维尔苦心孤诣的整合工作,法律体系仍然附属于政治体系。格兰维尔本人首先是国王的侍臣,其次才是专业的法官。亨利二世极力推动的中央集权改革,其本意也在于王室统治权威的整体提升,法律的系统化更像是其中意外的收获。此外,王权的确能够为法律的实施提供保障,却不足以令地方领主言听计从。领主法院、郡法院、教会法院、百户法院等传统地方法院尽管不断边缘化,但仍旧在小额诉讼标的审判中占据市场,其维持社会秩序稳定的积极作用始终得到王室的认可。这种力量角逐的外部环境,在普通法诞生的初期为其预留了足够的发展空间——普通法可以成为王室扩展权力的令牌,也可以为地方领主的利益保驾护航。正因如此,尽管格兰维尔时代的法律体系尚不健全,法庭文书、法律逻辑和诉讼程序的足够稳定,却使得英格兰法的理论与实务

---

[31] 马修·黑尔、查尔斯·M.格雷:《英格兰普通法史》,史大晓译,北京大学出版社2016年版,第98页。

自成一体。结构、精神和语言上的高度专业性,可将司法与王权逐步剥离成两个彼此分立的领域。法律实务需经专业训练和有经验积累的人才能掌握,国王很难在技术的层面染指司法,除非借用行政的强力。这种"王室法庭的专业化、法官群体的职业化、诉讼业务的增长、普通法程序的复杂化与国家治理'去个人化'","都使国王逐渐放弃了通过'身体力行'来强化司法控制的期待"。[32] 15世纪以后,国王不再出席王座法庭的审判,昔日国王司法的象征彻底蜕变成为单纯的普通法法院,法律系统的分化也最终得以完成。

　　普通法的系统性与开放性,成就了法官技艺理性(An Artificial Perfection of Reason)的普通法心智。亨利·梅因提醒我们,司法判决中的现实考量是生成法律的基本前提。[33] 的确,如果说在梅特兰的研究中,亨利二世时代的英格兰完成了"削弱封建领主权利的一次集中且成功的努力"[34],但是对格兰维尔这位亲历者而言,这样的成功尚且是法官实务中寻求平衡的"权宜之计"。格兰维尔的法律揣摩与权衡,如同一项技能的训练,是依靠长时期的专业学习、实践训练和经验积累而获得的特殊理性,且"对于未经专门法律培养的人们来说,此种技艺的语言太难懂了"[35]。虽说格兰维尔并没有明确提出和使用"技艺理性"这个概念——这个概念直到 17 世纪初才由柯克大法官提出——但技艺理性的思维方法贯穿于他的著作始终。按照柯克的解释,技艺理性"需要通过长期的学习、观摩和实践经历才能获得,它并非每个人都拥有的自然理性,因为没有人天生就是技艺理性者。这种司法理性是最高的理性。因而,即使将所有分散在众多人头脑中的理性汇集到一个人的头脑中,他仍然不能制定出像英格兰这样的法律来,因为在一代又一代人连续继承的漫长岁月中,英格兰法得到了无数严肃认真、博学之士的反复锤炼,通过长期的实践才获得了这种完美,用于治理这个王国"[36]。正是自格兰维尔之后,每逢遇有法律歧义或疑难,法官的抉择都不会离开具体情境和基础材料的分析而到逻辑理性中去寻求答案。这种从经验累积到法律提炼的实务技能,最终成为普通法司法活动的"一般模式"(adopting intentionally a commonplace style)。[37] 技艺理性成为英国法律人习以为常的思维方式,从而成为普通法引以为豪的一个鲜明特点,与流行于欧

---

[32] 于明:《司法治国——英国法庭的政治史(1154—1701)》,同前注[12],第 235 页。

[33] 亨利·梅因:《古代法》,沈景一译,商务印书馆 1996 年版,第 41 页。

[34] F. Pollock, F. Maitland, *The History of English Law Before the Time of Edward*, Vol. 1, Cambridge University Press, 1923, p.136. 转引自于明:《司法治国——英国法庭的政治史(1154—1701)》,同前注[12],第 94 页。

[35] 本杰明·卡多佐:《司法过程的性质》,苏力译,商务印书馆 2010 年版,第 1 页。

[36] Steve Sheppard(ed.), *The Selected Writings and Speeches of Sir Edward Coke*, Liberty Fund, 2003, Vol II, p.710.

[37] Neal W. Allen, "Book Review: The Treatise on the Laws and Customs of the Realm of England", *supra* note[3], p.183.

陆国家的逻辑理性思维方式相映成趣。

　　无论如何,普通法的法律体系与思维方式伴随着格兰维尔以及他的理论著述,已经在英国扎下了根,并得到了后世法学家和法律人的普遍认可。它的系统性与开放性已经成为包括美国在内的普通法系智慧的象征,并经由法官之手不断地丰富着现代法治的内涵。

（初审编辑　谢可晟）

法律、国家与现代性
——《法与国家的一般理论》的三种读法

董静姝[*]

Law, State and Modernity:
The Three Viewpoints of Reading
General Theory of Law and State

Dong Jingshu

当翻开法律思想史教材,在"分析实证主义法学"一章中,总能看见"三巨头"[1]之一的汉斯·凯尔森(Hans Kelsen, 1881—1973)。由这位奥地利学者开创的纯粹法学,在20世纪的法哲学界留下了浓墨重彩的一笔,不仅对欧美法学(尤其是分析实证主义法学)的发展影响深远,也在相当程度上启发和推动了我国的法学建设。

纯粹法学的生根发芽与开花结果,由凯尔森学术生涯早期的批判建构主义(critical constructivism, 1911—1921),到中期的古典阶段(classical phase,

---

[*] 中国人民大学法学博士,中国政法大学法学院讲师,E-mail:aquarius@cupl.edu.com。本文受中国法学会法理学研究会青年专项课题"主权者——国家二元结构中的纯粹法学"和中央高校基本科研业务费专项资金资助。

[1] 分析实证主义法学"三巨头",按时间顺序排列依次是约翰·奥斯丁、汉斯·凯尔森和H.L.A.哈特。

1921—1960),再到末期的怀疑论阶段(sceptical phase,1960—1973),经历了两次或小或大的思想转折。[2] 而持续时间最长的中期可谓纯粹法学发展最成熟也最具代表性的阶段,创作于这一时期的《法与国家的一般理论》一书无疑是研究纯粹法学的经典文本。无论是希望一窥法律面目的普通读者,还是正接受法律"启蒙"的法科学子,乃至造诣已然精深的法学者,都能够从这部经典之中汲取源源不竭的甘泉。并且《法与国家的一般理论》并非(像通常被理解的那样)仅仅是分析实证主义法学的范本,同时也是国家学研究中的一朵奇葩,此外还从法学视角对现代性命题作了精彩的诠释。本书评正是循此揭示《法与国家的一般理论》的三种读法,以便读者按照自己的智识、兴趣择取相应的路径,徜徉在这位思想巨擘的理论宝库中。

一、作为分析实证主义法学经典的《法与国家的一般理论》

尽管欧陆和英美哲学脉络及植根于其中的法学理论存在相当大的差别,但在坚持法律与法学的独立性上,或者说在致力建构法律科学上,分析实证主义法学内部并无分歧,并且代与代之间始终批判性地吸收有关这一主张的理论精华。纯粹法学因此能够被合理地认为上承分析实证主义法学鼻祖奥斯丁(John Austin,1790—1859)的"法律命令说",下启新分析实证主义法学大家哈特(H. L. A. Hart,1907—1992)的"规则理论"——凯尔森本人也毫不讳言纯粹法学的分析实证主义法学属性[3];而置于新康德主义(Neo-Kantianism)[4]哲学分析框架中的法律思考又使得纯粹法学呈现出独具一格的风采。

在此有必要首先对凯尔森的理论目的作出阐释。如上所述,作为一个分析实证主义法学者,凯尔森始终致力于在法律和其他社会精神/物质现象之间划出泾渭分明的概念界限,建构一个自洽的科学体系,实现认知的客观性。而在他看来,将法律规范性依附于道德的自然法学是不能胜任这一使命的——自然法学完成的与其说是科学的任务(认知法律),毋宁说是政治的任务(以自然法对实在法,或者说,以道德对法律,作出攻讦或辩护)[5];分析实证主义法学宗

---

[2] 关于凯尔森学术思想分期,参见 Stanley L. Paulson, "Introduction", in Stanley L. Paulson and Bonnie Litschewski Paulson (eds.), *Normativity and Norms: Critical Perspectives on Kelsenian Themes*, Clarendon Press, 1998, pp. xxiii—liii.

[3] See Hans Kelsen, "The Pure Theory of Law and Analytical Jurisprudence", 55 *Harvard Law Review* 44 (1941).

[4] 新康德主义开端于黑格尔和费希特所代表的思辨唯心主义的绝对形而上学思想衰落之后,一般认为它至少包括七个流派,但最具影响力的当推马堡学派和西南德学派。而凯尔森的纯粹法理论(尤其是中期的纯粹法理论)深受马堡学派的先验认知理论和西南德学派的判断和效力学说的影响。参见张龑:"凯尔森法学思想中的新康德主义探源",载《环球法律评论》2012年第2期。

[5] 汉斯·凯尔森,《法与国家的一般理论》,沈宗灵译,中国大百科全书出版社2003年版,第11页。

师奥斯丁,由于使法律沦为强权的禁脔,也未能如愿明确圈定法律的概念场域;至于社会法学,以因果性分析取代规范性分析,不仅抹杀了法律的本质,甚至取缔了社会与自然的分野。而对法律的界定无论是诉诸道德、强力还是因果事实,都无法获得认知所必需的客观性。因此,将法律概念从这些相关概念——它们与法律或许关系密切,但这种关系密切只是在经验历史意义上,而非概念逻辑意义上——的围剿中释放出来,或者说,从驳杂混沌的概念群中"提炼"出"纯粹的,"也是客观的法律概念,就是凯尔森毕生醉心的事业。而《法与国家的一般理论》正是其事业之路上的一座里程碑。

在《法与国家的一般理论》第一编"法论"中,凯尔森从静态和动态两个层面分别对法律及其相关概念作了精致的解剖[6],静态层面的核心命题可以被概括为"法律为什么是有效力的"或者"将法律认知为客观有效的规范,这如何可能",动态层面的核心命题可以被概括为"法律是如何被创造的"。而对这两个核心命题的回答都系于纯粹法学的灵魂概念——基础规范(basic norm)。也正是通过对基础规范的详尽论证,凯尔森呈现出法律概念的"双重纯粹性"(double-purity)。

就静态层面的核心命题而言,凯尔森认为,要回答一个实在法规范(N1)是否有效力,不能诉诸一个强力事实,因为前者属于应然范畴(ought),后者却属于实然范畴(is),二者之间被"休谟的铡刀"(Hume's guillotine)拦腰截断,从而无法彼此推导。此外,由于对法律概念客观性的执着,凯尔森也不能容忍将法律效力的理由寄托于仅具有主观意义的强力事实。因此,正确的路径只能是追溯到比N1高级的另一个实在法规范(N2)。而N2的效力理由则来自较之更为高级的实在法规范(N3)。如此追问下去,直至立于实在法规范金字塔顶点的宪法规范。但问题仍然没有终止,宪法规范的效力又因何而生呢?显然,如上所述,强力事实不能给出逻辑贯通的答案;这时最大的诱惑便是跨越经验的此岸而诉诸超验的彼岸——类似柏拉图现实与理念的形而上学二元论——求助于"不证自明"的道德律令和自然法(在不同的时代,自然法或者依托于自然,或者依托于神明,或者依托于人类理性,但总是对经验世界持一种超越性的批判反思姿态)。然而,同样是出于对法律概念客观性的捍卫,作为道德相对主义拥趸的凯尔森拒绝了这个诱惑。[7] 如是,既排除了强力事实,又摒弃了超验规范,实在法的效力理由从哪里寻找呢?凯尔森的答案是基础规范——一个被预

---

[6] 除了本书评着重介绍的有关法律概念、规范效力理由之外,《法与国家的一般理论》第一编静态部分还涉及制裁、不法行为、法律权利、法律义务、法律责任、资格、归责、法律上的人等相关概念。

[7] 凯尔森主张"正义相对论",认为所谓的正义规范都具有主观性,因而也就具有相对性;在法律/法学领域,为确保客观性,应当以"合法性"(legality)概念置换正义概念。

设的先验规范。"被预设"意味着基础规范不是意志行为的产物,而是思维行为的产物;"先验"意味着基础规范既非经验的实在法,也非超验的自然法(因此它并不承担对包括宪法规范在内的实在法规范进行政治、道德、宗教证成的职能,而只是充当着"法律逻辑意义上的宪法",为实在法效力提供纯粹形式上的终极理由);"规范"意味着基础规范为强力事实——比如,创造宪法的意志行为——赋予规范性,以沟通应然(实在法规范效力)与实然(创造实在法规范的意志行为)之间的断裂。

在此,我们看到由基础规范奠基的法律概念的"双重纯粹性":第一重纯粹性就是将强力事实作为"杂质"从法律概念中滤出,将法律概念圈定在有别于"事实—因果"(fact-causality)场域的"规范—归责"(norm-imputation)场域内;第二重纯粹性就是将道德律令作为"杂质"从法律概念中滤出,将法律概念圈定在与实质价值严格无涉的形式逻辑空间中。而这双重纯粹性都是旨在获得自洽的、具有客观性的法律概念——既不受意志行为主观性的摆布,避免陷入"强权即法律"的困境,也不受意识形态变幻莫测的侵蚀,避免陷入为政治野心张本的险地。这也通常被认为是凯尔森对传统分析实证主义法学(奥斯丁"法律命令说")和自然法学的双线宣战。此外,如上所述,凯尔森对法律概念的澄清同时也意味着其与社会法学的交锋:当他以规范性视角定义法律时,他也是在否定社会法学以事实性视角解读法律(如"预测说")。

而就动态层面的核心命题来说,凯尔森继受并发展了阿道夫·梅克尔(Adolf Julius Merkl,1890—1970)的理论成果[8],将法律创生体系理解为一个从基础规范出发、从上往下逐层授权的层级结构。或者说,把静态层面中追溯规范效力理由的图示(从低级规范逐层往上直至基础规范)作一个180°倒置,也就正是动态层面中法律创生的图示。基础规范授予某个主体("宪法之父")权威,使其意志行为成为制宪行为,使其意志行为的主观意义被客观化,使其意志行为的产物获得有效规范的资质。而宪法规范则授予另一主体创造低级规范的权威。如是逐层往下授权,也就逐层生成规范。可以看到,在这个规范创生的动态几何结构中,"凸出的"并非作为能动主体的规范创造者,而是规范本身,因为一旦没有规范授权,这些主体的意志行为就仅仅是单纯的强力事实,就仅仅具有主观意义,而其产物也是毫无效力的——尽管可能是"有实效(efficacy)的",但这除了说明存在力量上的优势外什么也不能说明。于是,我们再一次见识到凯尔森对法律概念客观性的热烈追求:他试图将人格性因素经由规范而削弱和稀释,达到以客观化的实在法规范(而非存在主观恣意之可能

---

[8] 尽管凯尔森从未在其著作中明说法律动态层级结构理论对梅克尔学说的运用,但研究凯尔森的学者发现,凯尔森对梅克尔学说的继受与发展是不容置疑的事实。See Stanley L. Paulson, *super* note〔2〕, pp. xxv—xxvi.

性与现实性的个体或个体集合)实行统治的愿望。"规范调整自我的生成""法律机器自己动起来了"就是凯尔森理想中的法律创造画卷——一个(至少是在概念逻辑意义上)真正的法律帝国。从而,我们也就有理由推测,通常被认为是"元法律"(meta-law)的国家,其重要性——或者更确切地说,相较于法律的优越地位——在凯尔森这里会遭到急剧压缩。事实上也的确如此,并且凯尔森以一种相当极端的方式验证了我们这一猜测,也使得其国家学说——纯粹法学视野下的国家学说——呈现出与传统/主流国家学说完全不同的面目。

二、作为国家学经典的《法与国家的一般理论》

以纯粹法学的规范理论为手术刀,凯尔森对国家概念作了逾越日常认知习惯和(西方)传统国家观的解剖。

凯尔森认为,在传统国家学视野中,国家和法律是两个彼此独立又关系紧密的实体,这可以被恰切地称为"国家—法律二元论"(state-law dualism)。凯尔森将之与神学中的"上帝—世界"关系作了一番对照,宣称二者存在种种绝非偶然的关联:正如上帝创造世界而凌驾于世界,通过道成肉身与世界发生积极联系,从而作为人子受制于因果法则,又以突破因果法则的"神迹"显示自身的全知全能;"国家—法律二元论"中的国家也创造法律而超脱于法律[9],通过法律定义自身,国家权力的组织、分配和运行受到法律规约,又以突破法律框架的"法律神迹"昭示"国家全能"。可以看到,神学在传统国家学中投落长长的阴影,国家正是以上帝的面目呈现在法律之前。凯尔森嘲讽道:神学中的上帝是一个怪物,具有两个分裂的半身,一个半身是受制于自然法则的人,另一个半身则是超越一切限定的超人;与此类似,传统国家学中的国家也是一个怪物,具有两个分裂的半身,一个半身是法律—规范,另一个半身则是(跨越规范性边界的)权力—事实。

在《法与国家的一般理论》第二编"国家论"中,凯尔森首先——在批判性地反思上述传统国家观之后,以第一编的法律理论为基础——建构了迥异于传统国家学的"国家—法律一元论"(state-law monism)。深谙康德认知哲学精髓的凯尔森坚信,认知方法是具有构成性的,以不同认知方法认知同一对象会产生不同认知结果:从规范性—应然视角出发,"塑造"出的是作为法律—规范的国家;而从因果性—实然视角出发,"塑造"出的则是作为权力—事实的国家。然而,追求统一性的理性认知无法容忍分裂,因此只能用同一认知方法认知国家。在凯尔森看来,这便只能是规范性方法,因为剥离规范性,国家堕入单纯事实性

---

[9] 在霍布斯、卢梭等为现代政治哲学奠基的思想巨匠的著作中,我们都能看到,当他们说起国家主权时,都是用一种极限性的或绝对性的词汇,并且反复强调主权之不受实在法约束。

领域将毫无意义(尤其是客观意义)可言,国家行为的合法性也不能得到解释,甚至,仅从"强力事实"的经验外观出发,国家法律和强盗命令无法被清晰区分。如此,"国家作为一个法律上的共同体不是一个和它的法律秩序分开的东西……我们称为'国家'的那个共同体就是'它的'法律秩序。"[10] 国家概念与法律概念便合而为一了。于是,所谓"国家全能"只不过是法理意义上的全能:国家能够在法律框架内做想做和能做的一切事情,权力的组织、分配和运行完全被纳入规范性轨道,没有给"法律神迹"留下任何存在的空隙。而所谓国家创造法律也就是前文所述溶解人格性力量的"法律自我创生"——上一部分最后的猜测得到了验证,对国家的"去神圣化"以这样一种极具冲击性的理论表达出来。

凯尔森的"国家—法律一元论"通常被认为是仅仅出于"纯粹的智识兴趣"而自娱自乐的概念/逻辑游戏,这种以规范"消化"国家的国家观——"没有国家的国家观"[11]——被批判为"非政治"或曰"去政治化"的,对政治法律实践毫无观照。但这种批判是有失偏颇的。政治在例外状态中展示出其强势的一面(这也是政治学尤其是政治神学研究的黄金地带),在正常状态中却栖身于法律,是所谓"规范政治"——而这正是现代法治国家的写照。故而,将国家概念与法律概念作同一化处理,反映了凯尔森对现代国家治理常态的客观性和确定性的追求:将公共生活与私人生活都统摄在"法律规范—法律事实—法律结论"的三段论推理之下,为权力设定规范性边界,免遭渗透主观性与不确定性的强力事实和道德口号的侵扰,抗拒以强权为依恃或以道德为借口行"法律神迹",才能实现政治的规范性操作,也才能真正贯彻法治的核心命题——以法律驾驭和驯化权力。

当然,所有的理论都不是完美的,或者说,只是对问题的某个侧面进行解剖。"国家—法律一元论"也并不例外:它未能涵盖完整的人类行动领域。因为,法律状态或曰规范状态虽说是人类社会(尤其是现代世界)的常态,但"法律规范—法律事实—法律结论"的三段论推理不可能填补生活世界的所有空隙。只要人类是并且仍然是有限的理性存在,法律悬置或法律缺位的例外状态就不仅在人类的过去发生过,在人类的现在和将来也都有出现的现实性和可能性。此时,任何关于"法治""权力规范化"的言说都"失语"了,因为其所根植于内的语境不复存在。说到底,这种法律状态—例外状态的双元结构其实是西方政治法律脉络中的经典结构,自从卢梭(Jean-Jacques Rousseau,1712—1778)在其

---

[10] 汉斯·凯尔森:《法与国家的一般理论》,同前注[5],第204—205页。
[11] 这一评价出自和凯尔森同样位列"魏玛公法四驾马车"之一的德国法学者黑勒(Hermann Heller,1891—1933),原话是"没有国家的国家法学"。与此相映成趣的是另一驾"马车"施米特(Carl Schmitt,1888—1985)的国家法学被评价为"没有法的国家法学"。

《社会契约论》中揭示政治人格的双重面向——作为主动面向的主权者和作为被动面向的国家[12]——之后,相关的"双元化"就被不断深入阐释:规范与失范两股力量始终彼此扭结着贯穿人类行动的领域;在法律状态下,主权者沉睡,而国家在法律设定的规范性轨道上有条不紊地运行;在例外状态下,主权者苏醒,其悬置或颠覆法律,为的却是复活或创造法律,以再次返归法律状态——这样看来,凯尔森关于上帝与国家的类比是不准确的,以神明形象呈现在法律面前的是主权者而非国家,主权者也不能像国家一样被法律"消化":人民的幸福寓于常态,却又必须在对之进行否定的非常态中重新获得肯定;在非常态中"神迹"照亮了通往常态的道路,在常态中却恰恰拒绝"神迹"的破坏性。因此,将"法律状态—国家/例外状态—主权者"的双元结构都纳入视野,才是全局性地考察人类行动。

由此可见,凯尔森的"国家—法律一元论"反映的只是法律状态下政治人格的被动面向,对于例外状态下政治人格的主动面向则予以搁置。他的理由在于,例外状态是政治学的战场,并非(国家)法学的阵地(但当我们看到凯尔森对"规范政治"的追求时,会发现他似乎并未将这两个领域截然分开,只不过是有所偏重)。而上文提到的基础规范,正是划分这两个领域的界碑性概念,或者说是政治人格两个面向之间的阀门。只不过凯尔森更加关注的重点在于基础规范的法律状态——国家朝向,而非例外状态——主权者朝向,其以规范为研究要旨纯粹法学也恰是在这一朝向上铺展出精工刺绣般的画卷。

在对国家进行了上述异乎寻常的解读之后,凯尔森对国家的要素、权力分配、政府形式(民主/专制)、组织形式(集权/分权)、国内法与国际法等问题也都依次作了充分思考。而这些思考的风格鲜明之处也恰在于浓烈的纯粹法学色彩。比如,通常被认为是国家要素的领土、时间、人民和权限,被凯尔森作了完全规范性的处理,被分别定义为国家法律秩序的属地效力范围、属时效力范围、属人效力范围和属事效力范围。权力分配(而非权力分立)与规范创造的规模和深度关系密切。民主与专制的区分决定于法律规范的客观意义与人民的主观愿望是否契合以及存在多大程度的契合。集权与分权的问题也"事实上就是关于法律规范的效力范围以及创造和适用这些规范的问题"。[13] 国内法与国际法的一元或多元之争也能经由对规范秩序和基础规范的讨论找到答案。

纵观《法与国家的一般理论》的第一编和第二编,在纯粹法学与国家学的融贯性上,凯尔森显示出其惊人的逻辑建构能力,并如上所述,同时对实践作出理

---

[12] 参见让·雅克·卢梭:《社会契约论》,何兆武译,商务印书馆2012年版,第21页。
[13] 汉斯·凯尔森:《法与国家的一般理论》,同前注[5],第335页。

论观照。而在对法律和国家的理解中,处处渗透了凯尔森这个现代理性精神的忠实信徒对(法学领域)现代性命题的深刻解读。

三、作为法与现代性经典的《法与国家的一般理论》

在西方语境中,中世纪之后,拉开了现代的序幕。从哲学视角,可以说,中古向现代的演进伴随着世俗秩序根基的重建:在前现代,政治秩序被认为是从自然渗透人间或从神明贯注尘世;对政治统治殿堂而言,超验上帝既是坚实的地基,也是峻拔的穹顶。而启蒙运动以来,上帝却被功能化了,甚至干脆被宣告死亡,从而神—人相连的脐带被认为彻底剪断。人类僭越神明的立法者地位,实现理性的自我统治,世俗秩序也被认为是一个自足的系统,无须外在的所谓"终极价值标准"。此外,自由主义浪潮席卷而来,不仅上帝权威支离破碎,世俗的个体权力和国家权力也被始终以一种挑剔而严苛的目光审视——人治被认为是应当扫至历史角落的尘埃,国家权力也被认为是对个人自由最大的(潜在)威胁。

当我们阅读《法与国家的一般理论》时,无论是第一编中作为法律理论灵魂概念的基础规范,还是第二编中作为法律秩序之人格化的国家,抑或其他点点滴滴的概念与论证,都不难发现,凯尔森以一个法学者的角色对上述现代性命题——以二字概括:"祛魅"——作了精彩的诠释。下面从法律层面和国家层面分别进行审视。

就法律层面来说,首先,在静态意义上,凯尔森在追溯法律效力的终极理由时,拒绝诉诸超验神明,这正是对匍匐于神明脚下的人类形象的终结——人类有依据自身的理性立法自治的尊严和能力,而非什么极具压制性的外在权威的傀儡。因此基础规范作为一道樊篱,分隔了神与人的世界,并作为人类自己思维行为的产物为人的世界奠定规范性根基。而凯尔森在界定法律概念时,坚决剔除道德价值,这正是基于对现代人道德生活现象的透视,对法律理论予以重新反思:当上帝被宣告死亡后,人类在道德生活上陷入"各自为政"的境地;当依托于上帝的自然法"变成"依托于人类自身理性的自然法后,作为有限理性存在的人类关于"绝对""客观""永恒"的言论便沦为妄谈——自然法学者针对同一问题作出的截然相悖的"自然法原理性解释"[14]就是讽刺剧般的明证。所以,基于对道德主观性(以及由此衍生的任意性)的警惕,无论是从建构客观性的法律概念着想,还是从维持确定性的政治统治实践考虑,凯尔森都表现出对道

---

[14] 譬如,针对私有财产,有学者认为这是符合自然法精神的,有学者却认为这是违背自然法的;针对社会终极目标,有学者认为自由是自然法所要求的,有学者却认为安全才是自然法的指示。凯尔森认为,这种莫衷一是恰恰是对自然法自我标榜之"客观性"的讽刺。

德——以及披着光鲜的道德妆容的意识形态和政治野心——避之唯恐不及的态度。其次,在动态意义上,凯尔森把以意志行为创造规范的主体消解在以基础规范为起点的规范层级中——或者说是将传统观念中创造法律者与被其创造的法律这二者的主动和被动地位作了一次颠覆——极尽淡化人格性色彩之能,这也正是与风头大盛的现代自由主义"暗通款曲":无论是公共领域的自由还是私人领域的自由,都必须以权力被规范所驯化、驾驭为前提和保障。去人格化的、作为客观行动理由的法律规范使得人们挣脱主观恣意的摆布,从而能够理性地——也就是自由地——安顿共同体和个人的命运。

就国家层面来说,将国家概念和法律概念合而为一,乃是致力于政治法律领域彻底的"祛魅"。如上所述,上帝死亡作为现代世界一个标志性的精神事件,反映在人类生活的各个中心和角落。在政治法律领域,凯尔森也希望不遗余力地驱散神学的阴霾,使得从理论到实践都真正仰赖人类自身的理性。当他宣称国家就是法律时,他就打碎了曾经屹立在法律之上的圣像(尽管如上一部分所述,凯尔森没能准确认识主权者和国家之间的关系,并且主权者也是无法被法律彻底"消化"的):没有什么超越法律的至高无上的存在,没有什么突破法律的"神迹",所有的国家都是"法治国"。[15]

然而,我们应当看到,现代性命题有其两面性。如果说将人类从神明的桎梏中解放出来,热烈追求自由是现代性命题积极而光明的一面。那么,我们也应当看到消极而晦暗的一面:人类远非上帝那样全知全能,而是有限的理性存在,因此,如上所述,人类自己创造的法律规范总有鞭长莫及或力有未逮之处,甚至可能发生法律规范被大规模悬置或颠覆的状态,因此,"国家=法律"的公式在严酷的政治处境中将顿时失去其在升平之世的光鲜色彩。此时,政治人格的另一面向——主权者——开始行动。对这种情况而言,"神迹"的发生不仅是现实的(也被历史反复证明过),同时也能够在法理上获得证成。因此,政治法律领域彻底的"祛魅"是不可能的(至于神学,追求完全无矛盾性的理性解读不仅铲断了神学的根基,并且反而恰恰在理性上是荒谬不经的,比如,当我们说上帝是一个"无条件者"时,祂就绝不可能被无矛盾地设想)。如果像上章分析的那样,凯尔森对主权者—例外状态只是持搁置态度,那么,这并无大碍。但是,如果他企图在人类行动的完整领域中贯彻"祛魅",他就注定会归于失败,因为在例外状态中行动的主权者恰恰是尘世的上帝。此外,即使是将思考的语境限定在"规范状态"下,当僭越神明立法者地位的人类野心勃勃于按照自己的期望

---

[15] 法治国在此处的含义显然与经典意义上作为"良法之治"的具有实质道德内涵的法治国概念不同,是从认知意义上作出的纯粹形式的规范界定。

和想象重新界定和规划世界秩序时,也同样可能面临"理性神话"的破产。因为尽管规范有一定程度的抽象性并与现实的具体秩序存在一定距离(正是这种距离使得规范在某种意义上能够被理解为一种人类期望达到的"理想"),但这种抽象的规范体系并非全然自足,它必须依赖于特定时空下具体秩序提供的"正常概念"及其构成的框架,才能在关联性情境中发挥规制性作用。当人类仅关注"建构新世界"的规范而过分跳脱具体秩序及其所设定的现实边界时,该规范就将大大削弱自身反馈政治生活的敏感度,乃至失去自身的意义与脉络。

不过,颇耐人寻味的是凯尔森在界定法律概念时对道德的拒斥。他对现代世界人类道德生活"各自为政"的处境的正确判断,其实意味着他对人类理性的局限性了然于心——正是由于人是有限的理性存在,才难以甚至不可能找到"绝对的""客观的""永恒的"道德律令——于是凯尔森干脆把法律概念抽空为纯粹的"没有任何尘世残余"[16]的形式(或者也恰恰可以从反面来说,即干脆把法律概念塑造为能够对任何道德观念和实践保持开放性)。在此我们可以看到一个有趣的分裂:对于法律及法律之治,凯尔森显示出其对现代理性精神的忠诚,并暴露出现代理性精神的自傲;对于道德,凯尔森则呈现出对人类理性的不信任甚至轻视态度。这种分裂值得深思:它或许不是凯尔森一个人的分裂,也是现代人在失去神明之后内在的精神困境。

至于对自由的热烈追求,对人治的警惕,如上所述意味着对规范的倚重,但当这种倚重走向极端,乃至演变成"唯规范论"时,同样是存在负面效应的。对规范及其"去人格化"的迷恋将导致一个"无主体"的逻辑空间,在其中一切差距被夷平,权力的组织、分配和运行也被剥离了具体经验。而它无以安放那种恰恰是为了自由而必须由权威(而非规范)作出决断的时刻——比如上文所述法律真空的例外状态,又比如正常状态下亦屡见不鲜的"法律漏洞",都或多或少呈现出法律的"失语",此时发出声音的便是人格化的权威。因此,全然交付于规范——或者更确切地说,被规范绑架——的生活(无论是公共生活还是私人生活)虽然明亮却没有光芒,看似坚固却软弱虚乏,缺少鲜活的生命力。

现代性命题在广阔的科学领域——社会科学领域,甚至自然科学领域——中都能够被持续不断地深入讨论。毕竟在现代性潜能被认为还远远没有彻底释放而"后现代性"又只能破坏而无力建构的时代,继续对现代性的探索仍然任重而道远。沿着《法与国家的一般理论》提供的线索,相关的法学思考也将继续推进。

---

[16] 赫尔曼·黑勒:《国家学的危机》,刘刚译,中国法制出版社2010年版,第23页。

结语：关于译者

法律、国家、现代性，无论哪一个概念都曾经在并仍然在思想世界触动着一代又一代人的神经，其所涉及的问题辐射之广、程度之深也让人们前仆后继地倾注了极大的热情与精力于其中。尽管至今没有谁（可预见的将来或许也不会有谁）能够交出圆满的答卷——因为问题是没有界限的，而对问题的研究却始终是有界限的，但站在规范主义的视角或立场审视，凯尔森的答卷已经足够出色（如果不是最出色的话）：对法律规范性的精准解剖，对现代国家"规范政治"的深刻洞察，以及对现代性命题的回应（尽管是有缺陷的），无不显示出这位奥地利法学者卓越的思想境界和学术造诣。

《法与国家的一般理论》自1945年问世以来，在迄今70多年的时间里，已被译作多种语言文字在世界范围内出版发行，被无数法科学子和学者奉为经典。而在中国，经著名学者沈宗灵先生翻译引介，我们也得以与凯尔森这位纯粹法学巨擘的理论亲密接触。常言道，翻译是一个桥梁工程，它不仅转换文字，更沟通思想与文化。粗制滥造的译本轻则让一桌精神盛宴味同嚼蜡，重则使之犹如砒霜，引发灾难性的后果；而品质精良的译本则能够使原作者、译者、读者三方展开酣畅淋漓的对话（尽管是"隐匿的对话"），它摆脱时空的限制，跨越文化的障碍，却也让人领略到不同思想、不同文化的交锋，以寻求一种彼此观照、"和而不同"的理想状态。照此标准，沈宗灵先生的译本便足称精品。这位毕业于复旦大学法律系和宾夕法尼亚大学政治系，曾任教于复旦大学和北京大学的中国法理学和比较法学的开拓者与奠基人，不仅于法学上素养深厚，在外语上也功力峻拔——《法与国家的一般理论》中译本概念精微、逻辑严谨、表达晓畅、运笔稳重，这绝不仅仅是凯尔森个人的大家风范，译者付出的智慧与心血也不可磨灭。

在《法与国家的一般理论》中，凯尔森将自己的理论以"纯粹"冠名，由此昭示将法律与其他社会精神/物质现象划清概念界限，创造法治净土的愿景。而当沈宗灵先生的同仁或后学谈到这位学者时，经常使用的评语是"纯粹的学者"。[17] 那么，由一位"纯粹的学者"翻译一部"纯粹的理论"，或许是《法与国家的一般理论》在翻译引介上最动人的归宿。

（初审编辑　康骁）

---

[17] 如上海交通大学法学院季卫东教授在2012年沈宗灵先生追思会上曾如是评价沈宗灵先生："他是一个真正的、纯粹的学者，他的一生，走到现在非常不容易。他始终坚持了一个学者的良心，坚持了潜心治学的品格。在任何情况下，都以学术为重，淡泊名利。他那份对学术的坚守，永远是我们的楷模。"葛南南："沈宗灵：法理之宗，学人之师"，载《新京报》2012年3月25日。

从正派社会到法治社会

——读玛格利特《正派社会》

王金霞[*]

From a Decent Society to a Society Governed by Law:
Reading Margalit's *The Decent Society*

Wang Jinxia

以色列学者阿尔维·玛格利特（Avishai Margalit）曾在 1996 年出版《正派社会》（*The Decent Society*）一书，原是为以色列的读者用希伯来文所写，后被翻译成英文出版，逐渐在国际社会产生较为广泛的影响，甚至被誉为是可以和罗尔斯的《正义论》比肩的著作。如英国学者查勒斯·里德比特尔（Charles Leadbeater）在一篇书评中指出，《正派社会》是继罗尔斯《正义论》出版 25 年之后在社会正义领域最为重要的一部著作。[1] 本文所说的正派社会即是在玛格利特的意义上使用的，同时本文试图对正派社会理论进行某种深度检视，尝试

---

[*] 西北政法大学刑事法学院讲师，法学博士，研究方向为法治文化、马克思主义法学、法社会学等。本文系国家社科基金重大项目《社会主义核心价值观与法治文化建设研究》（项目编号 17VHJ005）的阶段性成果之一。感谢《北大法律评论》编委会给本文提出的很好的修改意见，为本文进一步修改和凝练提供了契机。当然，文责自负。

[1] See Avishai Margalit, *The Decent Society*, Trans. by Naomi Goldblum, Harvard University Press, 1996, introduction on the back cover.

把正派社会理论引入到法学的讨论中。[2] 如果以普通人的视角小心谨慎地进入正派社会的讨论语境,一些基本问题是必须要回答的:为什么要提出正派社会这个新概念?提出正派社会理论具有何种必然性?作者用一种什么样的方法得出整个正派社会理论?怎样理解正派社会中的"正派"一词,或其核心观念是什么?下文试图回答这些问题。

一、何谓正派社会

概要而言,玛格利特的正派社会即是指不在制度上羞辱人的社会。正派社会和文明社会相区分,文明社会是一个社会的成员不相互羞辱,正派社会则是指不从制度上羞辱人。尽管全书对正派社会的概念作了十分精致的语义分析,对两个核心概念"羞辱"和"尊重"作了很多精细的阐释,然而全书的整体结构并不复杂,可以用如下图示来做概要的介绍。

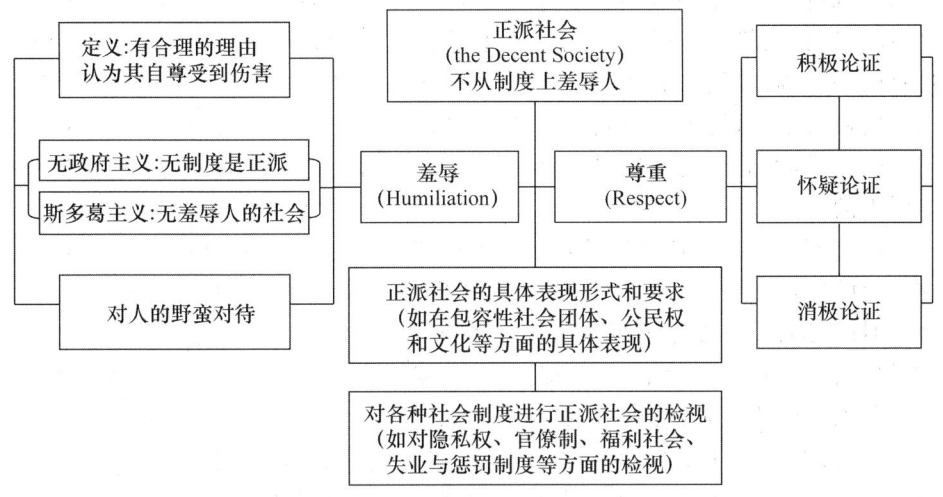

《正派社会》一书的核心论证结构图示[3]

---

[2] 玛格利特在以色列是和约瑟夫·拉兹(Joseph Raz)等齐名的哲学家或政治哲学家,早年在以色列的希伯来大学任教,并曾在哈佛、牛津、普林斯顿等世界著名高校访学,先涉及语言哲学、逻辑学、分析哲学、理性概念等领域,后来研究转向政治哲学、宗教和文化哲学、社会应用哲学和认知哲学等,在哲学界享有世界声誉。该书已被翻译为中文,见马加利特:《体面社会》,黄胜强、许铭原译,中国社会科学出版社2015年版(本文作者译名使用玛格利特,与此译法不同)。国内已有学者对正派社会的基本观点进行了介绍,如徐贲:"正派社会和不羞辱",载《读书》2005年第01期;应奇主编:《当代政治哲学名著导读》,江苏人民出版社2010年版,第401—422页。然而该理论在国内的影响局限于政治哲学等极为有限的范围内,并缺少对该理论的深度检视。国内法学界对此更少有人问津,这使得本文从法学的角度对正派社会的再考察具有十分积极的意义。

[3] 本图示系本文作者根据玛格利特《正派社会》一书整理而成。图示"羞辱"一部分即书中的第一部分(羞辱的概念)加上第二部分的第6章(此部分提出了对羞辱人的三种具体情况的总结)。图示"尊重"部分为书中的第二部分,即对尊重的三种证明。图示"正派社会的具体表现形式和要求"即书中的第三部分(正派作为社会概念)。图示"对各种社会制度进行正派社会的检视"即书中的第四部分。前三部分作者建构了一种正派社会理论,第四部分即正派社会理论在核心制度层面的应用。

可以看出，玛格利特的正派社会是从消极的角度进行定义的，正派社会即不从制度上羞辱人，"不羞辱人"处于这个定义的核心。其中，"羞辱"是指任何行为或生活条件包含了合理的理由使得一个人能够认为其自尊受到了伤害。[4] 这是一个规范性的定义而非一个心理学的定义，因为其并不要求事实上感受到了羞辱，而是强调有正当理由，并且这些正当理由都是由人为因素造成的，玛格利特的正派社会明显排除了那些自然生活条件造成的羞辱（如年老、残疾、丑陋等）。只要一个社会的制度给了人们以正当的理由觉得其受到了羞辱，这个社会就不是一个正派社会。为理解这种制度的羞辱，玛格利特建立起了两个比较的维度，即无政府主义（anarchism）的观点和斯多葛主义（stoicism）的观点。在无政府主义的观点看来，任何社会只要成立了统治人的制度就是一个羞辱人的社会。因为没有制度是正派的，永久性的制度必然包括统治者和被统治者，而被统治即是认为遭到了羞辱的一个正当理由。在斯多葛主义者看来，没有社会是能够羞辱人的，羞辱人伤害的是人的自尊，而自尊是来自于他们自身的，并不需要他人的观点，自尊是独立于他人的行为和评价的，不管处于什么样的社会地位，每个人都可以拥有自尊。正派社会正是处于这两个维度之间，存在羞辱人的制度，但不是每个制度都是羞辱人的，也不是任何制度都是不羞辱人的。[5]

尽管不羞辱人是从消极的角度来进行定义的，对羞辱本身也需要某种积极和全面的论述。在玛格利特看来，羞辱人即是不把人当人，即对人的野蛮对待，因而对羞辱人也可以作出更为精致的区分。羞辱可以进一步细分为三类，第一类是把人看成好像他们不是人，即把人当成物体、机器、野兽（动物）、次等人（如把成年人当成儿童）看待，如历史上的奴隶。这里必须用"好像"一词是因为并不是真的相信他们就不是人，而只是简单地把他们不当成人对待。"看人"（seeing human）也是一个关键的语词，因为很多时候我们容易得"人盲症"（human-blindness），眼里看不到人，看不到人的细节。第二类是对实行自主的行为丧失基本的控制。因为把人当人来尊重包含着让人自由地作出决定并承担他们自己的生活，而丧失基本控制的人就像一个牵线木偶人一样，其所有行为都受人操控。第三类是把人拒绝在一个人类共同体（the human commonwealth）或人类群体之外，如纳粹把犹太民族排除在人类共同体之外，将其妖魔化（demonization）。另一种容易被忽视的情况，把人神化（deification），在玛格利特看来，同样是一种将人排除在人类共同体之外的情形，同样是对人的一种羞辱。[6]

---

[4] Id., p. 9.
[5] Id., pp. 12—27.
[6] Id., pp. 89, 144.

"正派社会"定义的核心是不从制度上羞辱人,然而仅仅从不羞辱人的角度论证是不够的,不羞辱人对应的正是尊重人,正派社会另一个最为核心的概念就是尊重,这两个概念组成了正派社会最为核心的概念。玛格利特在对尊重进行证成时区分了三种论证方式,即积极论证(Positive Justification)、怀疑论证(Skeptical Justification)和消极论证(Negative Justification)。玛格丽特指出,积极论证意味着找出某个或某些属于全体人类的特征,依据这个或这些特征每个人都值得获取其基本尊严或尊重。这种论证事实上具有一定的宗教背景,此时人们相信造物和启示,人类值得尊重是因为人是按照上帝的形象创造的,尊重人就是尊重上帝,荣耀上帝。上帝面前是人人平等的,所以每个人都值得拥有同样的尊严。另一种具有普遍性的积极论证则是由康德完成的。康德指出,人类是具有某些普遍特征的,这些普遍特征包括人是规定目的、赋予意义的物种;人是具有自我立法能力的物种;人具有自我完善的能力;人具有先天的道德能力;人是理性的;人是唯一具有超越自然因果关系的物种。[7] 尽管这几个特征并不是一个完整的目录,但在康德看来,这足以作为证成人的尊严的基础。而在玛格利特看来,康德的论证依然不能令人满意,更为关键的积极论证是基于人的一种能力,这种能力可以使得人在任何情况下都能重新评价自己的生活,同时这也是一种重新改变个体生活的能力。这种能力用玛格利特的话说,即是人会后悔自己的罪行并具有抛弃邪恶方式的能力。康德的弱点正是在于其忽视了一个经验性的人的维度,而玛格利特的人的概念则是指某种历史和现实的人。在玛格利特的主张中,人是基本自由(radical freedom)的,就是值得尊重的。基本自由意味着即使一个人以前的行为、性格和环境条件等会限制其未来的行为,然而这依然没有决定其未来的行为,人依然可以作出不同于以前行为的行为,在这个意义上,人是无本质的。[8]

　　怀疑论证则认为,并不存在那种证成人的尊严的普遍特征,也不存在优先于尊重态度的普遍特征,相反,尊重的态度本身是一个起点,唤起尊重的特征来源于这些态度本身。怀疑论证的解决方案立基于这样的事实,即我们的生活中人们相信每一个人都值得尊重,这个事实和态度就成了把人当人一样尊重的最终论证。举例来说,人们之所以愿意用纸币来交易商品,一般认为是由于纸币的价值由黄金所支撑,任何时候都可以用纸币交易黄金。然而,从怀疑论证的角度看来,真正的原因即是在于人们愿意去接受纸币这个事实,现今很多经济体系已经抛弃了黄金标准(纸币与黄金之间的联系)。相似的,人类的价值同样是由于其他人愿意去尊重人,而不是由于更为优先的特征来证明的,我们的生

---

[7] 参见玛格利特对康德的总结,Id., p. 63.
[8] Id., pp. 62—75.

活形式事实上把价值分配给了人。怀疑主义的论证正是把证明关系进行了转换,并不是普遍性的人类特征证成了尊重人的态度,而是尊重人的态度给人的普遍性特征以价值。玛格利特对怀疑主义者的论证基本持否定的态度。他指出,尊重人的态度难以作为一个最终的论证,而只能作为一个论证的开始,尊重人这个事实依然是需要解释的,这个事实并不蕴含它本身的证明。如从宗教的观点看,尊重人的事实是来源于人们是按照上帝的形象来创造的。而尽管现在存在接受纸币进行交易的事实,但是依然需要历史地来看这个事实,黄金标准依然在人们心中占有地位。另一个理由是,这个存在尊重人或正派社会的事实难以应对诸多不正派或践踏人尊严的事实,这个事实并不能保卫对人的尊重,这样怀疑论证本身就是空的,甚至是毫无意义的。更为关键之处可能是,这里存在事实与规范之间的鸿沟,从"是"什么难以推出"应当"做什么,"休谟问题"难以像怀疑论证一样作如此简单的解答。[9]

消极论证在玛格利特论证尊重人时并不是作为重点,然而从全书来看,消极论证则具有整体和全局的意义。消极论证同样放弃通过寻找普遍特征对人的尊严进行论证的方式,而是提问为什么羞辱人是错误的。消极论证基于对人的如此假定,即人拥有感受痛苦和苦难的能力,不仅仅是身体上的疼痛,而且包括符号性意义的维度,这两者加起来可以构成不羞辱的普遍特征的证成。残暴是最终的邪恶,消除残暴则是最高的道德命令。羞辱则是残暴从身体到心理折磨的扩张,羞辱是一种精神残暴,并且从长远来看,精神残暴比对人身体施加的残暴更为可怕。因而,正派社会就必须把消除这种制度上的身体残暴和心理(精神)残暴作为自己的第一要务,这一正派要求对每个人来说都是平等的。[10]
从全局来看,玛格利特为其消极论证方式提供了三个重要的理由:一个伦理的理由,一个逻辑的理由,一个认知的理由。伦理上的理由来源于我们的确信,即在消除邪恶和创造恩惠之间存在某种不对称,我们更愿意去除让人痛苦的邪恶事物而不是去创造令人愉悦的恩惠。羞辱即是这样一种使人痛苦的邪恶事物,尊重则是令人愉悦的恩惠。因此消除对人的羞辱比尊重人更具有优先性。逻辑上的理由是基于直接目标和间接目标之间的区分,尊重人只是人们交往的某种副产品而非直接目标,并没有什么行为可以被识别为延展的尊重(extending respect),具体的行为只能证成尊重的某个维度。如在军队中士兵向长官敬礼,敬礼是被程式化或符号化的,敬礼可能并不是尊重本身,士兵内心中可能并不是真正地尊重长官,尊重和敬礼之间可能并没有直接的联系。然而,羞辱则更为直接,如像某人脸上吐痰则表达了直接的羞辱目的。从认知上的理由来看,识别

---

[9] 玛格利特对怀疑论证的论述参见 id., pp. 76—84.
[10] Id., pp. 84—88.

羞辱行为比尊重行为更容易,正如识别疾病比识别健康更容易一样。每一种疾病都可能具有某些明显的或鲜明的症状,我们只需要发现这些症状就可以判断是否患有某病,而是否健康则需要做一个系统而全面的检查。健康和尊重需要某种防御,疾病和羞辱则是直接的进攻,识别攻击状态要比识别防御状态更容易。[11]

消极论证的重要意义就在于这种论证可能会承担最小的论证负担。通过消极论证,对尊重的证成也就和前面对羞辱的论述连接起来,使得消极论证具有一种贯通的意义,也组成了一个论证的链条。这三种论证在全书具有整体的意义,从中也可以一探玛格利特全书的论证策略。整体来看,正派社会是从消极的角度进行定义,而具体策略上,不羞辱则需要搭配对尊重的积极论证。然而需要补充的是,尽管玛格丽特更倾向于进行消极论证,但是,玛格利特在书中对正派社会同样作了很多的积极论证。正派作为一个社会概念,除了不能羞辱人之外,还应该在公民权利和文化环境等方面做更为积极的描绘。在公民权利方面,除了不羞辱人外(如把特定的群体定位为二等公民或次等公民),还应该享有法律上的权利、政治上的权利和社会权利。[12] 此外,玛格利特还提出象征性公民权利的概念,如少数民族有权利把其语言作为官方语言。正派社会还具有一定的文化表现形式,在主导文化体系中需要保持正派,需要存在各种次级团体,要有一定的文化宽容,必须允许批判和多元的声音存在等。总体来看,融入了积极论证的正派社会概念似乎变得更为丰满。至此,本文已经从核心概念入手初步展现了《正派社会》一书的核心观点和论证理路。

二、正派社会概念的再检视

应该说,玛格利特的正派社会概念作为一种原创性极强的理论,是对现代正义理论的某种极为有益的补充,玛格利特本人也把正派社会看成是正义社会的必要基础,认为一个正义社会必须首先是一个正派社会。[13] 然而,正派社会概念尽管产生了广泛影响,但这种影响也不能被高估。[14] 我们可以从如下两

---

[11] Id., pp. 4—5.

[12] 在此,玛格利特借鉴了 T. H. Marshall 的分类,法律上的公民权利是指总体权利或和法律相关的权利,如法律上的平等权、和个人身份地位相关的权利(如财产权、追求幸福的权利等)。政治上的公民权利包括选举权和被选举权等。社会的公民权利包括社会福利,如医疗、教育、就业环境、社会保障等方面。Id., pp. 158—159.

[13] Id., p. 271.

[14] 如西文过刊数据库(JSTOR)的检索结果显示,只有有限的六篇书评或文章涉及玛格利特的正派社会概念,这些文章都发表在 2001 年之前,并且这些书评几乎都是对全书内容做简单介绍,并没有什么严肃的评论和引申,最后检索时间为 2015 年 12 月 23 日。在美国法律期刊全文数据库(Heinonline)中则并没有检索到使用正派社会概念的法律类文章,最后检索时间为 2015 年 12 月 23 日。正派社会概念可能并没有书封上所说的强大的或持续的国际影响力,目前来看也远不能和罗尔斯的《正义论》相提并论。

个角度对玛格利特的正派社会概念进行适度的检视。

(一) 正派社会的元规范何以应对具体问题

玛格利特借以建立正派社会的基础性概念,如不羞辱人或不从制度上羞辱人可能并不是清晰的。羞辱作为人们日常生活中的语词,其本身可能是一个具有争议的概念——什么是羞辱,什么不是羞辱,这似乎是随着时间、地点、场合(语境)等改变而改变的。语言的意义在于使用,不羞辱更多的是作为一个历史和实践的概念,人们会不断赋予其内在的含义,作为一个社会概念的不羞辱同样受到日常生活中不羞辱概念的影响。不羞辱还可能作为一个具有主体差异的概念,特定的事件在某些人看来是羞辱,在另外的人们看来则可能不是羞辱,"你"的羞辱可能并不是"我"的羞辱。那么,不羞辱人何以成为所有正派社会的普遍性规则?或者说,为什么不羞辱具有公共性?按照中国古代的羞辱标准,中国古代可能是一个正派社会,因为它的制度可能并没有让人们感受到一种普遍的羞辱。不羞辱的意义是由历史和实践提供的,不羞辱只能用来检视当下的实践,那么,怎样来界定一项制度的羞辱呢?

举例来说,如在《纽约时报》诉萨利文案中,《纽约时报》主张的言论自由有更为宽广的范围,甚至这种言论并不一定符合真实情况,萨利文作为市政官员则可能感受到一种羞辱。此时,美国的言论自由制度是否是在制度上侮辱人?这个具体判断的作出(羞辱还是不羞辱人)难以直接从不羞辱人或尊重人之为人这个元规则中推导出来。尽管存在一级的规则如尊重人和不羞辱人,在二级、三级、四级规则或更为细微的规则处,不羞辱则可能会处于诸多争议之中。也就是说,不羞辱人作为一个元规则始终会面临具体问题困境,而在解决具体问题时不可避免地需要引入法律规则进行具体的判断,而且需要在特定语境下引入历史和实践判断,在二级、三级、四级等规则处,历史和实践则可能发挥更为关键性的作用。如在《纽约时报》诉萨利文案中,依据某种法律规则进行考虑,《纽约时报》批评官员的言论是否触发限制言论自由原则,如触犯了国家安全、公共利益和其他私人权益,需要法院依据本国现行法律作出判决。报刊的批评言论是否需要作出限制则需要依据二级、三级甚至是四级规则作出,并且需要在经历司法的正当程序后作出。在《纽约时报》诉萨利文案中,最终确立了更为细致的规则——"真正的恶意"作为报刊批评官员的言论自由尺度。[15] 这里,玛格利特正派社会存在的缺陷可能在于,其试图从不羞辱出发,借助人的自尊或基本尊严等概念,建立某种一劳永逸的正派社会概念,使其成为所有社会的基础,并试图通过不同概念之间的比较和分析,用一个预先设定好的正派社

---

[15] 关于《纽约时报》诉萨利文案的基本情况,可见任东来等:《美国宪政历程:影响美国的25个司法大案》,中国法制出版社2013年版,第248—265页。

会概念去检视现实社会中存在的种种不正派现象。这样的正派社会建立的基础并不牢靠,也难以深入到具体的微观实践当中。玛格利特在书中较少提及法律制度,正派社会本身则必须输入法律的维度,法律是制度的一种典型表现形式,法律的实践开展远较正派社会的元规则更为微观细致,缺少法律制度讨论的正派社会则可能流于抽象和宏观,而只能具有某种宣言性或理想性的意义。

(二)消极论证 VS 积极论证,谁更为根本

玛格利特指出了正派社会论证的三种方式,即积极论证、怀疑论证和消极论证。玛格利特则主要采取消极论证的方式,并辅之以积极论证。已有西方学者指出,玛格利特对三种论证方式之间的区分标准并不十分清晰,是否存在三种论证方式值得怀疑。[16] 我们可以首先从积极论证的角度出发来展开讨论,正派社会在公民权利方面来看,所有公民都应该享有法律权利、政治权利和社会权利。否定公民享有特定的权利,则是对公民本身的一种羞辱。可见,在玛格利特这里,积极论证和消极论证本身也不是截然分离的,积极论证和消极论证是结合在一起的,然而,消极论证和积极论证谁更为根本呢?向前追溯一下,"有没有正当性的理由认为其自尊受到了一个社会制度的伤害"这个正派社会的规范是否具有最为初始的元规则含义?元规则是否仅仅是从消极的方面进行定义?在我看来,一个社会的元规则只能从积极的意义上进行定义,消极论证只能具有某种补充的意义。放在玛格利特的理论框架下,积极的正派社会概念可以是指一个社会的制度尊重了人的自尊和基本尊严。享有基本权利也就具有了人的基本尊严,也才能达到不被羞辱的目的。人的自尊和基本尊严依然是需要更多的积极论证和消极论证的结合才可以证成的,并且需要回归到人的生活实践的现实中才能最终证成。前述问题更为复杂,在此不能深究,然而消极论证是否具有这种整体和全局的意义是值得怀疑的。具体从玛格利特为消极论证所提供的理由来看,有伦理上的理由、逻辑上的理由和认知上的理由。逻辑上的理由可能难以成立,羞辱同样可以成为某种间接目的或副产品,上文所举向人吐痰是主动羞辱人的情形,可能容易归结为直接羞辱。然而,羞辱也可能存在无意识羞辱即羞辱人并不是有意为之的情形,此时羞辱同样可以作为某种其他行为的副产品存在。伦理上的理由和认知上的理由则可能是连接起来的理由或一个理由,即相较于创造美好事物或识别尊重行为,人们更愿意消除邪恶事物或更容易识别羞辱行为。但这里我们并没有否认消极论证本身,只是说消极论证本身的理由并不像玛格利特所主张的有三种理由。

我们可以另举一个消极论证的例子来做说明,如邓小平在论证什么是社

---

[16] Avishai Margalit, "The Decent Society", reviewed by Bruce M. Landesman, 107 *Ethics* 729 (1997).

主义时,同样借助了消极论证的方式。即要论证什么是社会主义时,可以论证什么不是社会主义,这在理论上更容易说明,具有更小的论证负担,也更容易被大家所接受。邓小平主张,贫穷不是社会主义。[17] 然而,邓小平关于社会主义的定义则是由积极论证来完成的,即指出,"马克思主义最注重发展生产力""社会主义阶段的最根本任务就是发展生产力"[18],社会主义的本质,即解放和发展生产力,消灭剥削,消除两极分化,最终达到共同富裕。这里,贫穷和解放、发展生产力是连接在一起的,消极论证背后一定隐藏着积极论证,消极论证和积极论证并不能分离。然而,"什么不是社会主义"这个句式只能直接否定某一种不是社会主义的情形,并不是一个全面的论证。在我们的时代则可以说,不民主不法治不是社会主义,从制度上羞辱人不是社会主义。这里可以指出消极论证可能存在的缺陷,它本身并不是一个系统和全面的论证,也不能直接说明某个消极的特点就是根本的特征,消极的特点是否具有根本性要看消极的特点本身所代表的积极特点是否具有这样的特征。如玛格利特的消极论证,从"不羞辱"到"把人当人",再到"发现人的自尊或基本尊严"的论证理路中,其不羞辱的根本性则是来自于人的自尊或基本尊严所具有的根本意义。消极论证本身最终需要借助积极论证才能最终实现论证的目的,要实现全面的论证则需要进行更多的消极论证和积极论证,如正派社会同样需要保障人的安全,正派社会需要给人们提供必要的社会福利等。

总体来看,玛格利特的正派社会概念试图借助不羞辱人和发现人的自尊等概念实现对人类社会的某种底线论证或最低限度的论证,使得所有人类社会具有在正派社会层面的可通约性或基础性,这种尝试是一种极为有益的尝试,是对正义理论的重要补充。然而玛格利特自己也指出,他只是讲了一个关于正派社会的故事而非建立了一种正派社会理论,这个故事中的英雄都是一些概念。[19] 其理论所建立的基础可能并不牢靠,这些"概念英雄"在现实中摸爬滚打,会面临诸多具体问题困境。正派社会的论证本身也存在一定的缺陷,其理论要成立可能需要进行更多的补充论证。

三、从正派社会到法治社会

"从……到……"的句式往往容易隐藏一定的陷阱,成为某种简单的线性归纳而忽视现实的丰富性。从正派社会到法治社会则并不表示某种历史的演进顺序,而只表明本文的逻辑顺序。这里需要首先回答,为什么本文要在正派社会的理论中引入"法治社会"一词?正派社会最为核心的观念是不从制度上羞

---

[17] 邓小平:《邓小平文选》(第三卷),人民出版社1993年版,第64—64页。
[18] 同上注,第63、64页。
[19] See Avishai Margalit, *The Decent Society*, *supra* note [1], p. 289.

辱人,在玛格利特的书中,尽管他对制度的羞辱也有所论及(他使用的概念是制度的羞辱,即 institutional humiliation[20]),但制度和羞辱在书中一直是两个概念。对"制度"和"羞辱"合二为一即"制度性羞辱"所具有的普遍含义,玛格利特并没有做过多的论述,其"正派社会故事"的"概念英雄"当中并不包括"制度性羞辱"这个概念。这使得他在对诸多社会制度进行正派社会的检视时,需要直接从"是否有制度伤害了人的自尊""是否从制度上羞辱了人"这些更为上层的命题来进行,从而导致前述的具体问题困境。其理论过多地依赖羞辱和尊重这两个概念,而对次级概念如"制度性羞辱"则缺少界定,中层(次级)概念的缺乏导致正派社会理论流于抽象和宏观,而难以深入具体的生活实践。因此,对正派社会的补充论证需要对"制度性羞辱"作明确的概念界定。

"制度性羞辱"适合放在法理学的维度上进行讨论。法律是制度最为典型的表现形式,要衡量一个社会正不正派,首先要衡量一个社会的法律正不正派,衡量法律是否从制度上羞辱人。由此,我们对一个社会是否正派的检视就进一步表现为衡量一个社会的法律是否正派。诉诸"人性尊严"这样的抽象标准无法回答此一问题,相反应当通过历史和实践提供更为具体的标准,且还需要在整体法律体系中去寻找答案。一方面,正派社会正好可以对应法学上的法治社会这一概念,并为法治社会的讨论提供参考,可以为法治社会提供最低限度的标准即不从制度上羞辱人,为此同样需要界定"制度性羞辱"这一最为关键的概念。另一方面,法理学中对法律是什么、法治是什么等讨论已经进展到极为精深的层面,法理学的理论资源也为进一步推进"制度性羞辱"的讨论提供了重要条件。通过"制度性羞辱"这个概念,我们也就建立了从正派社会通向法治社会的桥梁,同时也为法治社会注入了正派社会的维度,使得我们把正派社会的理论从一种政治哲学理论引入到法学的讨论中来成为可能。

法律或法治由形式和内容两方面构成,不从制度上羞辱人就包括不从法律的形式上羞辱人和不从法律的内容上羞辱人。在迄今为止的历史条件下,形式上的"制度性羞辱"主要包括如下方面:首先,制定规则的人本身应受到规则的约束,并不存在不受规则约束的主权者,规则需要具有普遍性,平等地适用于规则之下的所有人。适用于少数人的制度则是对人的普遍性羞辱,这种羞辱的普遍性还来自于规则的制定机关或主权者的层次和范围。因此,即使一部分人没有受到这种适用于少数人的制度的羞辱(如处于某种特权地位或不在此规则的适用范围之内),也同样可以感受到这种普遍性的羞辱,因为这是在一定主权者

---

[20] 玛格利特在全书多处地方都讨论了具体的制度的羞辱,如其指出制度的羞辱和由个人造成的羞辱之间的不一样;拒绝包容性次级团体(encompassing subgroup)的制度是一项制度的羞辱;强制性地从制度上要求个体剪什么样的头发可能构成一项羞辱;制度的羞辱经常是一种系统性的羞辱等。See Avishai Margalit, *The Decent Society*, supra note[1], pp. 105, 171, 196, 213.

范围内的羞辱,只要是在此主权者范围之下的公民,随时可能成为此规则的适用对象。其他形式上的要求如法律必须公布、法律不能溯及既往、法律必须清晰明确等,它们的反面如不公布、溯及既往和不清晰明确等都可能构成对公民的羞辱。其次,制定规则的程序需要经过一定的民主程序。程序上同样存在一种羞辱的可能性,如涉及公民切身利益的重大法律或行政调整或改变,都应该经历一定的公众参与程序(如听证程序),在这些情况下完全进行部门立法而不考虑公众参与立法,则有可能是对公众的一次羞辱——公民作为政策或法律的直接相对人,却没有权力影响政策和法律的制定,这是对公民权利的剥夺和羞辱。法律内容上的"制度性羞辱"则可能包括更为广泛的含义,法律内容上的羞辱标准是由历史和实践提供的。历史演进到我们的时代,如在当代中国的实践中,每个部门法体系在内容上都可能具有一些实质性的不羞辱标准。如在宪法中不保障公民的某些基本人权(生命权、自由权、财产权、表达权等),在民法中只允许对侵权主张物质赔偿而不能主张精神赔偿,在刑法中实行株连制度、允许极端刑罚(如宫刑)等存在,在行政法领域不允许公民具有"民告官"的权利,在刑事诉讼法中不适用无罪推定或允许刑讯逼供,在刑事或民事案件中不允许辩护等,这些都可能构成对公民的制度性羞辱。

法律体系整体和具体的个别规范同样是讨论制度性羞辱的重要维度。对个别规范,上文已从法律的形式和内容上羞辱人有所讨论,在此不再赘述。从法律的内在体系来看,法律内在的体系是否具有一种系统的完整性也可能构成羞不羞辱人的重要方面。法律体系中需要设置内在的反思机制,如违宪审查制度。如果把法律看成有机体,把僵化坏死的部分排出体外则是保持其生机和活力的重要方面。因此,法律是否羞辱人还需要看法律内在是否具有这样的自净能力,即法律体系本身是否具有把羞辱人的制度清除出法律体系之外的能力。如"孙志刚事件"之后,国务院废除《城市流浪乞讨人员收容遣送办法》并没有激活中国现行法律体系中的内在反思机制,内在反思机制的缺乏或是实际的无效都可能构成一种制度性羞辱,而且构成的正是玛格利特所说的系统性羞辱。如果一个社会的法律体系根本不作正确性宣称,或者法律体系从整体上并不追求正义,构成正义之核心的平等在制定实在法时有意被否定,法律就有可能从整体上缺乏法的性质,或者说就是在体系上羞辱人的。[21]

法学是一门实践的技艺,法律本身的效力和其实效并不能分离,法律本身的效力较为依赖法律的实效,整体缺乏实效的法律体系同样可能构成对一国公民的制度性羞辱。实践层面上的制度性羞辱还可能表现在具体的执行层面,如

---

[21] 在此借用罗伯特·阿列克西的正确性宣称这一概念,其认为法律概念当中必然包括正确性宣称,而正确性宣称必然包含道德因素。参见罗伯特·阿列克西:《法概念与法效力》,王鹏翔译,商务印书馆 2015 年版,第 36—41 页。

果在法律执行过程中选择性执法或运动执法,也意味着在实践层面上的制度性羞辱。又如司法体系中如果司法不独立,则同样可能存在对民众的羞辱——如果让"打招呼""批条子"左右司法判决的结果,这不仅是对普通民众的羞辱,也是对办案法官的羞辱、对法律职业共同体的羞辱。

至此,我们已经简要讨论了制度性羞辱在制度的形式与内容、整体与个别以及实践等方面的具体表现。总体而言,法律上的羞辱可作为典型的制度性羞辱。这种羞辱首先是一种普遍、公共的羞辱;它是一种系统性的羞辱,还是具有一定稳定性的羞辱,因为一旦存在这种羞辱则意味着在一定时空范围内难以改变,是一种持续的羞辱。这种羞辱方式还可能使得人们对其彻底麻木,失去对羞辱的敏感性,使得人们成为某种奴性的存在物。对法治社会来说,不从制度上羞辱人的条件只是某种作为底线的条件。虽然法治社会不仅需要这一点,还需要为人们生成个体的更高程度的尊严创造条件,但是,要谋求建立一个法治社会,必须首先谋求建立一个不从法律制度上羞辱人的社会,这是最低限度的法治社会标准。中国的法治建设同样需要这种最低限度的法治社会概念,它是对现行法治理论的重要补充。现实来看,消除中国语境下存在的某些制度性羞辱对法治中国建设的开展具有急迫性,甚至是刻不容缓。

(初审编辑　郑力海)

返本开新:《北大法律评论》的持守与变迁

  呈现在您面前的是《北大法律评论》(以下简称《评论》)第18卷第1辑。依循惯例,由主编执笔以"小记"的形式与您分享在编辑过程中我们的所思与所悟。自1998年创办至今,倏忽间十八载(已有18卷本)岁月已逝,《评论》已到"成人礼"的年纪。见证这十八载岁月的不止是在喧嚣中静默的燕园,更有34辑《评论》及其所收录的543篇文章。

  作为《评论》新进成员,本辑相较于以往在两个方面有所变革:其一,从作者群体来看,我们所采纳的稿件多来自全国高校的博士研究生与青年教师,大部分作者年龄不到30岁;其二,从内容风格来看,我们在第17卷1辑恢复"书评"栏目的基础上,更进一步拓展了该栏目的版面。这样两个方面的变化,主要基于我们编委会的如下考量:

  从栏目设置角度而言,《评论》经历了从创办时"主题研讨、论文、评论"的栏目安排,到近年来"专题、论文、评论"的转变。伴随这一过程的是《评论》的风格从先前以法学基础理论为主,向兼顾法学基础理论、前沿问题、司法实践的转变。在这一迈向"多样化"的转型中,《评论》的来稿质量与学术影响力得到提升,但同时我们也面临着新的挑战。比较突出的是:其一,栏目中"论文"与"评论"的界限模糊不清,稿件归属划分标准相对任意;其二,作为法学核心集刊的《评论》与法学核心期刊之间风格"同质化"倾向严重。这两点挑战都直接威胁到《评论》作为由学生自主创办、独立编辑的学术刊物的立身之本。

  何以见得呢?

  从《北大法律评论》创办伊始所借鉴的英美法学院的 Law Review 传统来

看,在栏目划分中,Law Review 一般将所有学术文章归类为 Articles 与 Comments(或 Notes)。两类文章的区别不在于学术本身,而是作者身份不同。一般而言,学生写作的文章都被归类为 Comments 或 Notes;而非学生身份,比如教授、法官的文章则称为 Articles。此外,Comments 或 Notes 本身也有不同的种类。比如,Comments 或 Notes 可能源自学生的投稿,也可能是由编委会成员自己撰写,还有可能来自于刊物编辑向同样是学生身份的作者或教授、法官邀稿。这样就从栏目安排上保证了 Law Review 类学术期刊相较于其他期刊的特殊性,并彰显了学生自主办刊的特色。但《北大法律评论》与此不同。我们"论文""评论"两个栏目的划分标准大多与文章风格、内容主题有关,且往往以"书评"作为"评论"的核心内容。这意味着如果某一辑缺乏质量优秀的书评稿件,"法律评论"的特色就会大打折扣。但从学术环境来说,书评本应是学生知识积累、学者审视领域内最新进展的重要途径;可现状是书评不仅在学术评价中似乎无法与研究型论文相提并论,就连学术训练中书评写作也缺乏统一的规范。这就导致作者缺乏写作书评的动力以及书评稿件整体质量的平庸。在此意义上,限于种种因素,《北大法律评论》对于英美 Law Review 传统的借鉴都只得其形而未能尽其意。

而这种种因素中,除却客观学术环境,主观上最突出的是以往编委会,包括我个人,对于学界耆老、名家耄宿文章的偏爱与青睐。这种"爱的偏见"一方面源自于成名学者的文章当然能够吸引目光、引发话题、增加引用量,从而使《评论》能够吸引到优质稿源,走上良性循环的道路。另一方面,则是作者身份为学生的稿件质量普遍一般,遣词造句稍显经验不足,学术规范训练又有所欠缺。两相对比,成名学者的稿件自然在以往的《评论》中占据绝大多数。这一现象固然对于提升《评论》的学术影响力、推动《评论》在法学核心集刊中排名上升具有积极意义,《北大法律评论》的成功很大程度上也得益于此。但长远来看,《北大法律评论》作为学生主办的学术刊物与一般法学期刊之间的差异被进一步削弱;同时,也使得作为法学核心集刊的《北大法律评论》与法学核心期刊处于彼此抢占稿源和争夺组稿选题的竞争关系之中。

而这一竞争注定是以《北大法律评论》的失败而告终。这一方面是因为学术评价机制不再将"集刊"中发表的论文计入职称评比标准中,所以作者投稿、编辑邀稿都不再具备充分的理由;另一方面则是因为集刊的出版形式及相对漫长的出版周期,都使得作为集刊的《北大法律评论》无法灵敏而及时地介入到风起云涌的学术争鸣之中。这样《北大法律评论》就处于下述尴尬的境地:一方面与法学核心期刊的内容与风格实质相同,但在学术评价机制中并未得到认可;另一方面,虽名为"评论"却缺乏学生办刊的核心特征。我相信这一困境不仅仅是《北大法律评论》的核心焦虑,也是以"评论"命名的法学类集刊在当下所面临的普遍命运。

面对这一困境,不少集刊同仁已作出成功的探索。比如,法律出版社旗下诸多集刊组成"联盟",增加彼此交流与学习的机会,扩大彼此的学术影响力;又比如一些刊物在保证每年一卷两辑这一出版节奏的前提下,通过专题组稿推出"专辑"或"特刊",以更积极的姿态介入学术争鸣之中。

本辑所作出的两方面改变,就是在考量《北大法律评论》切身处境与学生编辑的能力、精力前提下所作出的调整和探索。我们希望一方面重视来自博士生与青年学者的优秀稿件,改变刊物作者群体的身份构成,为长远发展储备力量;另一方面通过恢复、推动"书评"栏目,接续刊物创办伊始的特色,使得"评论"本身名副其实。

当然,这一尝试是否成功、是否需要检讨还有待您的品评与指正。

是为记。

赵英男
2017 年冬于美国圣路易斯

引 征 体 例

(2018 修订版)

援用本刊规范：

苏力：“作为社会控制的文学与法律——从元杂剧切入”，载《北大法律评论》第 7 卷第 1 辑，北京大学出版社 2006 年版。

一 般 体 例

1. 引征应能体现所援用文献、资料等的信息特点，能(1)与其他文献、资料等相区别；(2)能说明该文献、资料等的相关来源，方便读者查找。
2. 引征注释以页下脚注形式连续编排。
3. 正文中出现一百字以上的引文，不必加注引号，直接将引文部分左边缩排两格，并使用楷体字予以区分。一百字以下引文，加注引号，直接放在正文中。
4. 直接引征不使用引导词或加引导词，间接性的带有作者个人的概括理解的、支持性或背景性的引用，可使用"参见""例如""例见""又见""参照"等；对立性引征的引导词为"相反""不同的见解，参见""但见"等。
5. 作者(包括编者、译者、机构作者等)为三人以上时，可仅列出第一人，使用"等"予以省略。
6. 引征二手文献、资料，需注明该原始文献资料的作者、标题，在其后注明"转引自"该援引的文献、资料等。
7. 引征信札、访谈、演讲、电影、电视、广播、录音、未刊稿等文献、资料等，在其后注明资料形成时间、地点或出品时间、出品机构等能显示其独立存在的特征。
8. 不提倡引征作者自己的未刊稿，除非是即将出版或已经在一定范围内公开的。
9. 引征网页应出自大型学术网站或新闻网站，由站方管理员添加设置的网页，应附有详细的可以直接确认定位到具体征引内容所在网页的 URL 链接地址，并注明最后访问日期。不提倡从 BBS、BLOG 等普通用户可以任意删改的网页中引征。
10. 英文以外作品的引征，从该文种的学术引征惯例，但须清楚可循。
11. 其他未尽事宜，参见本刊近期已刊登文章的处理办法。

引 用 例 证

一、脚注格式

（一）中文

1. 著作
   - 朱慈蕴:《公司法人格否认法理研究》,法律出版社 1998 年版,第 32 页。

2. 译作
   - 孟德斯鸠:《论法的精神》(下册),张雁深译,商务印书馆 1963 年版,第 32 页。

3. 编辑（主编）作品
   - 朱景文主编:《对西方法律传统的挑战——美国批判法律研究运动》,中国检察出版社 1996 年版,第 32 页。

4. 杂志/报刊
   - 张维迎、柯荣住:"诉讼过程中的逆向选择及其解释——以契约纠纷的基层法院判决书为例的经验研究",载《中国社会科学》2002 年第 2 期。
   - 刘晓林:"行政许可法带给我们什么",《人民日报》(海外版)2003 年 9 月 6 日。

5. 著作中的文章
   - 宋格文:"天人之间:汉代的契约与国家",李明德译,载高道蕴等主编:《美国学者论中国法律传统》,中国政法大学出版社 1994 年版,第 32 页。

6. 网上文献资料引征
   - 梁戈:"评美国高教独立性存在与发展的历史条件",http://www.edu.cn/20020318/3022829.shtml,最后访问日期 2008 年 8 月 1 日。

7. 古籍
   - （清）汪辉祖:《学治臆说》,卷下,清同治十年慎间堂刻汪龙庄先生遗书本,第 4 页 b。
   - （清）薛允升:《读例存疑》(重刊本),黄静嘉编校,台湾成文出版社 1970 年版,第 858 页。

8. 档案文献
   - "沈宗富诉状",嘉庆二十二年十二月二十日,巴县档案 6-2-5505,四川省档案馆藏。
   - "傅良佐致国务院电",1917 年 9 月 15 日,北洋档案 1011-5961,中国第二历史档案馆藏。
   - "党外人士座谈会记录",1950 年 7 月,李劼人档案,中共四川省委统战部档案室藏。

（二）英文

（著作名、期刊名用斜体,其他不斜体）

1. 英文期刊文章 consecutively paginated journals
   - Frank K. Upham, "Who Will Find the Defendant if He Stays with His Sheep? Justice in Rural China", 114 *Yale Law Journal* 1675（2005）.

2. 文集中的文章 shorter works in collection
   - Lars Anell, "Foreword", in Daniel Gervais, *The TRIPS Agreement: Drafting History and Analysis*, Sweet & Maxwell, 1998, p. 1.

3. 英文书 books
   - Richard A. Posner, *The Problems of Jurisprudence*, Harvard University Press, 1990, pp. 456—457.
4. 英美案例 cases
   - *New York Times Co. v. Sullivan*, 76 U.S. 254 (1964). (正文中出现也要斜体)
   - *Kobe, Inc. v. Dempsey Pump Co.*, 198 F. 2d 416, 420 (10th Cir. 1952).
5. 未发表文章 unpublished manuscripts
   - Yu Li, *On the Wealth and Risk Effects of the Glass-Steagall Overhaul: Evidence from the Stock Market*, New York University, 2001 (unpublished manuscript, on file with author).
6. 信件 letters
   - Letter from A to B of 12/23/2005, p. 2.
7. 采访 interviews
   - Telephone interview with A, (Oct 2, 1992).
8. 网页 internet sources
   - Lu Xue, *Zhou Zhengqing Talks on the Forthcoming Revision of Securities Law*, at http://www.fsi.com.cn/celeb300/visited303/303_0312/303_03123001.htm? last visted:2008-8-1.

（三）德文
（著作名、期刊名用斜体，其他不斜体）
1. 教科书：作者、书名、版次、出版年份、章名、边码或页码
   - Jescheck/Weigend, *Lehrbuch des Strafrechts Allgemeiner Teil*, 5. Aufl., 1996, § 6, Rdn. 371/S. 651ff.【注意:ff.之前没有空格】
2. 专著：作者、书名、版次、出版年份、页码
   - Roxin, *Täterschaft und Tatherrschaft*, 7. Aufl., 2000, S. 431.
3. 评注：作者、评注名称、版次、出版年份、条名、边码
   - Crame/Heine, in: *Schönke/Schröder*, 27. Aufl., 2006, § 13, Rdn. 601ff.
4. 论文：作者、论文题目、刊物名称、卷册号、出版年份、首页码、所引页码
   - Schaffstein, Soziale Adäquanz und Tatbestandslehre, *ZStW* 72 (1960), 369, 369.
5. 祝寿文集：作者、论文题目、文集名称、出版年份、页码
   - Roxin, Der Anfang des beendeten Versuchs, *FS-Maurach*, 1972, S. 213.【注意:文集名称保留简写方式。例如,*Festschrift für Küper zum 70 Geburtstag* 简写为 *FS-Küper*】
6. 一般文集：作者、论文题目、编者、文集名称、出版年份、页码
   - Hass, Kritik der Tatherrschaftslehre, in: Kaufmann/Renzikowski (Hrsg.), *Zurechnung als Operationalisierung von Verantwortung*, 2004, S. 197.
7. 判例：判例集名称或者发布判例机构名称、卷册号、首页码、所引页码
   - BGHSt 17, 359 (360); BGH NJW 1991, 1543 (1544).

二、同前注标明规则

（一）次第紧连文献

注释中重复引用文献、资料时，若为注释中次第紧连援用同一文献的情形，应根据文献语言类型，按以下方式分别标明：

1. 中文文献："同上注，第 2 页"；
2. 英文文献：" *Id.* ,p. 2"。
3. 德文文献："Kaser/Hackl, a. a. O. , S. 35. "

（二）非次第紧连文献

若为非次第紧连的文献，可将文献的版次、出处等简略，根据文献语言类型，按以下方式分别标明：

1. 中文文献："同前注〔X〕，第 2 页"；
2. 英文文献：" *supra* note〔X〕, p. 2"；
3. 德文文献："（Fn. X）, Rdn. 2. "

但是，应注明引用文献的名称和作者，以便于识别。如"苏力：《送法下乡》，同前注〔4〕，第 2 页；Posner, *The Problems of Jurisprudence* , *supra* note〔2〕, p. 2；Kindhäuser（Fn. 19），§ 19，Rdn. 2. "

（三）文集文章

如果是文集中的另外一篇文章被引用，可使用同前注的形式。但是，必须同时标注出文章信息和书籍信息，如：Jerry Weinberg, "Ethics and Politics in the New Atlantis", in Bronwen Price（ed.）, *Francis Bacon's New Atlantis：New Interdisciplinary Essays* , *supra* note〔18〕, p. 126.

（四）连续引用前注同一文献时的处理办法

以中文文献为例，如果两个连续脚注都引用同一前注中的文献，则第 2 个脚注仍采用"同上注"；其他语言的文献参照上列注释体例同等处理。